大學院開設六十周年記念
國學院大學貴重書影印叢書第一巻

金葉和謌集　令義解

朝野群載　梁塵秘抄口傳集

朝倉書店

扉題字　佐野光一　文学部教授

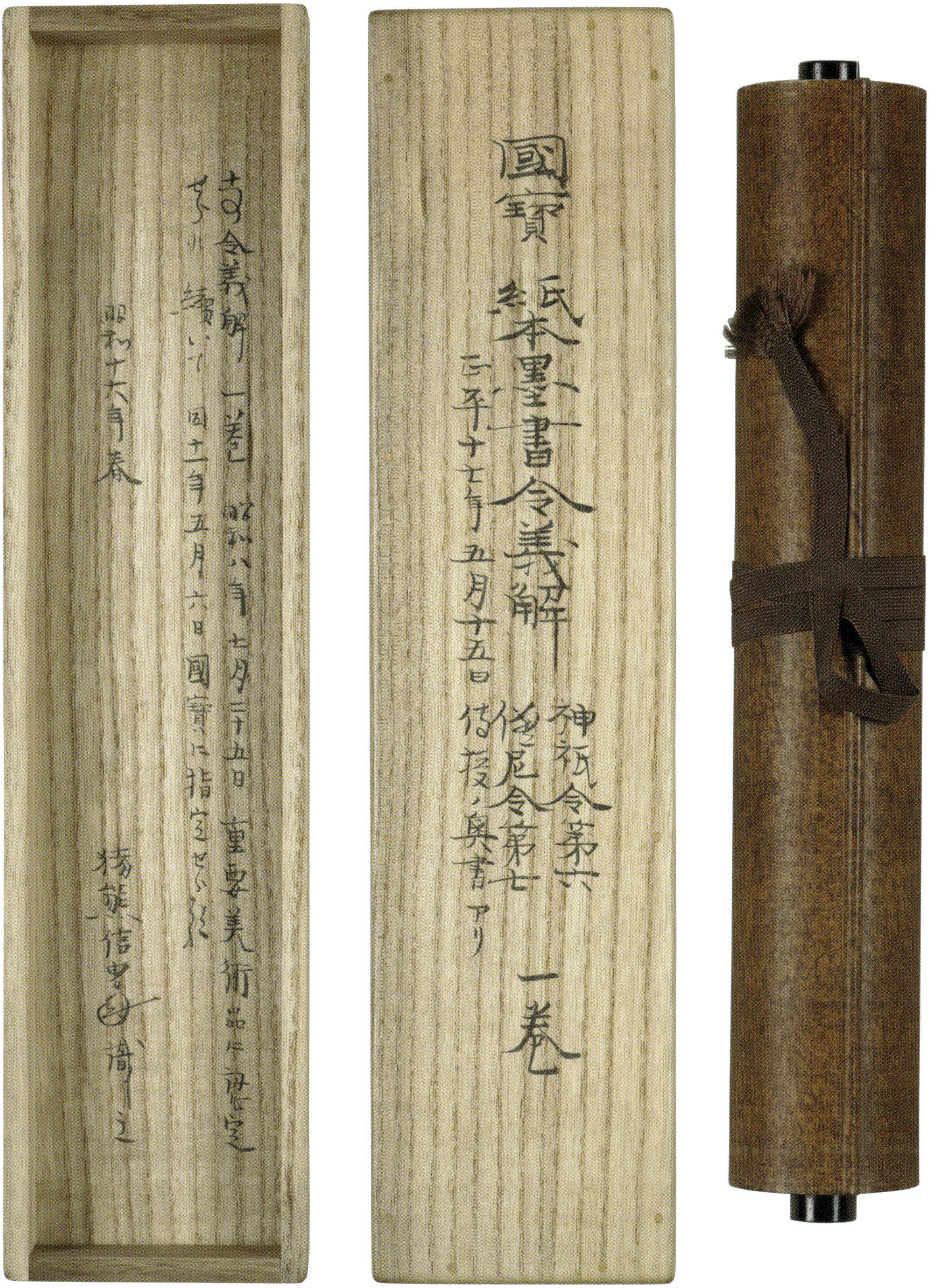

『令義解』
右：全体図
中：内箱蓋表（解題 559 頁）
左：内箱蓋裏（解題 559 頁）

『令義解』 見返し・巻頭（装幀は本学収蔵時に施したもの）

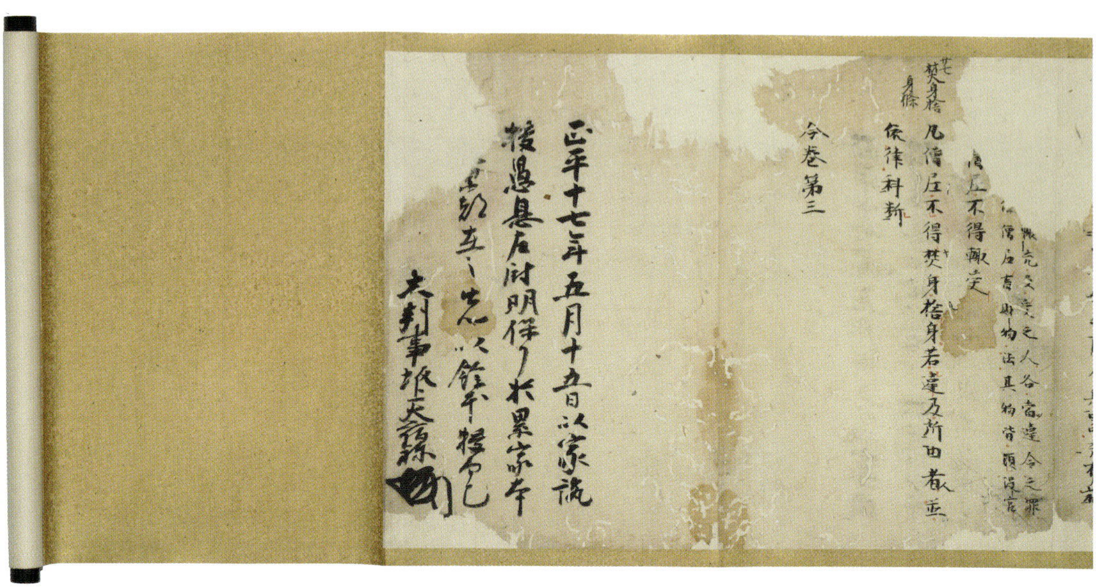

『令義解』 奥書・巻末

『朝野群載』
右：全体図
中：内箱蓋表（解題 567 頁）
左：内箱蓋裏（解題 567 頁）

之年善家挙儒爲彙抄々

文筆上

賦三首　八字　四字

詩三首　奉試　古調　雑詠　字訓　離合　建除　迴文

讃二首　寄鷹拳　同和

詩序二首　集序　句題

倭歌序略　新撰　新楽府　檳榔　大井河　殿上

歌二首　春風　刺貴賤之同文

碑文一首　清水寺観音像

銘八首　釼二　鉢子　金鼓　鐘　座右　漏刻　不動尊

辞三首　春帰　数落　秋帰

吟二首　落葉　寄安　閑中

『朝野群載』目次部分の朱筆（影印四四―四七頁）

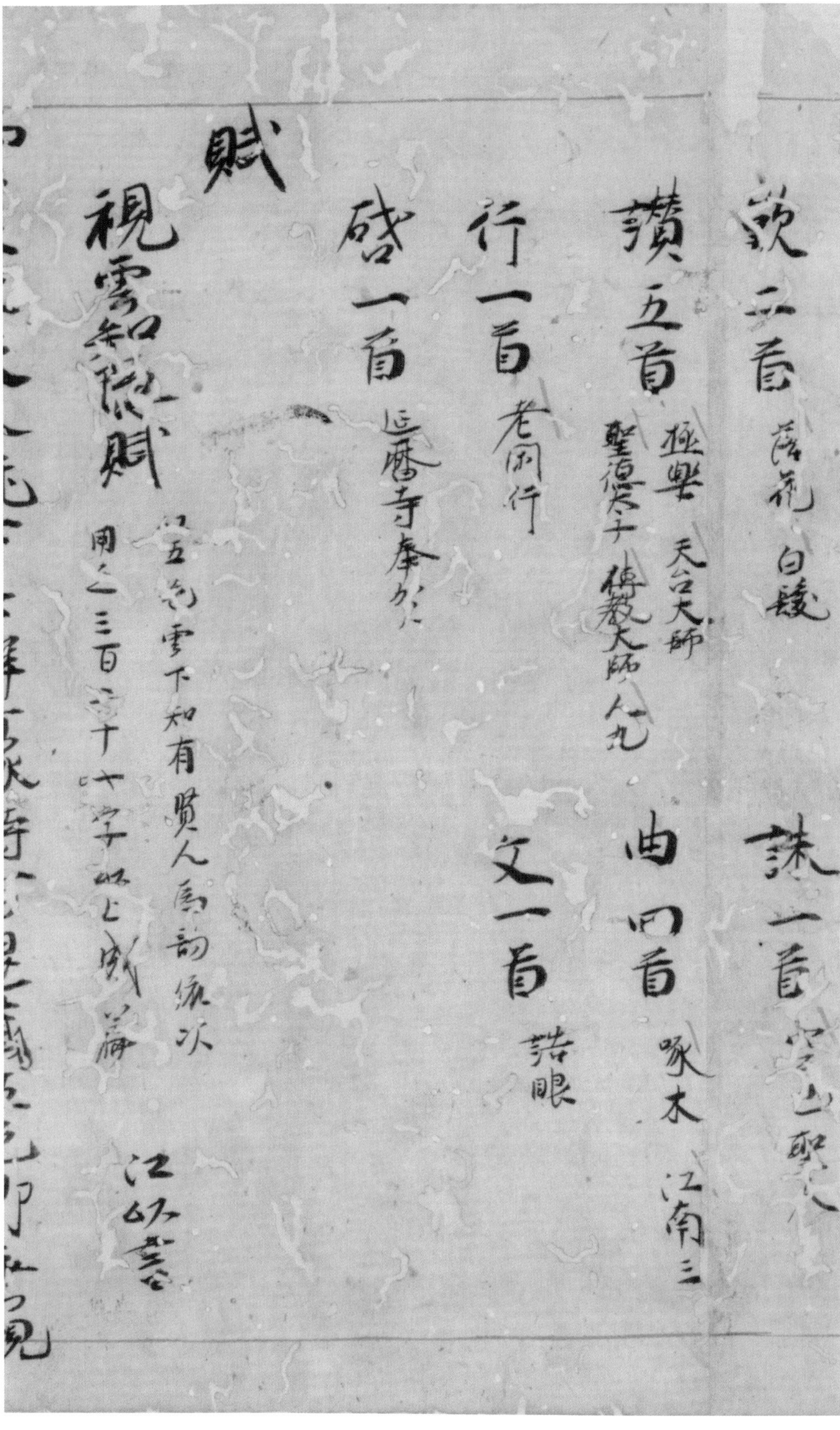

『朝野群載』 見返し・巻頭（装幀は本学収蔵時に施したもの）

『朝野群載』 巻末

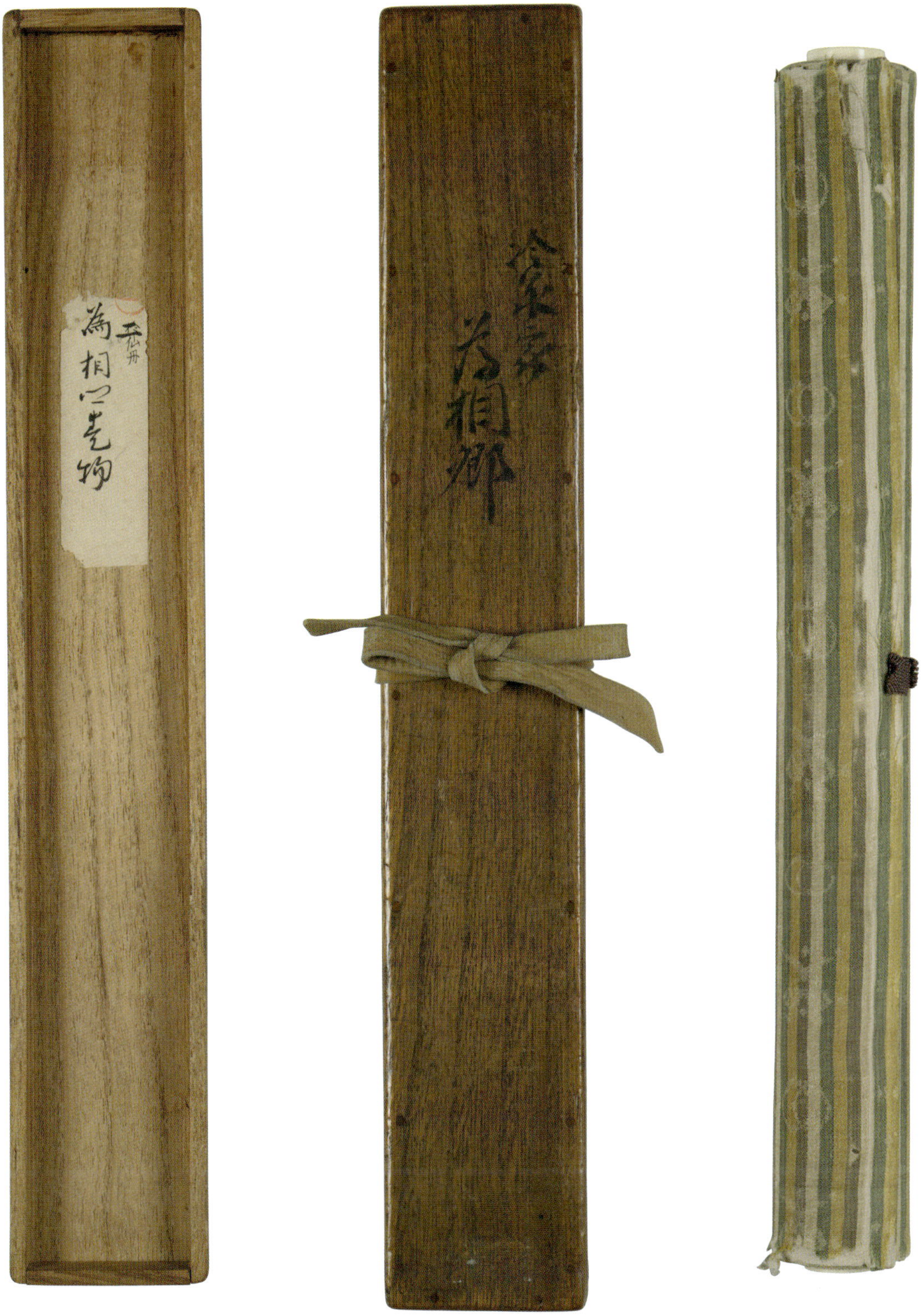

『梁塵秘抄口伝集』
右：全体図
中：箱蓋表（解題 573 頁）
左：箱蓋裏（解題 573 頁）

『梁塵秘抄口伝集』表紙・裏書（解題五七三頁）

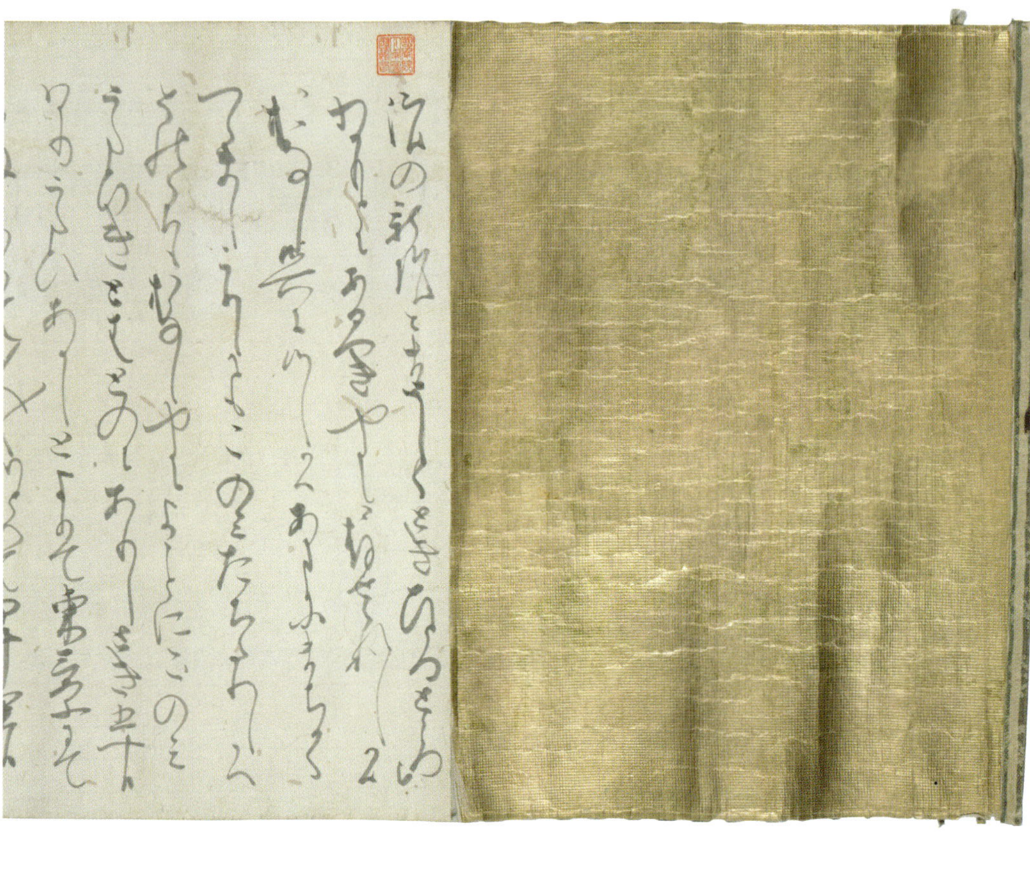

『梁塵秘抄口伝集』見返し（巻頭、原装）

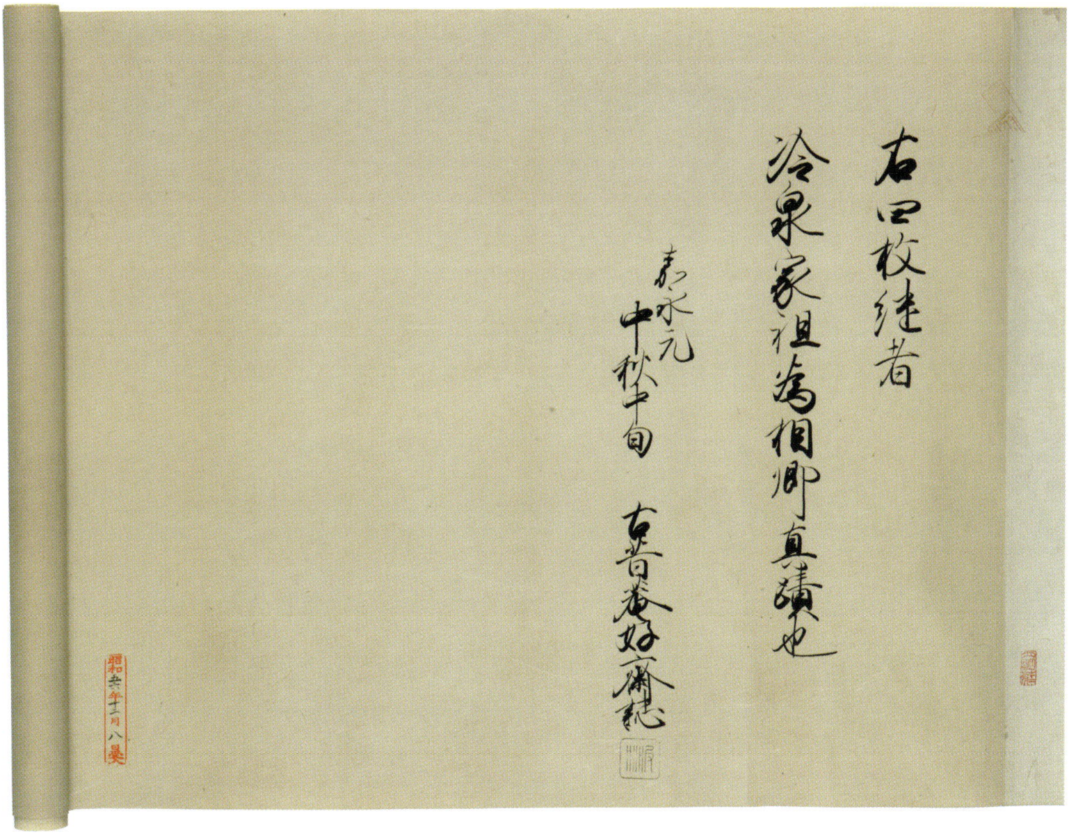

『梁塵秘抄口伝集』 極書（影印一三〇頁）

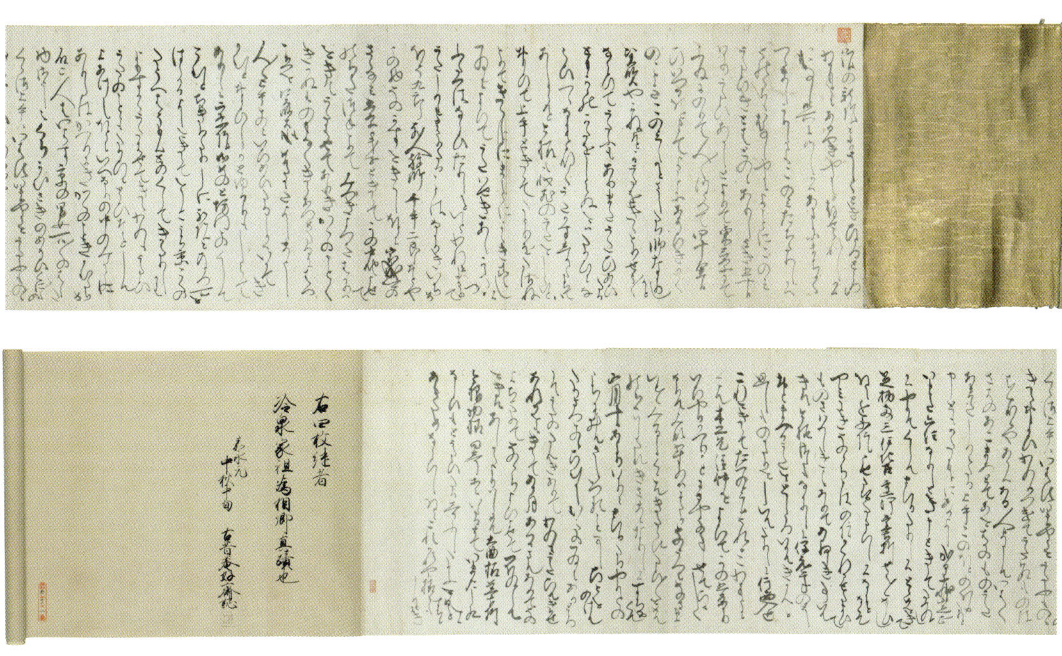

『梁塵秘抄口伝集』 巻頭から巻末までの全体像

『清輔本金葉和謌集』本体・箱入（解題五七九頁）

『清輔本金葉和謌集』箱蓋裏（解題五七九頁）

『清輔本金葉和詞集』
上　上帖表紙（影印一三五頁）
下　上帖の剥離した表見返しの裏面（影印一三六―一三七頁、解題五七九頁）

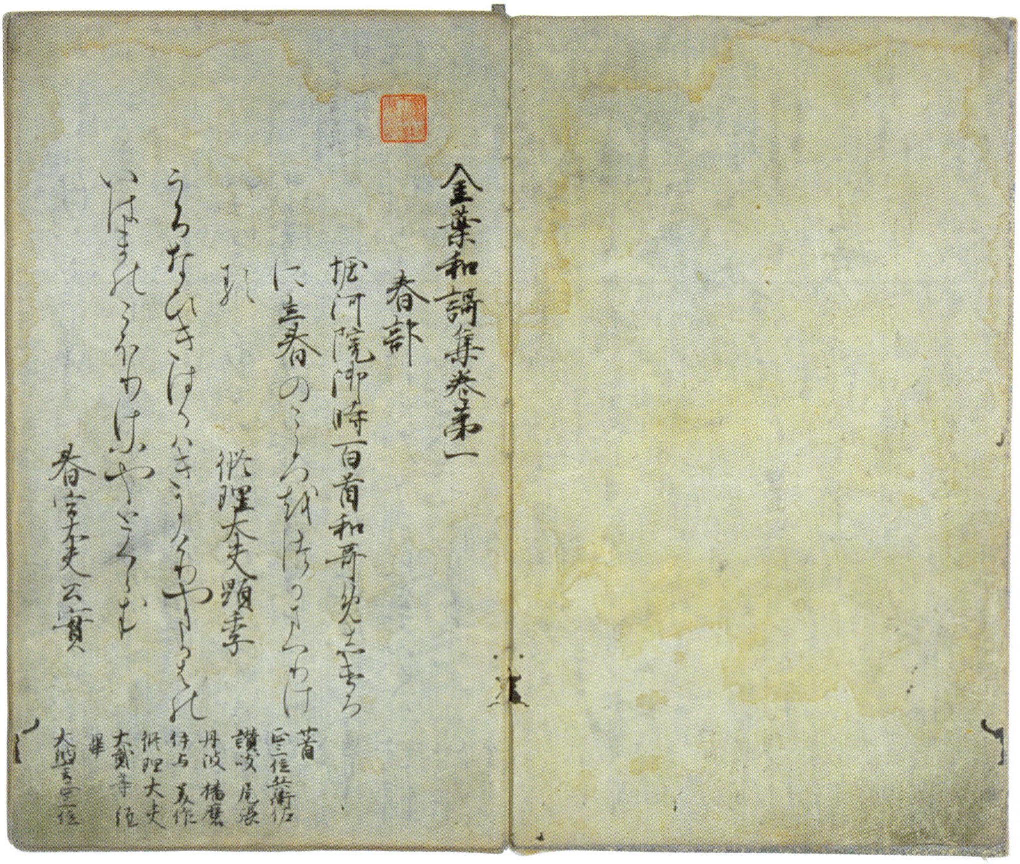

金葉和謌集巻第一

春部

春宮大夫公実

『清輔本金葉和詞集』上帖遊紙・一丁オ（影印一四〇―一四一頁）

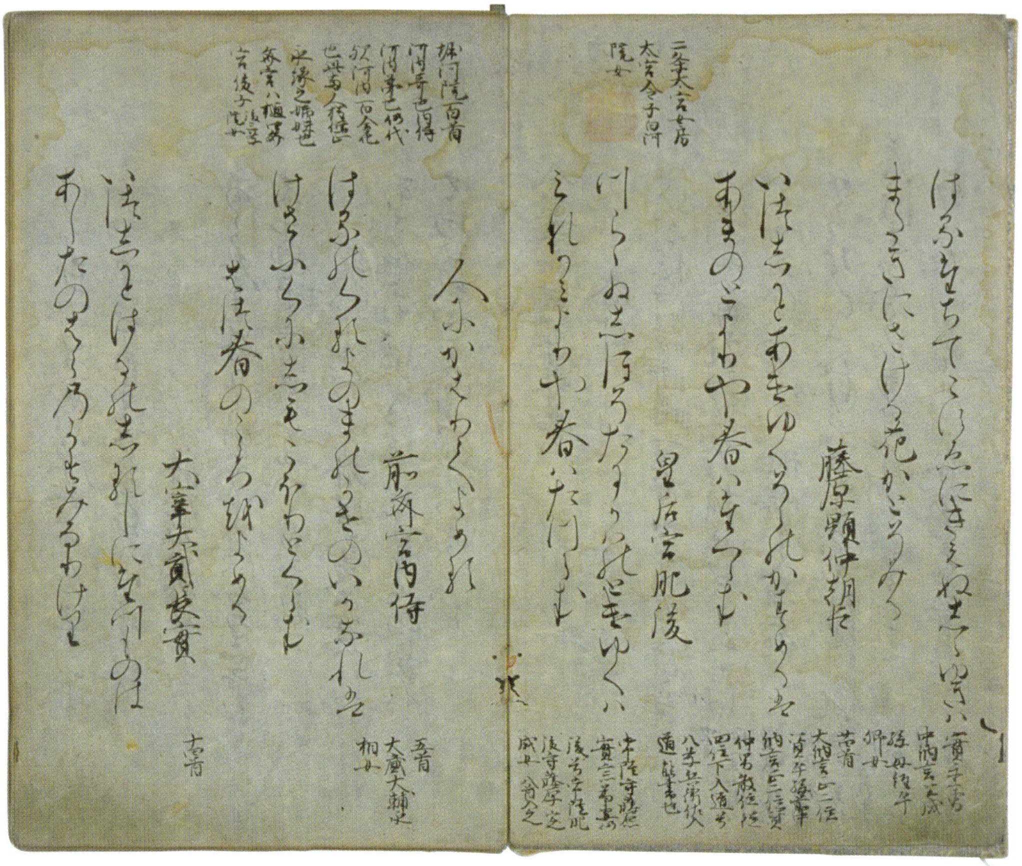

『清輔本金葉和詞集』上帖一丁ウ・二丁オ（影印一四三―一四四頁）

『清輔本金葉和詞集』
上　上帖遊紙・裏見返し（影印三二八―三二九頁）
下　上帖裏表紙（影印三三〇頁）

『清輔本金葉和謌集』
上　下帖表紙（影印三三頁）
下　下帖表見返し・遊紙（影印三六—三七頁）

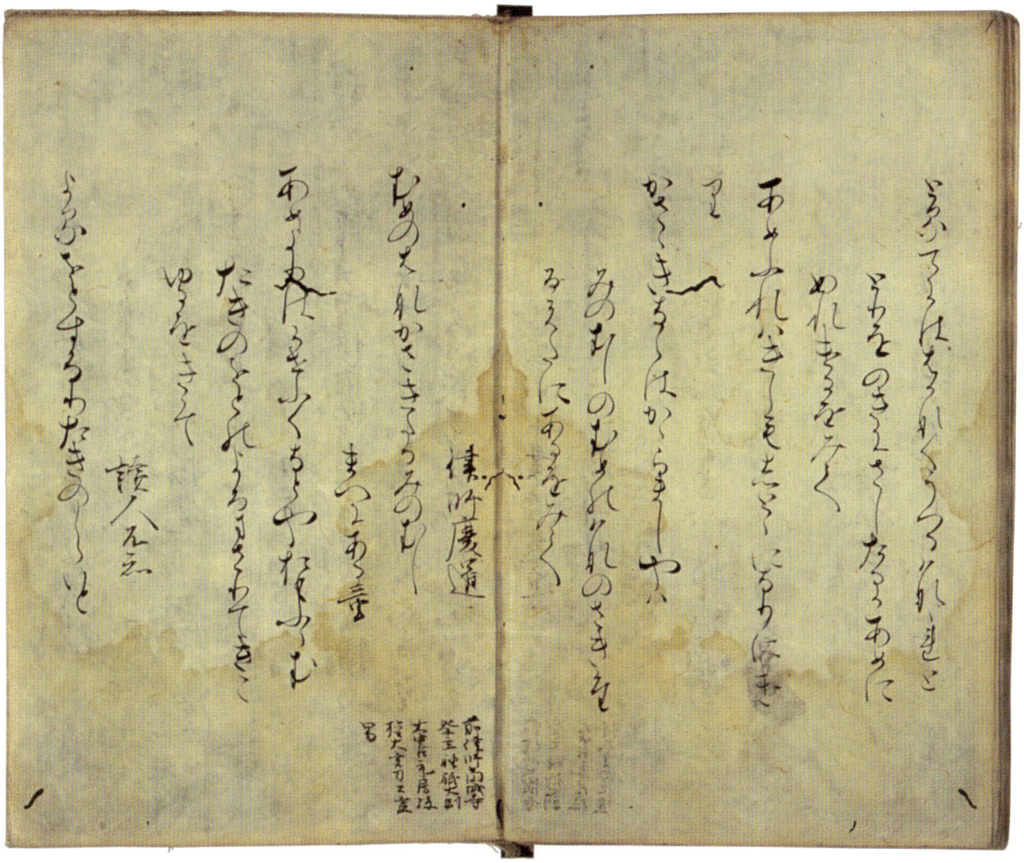

『清輔本金葉和謌集』下帖一〇五丁ウ・一〇六丁オ（影印五四八―五四九頁）

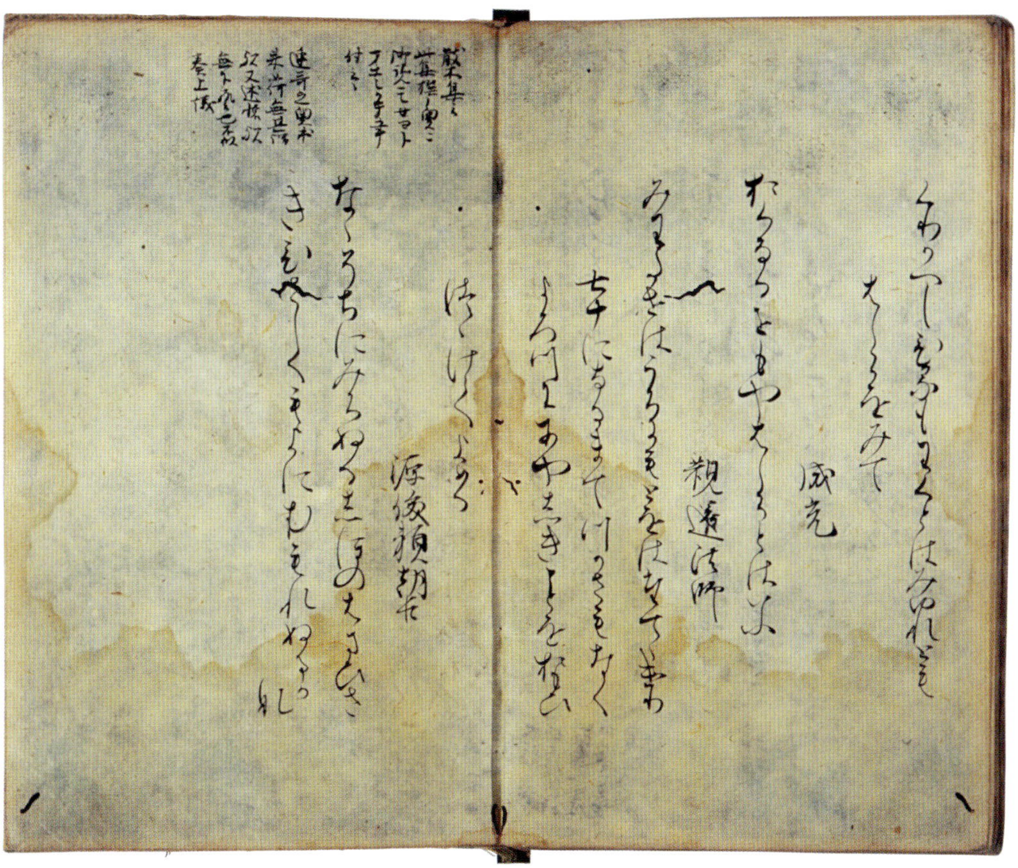

『清輔本金葉和謌集』下帖一〇六丁ウ・一〇七丁オ（影印五五〇―五五一頁）

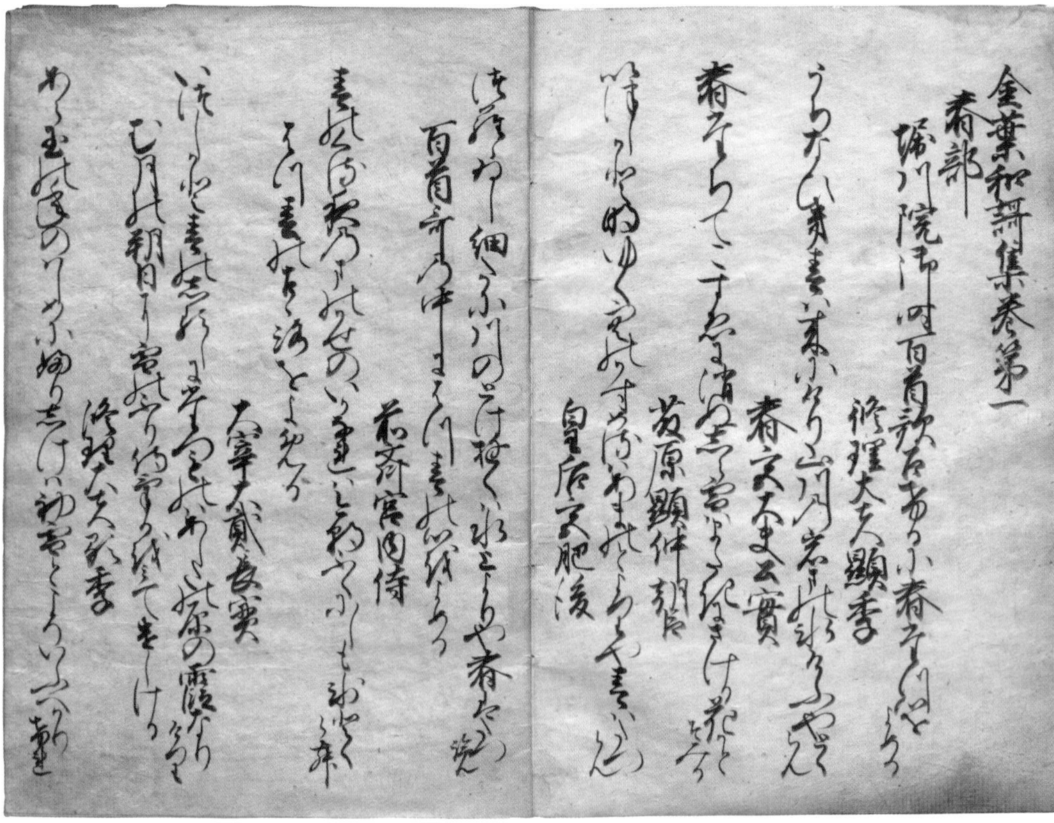

『伝楠木正虎筆金葉和謌集』 一丁ウ・二丁オ

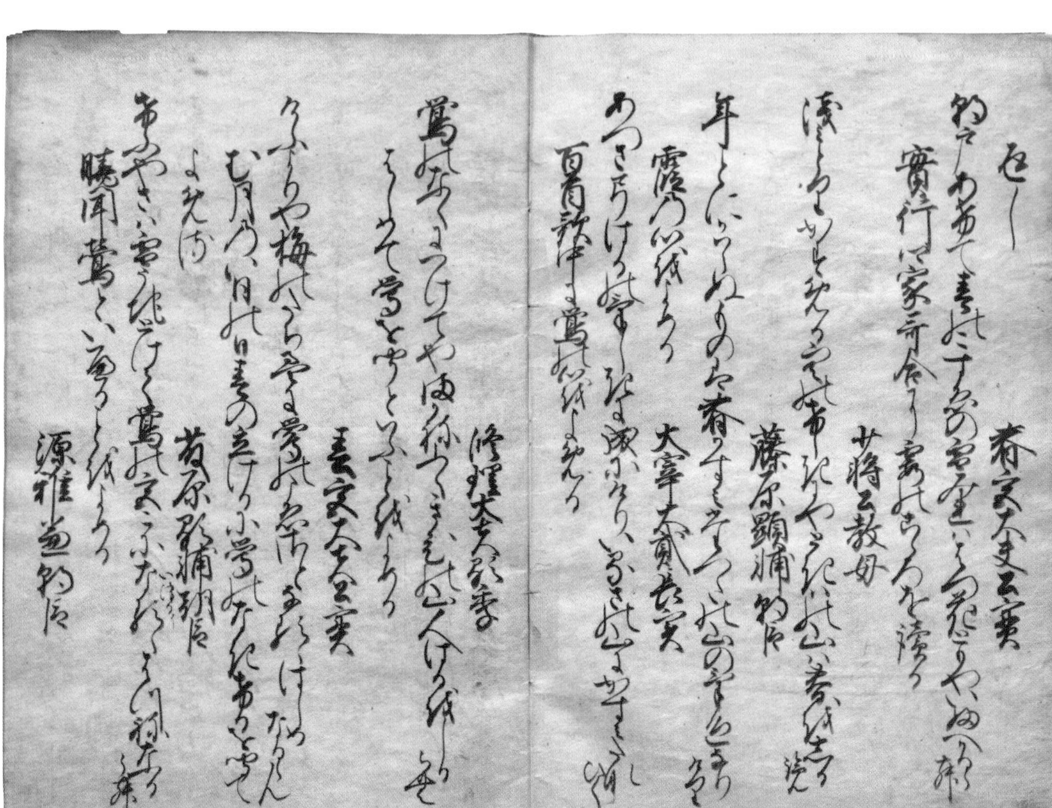

『伝楠木正虎筆金葉和謌集』 二丁ウ・三丁オ

刊行の辞

明治十五年（一八八二）、学校法人國學院大學の母体である皇典講究所が設立され、平成二十四年十一月四日に一三〇周年の記念すべき年を迎えることができ、記念式典・祝賀会をはじめとする記念事業が種々催行された。この年は、大学院設立六十周年、法学部設置五十周年、神道文化学部設置十周年、人間開発学部の完成年度を迎える節目の年となった。なかでも学士課程教育と並ぶ研究者養成あるいは高度職業人養成を負託された大学院が、昭和二十六年に文学研究科神道学専攻・日本文学専攻の修士課程が設置されて以来、多くの優秀な研究者並びに学位取得者を輩出してきたことは、大学のこれまでの歩みから見ても特記されなければならない。

また國學院大學は、文科系の単科大学から出発し、現在まで人文社会系の大学として発展してきた。したがって、大学における図書館の役割、また研究における古典籍の蒐集分析は特に重要な位置を占めるといえよう。「本でできた大学」との世評も、蔵書の数を指摘するだけではない、本学の学問の本質を端的に表現したものであろう。

創立一三〇周年記念事業は、本学の学問的な使命や特色を十分に反映するものとなった。学術関連事業としていくつかを例に挙げれば、『古事記』の成立を考える―撰録一三〇〇年記念」「国学の始祖　荷田春満」「後鳥羽院の世界」などの研究集会・シンポジウムを通して研究成果を公表するとともに、國學院大學が誇る収蔵図書の展示展覧を同時並行的に開催して、研究の成果とその基になった典籍を同時に展覧するといった意欲的な試みが行われ、どれも多くの参加者を得て、優れた成果を収めた。

このことを通してみて、優れた研究は同時にすぐれた文献資料の精査や分析と不可分の関係にあることが理解できる。創立一三〇周年記念事業として大学院からご提案のあった、『國學院大學貴重書影印叢書』刊行は、文献に基づく研究、実地踏査を重視する実証的な研究という本学の学統の一斑をよく表しているといえよう。古典籍に関する注釈、異種の伝本などの調査分析は、古典研究の中心に据えられるべきものである。こうした稀覯本や貴重書をつぶさに実見することに等しい、場合によっては実物より詳細な情報を、影印本はもたらしてくれる。本学所蔵の『令義解』『朝野群載』『梁塵秘抄口伝集』『金葉和謌集』を第一巻として、今後陸続と刊行される貴重書影印叢書は、必ずや江湖の研究者・学生を大いに裨益するに違いない。

平成二十五年孟春

國學院大學　学長　赤井益久

大学院開設六十周年と貴重書影印叢書刊行の経緯

國學院大學大学院は、昭和二十六年（一九五一）に文学研究科神道学専攻と日本文学専攻の修士課程、翌二十七年に文学研究科日本史学専攻、二十八年に日本文学と日本史学専攻の博士課程、昭和四十二年に法学研究科修士課程、四十三年に経済学研究科修士課程、同四十四年に法学研究科博士課程、四十五年に経済学研究科博士課程の設置が認可された。その後、幾度かの改正を経て、現在は文学研究科に神道学・宗教学専攻、文学専攻、史学専攻、法学研究科に法律専攻、経済学研究科に経済学専攻の、三研究科五専攻の博士課程前期、同後期が開設されている。

現在は大学院がその審査の任にあたっている博士学位は、大正九年（一九二〇）四月に本学が大学令に基づく大学として認可された後、同年七月の学位令改正に伴って授与が可能となった。國學院大學における博士学位授与の歴史を見ていくと、大正十二年の三矢重松「古事記に於ける特殊な訓法の研究」を第一号とし、昭和六年には植木直一郎「御成敗式目研究」、河野省三「国学の研究」、昭和七年には折口信夫「古代研究国文学篇中、萬葉集に関する研究」、松下大三郎「改撰標準日本文法中、第三編詞の本性論」と続いている。これ以後、本学の博士学位授与数は、平成二十三年度までに旧制・新制をあわせて五六二を数える。なかでも戦後早くに開設され、現在では神道学、宗教学、文学、民俗学、歴史学の学位審査を行う文学研究科は平成二十三年度までに五二六の授与を行っており、日本の私立大学大学院の中では有数の実績をもつといえよう。

國學院大學は、明治十五年の皇典講究所の設立以来、広く人文社会科学分野にかかるさまざまな資料の集積と研究を行ってきた。その足跡の一端は、本学のホームページ上で公開されているデジタルライブラリー（図書館）、デジタル・ミュージアム（研究開発推進機構）によっても確認できるし、学術資料館（考古学資料館、神道資料館）の展示によっても実見できる。なかでも古典籍を画像で紹介するデジタルライブラリーは、本学所蔵の貴重書を簡便に閲覧でき、その活用の道は大幅に広がった。歓迎すべきことだが、さらにこれを座右に置いて研究を進めるための方途が、今回の貴重書影印叢書の刊行である。その編纂を大学院が主体的に行うのは、大学院における教育・研究は原典に基づくことが重要だからである。典籍や史料などの諸資料を適確に扱える人材養成が求められよう。本学図書館には古典籍、史料が多く所蔵されており、第一巻には国の重要文化財の指定を受けている『令義解』『朝野群載』『梁塵秘抄口伝集』『金葉和謌集』を選んだ。第二巻以降も貴重資料の影印が行われ、大学所蔵資料の多元的な社会化が進み、広く研究・教育に役立てて頂けることと思う。

本叢書の刊行は、大学院設置から六十年目にあたる平成二十三年度に大学院開設六十周年記念事業として行うことを決めた。折しも平成二十四年は國學院大學の創立一三〇周年を迎えることから、大学院六十周年記念事業も大学の一三〇周年記念事業とあわせて行うことになった次第である。大学院に平成二十三年度に大学院六十周年記念事業実行委員会を組織し、この中に國學院大學影印叢書編集委員会を設けて、編集事業を開始した。六十周年記念事業実行委員会は、大学院委員長・小川直之（文学研究科委員長）を委員長とし、根岸茂夫教授（文学研究科幹事）、永森誠一教授（法学研究科委員長）、植村勝慶教授（法学研究科幹事）、菅井益郎教授（経済学研究科委員長）、小木曽道夫教授（経済学研究科幹事）、石井研二教授（神道文化学部長）によって構成し、記念事業全体にかかる事項の審議、決定を行っている。影印叢書編集委員会は、根岸茂夫教授を委員長に、岡田莊司教授、松尾葦江教授、千々和到教授、高塩博教授によって構成し、各巻の収録資料についての検討と編集、仕様原案の作成などを進めている。第一巻の刊行に当たっては、短い時間のなかで編集の大枠を検討された編集委員会の労が大きく、なかでも第一巻は、松尾葦江教授が責任編集者として解題原稿の依頼や校正等の作業を進められたことを明記しておく。最後に出版をお引き受けくださった朝倉書店に深甚な謝意を表しておきたい。

平成二十五年一月

國學院大學大学院　委員長　小川直之

目次

下帖

凡　例

一、本書には國學院大學図書館所蔵の重要文化財指定資料五点のうち、『令義解』、『朝野群載』、『梁塵秘抄口伝集』、『金葉和謌集』の四点を収めた。引き続き第二冊に『神皇正統記』を収める予定である。

二、本書に収めた四点について、重要文化財指定年月日と指定番号は以下の通りである。

（一）紙本墨書『令義解』神祇令第六・僧尼令第七　一巻　昭和二五年八月二九日　書第一三七八号

（二）紙本墨書『朝野群載』巻第一　一巻　昭和二五年八月二九日　書第一三七九号

（三）『梁塵秘抄口伝集』巻第十残巻　一巻　平成五年六月一〇日　書第二四七七号

（四）『金葉和謌集』（二奏本）　二帖　昭和五七年六月五日　書第二三八八号

三、口絵には以下のカラー図版を掲載した。

『令義解』　全体図、内箱蓋表、内箱蓋裏、見返し・巻頭、奥書・巻末

『朝野群載』　全体図、内箱蓋表、内箱蓋裏、目次部分の朱筆、見返し・巻頭、巻末

『梁塵秘抄口伝集』　全体図、箱蓋表、箱蓋裏、表紙・裏書、見返し（巻頭）、極書、巻頭から巻末までの全体像

『金葉和謌集』　本体・箱入、箱蓋裏、上帖表紙、上帖表見返し裏（剥離）、上帖遊紙・一オ、上帖一ウ・二オ、上帖遊紙・裏見返し、上帖裏表紙、下帖表紙、下帖表見返し・遊紙、下帖一〇五ウ・一〇六オ、下帖一〇六ウ・一〇七オ、『伝楠木正虎筆金葉和謌集』一ウ・二オ、『伝楠木正虎筆金葉和謌集』二ウ・三オ

四、本文の影印は原則としてモノクロとしたが、『令義解』には全体に朱の書き入れがあるので、カラー印刷とした。

五、『朝野群載』は巻頭の一部分に朱が入っているので、その箇所を口絵にカラーで掲げた。

六、割り付けの都合上、巻子本では一部、行が重複して掲出されているが、もとの資料に衍文があるわけではない。

七、『金葉和謌集』は列帖装であるので、一面を一頁に収めた。

八、影印の縮尺は以下の通りである。

『令義解』約八九パーセント、『朝野群載』約八四パーセント、『金葉和謌集』約七八パーセント、『梁塵秘抄口伝集』約七八パーセント。

九、巻子本の『令義解』『朝野群載』『梁塵秘抄口伝集』には、影印の欄外に行番号を振った。

一〇、種々の理由で文字が不鮮明な箇所や判読困難な箇所、また書写当時の訂正などについて、巻末に難読箇所一覧を付し、解説をつけた。

一一、『梁塵秘抄口伝集』については全文の翻刻を掲げ、宮内庁書陵部本との校異を記す。

一二、各資料の書誌情報と解題を付した。書誌情報はおおよそ項目を統一したが、各資料の事情により多少の差異がある。

一三、『朝野群載』解題には「猪熊本『朝野群載』所収作品表・出典一覧」を付した。

一四、『令義解』『朝野群載』及び第二冊の『神皇正統記』は猪熊文庫旧蔵本であるので、巻末に猪熊文庫の簡単な説明を載せた。

一五、五九〇頁に、解題・難読箇所一覧の執筆者の略歴紹介を載せた。

一六、掲載資料の中にはすでに國學院大學図書館のデジタルライブラリーで画像を公開しているものもあるが、本書からの翻刻出版等には國學院大學図書館の許可が必要である。

令義解

神祇令第六 謂天神曰神地神曰祇也 凡貳拾條

天神地祇

凡天神地祇者、神祇官皆依常典祭之。謂天神者伊勢山城鴨住吉出雲國造齋神等類是也。地祇者大神大倭葛木鴨出雲大汝神等類是也。常典者此令所載祭祀事條也。

仲春條

仲春祈年祭 謂祈猶禱也。欲令歳災不作時令順度、即於神祇官祭之。故曰祈年。

季春鎮花祭 謂大神狭井二祭也。在春花飛散之時、疫神分

行癘□其鎮遏始
祭故曰鎮花

孟夏神衣祭謂伊勢神宮祭也此神
服部等齋戒潔清以參
河赤引神調絲織作神衣又麻續連
等績麻以織敷和衣以供神明故曰
神衣之也

大忌祭謂廣瀨龍田二祭也令山谷
水變成甘水浸潤苗稼得其
全稔故有
此祭也

三枝祭謂率川社祭也以三枝花飾
酒樽祭故曰三枝也

季夏祭

風神祭謂亦廣瀬龍田二祭也欲令
沴風不吹稼穡滋登故有此
祭凡讀此四祭者先讀神衣其次三
枝三枝其次大忌其次風神即與令
式令連署義同以下
諸祭亦准此例

季夏月次祭謂於神祇官祭與祈年
祭同即如庶人宅神祭
也

鎮火祭謂在宮城四方外角卜部等
鑽火而祭爲防火災故曰火鎮
道饗祭謂卜部等於京城四隅道上
而祭之言欲令鬼魅自外來

有不敢入京師故預
迎於路而饗遏

孟秋條
孟秋大忌祭風神祭

季秋條
季秋神衣祭謂與孟夏祭同　神嘗祭謂神衣祭
日便即
祭之

仲冬條
仲冬上卯相嘗祭謂大倭住吉大神
穴師恩智意富葛
木鴨紀伊國日前神等類是也神
主各受官幣帛而祭之也
寅日鎮魂祭

一下卯大嘗祭 謂若有三卯者以中卯為祭日更不待下卯也
季冬月次祭 鎮火祭 道饗祭
前件諸祭供神調度及禮儀齋日皆
依別式 其祈年月次祭者百官集神
祇官中臣宣祝詞 謂宣者布也祝者賛辞也言以告神
祝詞宣聞百官放日
宣祝詞之也 忌部班幣帛 謂班
猶頒其中臣忌部者當
司及諸司中取用之

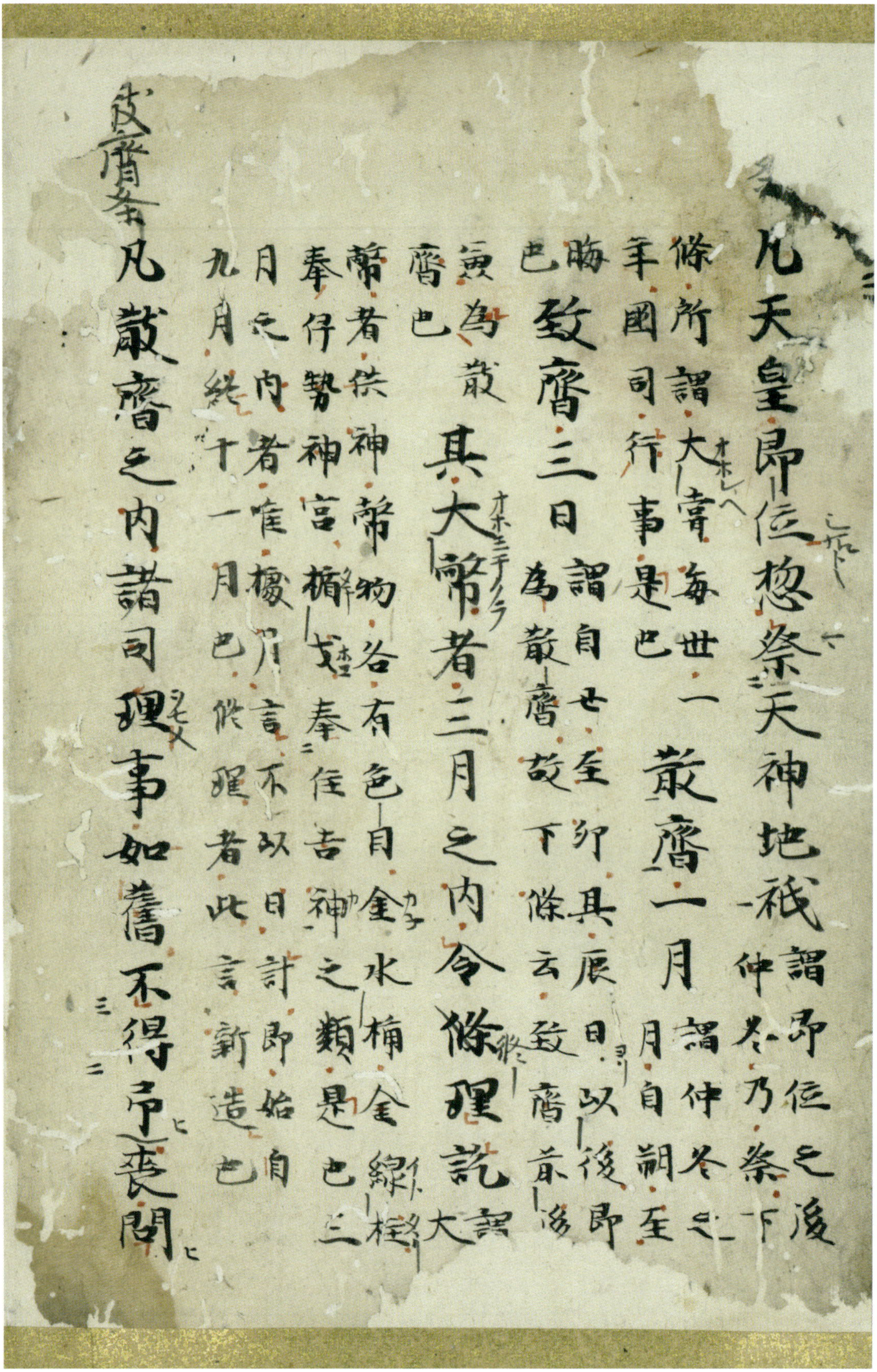

凡天皇即位惣祭天神地祇 謂即位之後仲冬乃祭下條所謂大嘗每世一年國司行事是也 散齋一月 謂仲冬之月自朔至晦也 致齋三日 謂自丑至卯其辰日以後即為散齋故下條云致齋前後兼為散齋也 其大幣者三月之内令修理訖 謂大幣者供神幣物各有色目金水桶金線柱奉伊勢神宮楯戈奉住吉神之類是也三月之内者唯擧月言不以日計即始自九月終十一月也修理者此言新造也

散齋条

凡散齋之内諸司理事如舊不得弔喪問

爲小祀

請以神代之古事為忌部上神璽之鏡劒
万壽之寶詞之也
謂璽信也猶云神明之徵
信此即以鏡劒稱璽也

大嘗祭條　凡大嘗者毎世一年國司行事以外毎年
所司行事　謂所司者在京諸司預祭事者是也

一凡毎年所司行事　謂所司者在京諸司預祭事者是也

一祭祀條　凡祭祀所司預申官　謂所司者神祇官也預申官者即一日齋然須預
官散齋日平旦頒告諸司

祀条　凡供祭祀幣帛飲食及菓實之属所司長
官親自検校必令精細勿使穢雜
常祀条　凡常祀之外須向諸社供幣帛者皆取五
位以上卜食　謂凡卜者必先墨畫龜然後灼之兆順食墨是為卜食也
者充唯伊勢神宮常祀亦同
大祓条　凡六月十二月晦日大祓　謂祓者解除不祥也
者中臣上御祓麻東西文部　謂東漢文直西漢文猶也

上祓刀讀祓詞 謂文部漢音所讀者 訖百官男女聚
集祓所中臣宣祓詞卜部為解除
諸國条 凡諸國須大祓者每郡出刀一口皮一張
鍬一口及雜物等戸別麻一條其國造出
馬一疋
神戸条 凡神戸調庸及田租者並充造神宮及供
神調度其税者一准義倉 謂租稅者並是田租稲新輸日

租經則曰税也一作
義倉者不出舉也
皆國司檢校申送所司

僧尼令第七　凡貳拾漆條

觀玄象条　凡僧尼上觀玄象假説災祥語及國家妖
惑百姓謂天文爲玄象也非眞曰假也天
反時爲災也吉凶先見爲祥也過誤爲妖言也語及國
家者不敬指斥尊号故詭曰國家也言假
説之語聞於人定也妖惑百姓者以假説
之言曰惑一人以上具自觀玄象至惑百
姓總是一事相須得罪也若上觀玄象所
説有實之非觀玄象説災祥并雜説玄

衆而不入人者並入下條也若欲（之不習讀及蓄）餘禁書者亦入下條也并習讀兵書謂雖不成業亦是也
殺人奸盜謂若殺及奸家人奴婢并奸盜未得者並依下條也
及詐稱得聖道謂四果聖人之道也並
依法律付官司科罪謂不論罪之輕重皆先還俗何者案道僧
格犯詐稱得聖道等罪獄成者雖會赦猶還俗故知必先還俗其僧尼還俗猶俗人
除名者依律犯除名者罪雖赦從例除名罪若會仍依當贖法唯此言之僧尼詐稱得
聖道等者罪雖赦猶還俗不可更論本罪也若會者仍依以告牒當之法

卜相吉凶条
凡僧尼卜相吉凶 謂灼亀曰卜視地曰相占与筮同也 及小
道 謂厭符之類也 巫術 謂巫者之方術既是邪道女覡不可異説是並雖不
終事而已始行者皆處還俗 療病者皆還俗其依佛法
持呪救疾不在禁限

自還俗条
凡僧尼自還俗者三綱録其貫屬 謂還俗者先已
還俗訖者非令始欲還俗故下文云師主
三綱隠而不申也三綱者上座寺主都維
那
京經僧綱自餘經國司並申省除付若

三綱及師主謂依止師是也自為白衣時所事者也出家以後受業亦同之隱而不申卅日以上五十日苦使六十日以上者百日苦使

三寶物条

凡僧尼将三寶物餉遺官人謂三寶者佛法僧也餉遺者無心償請直将送与若送私物豪相属請者亦同官人者内外百官主典以上若遺凡人并自用者須准同居卑幼用財之法其三寶物混在一處未経分割故不科盗若僧物分訖而盗者亦准凡盗法其同財弟子盗者亦從同居卑幼之律也

若合搆朋黨擾亂徒衆謂假有一邪僧欲排寺主招引黨類合謀潛言互相擾攪亂人攪亂之類之也及罵辱三綱凌突長宿謂罵者惡言也辱者恥辱也凌者侵易也突者搪揬也長宿者長老宿德具罵辱者重凌突者輕長宿既尊三綱秩卑即明凌突三綱者不合苦使之百日苦使若集論事辭状正直以理陳諫者不在此例

条　非寺院

凡僧尼非在寺院別立道場聚衆教化謂道

場教化相須還俗若飾三道場并妄説
而不教化者須科違令餘云道場
罪福謂在寺院而妄説也及殴撃長宿謂據上臈長宿三綱尊卑
既異令此條唯舉尊者故殴卑者不可還
俗自須准殴傷輕重依格律條論但不可
輕於罵辱之罪其凡
僧相殴者然依下条者皆還俗國郡官司
知不禁止者依律科罪謂不禁止者犯上
三事已過之後知
而不糺若知其始而不禁止者依律合
与同罪也依律科罪者科違令罪但殴撃
長宿以上而知不糺者科其有司
知所犯而不舉劾之罪

食者、三綱連署、經國郡司、勘知精進練行、謂、精進者、懃懇也。言精鋭求道、進而不退也。練者、陶練修也。言陶練情性、以求解脱也。判許。京内仍經玄蕃知。並須午以前捧鉢告乞。不得因此更乞餘物。謂、衣服之類也。

取童子条

凡僧聽近親、謂、三等以上。餘稱近親、皆唯此也。郷里、謂、本貫也。取信心童子、謂、未成人之稱也。供侍。年至十七、各還本。其尼取婦女情願者。謂、不限年之長幼、但取於

飲酒条　凡僧尼飲酒食肉五辛者謂飲酒不至酔乱也食肉者庖宅舎生之肉也五辛者一日大蒜二日慈葱三日䪥葱四日蘭葱五日興渠之也卅日若使若為疾病薬分所須三綱給其日限若飲酒酔乱及与人闘打者各還俗謂若本罪徒以上及僧尼相闘打者並依下除之也

有事可論條　凡僧尼有事須論不縁所司輙上表啓謂有

[illegible]者謂家事也所司者治部玄　并擾亂官
蕃其外國者可經國司也之
家妄相嘱請　謂不論主司許与不許　者五
唯止嘱請者即是也
十日苦使再犯者百日苦使　謂已發更犯
与律更犯其
意同若先上表啓後妄嘱請者亦是再犯
文為雜兩事之下故其第三度犯者更始
五十日苦使第四度犯者百日苦使与三
犯徒流之律其義同若二罪以上俱發者
亦依律承例其先後四度累犯而一度惣
者不得過二百日何者篤准杖法故也
若官司及僧綱斷決不平理有屈滯須
曲也　留也

申論亦不在此例

作音樂条

凡僧尼作音樂及博戯者謂雙六樗蒲之類也百日
若使碁琴不在制限

聽着木蘭条

凡僧尼聽著木蘭青碧皀黄及壞色等衣謂木蘭黄橡也青碧者碧亦青色也壞色者失鮮帛色變壞非全者也
餘色及綾羅錦綺並不得服用違者各十
日若便輙著俗衣者謂衣冠並著也從不並著犯其一者亦須

依佛法論也　百日苦使

停婦女条　凡僧房停婦女尼房停男夫　謂男女不限年之多少但

須臨時斟酌已　經一宿以上其所由人　謂所停僧尼其被停

男女者自依首從律但僧尼者雖是為從猶科苦使不合減罪　十日苦使五

日以上卅日苦使十日以上百日苦使三

綱知而聽者同所由人罪

輒入尼寺条　凡僧不得輒入尼寺尼不得輒入僧寺其

有觀相師主及死病看問（謂雖非師主皆聽看問之敏）齋戒（謂齋會也）功德（謂修善也）聽学（謂学問也）者聽

禪行條

凡僧尼有禪行（謂禪靜也）修道意樂寂靜不交於俗欲求山居服餌者（謂服避穀藥而靜行道氣也雖不服餌亦謂山居也）三綱連署在京者僧綱玄蕃在外者三綱國郡勘實並錄申官判下山居所隸國郡（謂假如山居在金嶺者判下吉野郡之類也）每知在

此不得別向他執

任僧綱条

凡任僧綱謂律師以上必須用德行能伏
徒衆道俗欽仰綱維法務者謂僧綱者僧
正僧都律師
也德行者内外之稱已在心為德施事為行
綱維者張之曰綱持之曰維言張持法
務令其不
傾弛也
所舉徒衆皆連署牒官若有阿
黨朋扇謂阿黨者阿曲朋黨也
朋扇者朋黨相扇動之也
浪舉無德
者百日苦使一任以後不得輙換若有過

罰。以老病不任者、謂、過罰者十日苦使以上、已僧綱若犯此罪者、唯解其任、不更苦使也。老病不任者、縁老若病不任其事也。即依上法贖換。

修営条

凡僧尼有犯苦使者、修営功徳、謂、書寫經典、荘厳佛像之類也。料理佛殿、謂、塗堊塔廟之類也。及灑拂、謂、灑撒水即洒。謂苦等其斲斧舂炊之役、非道人之所可親故云、其限制使不濫執之也。等使。須有功程。若三綱顔面不使者、即准

所縱日罰苦使謂顔面者言犯苦使
僧尼所請求而三綱自阿
容不使者即准所縱日多少罰苦使
若雖不滿十日猶亦准所縱頭苦使其被
縱僧者不可信役何者下文云輒許之人
與妄請人同罪即明非妄請者不可科罪
其有事故須聽許者並須審其事情知實
然後依請謂事故者身病久又父母喪之類
既云知實依請即知不實追役
也依律有所請求已施行者各杖一百然
則妄請之人者本罪之外更合百日苦役
其三綱者依二罪法本罪與施行杖
一百一重苦科也

無状輒許謂犯苦使之僧無可許之状而貨賂潜行嘱訟屡追三綱受辞揆情輒許者也者輒許之人与妄請人同罪

方便俗

凡僧尼詐為方便移名他者謂僧尼以己名驗賣与俗人令其為僧尼其本僧尼者或猶為僧尼或還俗白衣皆同但隨其猶為僧尼故云還俗俗ゝ妄還俗依律科罪其所由人與同罪謂所由以者俗人受乞驗為僧尼也与同罪者皆還俗且令徒一年

有私事条

凡僧尼有私事訴訟来詣官司者権依俗
形参事謂依俗形者既為俗形即須称俗姓名也参事者参対官司申論事緒也
其佐官謂僧綱之録事也以上及三綱為衆事謂衆僧之事也
若功徳須詣官司者並設床席

不得私蓄条

凡僧尼不得私蓄園宅財物及興販出息
謂蓄者聚也其尋常所須及縁身資用如此之類不在禁限然不禁得仍出息興販之興販者賤買貴売也出息者債物射
凡僧尼犯此法者其物皆没官之

遇三位以上條

凡僧尼於道路遇三位以上者隱　謂若

無屋可隱者斂馬側立

五位以上斂馬相揖而過

若歩者隱　カチナラハ　カチヨリナラハ

十八

身死條

凡僧尼等身死三綱月別經國司々々毎年附朝集使申官其京內僧

經季別經玄蕃亦年終申官

准格律條

凡僧尼有犯准格律合徒年以上者還俗許以告牒當徒一年謂格者臨時詔勅也

律云事有時宜故人主權斷詔勅量情處分是其格律者謂為俗人設法不為僧尼立制是以稱准也徒年以上者死罪以下也告牒者僧尼得度文驗也依律雖犯死罪者合贖知僧尼犯死罪者亦先還俗然後處若其流罪者比徒四年以告牒當徒一年其餘

三〻下文役身也若犯加役流者亦還俗而
所〻不得以告牒當贖至配所不免居作
若有餘罪自依律科斷謂假有犯徒二年者以告牒當
一年徒其餘一年者依律役身其犯徒以
上還俗之後猶有餘罪籍父祖蔭應得減贖者

3　1

准俗人之法如聞今依此條徒以上還俗
杖以下苦使未知過失犯罪不同正犯仍
聽收贖但僧尼者於無財理難
可贖量事議罪歟合放免
杖以下毎杖十令苦使十日若罪不至還
俗及雖應還俗未判訖並散禁謂犯苦使已斷訖未
付三綱者散禁若未經斷者付寺參對其
應還俗判斷已訖者一同俗人禁法也
若苦使條制外復犯罪不至還俗者謂准枷杖
犯之罪既非苦使亦非還俗故科付三
綱罰是内法之制非俗律之科其違

擧將明章并不應得爲等類似有科條不可更依佛法也令
經以佛法量事科罰其還俗并被罰之
人不得告本寺三綱及衆事謂還俗之人至于終身被罰之
人限苦使之間並不得告言也若謀大逆謀叛及妖言惑
衆者謂以妖言而惑三人以上即為衆妖言而不惑衆者不可告言不在
此例

私度條
凡有私度及冒名相代謂冒覆也言甲冒乙名而官司不

[…]度緣詐冒身死僧尼幷已判還俗仍
名[…]代為僧尼者也
被法服者依律科斷師主三綱及同房人
知情者各還俗謂此惟據私入道未除貫若知已除貫者自依格律
除也雖非同房知情容止經一宿以上皆百
日苦使即僧尼知情居止浮逃人經一宿
以上者亦百日苦使本罪重者依律論

令俗人付其經像歷門教化謂既以僧尼令俗人
百日苦使其俗人者依律論歷門教化即既僧尼爲違意其俗人者
自依從減一等之律合杖九十也

出家条

凡家人奴婢等若有出家謂稱家人者官戸奴婢亦同其依
內教奴婢者不許出家而此稱出
家者緣其入道免賤與度故也
後犯還俗及自還俗者並追歸舊主各依
本色其私度人縱有經業不在度限謂責

知犯法制故不聽其度若改正之
後又應得度者不在禁限之

外國条

凡僧尼有犯百日苦使經三度改配外國
寺　謂已發更犯是即与上條再犯義同其
第三度百日苦使者為其外配不更苦
使也若亦犯二百日苦使其役未畢者於
配所而役之其三犯百日苦使正教敍降之
後為准与律三盗徒流義同也改配外國
寺者若外國僧尼有此三犯者不可更移
他
仍不得配入當内

不得以奴婢牛馬及兵器充布施

職丨充及受之人各當違令之罪

俗
僧尼畜財物法具物皆須沒官

僧尼不得輙受

廿七
焚身捨身條

凡僧尼不得焚身捨身若違及所由者並

依律科斷

令巻第三

正平十七年五月十五日以家説
授愚息左尉明保了於累家本
者紛失之間以餘本授之
大判事坂上大宿禰

朝野群載

朝野群載巻第一　幷序

予曾無拾芥之智唯有守株之愚
多集反故之體以為知新之師乾勢
歲三十巻号曰朝野群載可謂不異青
雲高見紫宮之月不出一室遙知万都 邦

雲高見紫宮之月不出一室遙知万都（邦）
之風但慙耄及拙編次怯墉昧涉獵。又
楫後昆宜補前闕于時永久之曆丙申
之年善家算儒為康抄之

文筆上

賦一首　八字　四字

詩十三首　奉試　古調　越調
字訓　離合　建除　迴文

文筆上

賦二首　八字　四字

箴二首　寄鷹拳　同和

倭歌序四首　新撰　新樂府　翰林　大井河　殿上

碑文一首　清水寺觀音像

辞三首　春帰　歎落　秋歸

歎二首　落花　白髮

詩十三首　奉試　古調　越調　字訓　離合　建除　廻文

詩序二首　集序　句題

歌二首　春風　刺貴賤之同文

銘八首　鏡二　鉢子　金鼓　鐘　座右　漏尅　不動尊

吟七首　落葉　貧女　閨中

詠一首　空也聖人

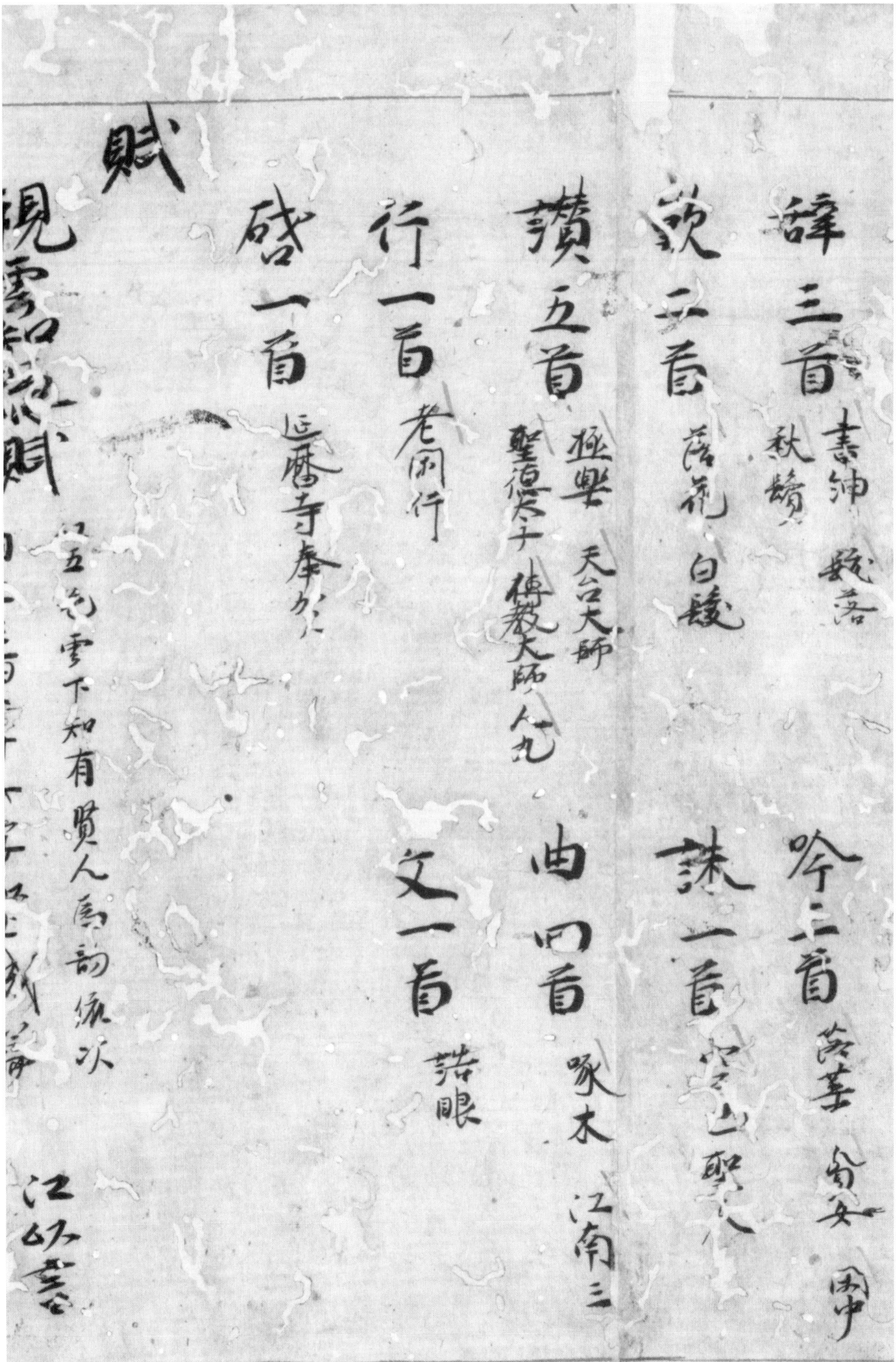

辞三首　書紳　秋嬌　斂落　　吟二首　落葉　貞安　周中

歌二首　落花　白髪　　詠一首　空山聖人

讃五首　極楽　天台大師　聖徳太子　伝教大師　合九　　曲四首　啄木　江南三

行一首　老閑行　　文一首　詰眼

啓一首　延暦寺奉之

賦

視雲知隠賦　以五言雲下知有賢人為韻依次　江以言

賦

視雲知隠賦　以五色雲下知有賢人爲韻依次用之三百六十字以上成篇　江以言

雲生上天人詫下士群豪時匿退蔵五色即雲覯矩出有形象以欲表其英靈熟任飛龍以待遇其九五原夫道有泰陵運有通塞廊廟雖掄其材巌穴猶韜姿德同天遂識自韜栖遁之蹤望氣潜通遂致束帛之色様觀夫一人慎日四方覬雲嚮集来類

致束帛之色、候観夫一人慎日四方仰雲、龍来類
飛難含霜竹之栖鳳詔、背誰鈎風桂之訪
而無遂三花觸石之膚鬟鬚求下之致五葉復浪之痕
亂氣孚軋蒲輪賜詔金馬稱晉之文於介山感殷代於
傳郵達漢封而無事靈復方影於汾陽之中進楚冀行　寶
為空之壺庿於晉湯之下劍吏賢々晦其行雲以頭其　壷
奇亭々之質含尊早浮復之初祇遠近知勢異權月
凿東海瀕浪之跡彩々如非煙浮歸北山極巖之変風行浮

尋東海鯨浪之跡彩如非煙遂歸北山栖巖之支頁行浮
沉以來雖日之照与道俱息未散狂風之吹於是初神
譬後詩讃化導所利万寧万神功讀所靈還盈九
有花夷稱其行高藻峯推其德厚則知朝有善政野
無遺賢肥遁之地雖邈矣后儀之家自然盤漢皓遁
秦之朝望巖孤峯之月閑來靜坐之暮眼混之閑之
煙是知天運呈素端世表賢人類鄧林之竹龍鳥舊恩是
河之翰奇際卿周黔号不迷句當指南之使望基延衣

河之韜奇弥仰周旋兮不迷自當指南之使望楚衣
兮晴運遂得鳴騶向北之論非親彼行々之雲物爭知
此濟々之隱倫哉

春雪賦　以盈尺表瑞為韻　紀納言

雪之逢春深不過尺一時於白滿同色於汀積凝地而讓
後馬蹄滿庭々前村樹邊跡或逐風不返如振群鶴之毛
亦當晴猶殘凝綴無飛抓之勝觀又映無影乱飄示
賢輕懸天有色陰地無聲埋園蔬而雜乎閭
設

賀輕懸天有色陵地無聲埋園蹤而雅乎向
設
設掩門撤而炎葉桐驚乍助書帷之夜究澤洪
同照忽入粧樓而鏡舞粉匣盡爲照亞樓颺於和
暖之仲詠美於煙雲之表匙人皆資二毛之年拂案
未辨孤月之曉蹇花鉤而珠簾暎望畫梁以玉塵
裴
繞条叐落水暗伴貞氷之雖聚散遍林欲閑宿巣
之鳥既而地毛肌去膏蛻農斂耆液泉脉遠被豈
山精嬬浴而久寒忽能混郭外之淋氣適在遅回

此猶孀凉而未寒忽龍混郊外之淋氣適在遅日
之可樂還知豊年之致瑞

詩

奉試詩

五言奉試賦得教學為先 以千字為韻 韻用仲尼弟子名

江匡衡

護國君以須令教學行誨業不倦習處若
寧輕背古長讃仰乎今聞已成有寺欲受陽可

護國君々務須令教學術誨未了不倦習慶々若
寧輕替古長贊仰于今自化成有時歡愛賜何
日忘研精照春月消潔冷螢火驗明文衣無漾埦
賢愧不奇名豈敢非求業誰應得退耕華逢
随德無用詩樂心情

古調詩

見二毛　源英明

吾年三十五未覺形體衰今朝懸明鏡照見二毛

見二毛　源英明

吾年三十五未覺形體衰今朝懸明鏡照見二毛

姿鬢鏡猶未信拭目重執驗不擇根鋪下拔尋數

莖絲於秋多愁借生此又重悲〻心思事理〻信可

知十六位四品十七職捨遺延長休明代久趨白玉墀

平與事曆數採藝衛鎮參入宗室籍官位得相持

顔回周顗者未至三十潘岳晉名士且著秋興詞

彼皆少於我可書始見違

彼皆少於我可書始見逢

越調詩

山家秋平　紀納言

一身漂泊厭浮名試避喧々毀譽聲秋水冷暮岫
清三両茅屋送殘生
幽栖何事且營々藥圃芝涼手自耕溪水咽嵩梧
鶩斷腸媒介是秋聲

字訓詩　清原真友

于時寛平九年秋

字訓詩　　　清原真友

于時嘉祥九年秋

禾失曾知秋中心豈忘忠里魚寒浪鯉江鳥度秋鴻

火畫仍為爐山高自作嵩色絲雖不絶凡虫注寒風

同　　　源順

周禾玆瑞稠人壽与仙儔加馬馳高駕求衣擁重求衣

髮香蓮綻綫秋木葉落楸官食龍門館三刀袋九州

時和年豊詩　　橘在列

離合詩

明王絶化端照如月照階莫求醴泉侍衛官梔霜戰

況人阻鄭来雪指嬰種未手霜仙庭側童得風處裏

明王施化瑞顯然月照階蓂水醴泉侍衛官梅霜戦
歐人臣節律雪猶堅種來手霜仙庭側重得風美
濟邊無碩冊婷離俗地金章紫綬滿朝賢祿備鄰句　鄭
洒應使家是陶朱葉各傳汴麻稻花千畝遠負槿
麦穗両岐連典謨好頌克曦彎德八百誰閲大握篇
短則潜鱗元不載矣保仁政超如天

足脚詩　　　　藤敦隆

[illegible]

足脚詩　　藤敦隆

愚惷戇意急　忿怒懸悲恐　怨恙忽忌患　感恩應念息

誰識語談議　請論諷詠詩　諸諫讖諭謨　誑誕誡詡詩　　藤公明

宇宙寰宣安　寂寥窕向寬　富宏寧寡寶　賓客守寨官　　江匡時

廻文詩　　橘在列

寒露晩霜蒸　晩風淳動岐　残聲蟬嘒々　列影鴈離々

蘭色紅添砌　菊花黄満籬　園々月聳嶺　暎々水陰池

蘭色紅添砌菊花黄満籬園〻月影嶺晈〻水陰池
我黨數輩留連日久或詠新調搆捻〻詞或綴字訓
離合之什又有越調之詩又有走脚〻和適所遺〻
體只迴文兩〻仍連章句數篇以及朋矣　藤公章
行雨暮霑地晴雲朝繞岑清風淳訊〻落日曖沉〻
征馬疲中路宿鳥群外林情感暑酬酒寄莚數調琴

箴

審專擧箴　政化由得人爲務
百五十字以上成篇　都在高

赤[illegible]

箴

審學擧箴　政化由得人爲詮　百五十字以上成篇　都在高

赫矣明王肅哉上聖拔賢擇士施教敷政範牧鸞枚九
嶽三將各垂万年仁被百姓无爲而治不言而化緜藹
唐虞德傳周夏上右之君用而無休後世之全歷草
由白駒之彦皆以淹留蒼龍之傑豈不優遊官之得上
如纖通丹士之任職似毛狸求衣青稱後杖乱而相周詩
云々又士出王國讓王之客之對海側徴帝之賓不閉山嶺登
用人致[illegible]之[illegible]則用之延壽之[illegible]人不[illegible]不迷之當

云々又士此王國讓王之客已斷海側徼帝之賓不問山岳登
用之教顕於忠臣利用之迹播於隠人不憖不失爰審
爰遣端秘丹觀祥叶白麟

同前　　　　　　　　　　　平盈董材

彦峯婦寶銓衡依正恪勤在官僶勉從政故塞之
忠直明之上聰爰通識歟爰播奉命光禄茂才擧停
虚詐公車徴士長不閑暇傅登稻說東山呂謝洞河
罷盤宏闕助化兆隆泰有度昇平有由臣肆蓬君
被鴻休擧善閑樂用愚共晏之爲帝範之作王獻蕩之皇極

被鳩休挙善閑楽用愚共憂以為帝範以作王猷蕩々皇極
乾々不息率言自進行善新得藻鑒之守鸞鳳舒翼
榆楊之下歸請俾邑則招在身旅思知人明鶚協理豈
忝懐民隠鸖須和協郷自馴蕭薨致蔚敢吉選臣

詩序

日観集序　從四位下式部大輔兼学士大江朝臣維時

夫貴遠賤近是俗人之常情用聡掩明非賢哲之雅
操逢青山而對白浪何異風流閑逸竹以賞煙霞既同

文章遂興遂異俟人之賞才用耳拔明此賢拔之雅
採螢(窒)青山而對白眼何異風流閑坐(餘と)竹以賞煙霞既聞
聲色我朝逢尋漢家之讒諓不事西城(域)之文章草
業流生塵俟空積寔可重心爲歎者也昔者弘(弘)仁天長
之世有凌雲集文花秀麗集其後百余年間絶而不讀
天慶儲宮德高監撫学長誦諺從在儲之時令撰進之
草採摭風人墨客作詩起於義和洎于延喜一十人入選廿
卷成功留心異才分部同類方爲日觀集並取枝桑名也
其所擢用者相公野篁大夫良春道相公菅是善相公江音

秦氏功留心異才分部同類方爲日觀集並取枝桑名也
其所擢用者相公野篁大夫良春道相公菅是善相公音
人相公橘廣相大夫都良香兼相菅道相公善淸行納
言紀長谷雄大夫江千古公譔時代之先後不依官爵之
高卑於戲嗟苑春花未排此花麗之作桂宮秋月元缺
集着明之詞豈如吾君不遂斯文乎云云

句題詩序

早春內宴侍仁壽殿同賦春娃無氣力應製詩一首并序

菅丞相

句題詩序
早春内宴侍仁壽殿同賦春娃無氣力應製詩一首 并序
菅丞相
夫早春内宴者不聞荊楚之歳時非唯娘漢之遊樂
君作故及我聖朝殷遅之甚幽筵嵩山之逢鶴駕
風景之最好煙曲水之英櫻花節則新矣一人有慶年旗
早矣萬壽无疆於是粧樓進於粉妝送於纖手細胃
愛之父母歡雲鬟李脩于殿屬児傷氣陶神嘔呈階石
餘喘纔先入骨貌紅袖以羸形被羅綺之為重衣妬无情於

餘喘纔充入骨飛紅袖以羸形被羅綺之爲重衣始无堵於
撩婦管絃之在長曲終不関於傍人妾態繽紛穂
又神也新聲上妖轉夢哉非夢哉陰通籍重門蹈徐
靈而失安登仙半日向青鳥而知音樂之過身詞
不容口請祝堯帝待代封人云尓
飽饗何爲不勝衣漫言春氣満腰圍殘粧自嬾開
珠運寸步遲妝史粉闈嬌眼曽波風欲亂舞步迴雪
霽猶飛花間日暮洋哥斷遥可彼雲洞裏歸

露猶飛花問日暮先寄新遷所嶺雲間裏歸

倭歌序

新選倭哥序　紀貫之

昔延喜御宇属世之無為因人之有慶令撰万葉
集外古今倭哥一千篇更降勅命抽其勝矣傳
勅者執金吾藤納言奉詔者草莽臣紀貫之等未
及抽撰分憂赴任政務餘景漸以撰定夫上代之篇
義尤幽而文猶質下流之作文偏巧而義漸疎故

義乃幽而文猶質下流之作文偏巧而義漸疎抽故
始自弘仁至于延長詞人之作花實相兼而已今之所
撰玄之又玄也非唯春霞秋月潤艶流於言泉花
色鳥聲鮮浮藻於詞露皆是以動天地感神祇厚人
倫成孝敬（敬）上以風化下下以諷刺上雖誠假文於綺靡
之下然復取義於教戒之中者也爰以春篇配秋篇以
夏什敵冬什各相闘文両々雙書焉慶賀哀傷離別羇
旅戀哥雜哥之流各又對偶惣三百六十首分為四軸盖
取三百六十日関於四時耳貫之秩罷歸日將以献之橋

撰集哥雜哥之流各又對偶抄三百六十首分為四軸蓋
取三百六十日周於四時耳貫之秩罷帰閑持以献之橋
山晩栢（松）愁雲之亂之結湘濱秋竹悲風之聲忽傳
勅納言又々苑遊自（向）何而上献空野妙辞於緗中獨
屑落淩於襟上若貫之拙者哥止載送恨使俺艶之
草漫混鄙野之篇故聊記本源以傳来代云尓

一　新楽府句（廿）和歌題序

晩夏同詠白氏文集楽府句廿和哥一首（并序）　大江通国

一

新樂府苟〔廿〕和歌題序

晩夏同詠白氏文集樂府苟〔廿〕和哥首付序　大江通國

兵部員外大卿好文之暇命予曰撰白氏文集新樂府之句々将為和歌之題予於是避席而起逡巡而揖曰和歌者我朝之風俗也樂府者皇唐之歌曲也前賢雖有好詩歌之者未有此遊矣哉斯事請書紳矣便披五十首之篇章方得二十句之題同大卿論唯拔於倭語則愛〔爰〕之素哉為之雲客尋雅頌於唐詩且同白樂天之風骨方

素戔烏之雲居寺雅頌於唐詩並同白樂天之風骨旁
今林鐘中旬華客數輩拂曲流之直廬疊詞浪於艶
流廻圍遍於廬江之撤未習文林之錦且詞曰

題

四海清　丹中着　不忙每　董衣裳　一人有慶　波沈曹
故郷遥達　秋風拂扱　寒草凍　宮樹江以人爲鏡　池似鏡
山冷人路絶　残鶯一聲　花落雪頽寒　到曉月仰伷
居逢振中　琴動有殊姿　僕命簡

居蓬棖中　琴動有殊姿　傑部簡

長治元年六月廿日於高陽院泉殿講之

和歌類林序

木工
李助藤敦隆作

在昔神世素戔烏尊初有三十一字之詠　蓋叙

歌之濫觴也降逮人代　其道漸盛劉羅過仁寛

木花而乾諷諭美衣通郎姫託濱藻而述情

惟雪淺香山之篇哉録文於言葉之上　明

性雪浅香山之篇我歸文於言葉之上明
石浦之竹振金聲於詞浪之中寔雖習俗之語無
異風騷之流何遑異域之蘋李空輕我朝之山
柿乎是故自天城御宇以来撰集之蹤連錦[綿]不
絶然猶萬葉集者部類不相同編列雖准擬古今
集以下者皆為先賢之清撰曽非下愚之所慕於
是有山戸宛田集不論六義之優劣都載一座之篇
什今之所集偏勵其精殊操披書多以所失見在第二

什今之所集偏倣其粹殊捃彼書多以亡失見在第二
唯僅一巻仍或拾其闕文或續其後事無抽儷
無拋拙劣抑諸家歌合奏覧百首此等之類判詞
巻軸不載斯其書處所注来保今獨詠於世之作不
遑廣捜亦復無取至于事隔今人列座席者上自
天慶下訖承安(久)翰墨所存聽視所及勤成其卷名和
歌類林之部快用餘字一皆摸彼集矣於戯篇韶鄭
衛其聲雖令(分)佺倫所不變也絲(絳)麻菅蒯其用雖異云

衛其聲、雖合於倫、所不攘也、經麻菅蒯、其用雖異、人所不捨也、庶幾來葉之有識、莫嘲品藻之無功焉

倭哥序

初冬於大井河翫紅葉和哥一首　藤國成

十月二日、雲客午餘、共尋景物、遊覽臨策緑耳、而望山林、則林風之聲蕭索、今黃頭而棹水郷之洲、煙之色、眺花道逢之義、未嘗有寫、彼小有侗之儔述也、白石之跡誰尋、此大井河之風流也、紅葉之粧足觀情感

白石之跡誰尋此大井河之風流也紅葉之粧足観情感
之至遂詠和哥其詞曰

殿上花見和哥　　藤實範

長元第二之歳孟夏太千湯春可集之逢會侍臣
三十許輩乗同月之餘假榮浮雲而致遊期約始
成整計會於仙洞之暁指點不定紅去留於四山之春
及于地勢得宜人心催感遂税駕城北設膳林中當於
斯時也鶯歌聲々和風引而入翠柳之陰蕊歇陶之
派霞韵而移紅桃之醉其出城外而尋花向為殿上之故

斯時也鶯歌聲々和風引而入翠柳々隠薔薇閣々
流霞酌而移紅桃々酔其出城外而尋花向為敷亡故
實者欲尚書侍中從詞臣令賓講々趣令吏部郎
藤實範々淮鶴眼々記事其詞曰

歌

春風可應　製　紀納言

春風扇春色新習々嶺々何處赴青嶺末与太襄
層揉颻不開花逢面姿安無力柳邊人無可又无眼

脣揺颺不閑花遶面姿安無力柳遮人無可又元眼
作拂長安陌上塵晴來還暗去徐動寒江水下鱗歌
妓過雲便送響舞娥韓同爲廻身皇題給号侍臣詩
化無方号德有條向來淺深和暖意其奈無涯奎
仁
高鳳判貴賤之同支哥　源順
高鳳〻〻彼誰人子正六位下孫從七位上子侍年官於是
摩國翔月俸於內膳司口是表韵天鼓之聲類宮中是
六爲也望之亂窒臣羿訪其帯於腰間則出雲石英寿其

摩國朝月俸於内膳司口是太新天鼓之聲頻宮中是
古偶地理之亂塞畢訪其帶於腰間則出雲石巻尋其
穢於是下名僧儀布穿初条蔵人所之朝布袴揩貴脩
過帯力陣之夕為唱取朔昔有高鳳讀書傳賢士之名
今有高鳳傳文注墨老之字高鳳之之名墨昔賢今愚
我々々何豈壁上題文四十人不足言不足朔共恥白物之入
青雲
碑文
及此之次首一篇見於豪畢之

碑文
穀山水飲道場観音像碑文
僧唯善昭　聖是観音　發心不浅　弘願甚深

銘
右大臣剣銘　菅
暁霜三尺　秋水一條　利濟惟脹　飛揚在腰
御剣銘　橘廣相
制鐘傳芳　切玉成円　氷刃一奮　洒塵旁分
萬運龍水　荒要堯足　折長鄙呆　長石[illegible]器

御硯銘　橘廣相

削鐘傳芳　切玉成刃　氷刃一奮　滴臺旁分

満匣龍水　旒腰暁星　軌表都保　表名於路

伴銘廬柩作覧昭宣〻獻寛平聖主

銚子銘　都良香

多羹茶茗　歓来如何　和調體内　散肉滌痾

金鼓銘　并序　菅三品

金鼓者卅器也昔女王氏爲資六趣新鑄四口便次

橘

金鼓銘 并序　菅三品

金鼓者佛器也信女王氏為資六趣新鑄四口便次以訪往妣橘〔橘〕命婦之迷生聊作銘曰

善哉金鼓　嚴妙光明　呈功於夢　投苦於聲
無間摽幟　有漏水清　頓萩一念　利他衆生

般若寺鐘銘

驚衆之器　信觸先鳴　打則三下　形是四名
遍一佛土　繞十方裡　上雲動意　入定驚眠

遍一佛土　繞十方程　上雲動意　入定鷲眠
秋長夜苦　開羣迷情　促梨刑擯　覺樹花明
韻帶月徹　響和霜清　無始無頭　接鐵含生
慈恃寺鐘銘
劍岩祖父越前守藤原朝臣峰心於普門妙智傾首於無
碌大悲而隱露盞然閃電滌乐納云尊孝軫先業
人不遂歎善因之未成多以黄金附入唐使大神
淨井罝買得白檀香木造卅手觀世音菩薩像一軀
仍建衞塔於備後國鳴下郡寺置此像彈因慈恃

仍建彌塔於攝津国嶋下郡安置此像彈□撿校
寺於是第二男備前權介公利鑄豊鐘一口于時延
喜十二年夏四月八日[illegible]銘曰　已上略記
命大鑪冶　施傑師工　鴻鐘協律　息乳應梵
聲徹霄漢　響播曉凡　感動隨聽　懺悔生夢
徹告諸佛　唱導大衆　雖遠必達　無絲不遍
非想琴下　河鼻獄中　長夜知曉　幸有歸空
觀音依願　先公善功　與滿三寿　拔出梵龍
座左銘　　前中書王

座左銘　前中書王

東漢崔子玉作座右銘大唐白楽天述其不盡者作續座右銘太宰胡愚叟元謐亮捨其遺之座左銘云尓

以忠事其君以孝事其親信以交朋友慈以撫子孫貧与莫下志富与莫驕人久要勿忘舊言勿忘恩疣蠹入從耳不如無所聞禍胎出自口須緘其脣利者根之府名者實之賓浮生蓮上之露榮耀夢中之春爭奈銷空邁可惜過隙良辰不繫延而夜可以慈吾身

矅夢中之春争奈飛空之邁可惜過良辰不輕廷
而歌何以慰吾身

續座左銘 并序　江都督

後漢崔子玉作座右銘唐白樂天續之本朝紀謹元
作座左銘今江都督亦續之
貧賤敢勿屈富貴敢勿奢聽善句持躍聽妄
勿傷若忠信以奉國仁愛以顧家將盡秋竹節誰
語温樹花松栢不忘早蓬蒿可在麻遅驛北闕
迷江南司馬涙奚怨治身遺狭斜妄想水

迷従南司車須臾兮發悟治身遺狭斜安樞求
中月浮榮風前花葉如生纏綱奈何斷塵出三界
而後行二世殆庶耶

十二時漏剋銘　并序　　藤敦光

余台嶺訪道法水同津早屬鑽仰之餘閑粗
学律曆之幽致况復享窮通於天表之書
辭藏否於曜宿之術作容九野之度紀俯眷三
光之盈縮探其大較用花同時而每至雲霧晦
冥可莫窺白烏盡則易晷雖則定旦星運無觀

光之盈縮據其大較用在同時而毎至雲霧晦
暝河漢陰霧晝則陽景難測夜與星纏無觀
被月令於夏暦皆是分易迷窺景律作無家
甲乙之更何決概然々々歎徒送居諸於是去去家
保二年孟陬之月夢中業術覺後随記
其器四也象四盖之遅轉其衰方也類方輿之
不捨禽獸居中随十二時而形現童子立上向方角
位而指點一動行一刻八動成一時毎有動轉必有音
韻不登臺以請天文不出戸以知時刻唯此靈器深

位而指點一動行一刻八動成一時毎有動轉必有音
韻不登臺以請天文不出戸以知時刻唯此漏器深
以秘藏然而出處行藏隨時應機更遇忌言之變忽
微趣予之心新加潤色亭毫自蹟不敢慕崐玉之
摩長無思究海棗之望昔梁朝天監六年太歳丁
亥陸佐公作漏刻銘傳於世今聖暦永久四年太歳
丙申一沙門無作漏刻銘以継之其銘曰
漏刻之器　神造無紀　起自軒后　及于夏商
[illegible]　更[illegible]（継）

漏剋之器　神造玄氣　起自軒后　及于夏商
衛宏著述　濤機宣揚　各垂規矩　更載俾(継)綱
鬩渾天度　尋其遺籍　卅门日覽　奉其類經
夢中案術　意端思量　斟作新器　率由舊章
春夏分至　晝夜短長　錙銖無爽　圭撮是詳
指南童子　立其中央　司辰神將　現其正陽
四維守位　十干辨(辨次)方　時分四點　晷移三光
如運斗柄　似轉星莛　鑪奇承柱　昏旦在傍

如運斗柄　似轉星芒　蘊奇孕祐　昏旦在傍

永久四年五月十日

十二時不動尊銘

羊僧寄形桒門　託跡菩薩　聊携頴容之

學傳寄形愧之心　爰遂屬葉續之暇　餘方

運隨分之意　巧毎逐晝夜之魅限各十二之神

時時魅不遠　定出形像　重葉指南之風流　令向

通時之方　角今有畫圖之士　獨歩丹青之道　見

當出處成允帰之識決為宗褒色

遁時之方、爰今有畫圖之士、獨步丹青之道、見
羊僧之拙藝、成龍虎之感歎、為褒絕無之美、奉
圖斯尊容、眷睠之思、欲罷不能、欲于時嘉保二年
二月十二日
于時作出　僧[illegible]覺　尊像圖者僧長範
勘文作者宗孝言　書者藤原顯仲

辭
書紳辭　紀納言
竊侍人之知、勿誇己之賢、須懷誠与慎、以思身之全
予病後、鬢髮盡白、欲落盡、感居易齒落詞

靡侍人之知句誇已之賢須懐識与慎以思身之全
予病後鬢髪盡白且欲落盡感居易齒落詞
作髪落詞以安慰之其詞曰
源順
閔彼鬢髪何變常質昔如玄雲今如白雪寧覚彼
松栢秋霜毎落不改其緑且不見彼懐玉夜火三宿
無欤並改其望不取孤心乎何之是昇下有之要乎何
棄吾去々復去兮三並余何曉鏡屢懦照尋並處蒼云當
君少壯之日血脉盈而髪黒長及至老爛之齒肥
膚虚而鬢蒼浪物之理也君何爲傷莫蟷尾猶

屬虛而鬢蒼浪物之理也君何爲傷冥蟷尾掎
樹病葉秋焉因而有玄黄爲感而有白頭孟嘗
君之庭前之佳馮驩衛將軍之門闌蜀外任安歎
去客行不還氣衰又衰鬢落不殘事識有所歎
歎焉君應曰汝言是也汝以歎白盡之後落盡之時
將絶簪纓之里昊歸空門之巖扉

愍鬢詞　并序

木工東助藤敦隆

愍歎之者傷情々形早老若爭々者無損性々
氣先衰而論屈年後豈不傷情乎凡序曰積堂

悲歎之者傷情々々飛早老若年々若之憤懐々々
氣先衰乎倫巫年久豈不傷情乎凡蓽曰積豈
不憤性乎是故未及艽同顔子之鬢已先卅二鬢潘郎
之鬢況辛衛遣使仕之返知命從霜成雪変暖而
白滿鏡撩亂矣評里羅之鬼幽隨梳麗竊焉似鵲翻
之根色甚矣乎之衰也其奈老々年々仍聊祝素髮
於奈花之[illegible]諸於言葉[illegible]
聞説愁之鬢早衰不行年也哉年々老滿頭殊皤然
讃
西方極樂讃　後中書王

讃

西方極樂讃　後中書王

豈不二極樂國　三身即一阿弥陀　娑婆有縁於彼佛

彼佛有願於娑婆　八万四千相好身　六八弘誓變成池

觀之者皆除塵勞　念之者悉至覺位　雖十惡号猶引攝

甚於疾風排雲霧　唯一念若必感應　喩於海納縮露

匹直心地為國界　無漏善根為林藪　若能了達于是理

花池寶樹在胸中

天台智者大師讃　橘在列

[illegible]同先有　東有之師　[illegible]峯直覚　衡山逢[illegible]

天台智者大師讃　橘在列

乗因亮有　陳隋之師　鷲峯値覚　衡山逢思

住花三昧　獲旋総持　滅後十日　瓶写聖[illegible]

聖徳太子讃

南岳後身　為吾儲君　海香浚艶　天花繽紛

青龍馭漢　黒駒構雲　便知菩薩　身馨至芬

傳教大師讃

智者滅来　歳二百廻　身生日本　心在天台

欲鼓法鞬　遥乗海盃　傳教之益　長与山偕

欲叢法髄遙乗海盃傳教之益　長句皆

柿本朝臣人麿畫讃一首 并序　前大貳家

大夫姓柿下名人麿蓋上世之歌人也仕持統文

武之聖朝遇新田高市之皇子吉野山之春風従仙

駕而獻壽明石浦之秋霧思扁舟而瀝詞誠是

六義之秀逸萬代之美談者歟遂依重幽玄之古

篇方傳後素之新様因有所感乃作讃焉其辭曰

倭歌之仙　受性于天　其才卓尓　其鋒森然

三十一字　詞花露鮮　四百餘載　來葉風傳

三十一字　詞花露鮮　四百餘載　来葉風傳
斯道宗匠　我朝先賢　仰而無滓　鑽之彌堅
鳳毛少彙　麟角猶專　既謂獨步　誰敢比肩
元永元年六月　日　大学頭藤敦光作

吟

葉落吟　紀納言

秋風起　秋葉飛　一別故林何處去　空中遍泛樓中
稀君不見春榮秋悴自然遅　辭如出去老遞歸
都大盛衰知定理　莫嗟搖落樂芳菲

貧女吟　紀納言

貧女吟　紀納言

有女々寡又貧年齒蹉跎病日新紅葉門深
行跡斷四壁虛中多苦辛本是富家鍾愛女
幽深窓内養成身綺羅脂粉粧至嚴不耐乎
山一行雲年初十五顏如玉父母常言与貴人公子
王孫競相挑月前花下通慇懃父母被欺媒介
言許嫁長安一少年々々無識亦無行父母敎之如
神仙肥馬輕裘与鷹犬每月群遊被客遂更
談扼梡常招飮一日之費數千錢產業漸傾迯

談柅榛常招飲一日之費數千錢產業漸傾逃
獵裏家資徒竭醉歌前十餘年來父母已亡
弟離散去他鄉智聟夫相敗不相顧一去無歸
恨長日佳月參家計盡飢寒並送衆風霜秋風
暮雨斷腸晨憶古懷今淚滋巾涕似死厭心來
死含悉難遁舊日春單居抱影何所在滿鏡飛
蓬滿面塵落々戸庭人不見欲被悲緒遂無因
奇語無同豪貴女擇夫看喜莫看人又寄世間女父
母頗以此言書諸紳

寄語世間豪貴女擇夫看意莫看者人又寄世間女父
母願以此言書諸紳

閑中今　音十　藤公明

顔回同貧者食有一簞傳原憲曾高年衣無百結衾
泗水屋手没長沙賈誼遷嗟々美鬢士曩古何棄捐吾今
被史籍蕩漾忽違々眷文不遂周可捧又可楪浸凡静
通夜下惟是承年冬々備々久聚雪秋蕭居拾螢空
帰学様詞旦又疲鬢[illegible]莫悲沈滞甚運命素在天
歎

落花歎　紀納言

歎

落花歎　　紀納言

君不見満樹花顔咲向風微〻落〻委塵中又不見昨

少年女今朝変作白頭翁榮有悴始有終人間誰

与世旡窮（無）

歎白髪口方　　紀

寒暑遥来往廿性随不常使我年鬢色化如秋水浪吾生過

六句誰限理眠當剋年多拴東猶未殆奔把早興詩残消晩

昇斜日光其向夢思愚不知挂損傷老遣与勤吾混為頭上霜

曲　攢（慣）咏未曲

紀

昇斜日光其向勞思慮不知　佳損傷老邁与動春浪為頭上霜

曲　樌（慣）啄未曲　汎

一莫貧鋸刀劒　虚剪秣範字　我有纏祭諸　知其恩斷難

二莫歎靈芳藥　虚聽金丹丸　我有病情貧　知其病治難

三莫嘗未樂酒　虚昇一辭勝　我有憂沉困　知其憂忌難

四莫好袖身字　虚貴人心肝　我有挖若辛　知其苦堪難（難）

五劒不能斷愁緒　藥不能補清貧　酒不能忌昨困　学不能補辛（辛）苦

不如君三首依（佳）汁常寶（量）足復吞精神

憶替中三首　勅江南曲體　藤實範

憶禁中三首　勒江南曲體　藤實範

憶禁中〻〻趁拝容栴園雪夕綺羅月蘭省秋宵歌吹風

（豈）適不憶禁中

憶禁園〻〻無俗探仙襴暁影燈猶照鵷樹夜聲人

衛欄豈不憶禁園

憶禁庭〻〻静又寧夜行名唱鳴儆月夕拝職名戴

暁星豈不憶禁庭

行

各困行　菅文時

晝夜逢来代謝春晴往夏橋（空）邊秋鞭離駐月暮

晝夜逢来代謝春晴往夏猜過（空）秋鞭難駐日晷
男舒渇晝（閑）遅露答天明窓霧昏生遠遅非入室
故人厭不到門床有書兮等閑見樽无酒兮自然
醒家貧風月雅老来忘安蹤道罰難遅猶轉不
能灌園様綻營作業不能習経学罷散問襟其
奈樹冠棲遑身氣間器其太奈深哀精勤求法山林
我閑桐如贈文家徒四壁立又閑孫出高才篁是
八句行君不見比芭暮雨疊々青塚色又不見東秋（荊）秋風
歴々白楊聲

歷々白楊聲

詰眼文　并序　吏部員外侍郎善居逸

延喜十三年冬余年六十七心未老毛乱眼之[已]昏曚雖[文]
有所屬而筆不能書遂作詰眼文抽叙其志云尒
有思神詰眼神云夫心者身之王也眼者心之佐也王事靡
監佐職宜勤而卿踈慵矣矇闇瞥危光如膏燈之
降沙似塵埃之點鏡年未艾眼不能見小字之書
齡[齡]未過杖卿縱無辭大傷之譏豈卿情懶厭此劬勞乎
將孤之愚庸不足輔弼乎孤雖質頑膏窺典籍

將孤之愚庸不足輔弼乎孤雖質頑寄窺典籍
伊尹求致君於堯舜陶唐樂得匡於虞龍蕭相暫辞
漢皇失手臂之使孔明書葛蜀主感魚水之功大猶
有此小亞宜然剋乎孤齡及貳騰卿老迴懸車昔
与卿同胞而生育今与卿合體焉
行蔵相去周旋漸六十餘歳同欲婦老迨二三許年
義雖君臣思猶兄弟識競餘日而益精何更鎬衰
暮而矯・識夫奴孤所業者文也文之所貴者眼也非文
何達非眼孰賢然則今孤懐積薪之歎者豈非卿之

何逢非眼孰賢無則人孤懐積薪之歎者豈非郷之
不明也今孤含轉蓬之悲者皆是郷之不忠也所謂者
此其說焉在於是之眼神龍命浚下欺行即恨背謝之吁 頓
何君言之過也昔者君始循冠深相約勵語曰吾有志 吾
精研赤累千祿願假汝耀用汝明深究燈續之幽終朗青
雲之上孔子云耕也餒在其中學也祿在其中古語云明經
取青紫如俯拾地芥斯言吾所服膺也汝其從我乎
臣隨綢繆机其勤倦既忘窺園无見流麦渉三冬而
不暫休終十舍以来假寐對燭照快忘煙芟芝之薑
并主宰讀言乃一來東之鼓驢門責孔含則情亂

不暫休終十舍以来假寐對燭照挟巻煙炎之薫
眸推雪讀書累氷凍之數膧門積氣陰則精氣内
消外化寒隨則光明勞謝然而臣猶守其久要勤其勞
来日謂暫勞承遂先原後伸君身致富貴則翫好之
觀自臻君肝瀉觀娯則矇瞽之患忽免愈而君佳懐
敦疣未菲切官進不能超踰桐之館衙其身名退不能媚
奥竈之人求其推薦徒居白屋之中空守素王之餘業
口嘗筆耕之食心翫鞭鞠之遺文而今君既拷遷度
亦困窮空廢南畝之勤承流北門之詠楊子雲之玄

亦因窮空瘦南畝之勤秉流北門之詠楊子雲之玄
草遊於客嘲杜伯山之古文不合時勢於是觸物叢感
見樂知哀夜樓夜月吟翫之而添愁朝薄暮悲風乎
河陽春花臣觀之而增歎朝窮秋落葉乎憂人弟
哭則君之方寸可感哀悲泣雙流則臣之兩瞳乘漪
君之萬身挑焉臣之通謬愚矣猶亦塗蓋巷之佳希
四科之相策責朦昧之明求五行之變照縫合能爲而
三
亞蠢況乎稚含而不及者乎夫輔佐非一司存遠
分官須其勢開通其才而令向臨君者莫不尸居

分官須其務開通其才而令向臨君莫不尸居
手振而不能持足痿而不能歩耳聾而不能聴
齒蠹而不能食廃尹皆不堪其任何獨臣一人之
務乎君其念之於是心神悦忽失度逡巡思過謝
云俞為之将如何眼神進曰當今之謀无若辞
六藝之圍入三歸之心君能澄心浄如来之国
豈常合瞻観実智之光耀就肖丈生前像就
遂蹉跎於却塵之閣花後失明重匍匐於長夜之
裏哉誤来終心神起拝唱言曰敬承慚悔請以壽

裏哉謙未終心神趣拜唱言曰敬承箴誨請〻書
紳
啓

延暦寺奉賀儲君始立啓

延暦寺沙門延昌等謹啓伏聞　儲君殿下去月廿日
正太子之尊就少陽之位堪祀藍袖權〻于帝朝
蕙帳蓬扉欣〻于巖谷　殿下感陰光而託孕
應瑞氣而誕姿生而神聡已掩軒轅於五帝之
[illegible]

應瑞氣而誕姿生而神聡已掩軒轅於五帝之
德立是天稜豈假翔（羽）翼於四皓之賢既負寢膳之
有問盡忱監撫之有譽鳴景之基周於磐石寓
殿之春安於泰山昔在周武之育成王金縢聖哲之
體漢文之生景帝定爲泰傅之名周漢之風于茲可觀
而之琴栽出縠之鳳（鵠）相標骨於超凡難胎之龍子致
雲而於須臾斯則鸞鳳高翔宿分不定猶如日之不
可踰天之不可階者也返思菩樓深山之右洞饒鰲烏嘉
鳥之賢與衆人之懷之所援渙宣議之處之加處羅

可喩天之不可階者也延昌等棲深山之石洞饒敬爲嘉
鵠之聲樂大慶之新咸欲表賀鷲之春不勝欣躍
捧嵩之望謹逢寺坐僧傳燈大法師良藝等奉賀以
聞謹啓

天暦四年八月　日

朝野群載第一

522　　520

梁塵秘抄口伝集

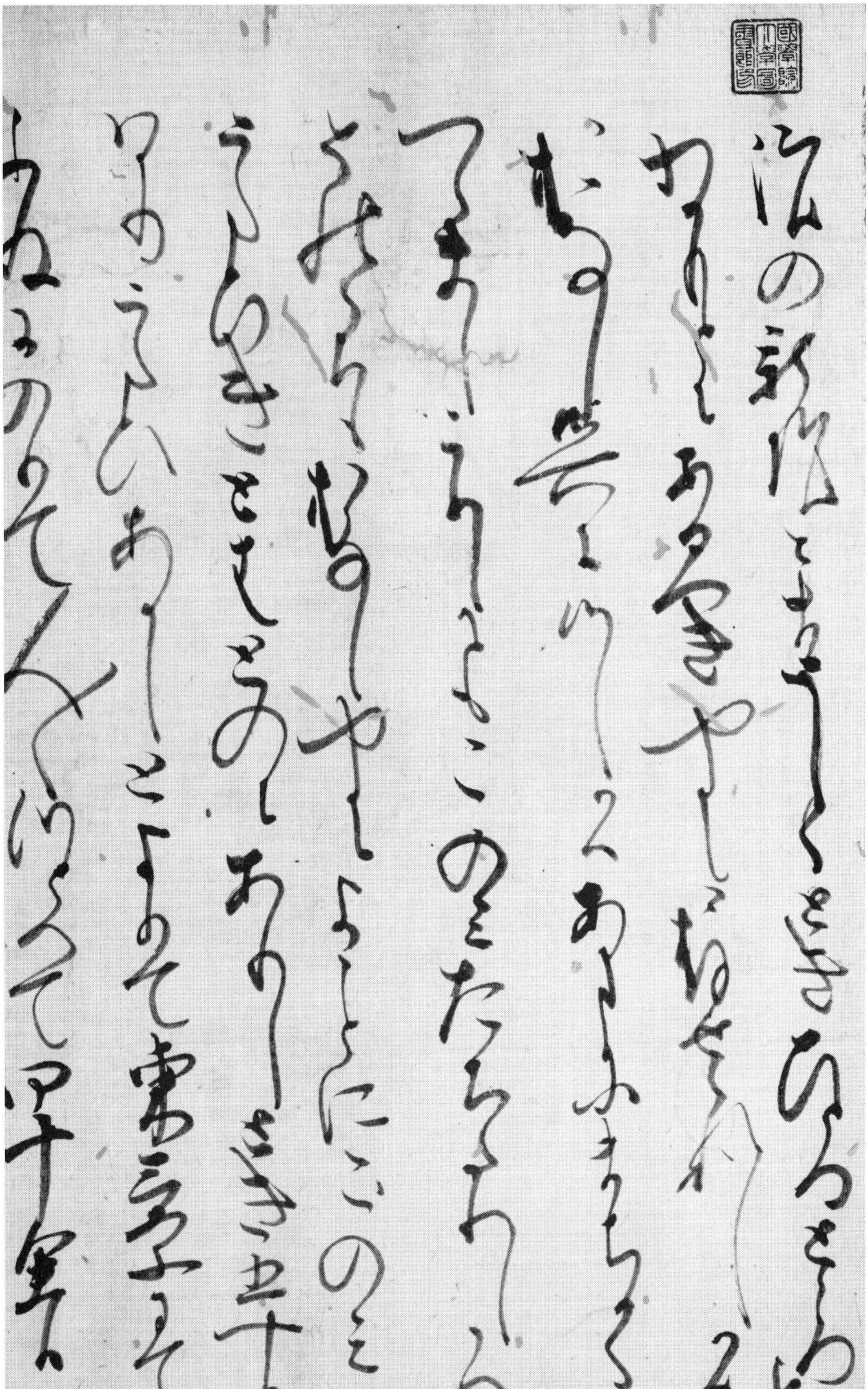

5

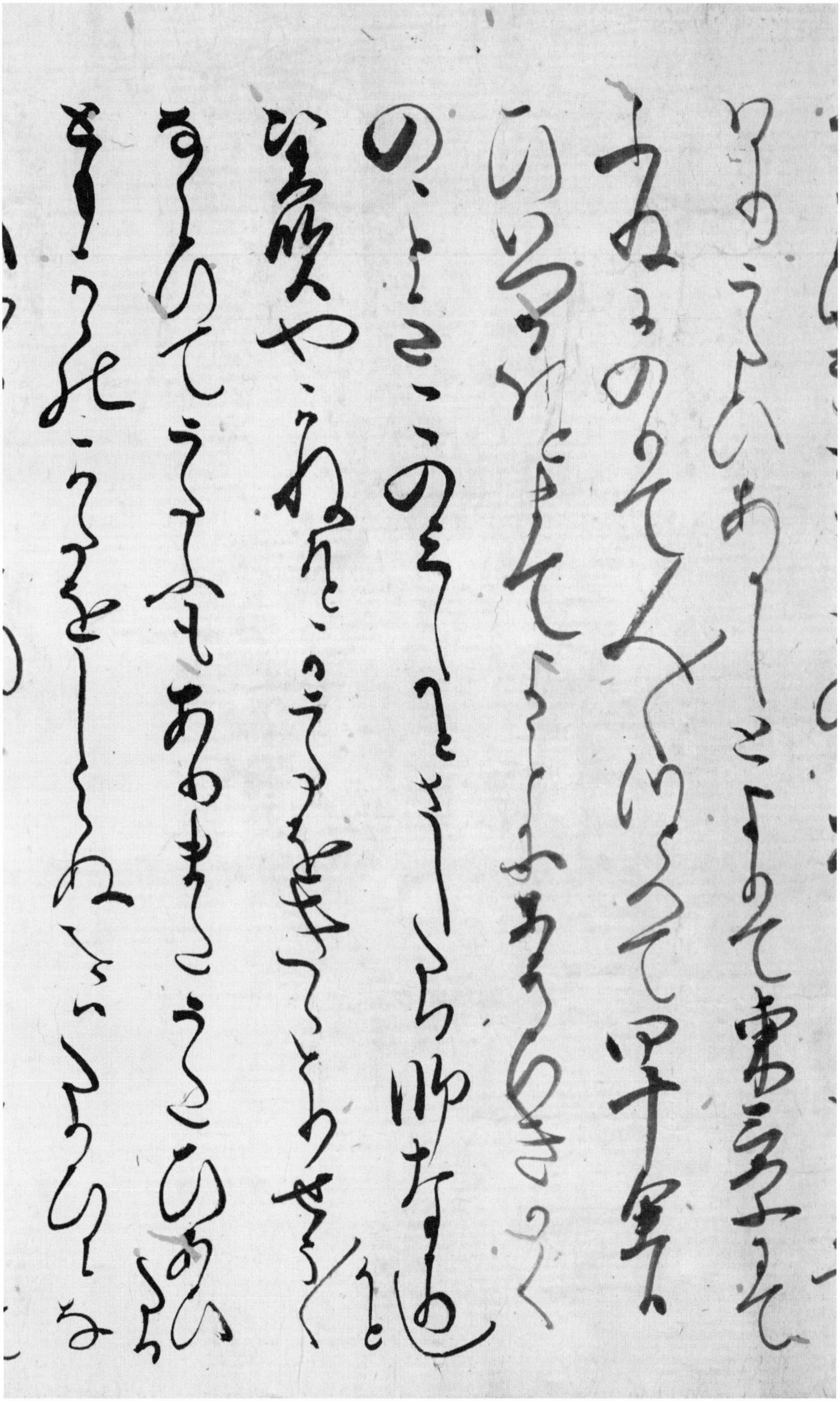

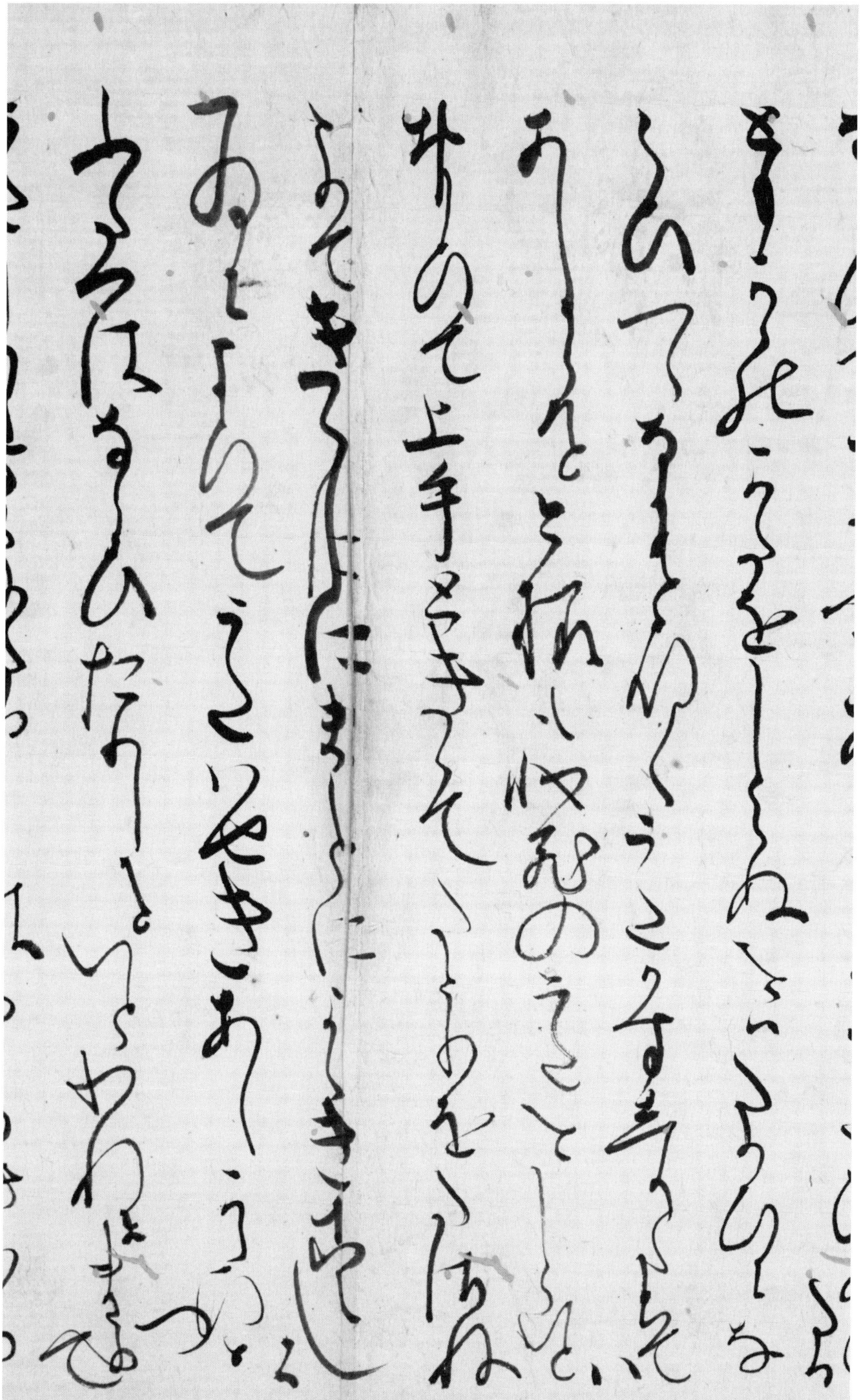

こゑはすみたりしもいらゝかはよまさて
うしろきこしめしてはやまいりきこしめ
ありて九十日ろ人経千手二百巻や
のぬうのみすときこしめしれと寂家
きこゆのき王子年をきゝてみなの御坊にて
おちくれはゆるしなまきつきさかへ
ときゝてうまやそありきかつのしらく
きくねもののすくきしあつさひきさる

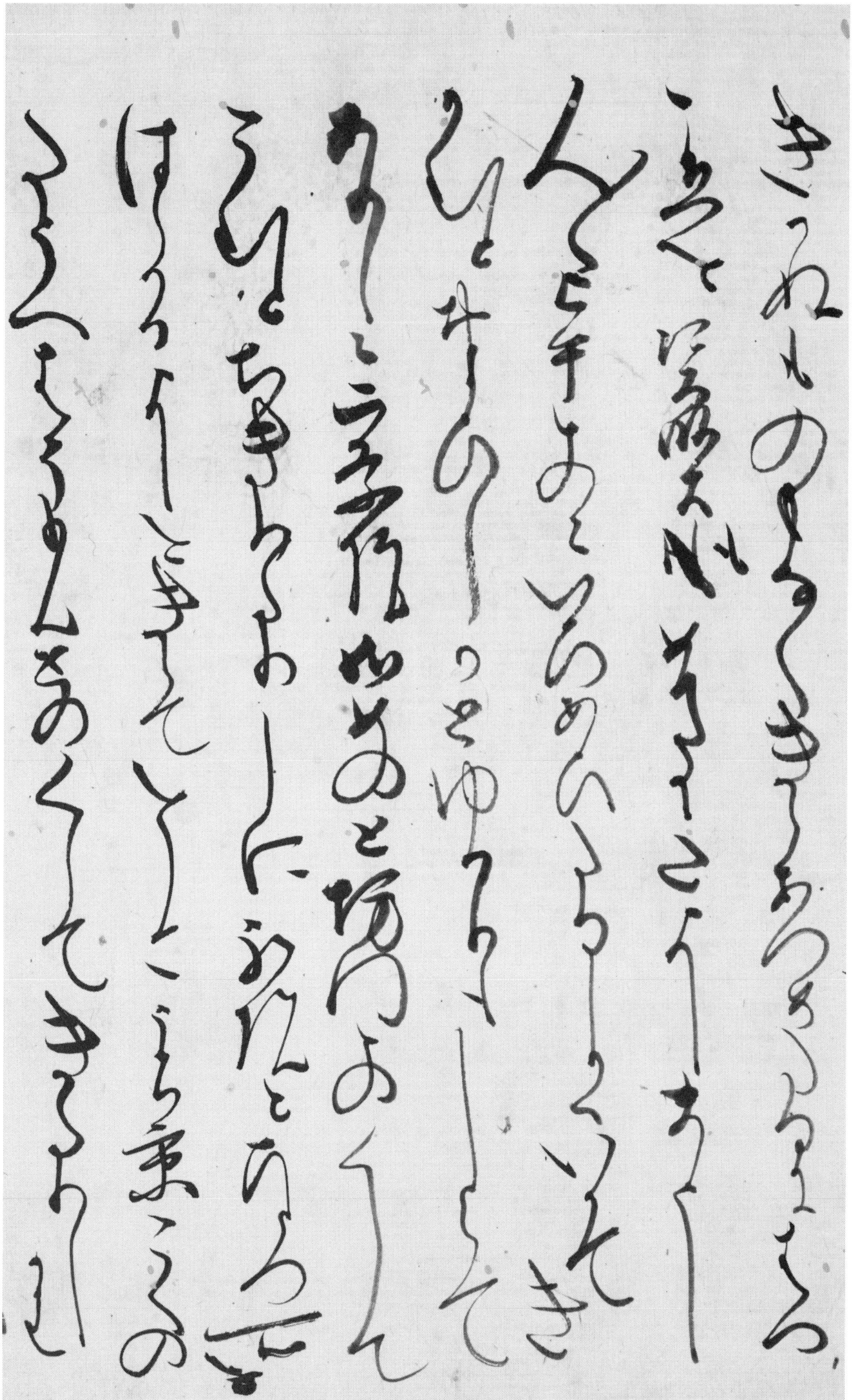

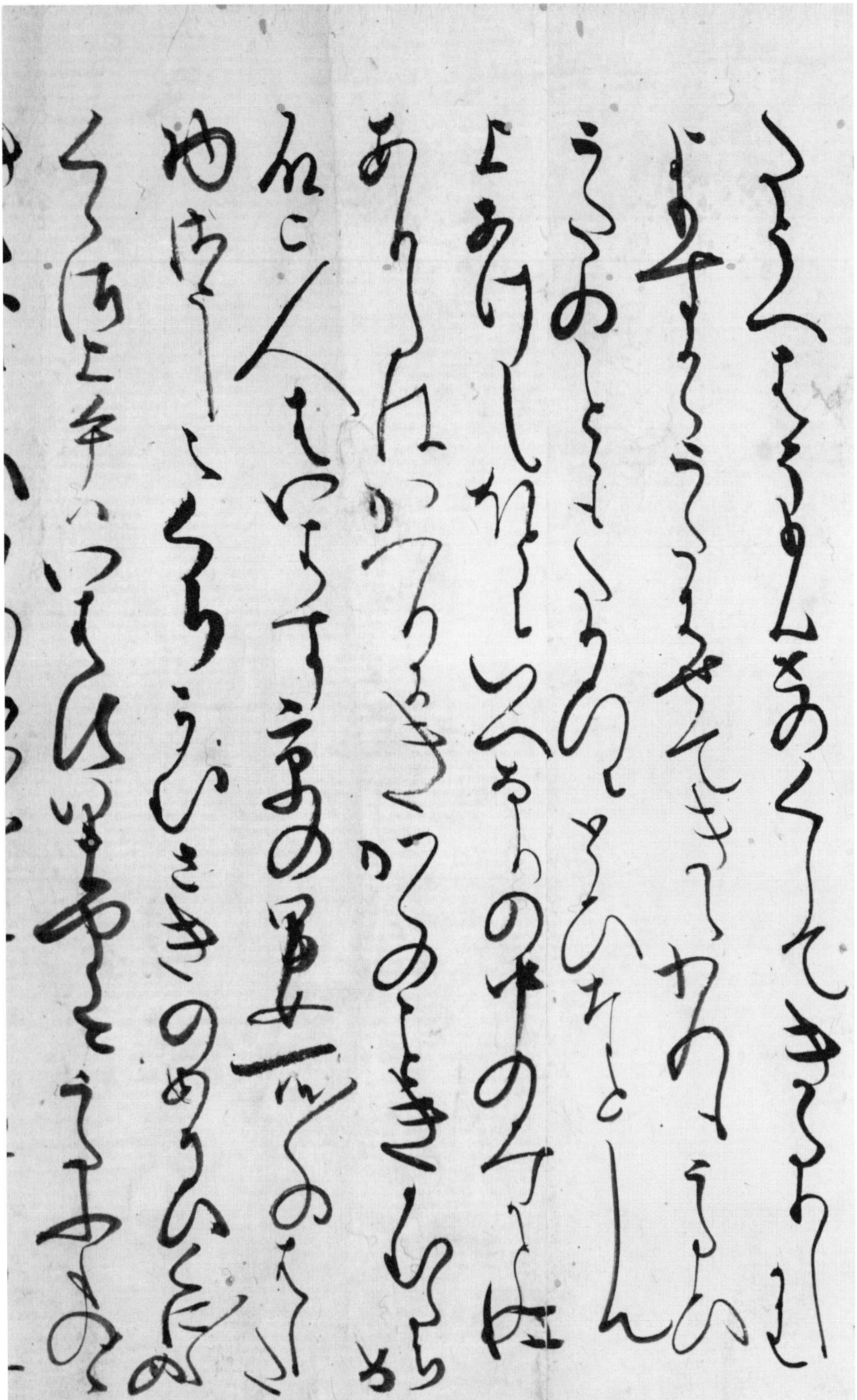

くちと手はいつもいひいはやとうすめく
きこえしかはいまはうつきそふこれしのは
しらかくやあらむる人ありしつゝく
さよのあこまろそあくてまうのもうさ
あまさしわきうと手このれとのぬおと
やしさのつゆとにあつらし[illegible]
いまとなりのときすときてみし
とやみくしれきしりかあしんえさきて
[illegible]

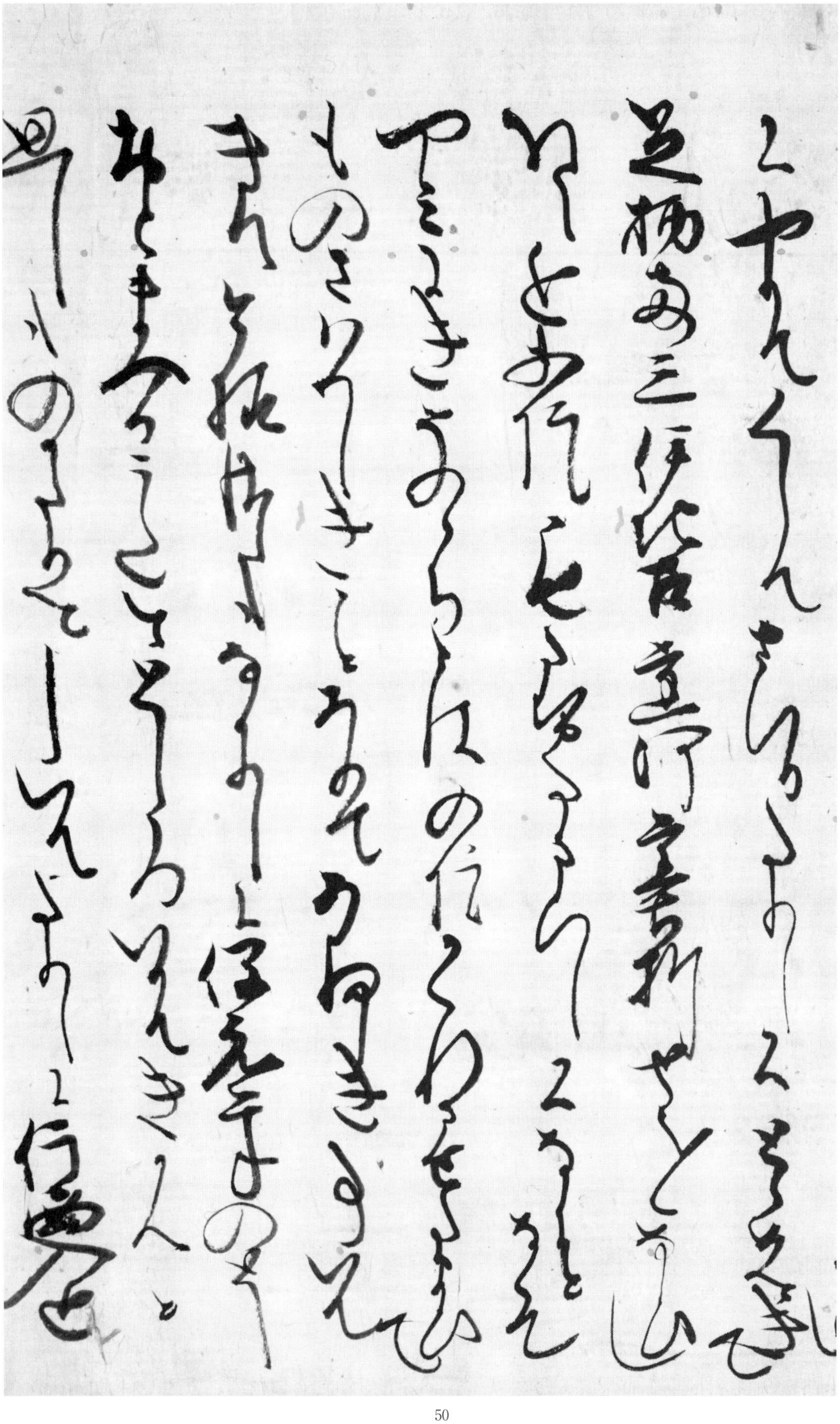

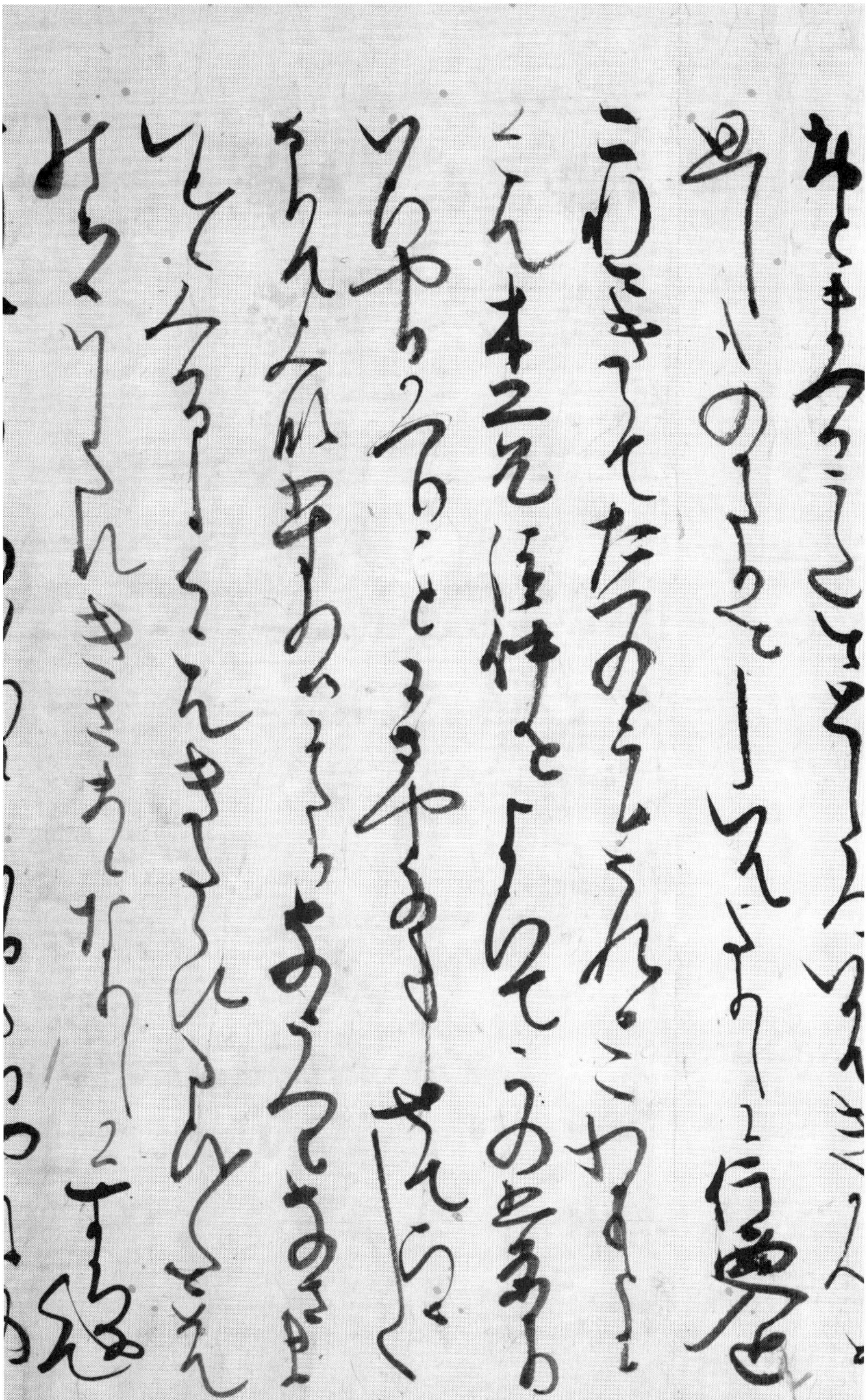

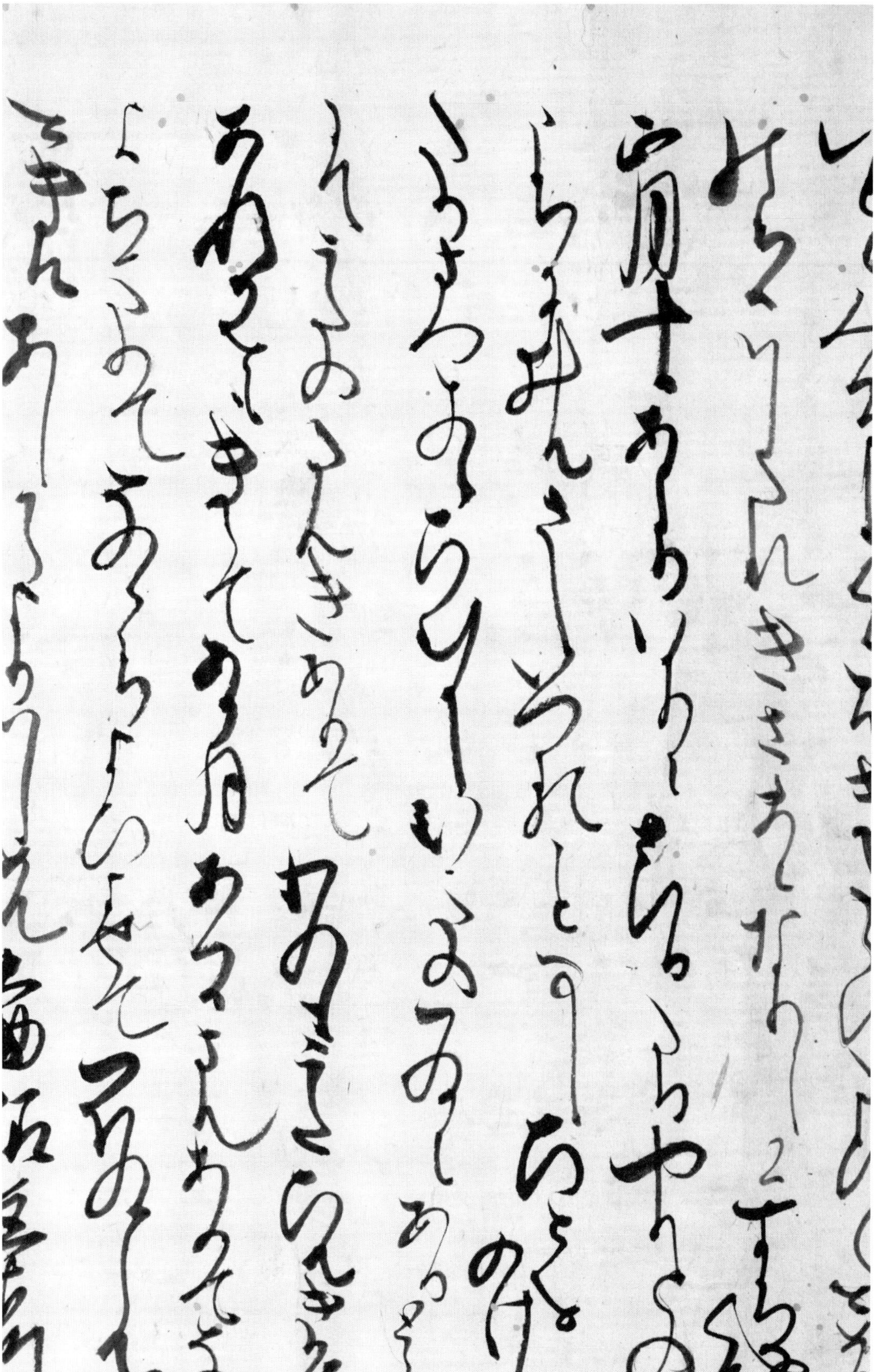

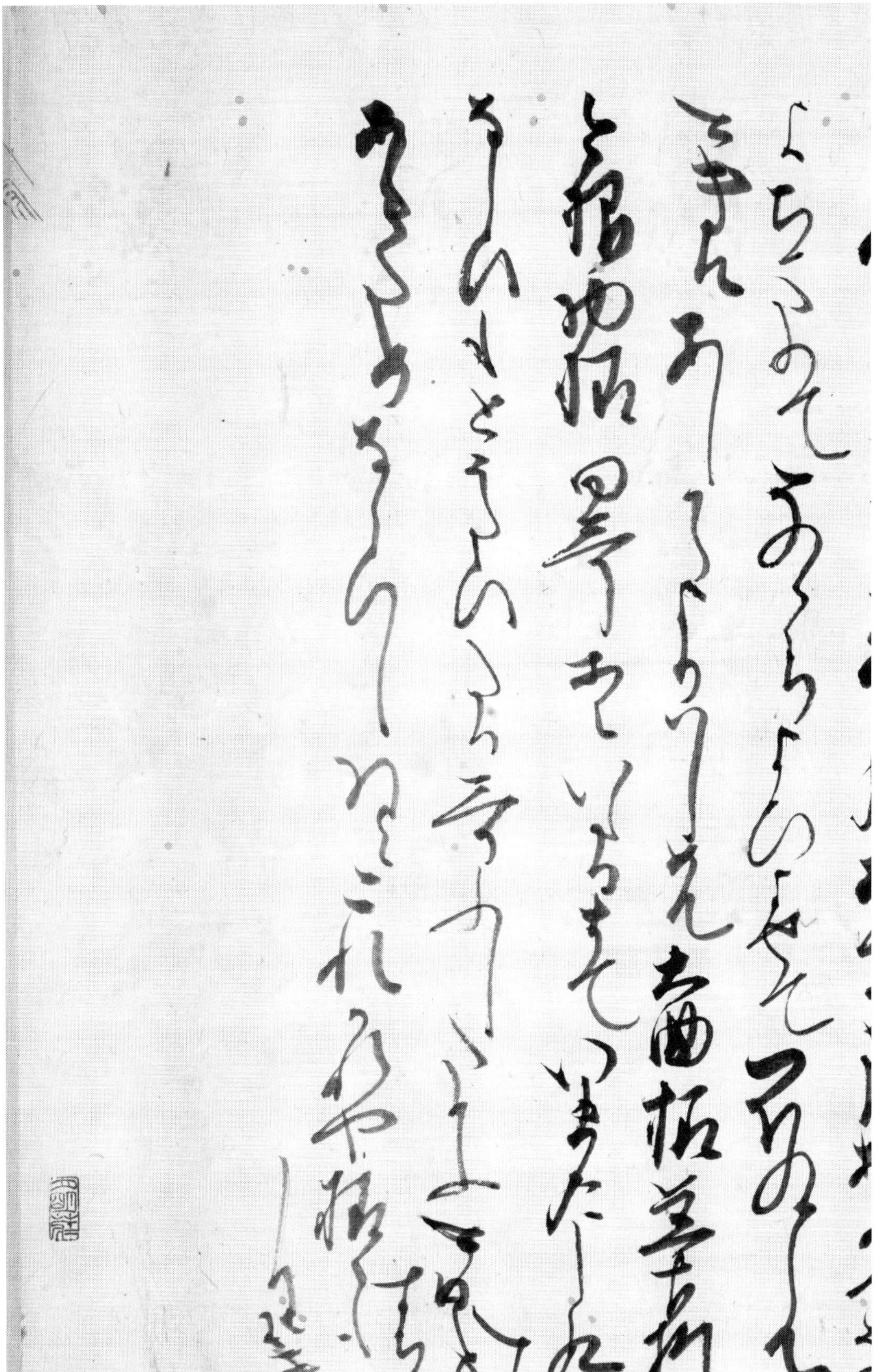

右四枚紙者

冷泉家祖為相卿真蹟也

嘉永元

中秋中旬　古筆養好斎誌

昭和五六年十二月八曼

金葉和謌集

［上帖］

金葉倭謌集　全
1853

1853

金葉和謌集巻第一

春部

堀河院御時百首和哥めしける
に春のこゝろをつかうまつりける
よめる

修理大夫顕季

うちなひきはるはきにけりやまかはの
いはまのこほりけふやとくらむ

春宮大夫公実

著
従三位兵衛佐
讃岐　尾張
丹波　播磨
伊与　美作
修理大夫
大貳寺絡
畢
大納言三位

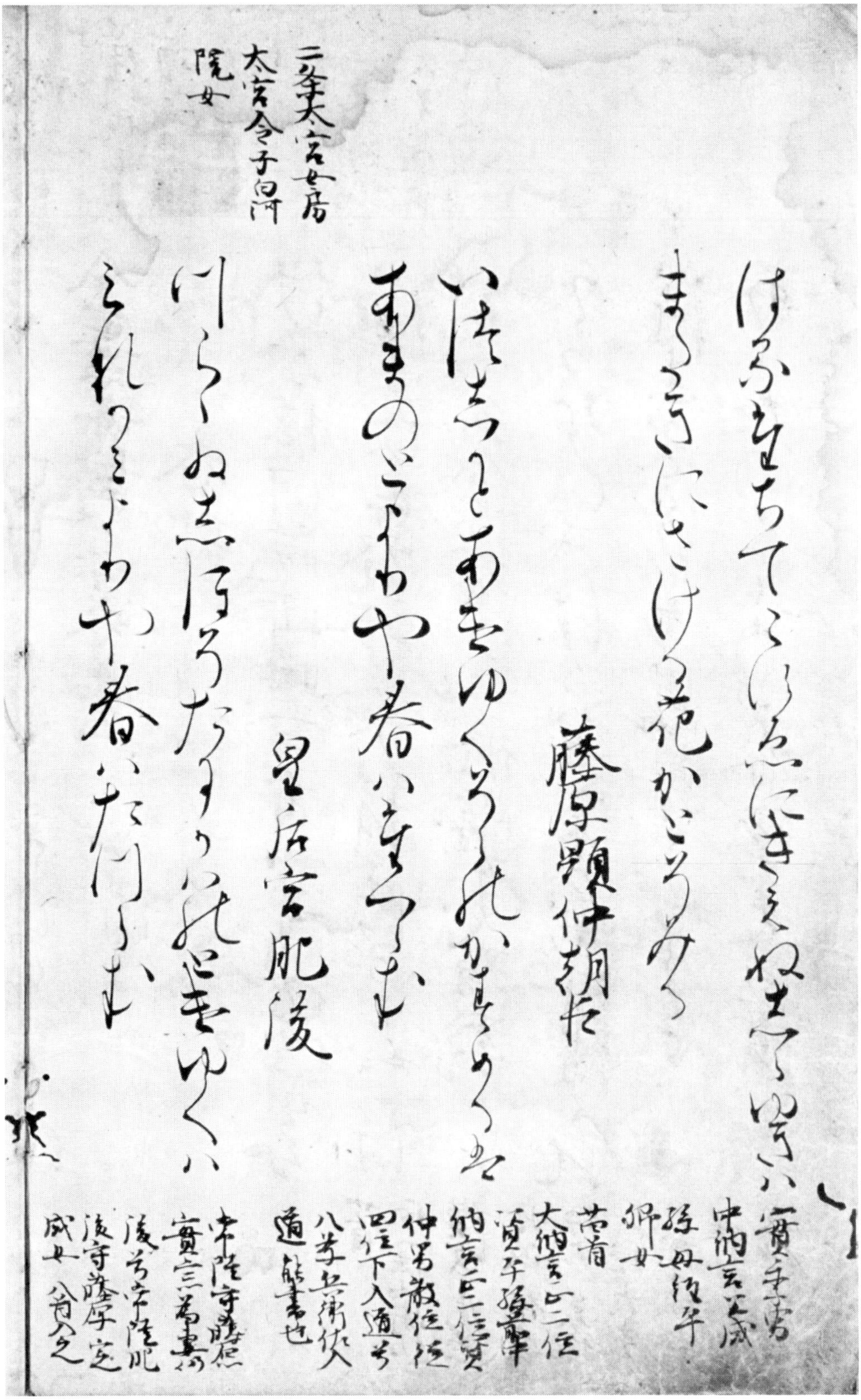
藤原顕仲
皇后宮肥後
二条大宮女房
大宮令子白河
院女

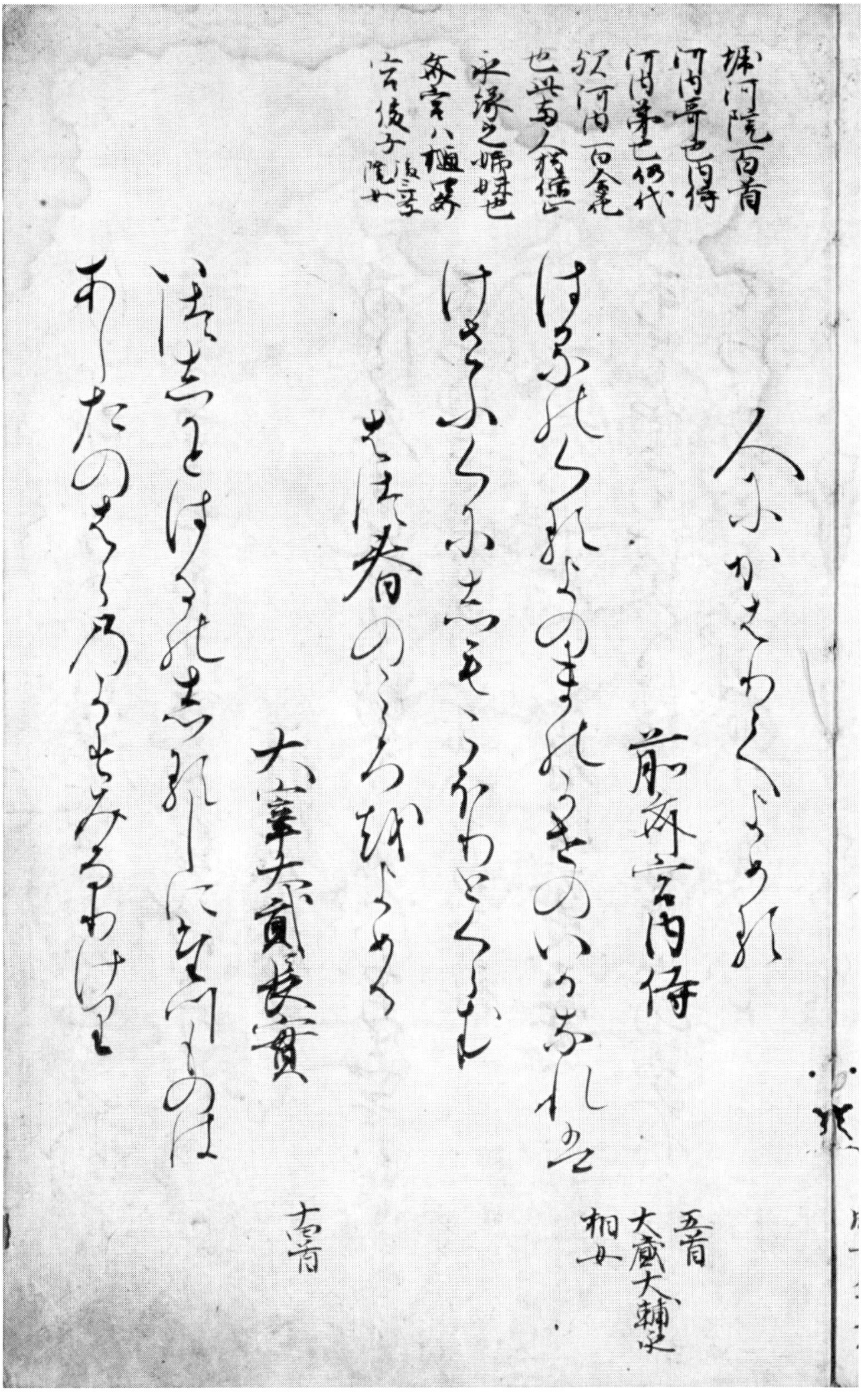

人にかはりてよめる
前斎宮内侍

大宰大貳長實

五首
大藏大輔
相母

十首

むつきのついたちころゆきのふ
りはへりけるをみてつかはしける
修理大夫顕季
あらたまのとしのはしめにふりしけは
はつゆきとこそいふへかりけれ
かへし　春宮大夫公實
あさとあけてはるのこすゑのゆきみれは
はつはなともやいふへかるらむ

實行卿の家の哥合にかすみの
心をよめる　蒋義成

あさみとりかすみそめぬれハゝれきまきやま
いきはのやまはゝるかすみたり

藤原顕輔朝臣

としをへてかはらぬものは春かすみ
たつたのやまれきたなひきわ
霞のころもたちぬらめ

二首　正三位修理大夫顕季卿二男　母経平女

十首

蒋字無　益後拾遺ニ　蒋義孝人　注ハ依有同名也

大宰大貳長實

あつさゆみはるはきにけらしな
いるさのやまにかすみたなひく

堀河院百首也

百首哥のなかに鶯の心をよみ侍る

修理大夫顕季

うくひすのなくにつけてやまかねふく
きひのやまひとはるをしるらむ

はしめてうくひすをきくや

いゑのこゝろをよめる

春宮大夫公実

はるかすみたちかくれたるたにゝうくひすは
こほりとあさきはるかなるらむ

正月一日春のたちけるに鶯の
なきけるをきゝてよめる

藤原顕輔朝臣

きのふやさはゆきうちとけてうくひすは

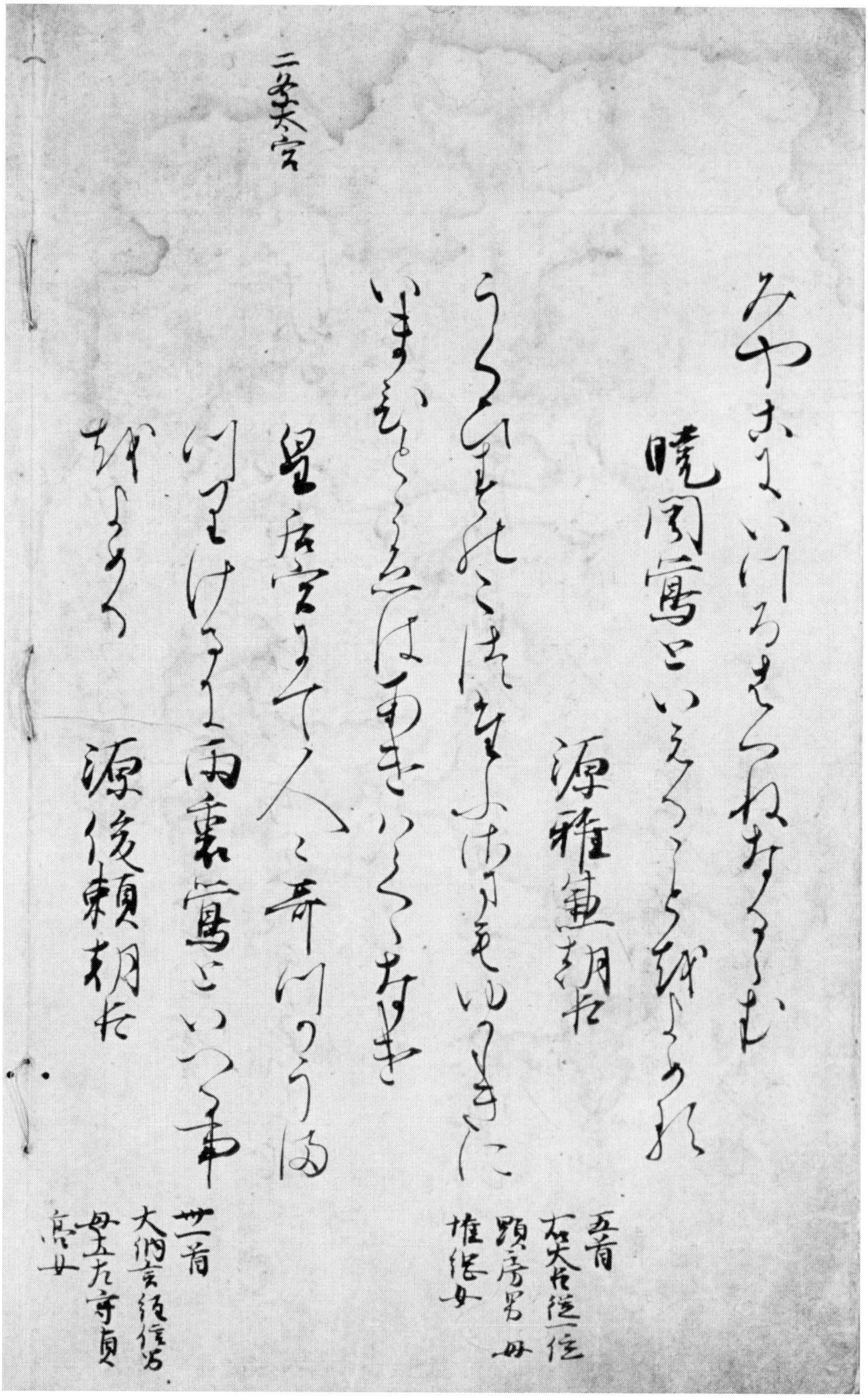
暁聞郭公といふことをよめる
源雅兼朝臣
皇后宮にて人々歌つかうまつりけるに雨中郭公といふ事をよめる
源俊頼朝臣
二条大宮

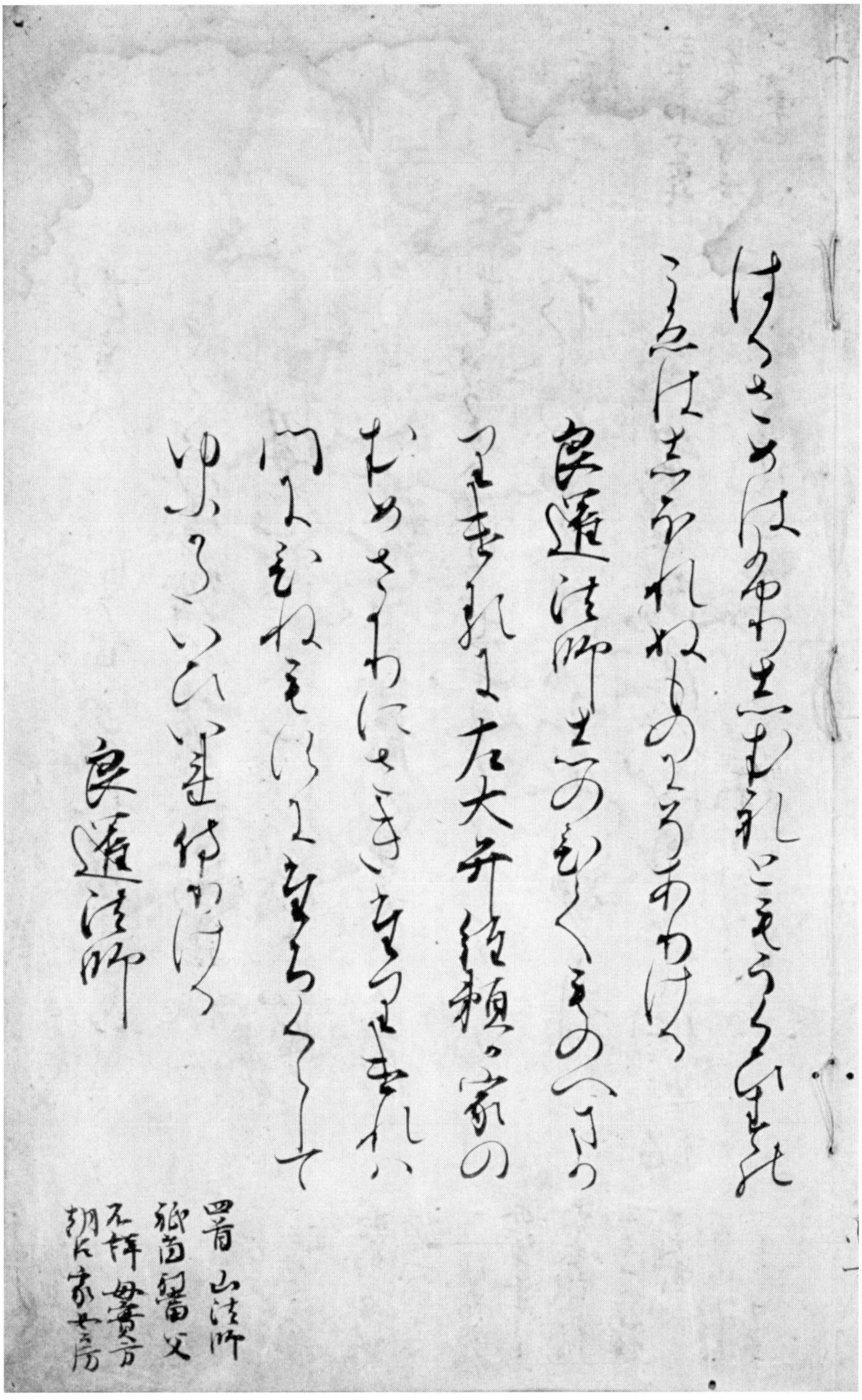

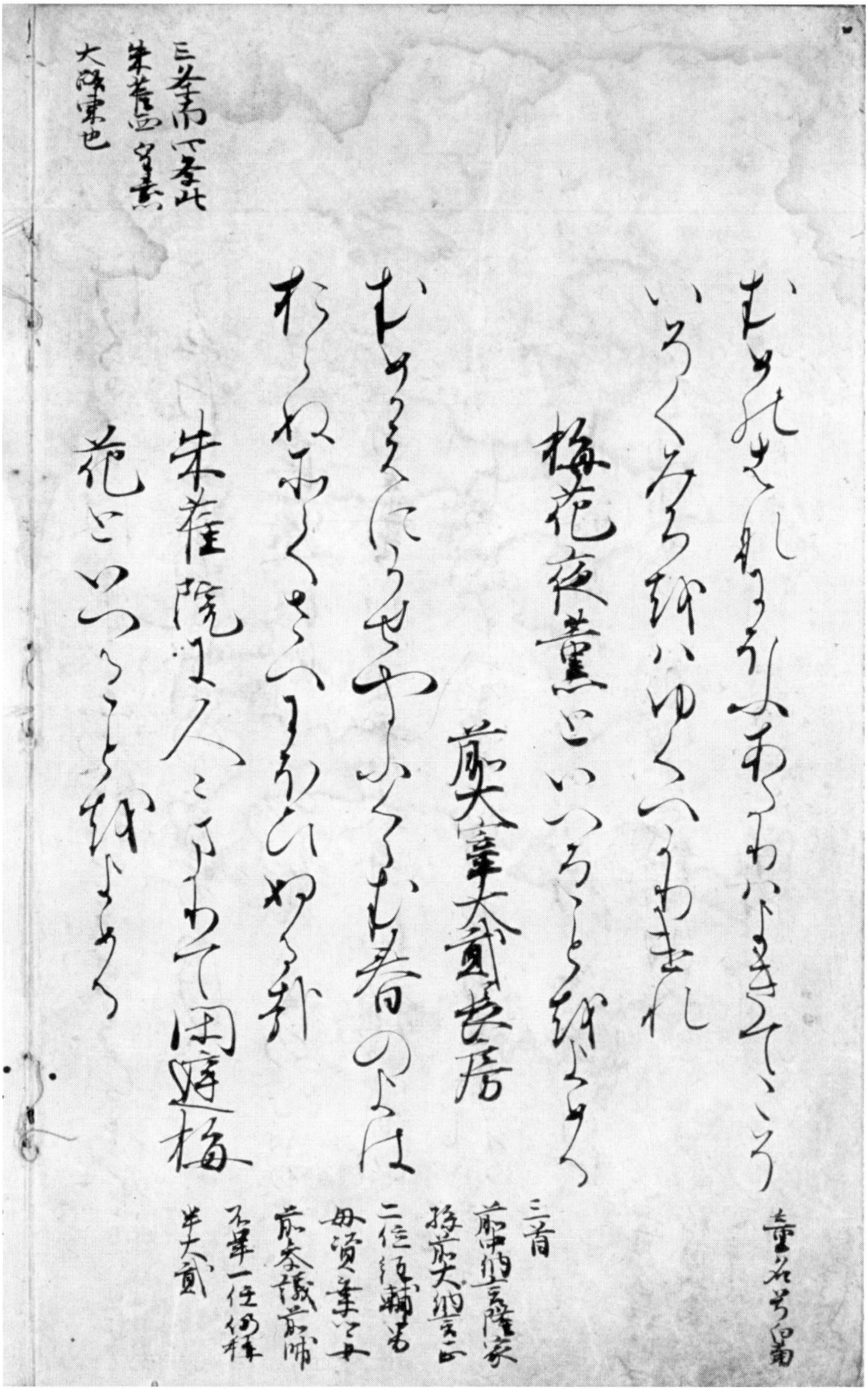

梅花夜薫といへることをよめる
前大宰大弐長房
花といへることをよめる

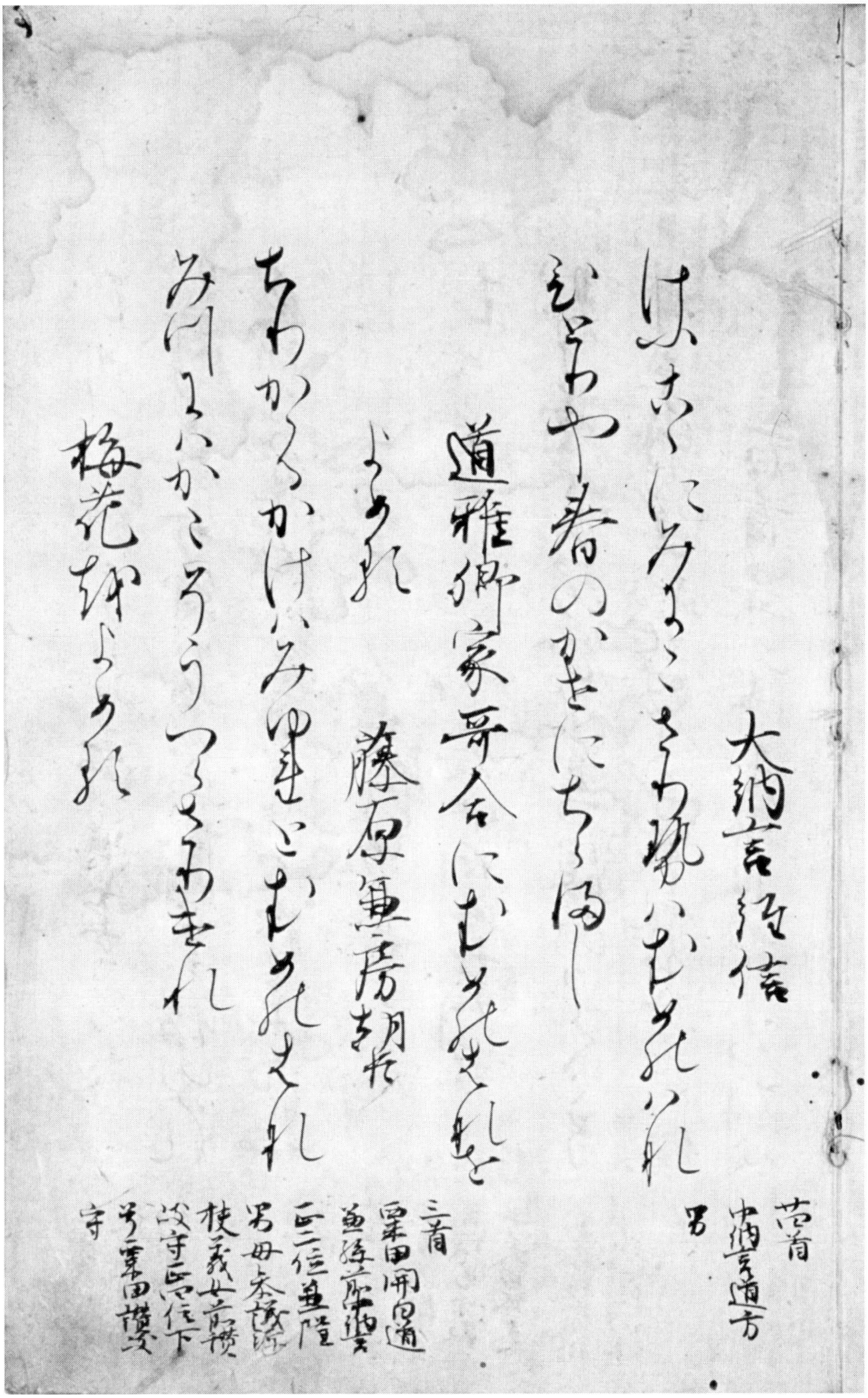
大納言経信

道雅卿家歌合によめる

藤原兼房朝臣

梅花をよめる

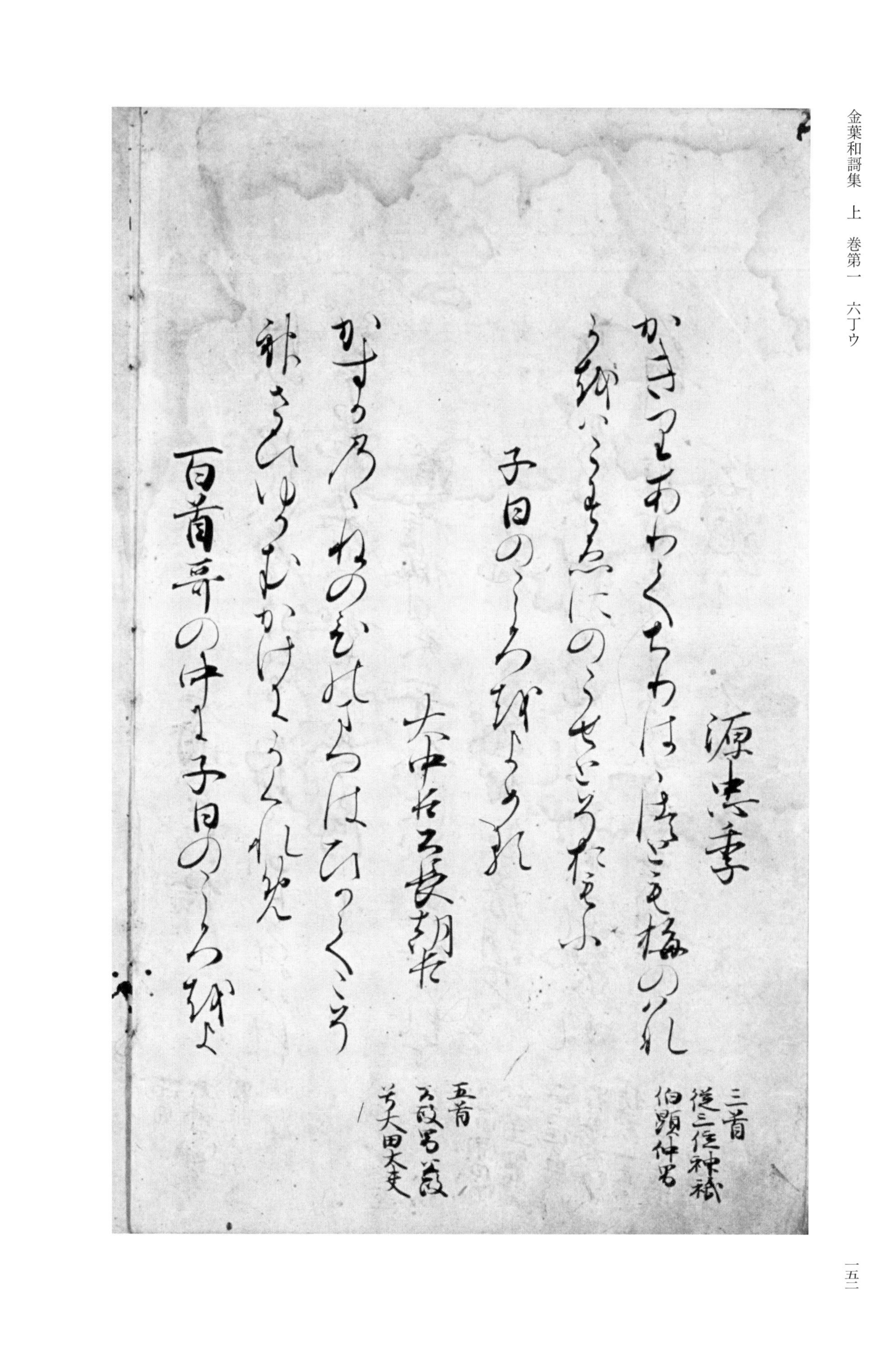

源忠季

かきつ[illegible]とおもはくちかはゝ[illegible]梅の花
[illegible]

子日のこゝろをよめる

大中臣公長朝臣

かすか[illegible]ねの[illegible]
[illegible]

百首哥の中に子日のこゝろをよめる

三首
従三位神祇伯顕仲

五首
[illegible]
[illegible]大夫

堀河院百首哥也

めれ

大蔵卿匡房

はるかすみたちかくせともひめこまつ
ひくまのゝへにわれはきにけり

七首
式部大輔挙周孫成衡男
中納言

堀河院百首哥也

柳条随風　　院御製

かせふけはやなきのいとのかたよりに
なひくにつけてすくる春哉

白河院後三条
院皇子母儀
贈大后茂子
大后公成女
御諱貞仁無
御法名弃御
校成十七歳
立太子廿歳
即位廿譲位
七十七崩

百首哥の中に柳をよめる

春宮大夫公実

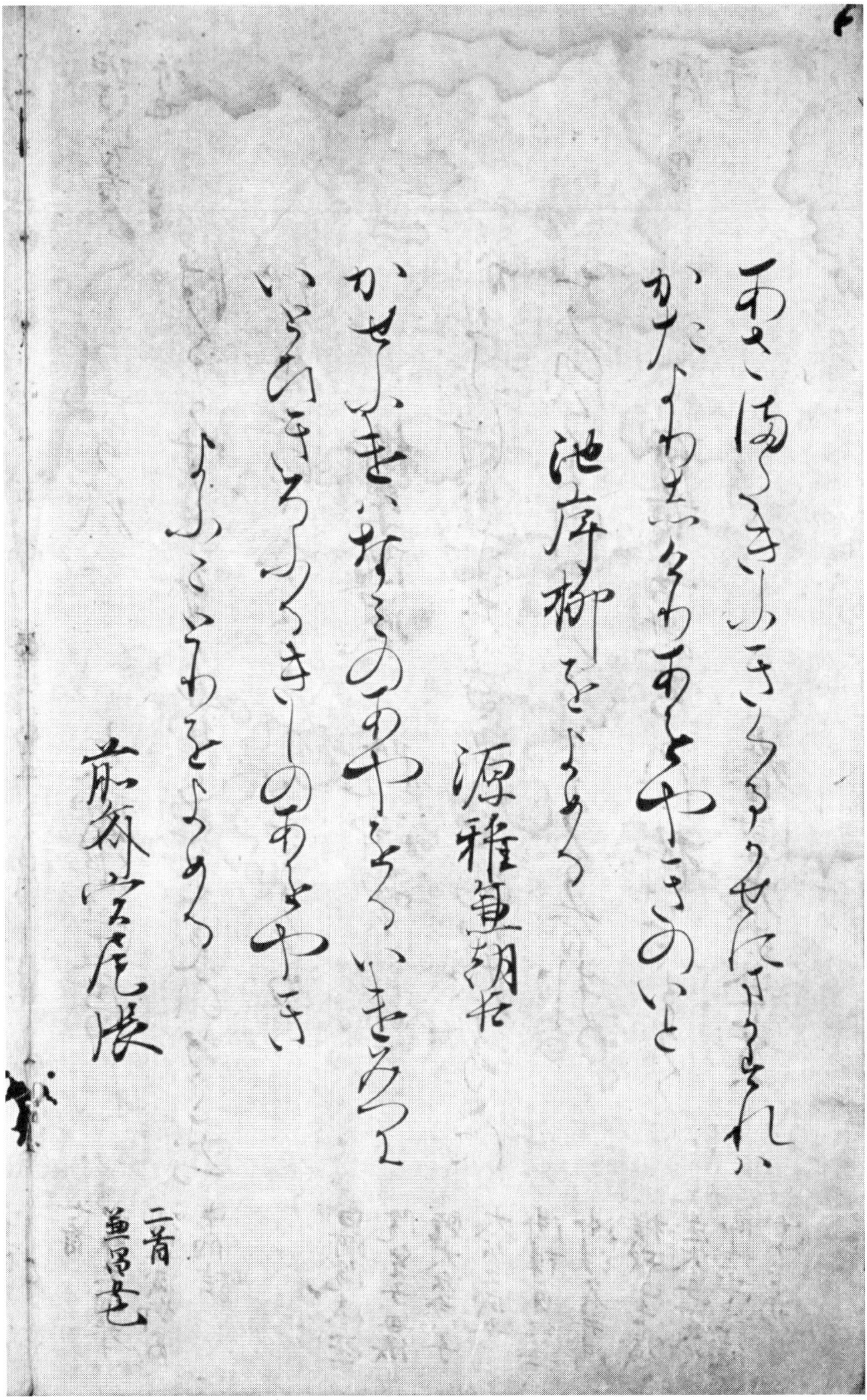
あさみとりふきくるかせにまかすれは
かたよりしけるあをやきのいと
池岸柳をよめる
源雅兼朝臣
かせふけはなみのあやをるいけみつに
いとひきそふるきしのあをやき
よふことりをよめる
前斎宮尾張

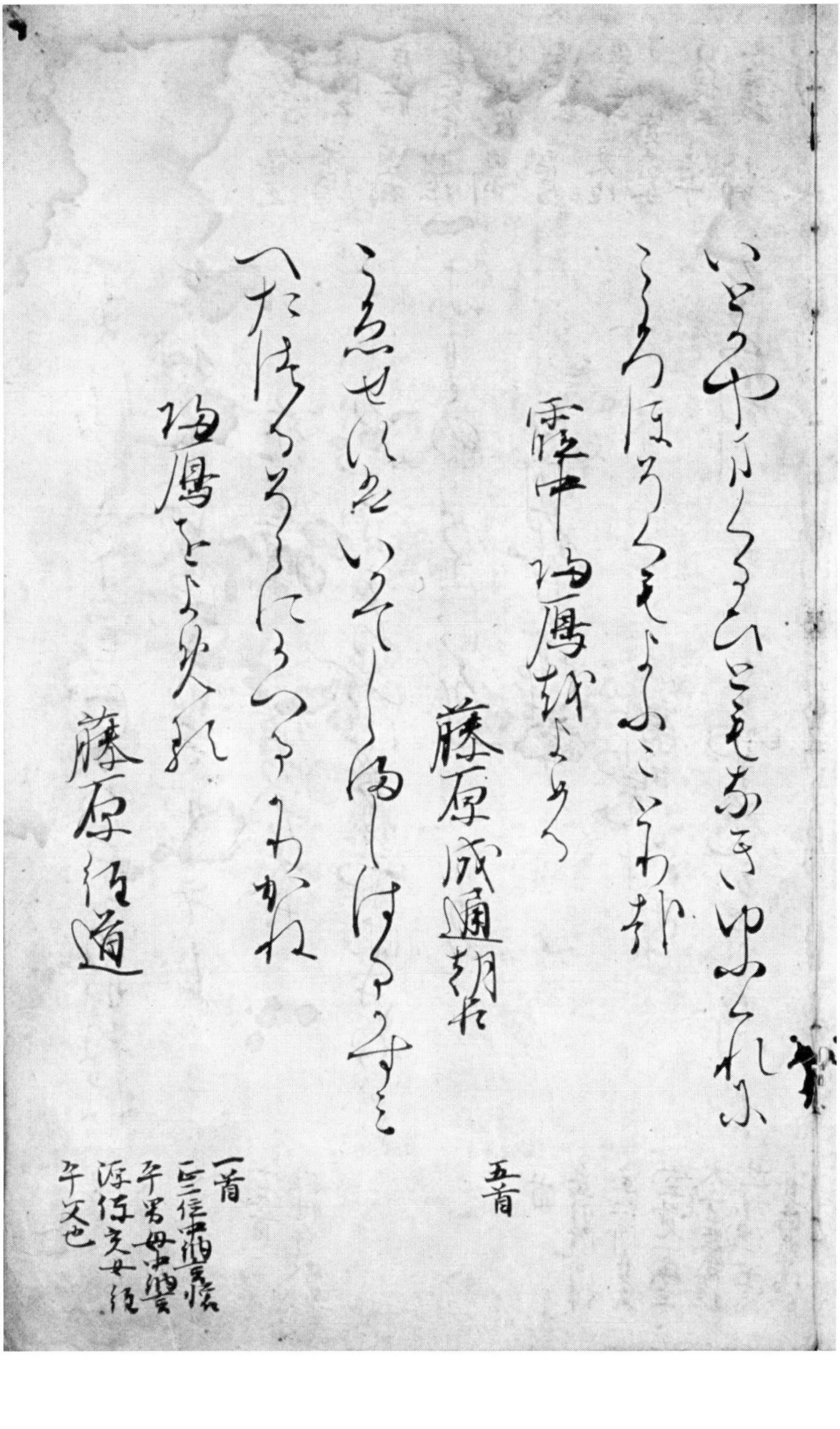

いまはとてこしちにかへるかりかねは
はねもたゆくやゆきかへるらむ
花薫風　橘元任大夫
十五首
法性寺殿
よしのやまみねのさくらやさきぬらむ
ふもとのさとににほふはるかせ
白河花見御幸
新院御製
一首
鳥羽院御諱
宗仁御實名
空覚入道一歳立
太子五歳即位
廿譲位五十六崩
實行尊儀公
さくねつるまれさや花もすゝつらむ

大織冠　鎌足
淡海公　不比等
房前　真楯
長良大臣　内麿
閑院大臣　冬嗣
忠仁公　良房
昭宣公　基経
實頼
貞信公　忠平
九条殿　師輔

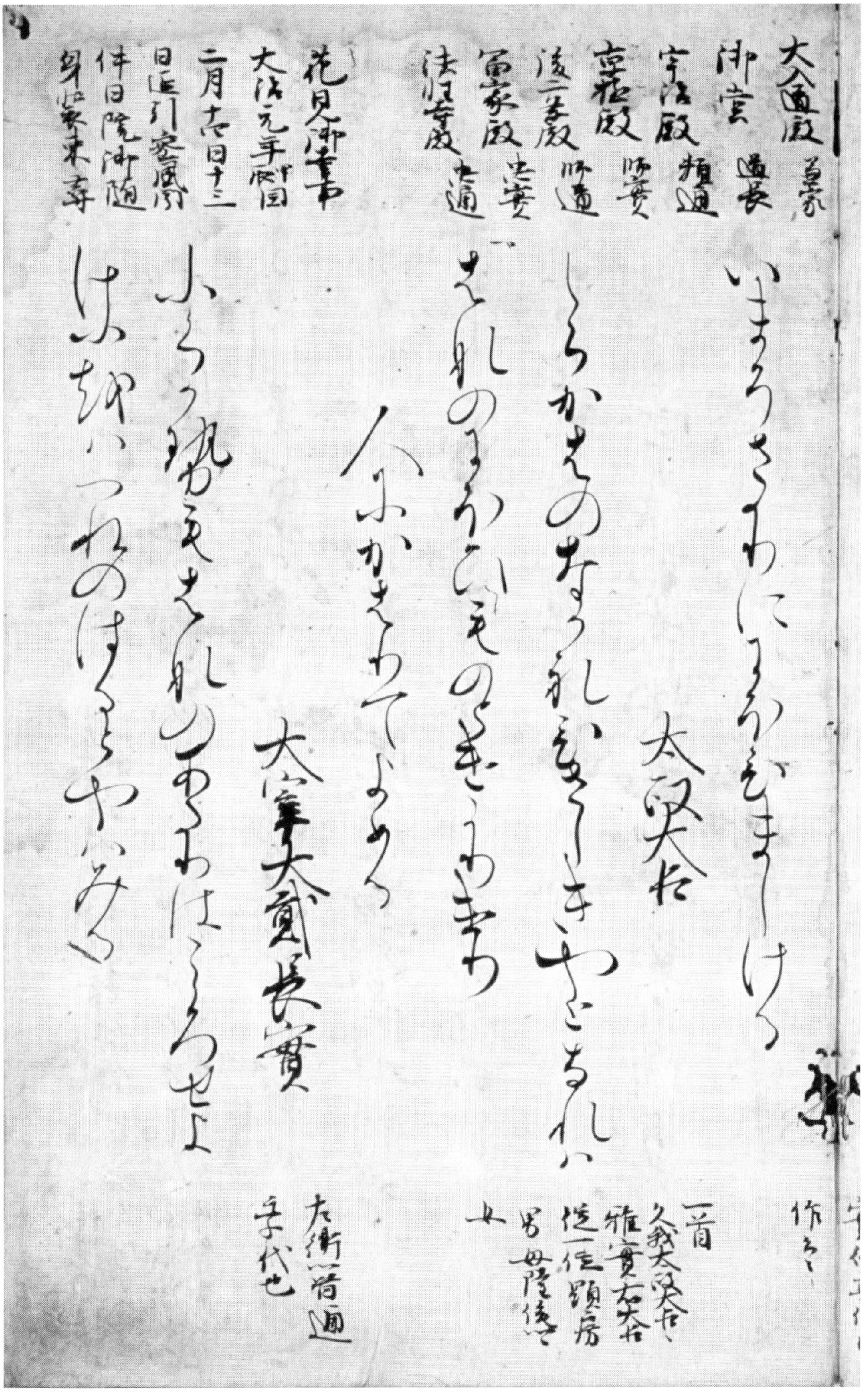

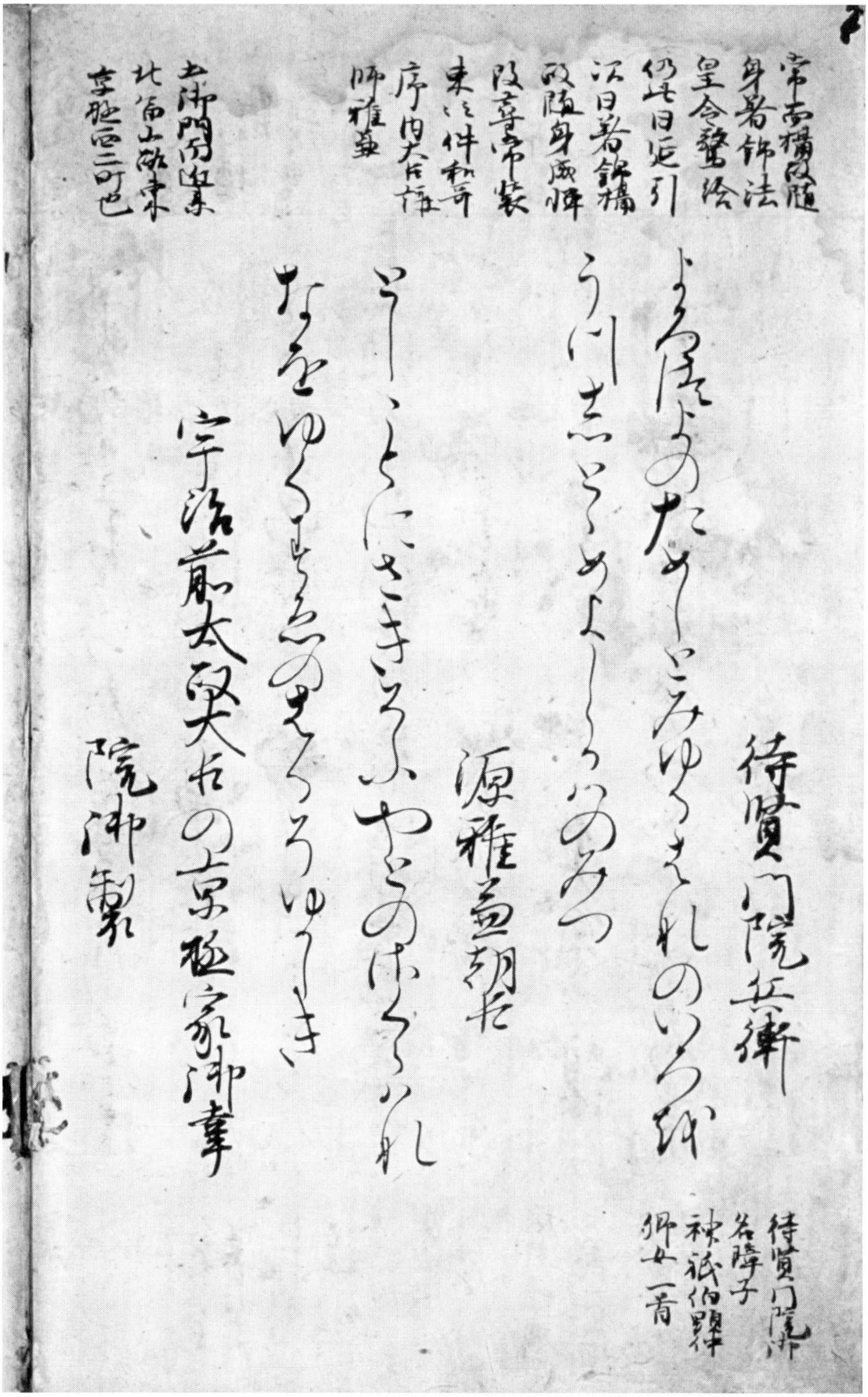

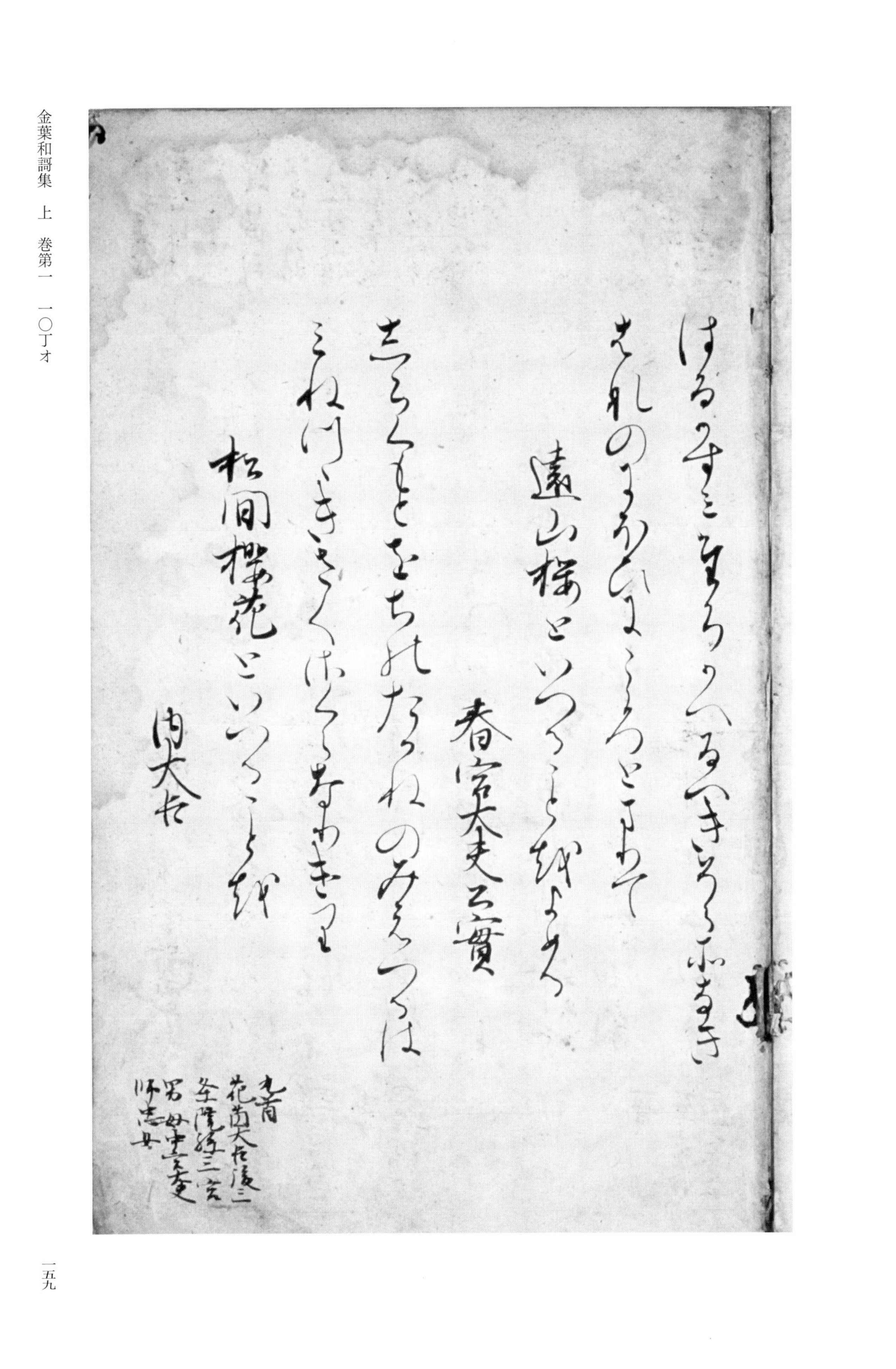

はるの[illegible]
[illegible]
遠山桜といへることをよめる
春宮大夫公実
しらくもとをちのたかねのみえつるは
こ[illegible]
松間桜花といへることをよめる
内大臣

有仁
花園大臣後三
条院孫三宮
男母中宮大夫
師忠女

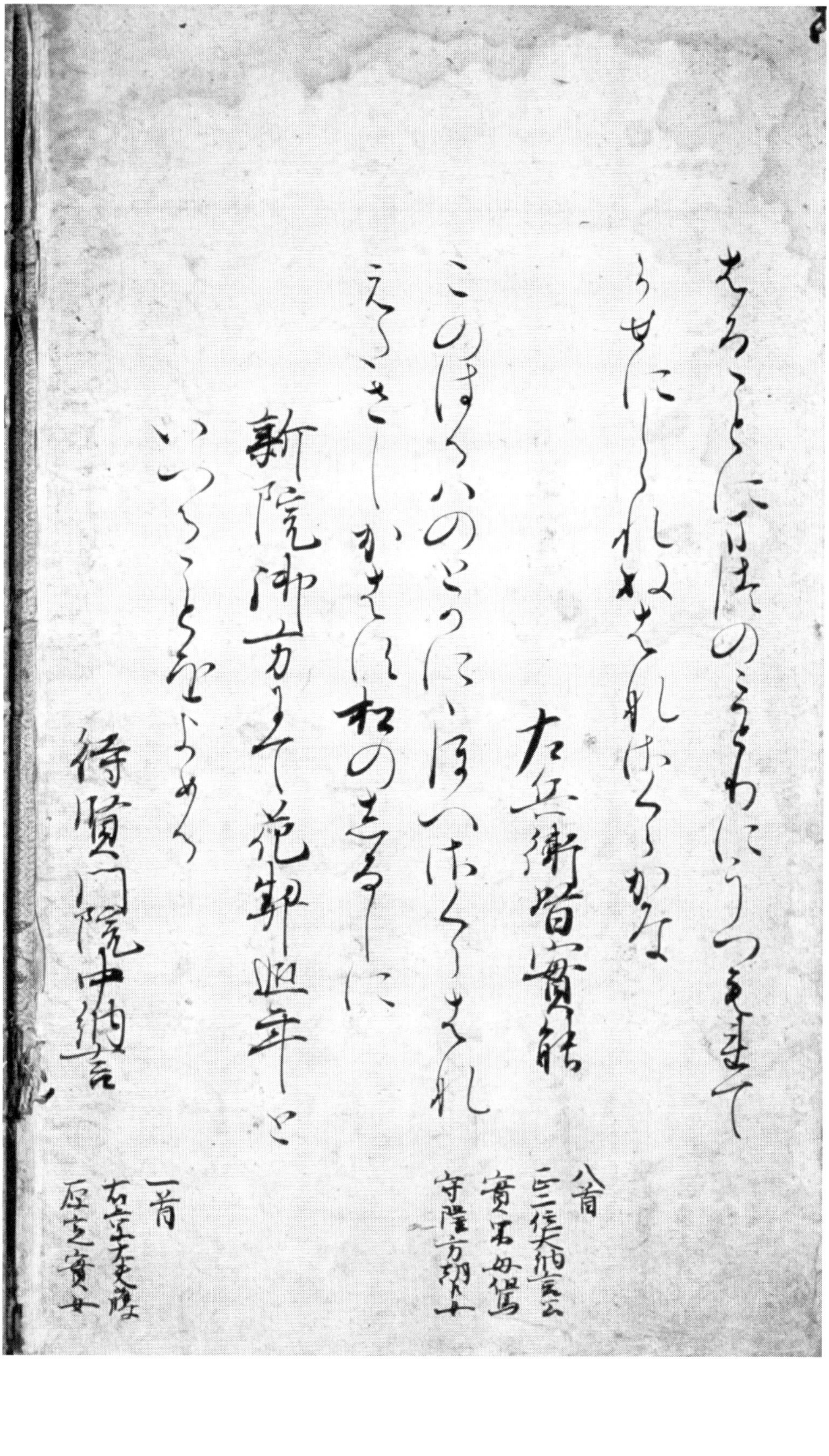
[illegible]のこ[illegible]にうつるまて
[illegible]かな

右兵衛督實能

このはるはのとかににほへさくらはな
えたさしかはすまつのしるしに

八首
正二位大納言公
實能母但馬
守隆方朝臣女

新院御方にて花契遐年と
いへることをよめる

待賢門院中納言

一首
右京大夫藤
原定實女

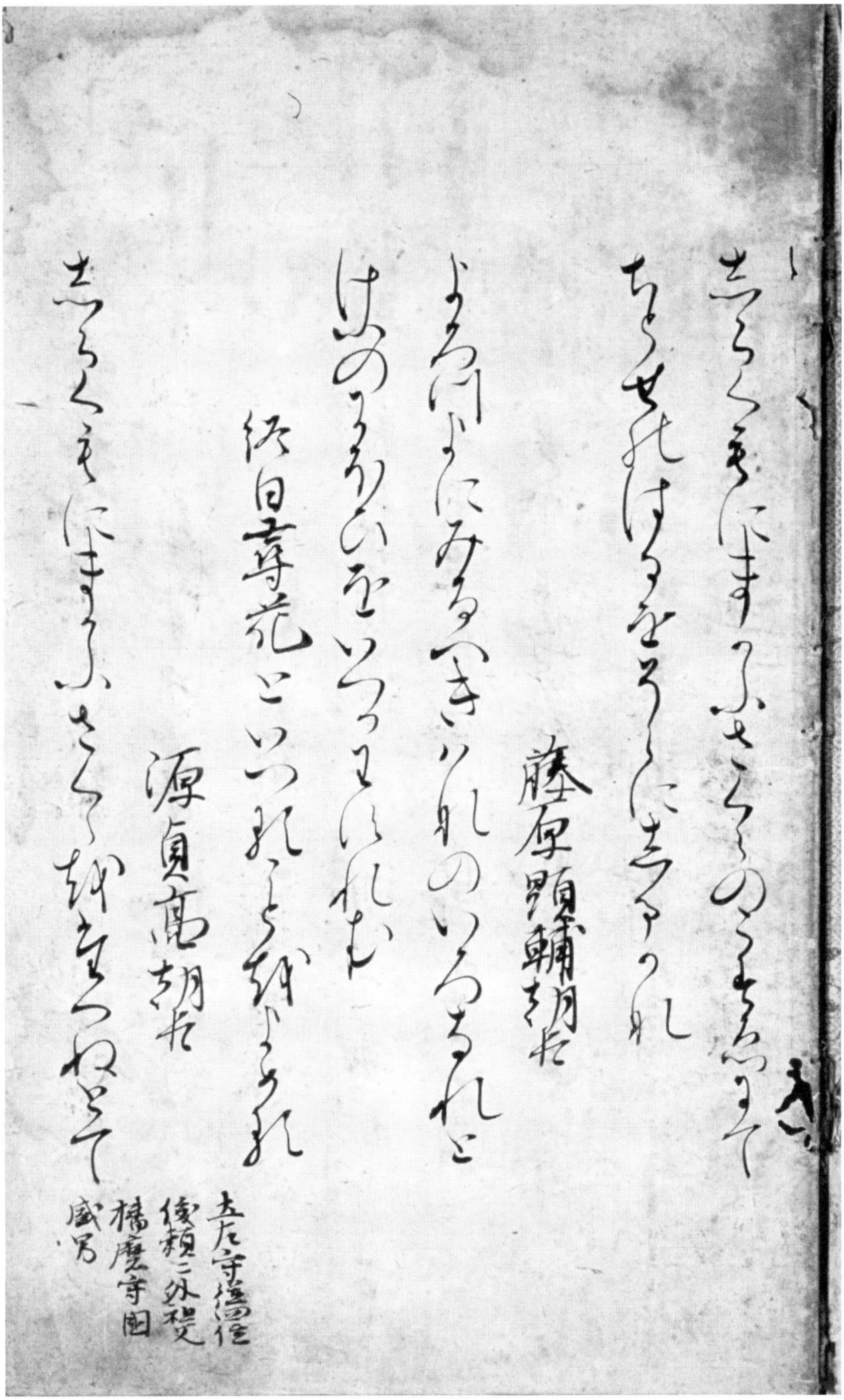
[illegible]
[illegible]
藤原顕輔朝臣
よろつよにみるへきはなのいろなれと
けふのにほひはいつかわすれむ
終日尋花といへることをよめる
源貞亮朝臣
[illegible]
[illegible]

かくねやまれなるわけゐる哉

堀河院御時女房たち花山の
さくらみにつかはしたりける
かへりまいりて御前にて哥
つかうまつりけるに女房にかは
よませたまひける

堀河院御製

よろつよはいさこゝをさきとみゆる哉

罸
諱善仁　八歳
母従[illegible]

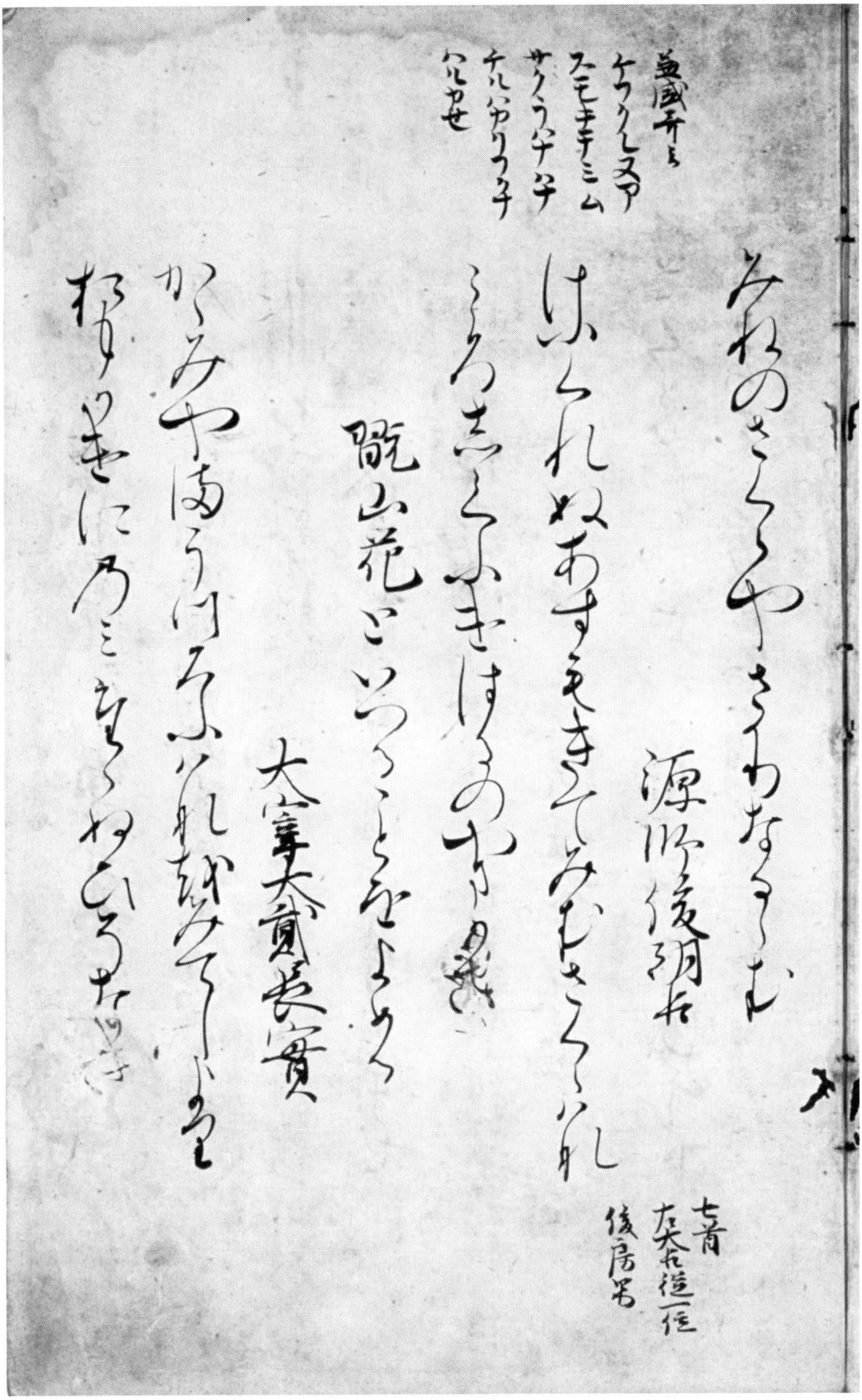
みねのさくらやさかりなるらむ
源俊頼朝臣
はるくれぬあすもきてみむさくら花
こゝろしてふけはるの山かせ
翫山花といふことをよめる
大宰大貳長實
[illegible]
[illegible]

深山花　　攝政左大臣

みねつゝきにほふさくらをしるへにて
しらぬやまちにかゝりぬるかな

人々にさくらのうた十首よませ
はへりけるによめる
　　　　修理大夫顕季

さくらはなさきぬるときはよしのやま
たちものほらぬみねのしらくも

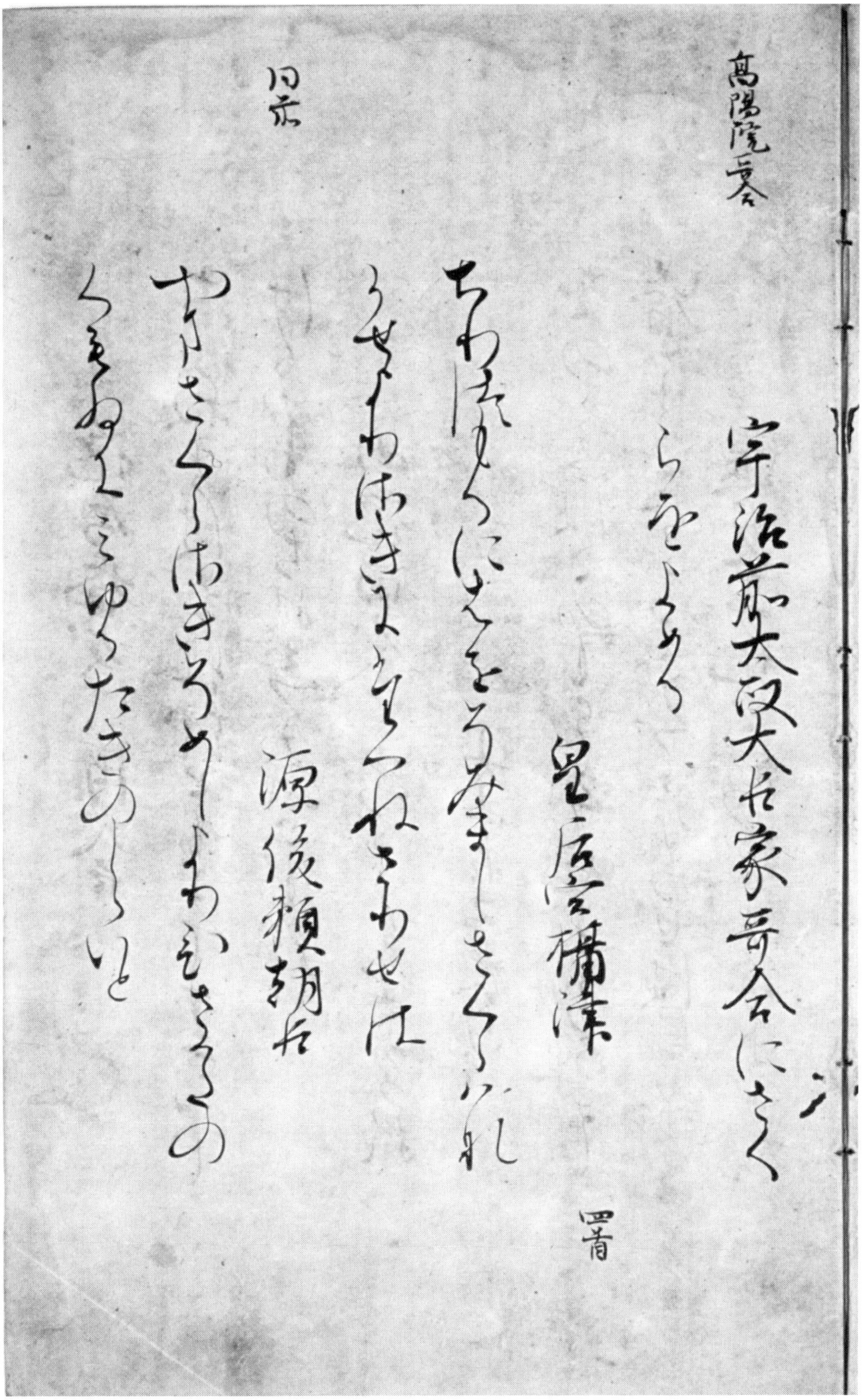
高陽院哥合
宇治前太政大臣家哥合によめる
皇后宮攝津
源俊頼朝臣
やまさくらさきそめしよりひさかたの
くもゐにみゆるたきのしらいと

花為春友　内大臣

ちらぬまは花をともにてすきぬへし
はるのわかれのちれまてひともなし

山花留人といへることをよめる

大中臣公長朝臣

をのえはこのもとにてやくらさまし
春をうらさねさくらなりせは

遥見山花といへることをよめる

大蔵卿匡房

はるきやりくもゐはるかのはきわかれしを
あまのかはきれしとをつゝころみて

藤原実隆

罯
改号資長
能登大夫是
也

よしのやまみねにたなひくしらくもと
みゆるはさくらのこすゑなりけり

堀河院御時女御殿女房たちく
く花みありきけるにまうてよめる

贈皇太后宮鳥
羽院母儀称号
大納言實季女
御名苡子匡房

撰進之時
母儀経平女数
子孫繁昌事
也例件字ゝ
撰進之時子
誕生後第九
箇日晃

前斎宮筑前乳母

はることにあかぬにほひをさくらはな
いかなるかせのおしまさるらむ

人にかはりてよめる

僧正行尊

よそにてはおしみにきつる花なれと
おらてはえこそかへるましけれ

十首
平等院僧正
参議従位之
二位源基平
男基平小一
条院男

後冷泉院御時皇后宮哥合にさ

くもゐよあれ

堀河右大臣

従一位右大臣頼宗号入道関白御堂入道殿二男母盛明親王女高松殿也

はるさめにぬれてたつねむやまさくら

くものかへしのあらしもそふく

月前見花といへることをよめる

大蔵卿匡房

詩菩薩位之長也被懐妊之時母夢有人云所始之児ハ黄飛楠公化身也法華経一部持経者也帝代事

月かけにはなみるよひのうきくもは

かせのつらさにおとらさりけり

顕季卿家にて桜哥十首人〻

によませ侍けるによめる

大宰大貳長實

しらくもとをちのたかねのみえつるは

こゝろまとはすさくらなりけり

水上落花といへることをよめる

源雅兼朝臣

さくらはなさそふあらしやみなかみを[illegible]

こゝろなすこよひをにかさねみつ

落花満道といふことをよめる

左兵衛督実能

けさみればよはのあらしにちりはてて

にはこそはなのさかりなりけれ

堀河院御時中宮御方にて風静

花香といふことをよめる

源俊頼朝臣

後三条院女

中宮篤子

こすゑにはふくとも見えてさくら花
かほるそかせのしるしなりける

落花の心をよめる

長實母

春ことにをなしさくらのちれはこそ
をしむこゝろもかはらさりけれ

落花随風といへることをよめる

右兵衛督伊通

四首
大宮右大臣俊
家孫正二位

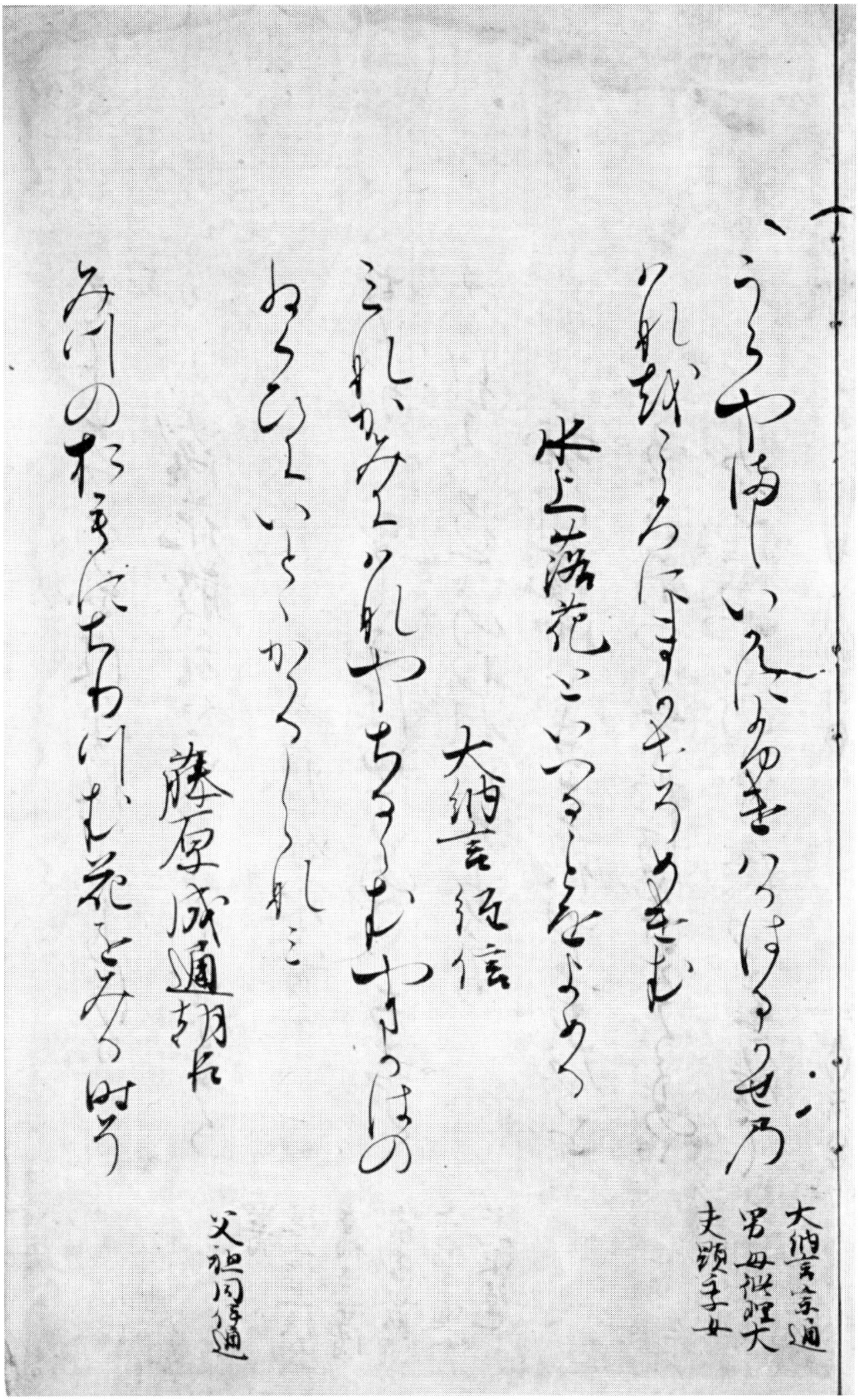
うらやましいかなるかせのはるをもの
はなちるころにすみそめけむ
水上落花といへることをよめる
大納言経信
みなかみに花やちるらむやまかはの
ゐくひにいとゝかゝるしらなみ
藤原成通朝臣
みつのおもにちかはいも花をみるかな

大納言宗通
男母従三位
大夫顕季女

父祖同宗通

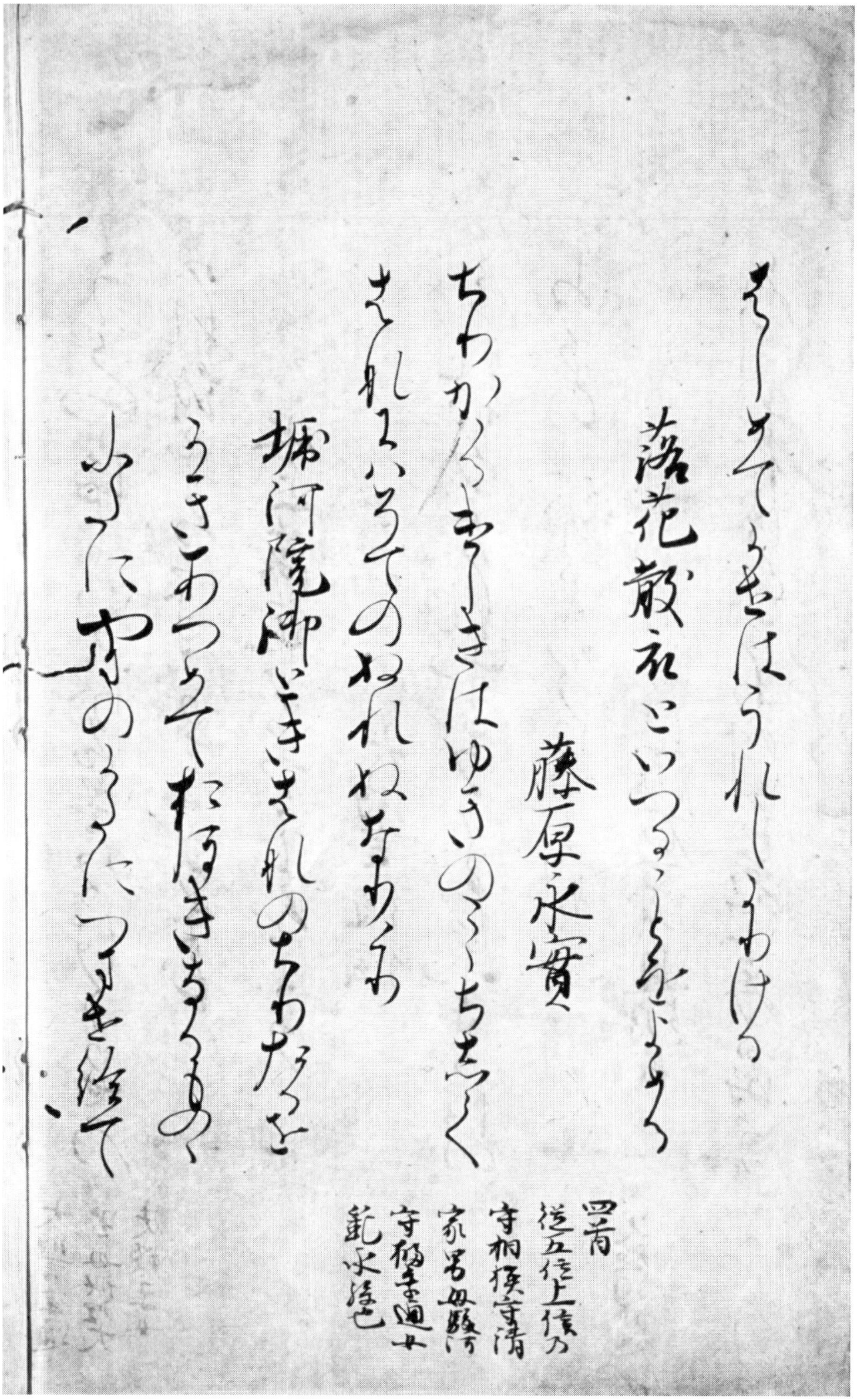
落花散衣といへることをよめる
藤原永實
堀河院御時

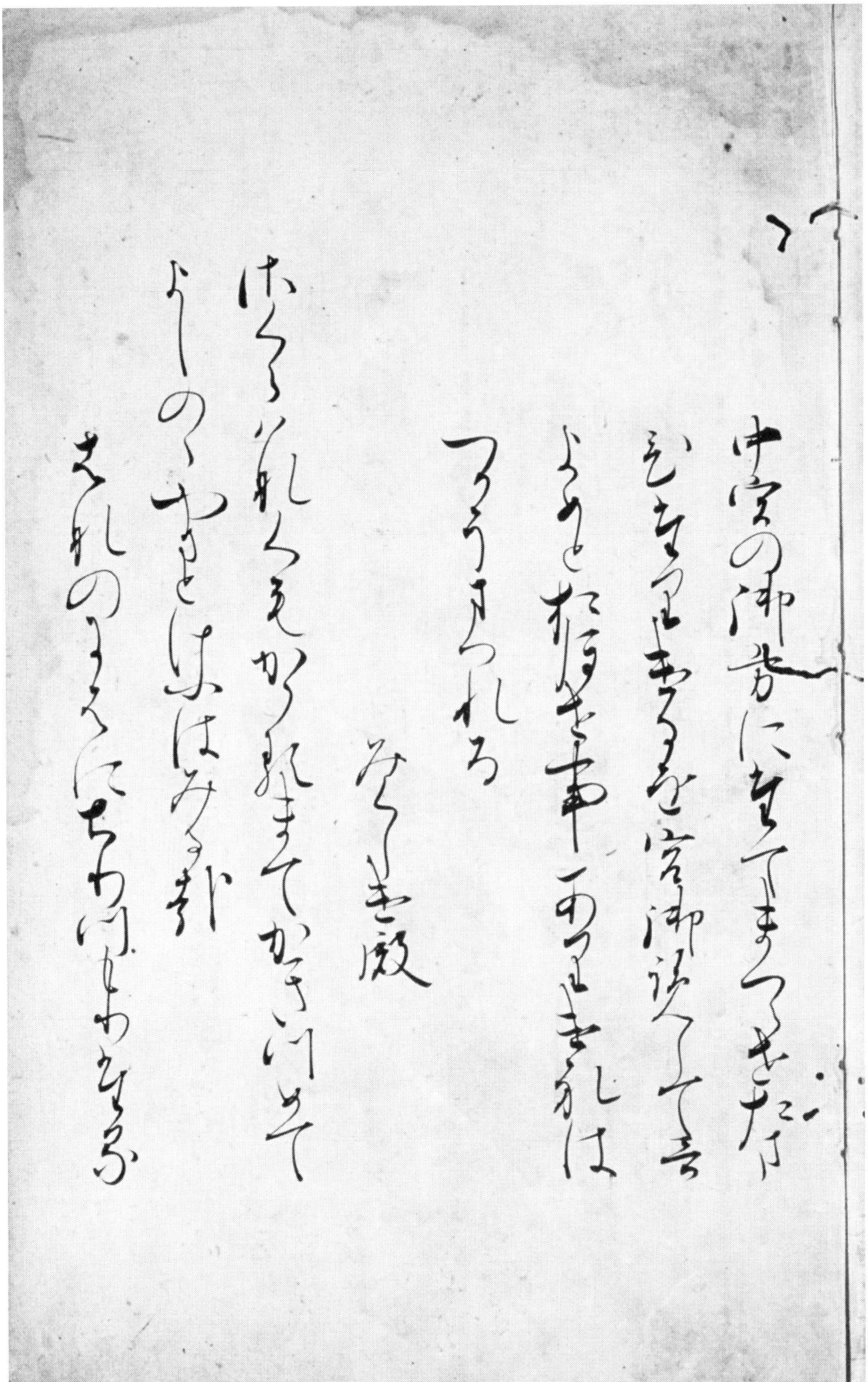

中宮の御方にてまつり[illegible]
[illegible]宮御[illegible]
よめとおほせ事ありけれは
つかうまつれる
みくしけ殿
[illegible]
[illegible]
[illegible]

をみてよみける

郁芳門院安藝

にはのおもはものこときえにゆきとのみ
ちりしくはやはらはるゝなへき

夜思落花といへることをよめる

隆源法師

こゝろもてにほへるはなはちらしくれ
よるはいくゝろにふくちるけるを

春のくれつかたに山田川にて
花をみてよめる

高階経成朝臣

はるさくやまたをつくるたかはのせは
うつもやなれしかみゆらむ

一首
従四位下家範
守正五位下基
濃守基政男
母美濃女御
同院御乳母

後冷泉院御時月のあかゝりけ
殿女房たちあまたくして南殿に
なくさめたまひけるわまるに[illegible]の

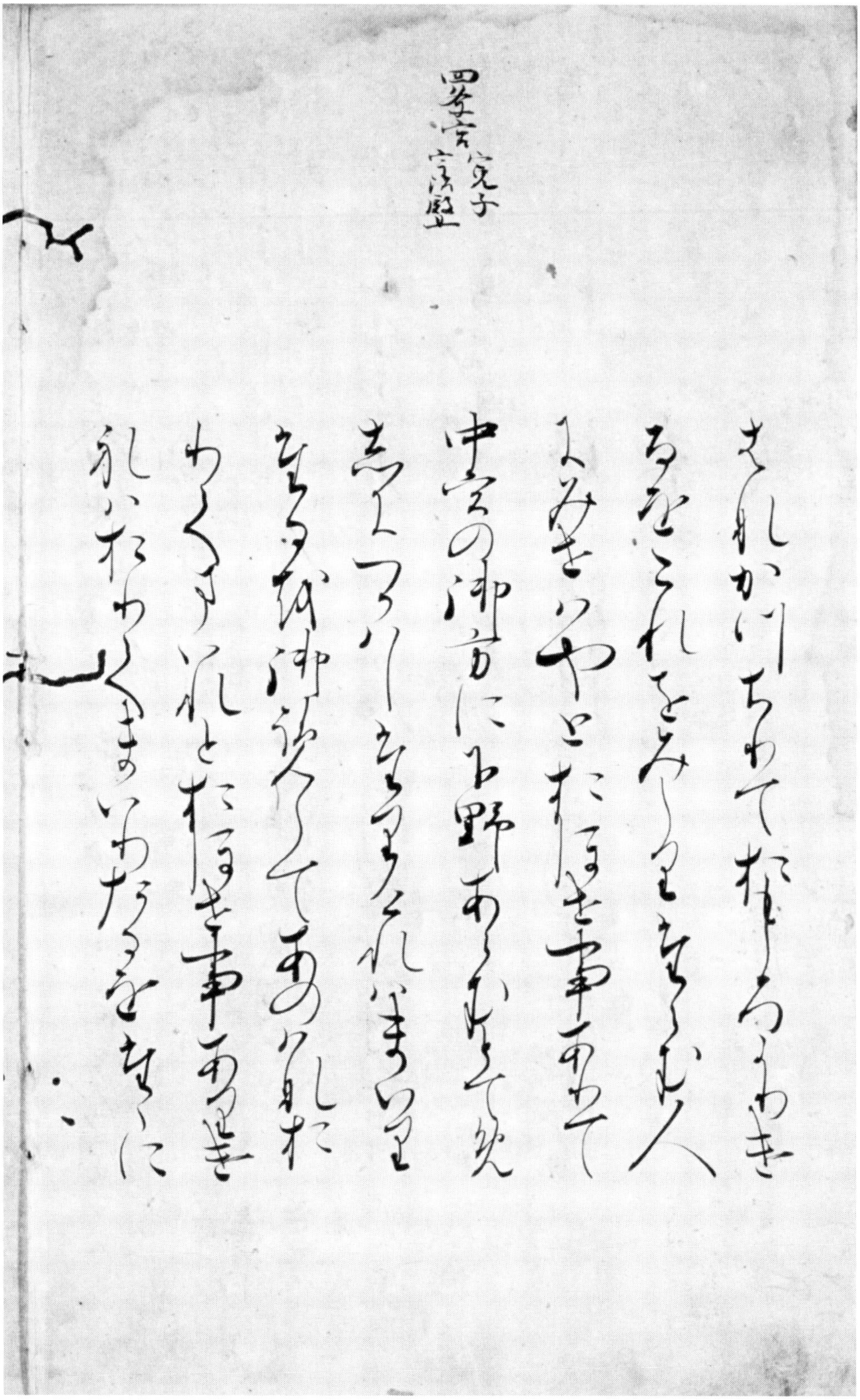

てはいつこに[illegible]
きて[illegible]ける
下野
なかきよの月乃ひかりのなかりせは
くもゐの花をいかてをらまし
鳥羽院也
新院御方にて餞花薫風といふ
ことをよめる
中納言雅定
七首
太政大臣雅實
男　母

ちはくねきれのあまりなきまれい
いとひしきそけふはおもはき
なかにて人〻百首よみけるに
まゝらひ蕨よめる

権僧正永縁

やまさとはのへのさわらひもえいつる
をりにのみこそひとはみえけれ

百首哥中に杜若をよめる

堀河院百首也

十首
花林院僧正
蔵人大輔永相
男永相式部
丞仍僧号式
部僧正云〻

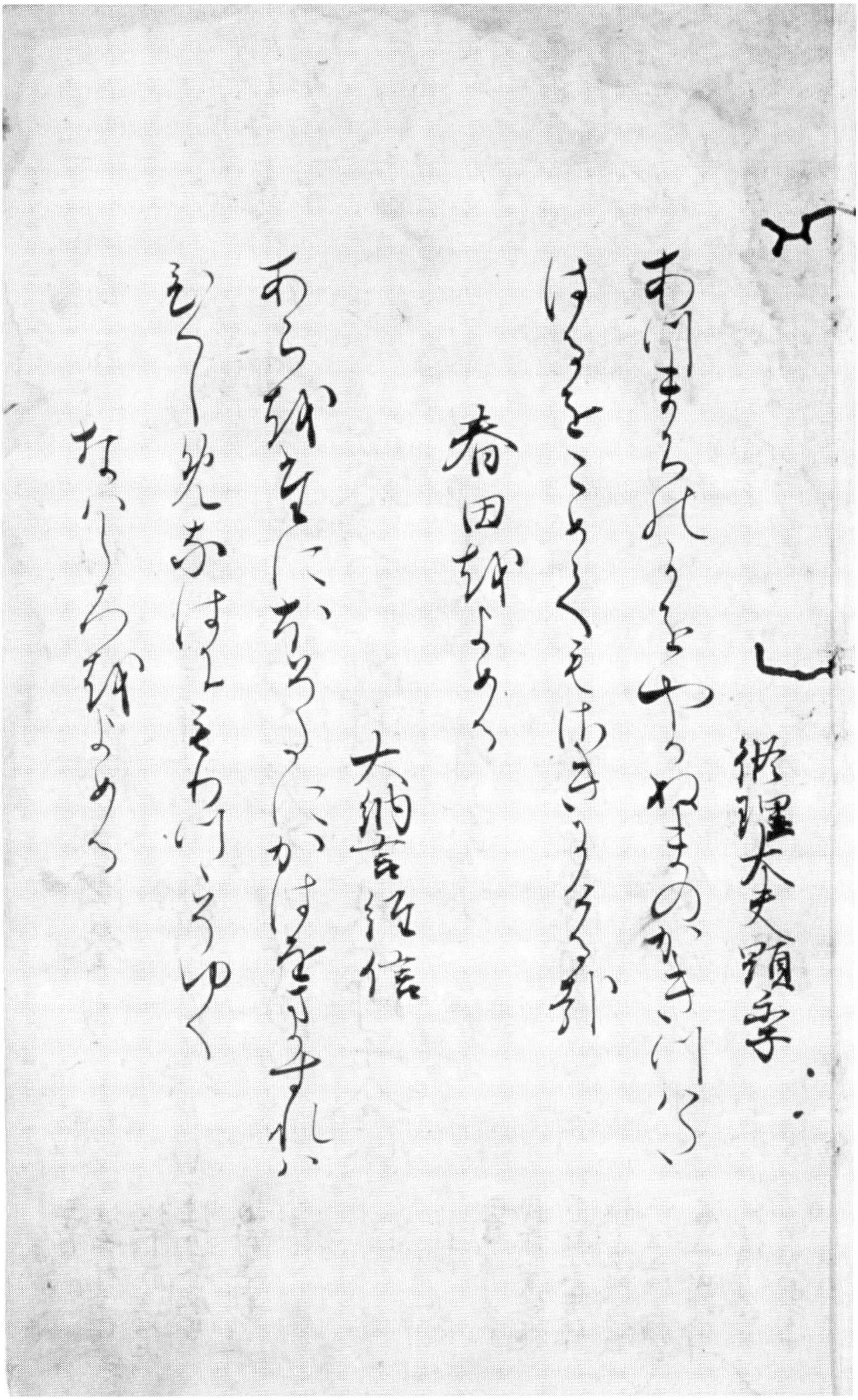
修理大夫顕季
大納言経信

津守国基

さきのおくのさはれとそいろへし
なねまさるてしくわさ咲さくてみれ

作者ハエケ
オフル旨又
リミ

後冷泉院御時弘徽殿女御歌合に
かはつの心をよめる

藤原隆資

やけのゝのをとものをきれふしけり
いはまれみつをさゝねひろふるらす

三首
住吉神主従五
位下散位従五
位下基辰男
母神主頼信女

二首
武蔵守従五位
下越前守従四
位下安隆孫散
位従五位上頼
男　母正郡御
毎信卿家女
房号尾張守
相如女

いはれやまふきも人とあまたゝひ
うくきそあらひけるつゆそに
おもはまくをみくらめ
中納言まさふさ
わかやとにまさくらむ人もみるはかり
おもふやはしらやまふきのかれ
水邊款冬　橘俊大夫
かきわあかそちるゝにおしきやまふきを

いたくなたをりそのかはらなき

大宰大貳長實

春ふかみ神なひかはにかけみえて
うつろひにけりやまふきのはな

後冷泉院御時哥合に山吹の心を
よめる

前大宰大貳長房

やまふきのみきはかきつるきえしみなは
しかへなみをかはあをきらぬ

晩見躑躅といへる事をよめる

摂政家参河

一首 源仲正

いり日さすゆふくれなゐのいろはえて

やましたてらすいはつゝしかな

院北面にて橋上藤花といへる事を

よめる　大夫典侍

一首 神祇伯顕仲卿女

いろかへぬまつによそへてあつまちの

ときはのはしにかゝるふちなみ

一

藤花をよめる

藤原顕輔朝臣

むらさきのいろはゆかりにふちのはな
かゝれるまつもむつましきかな

房の藤花のさかりなるをみて

法師増覚

くる人もなきわかやとのふちなみ
たれまつとてさきかゝるらむ

一首
法勝寺上座
前中納言資経
手跡

芸藤蔵松といふことをよめる

良暹法師

まつかぜのおとせざりせばふぢなみを
なにゝかゝれるはなとしらまし

二条関白家にて池辺藤花と
いふことをよめる

大納言経信

いけるひつまつねさゝひえにわしはきの

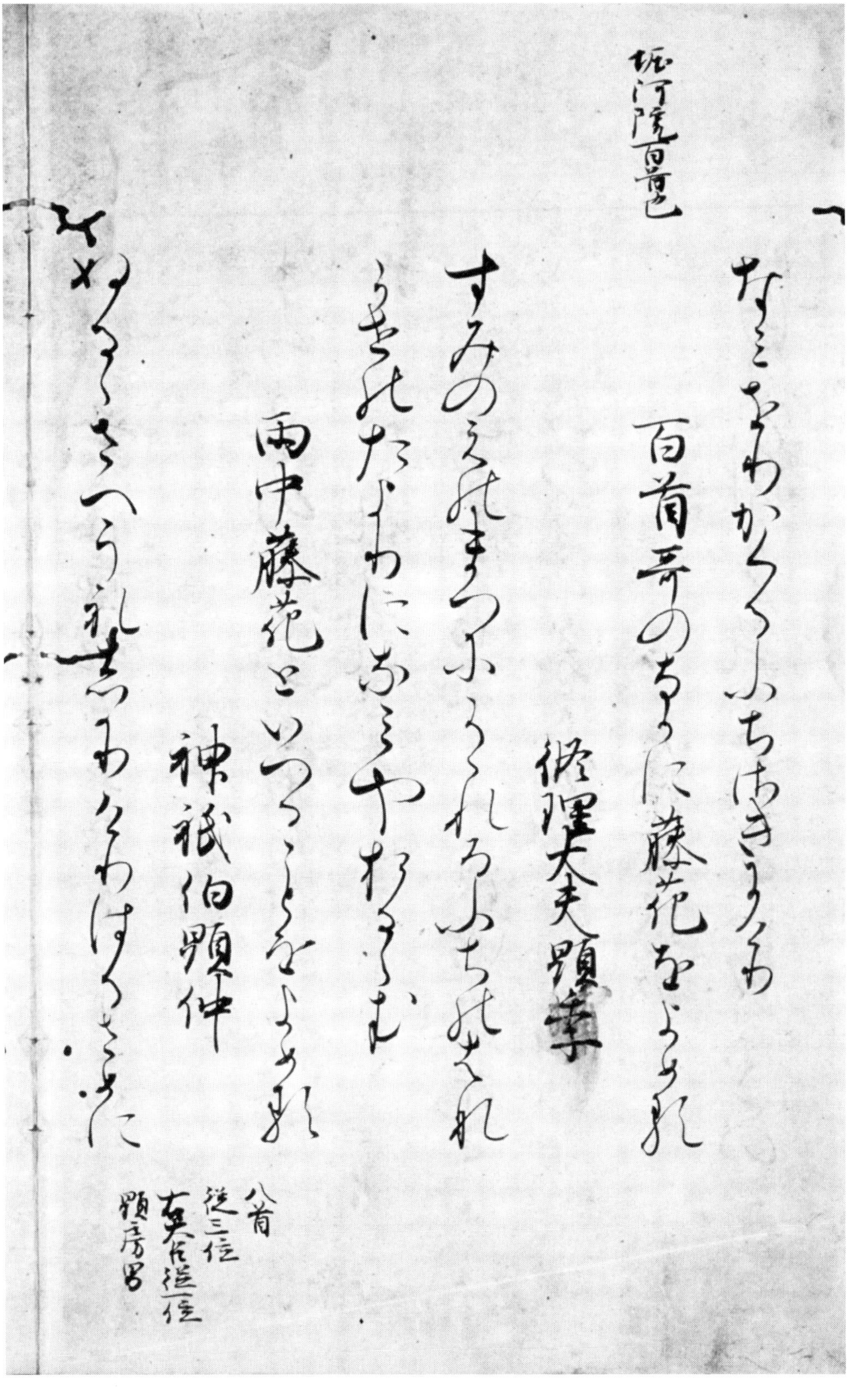

堀河院百首也

なをさかくふちはさきけるかな

百首哥のなかに藤花をよめる

修理大夫顕季

すみのえのまつにかゝれるふちなみ

かせのたよりになみやをるらむ

雨中藤花といへることをよめる

神祇伯顕仲

みなくちにさへらぬれそあかくはけるさきに

八首

従三位

左京大夫従四位

顕房男

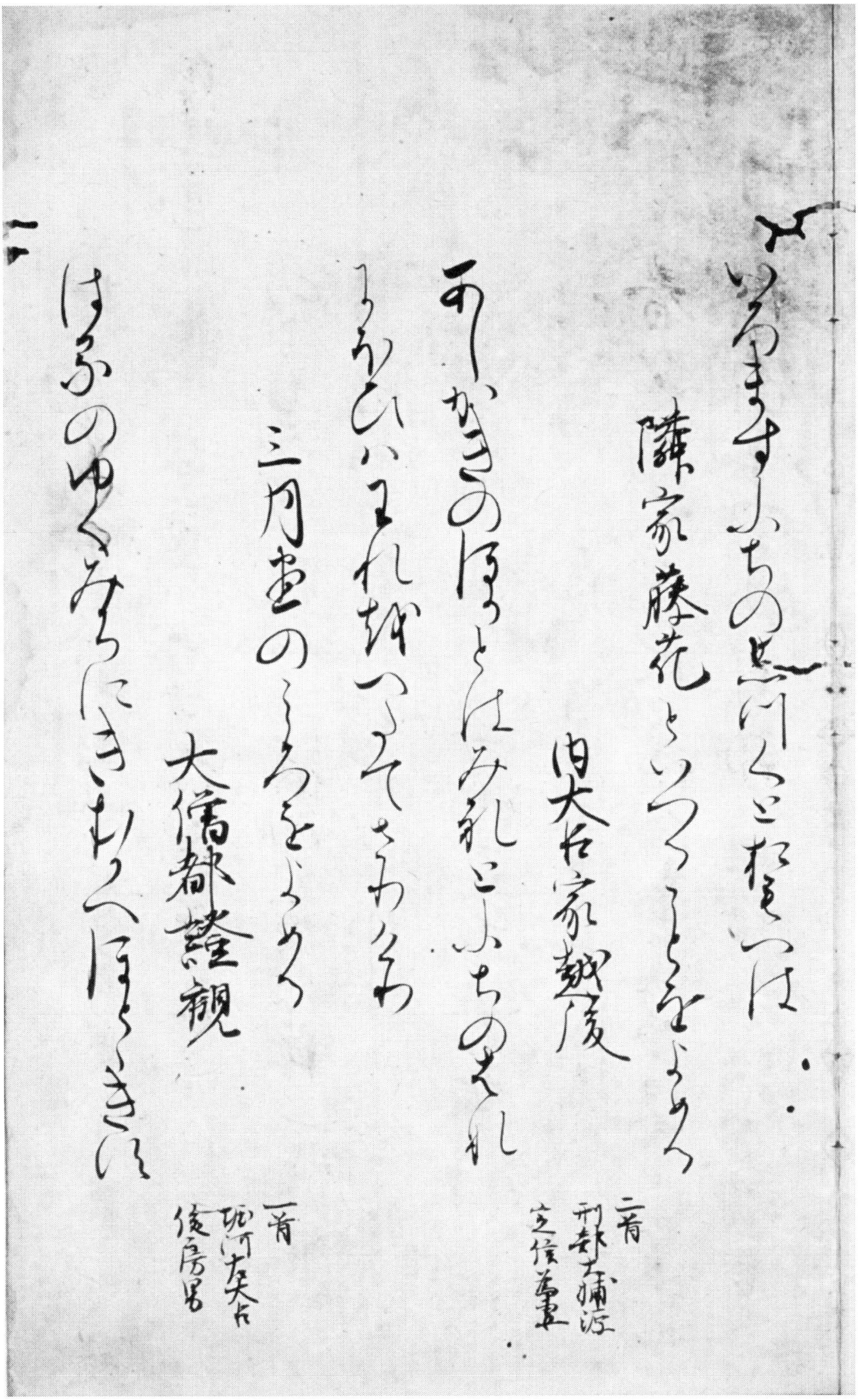
隣家藤花といへることをよめる
内大臣家越後
三月尽のこころをよめる
大僧都證観

か[illegible]にたちやとまると

中納言雅定

のこりなくくれぬるはるをおしむとて
こゝろをさへもつくしつるかな

三月尽によする恋のこゝろを

内大臣

春はをしひとはこよひとたのめねは
おもひわつらふけふのくれかな

重服に侍けるとしの三月尽の
日むかしのともにわすれてさか
きれしにつかはしける
藤原顕輔朝臣
おもひやれめくりあふへき春たにも
たちわかるゝはかなしきものを
攝政左大臣の家にて人々三月尽
のこゝろをよませ侍けるによめる

源俊頼朝臣

かつらはふうつきのいみをはしこそて
きえしみあれのほとときくへきそみん

金葉和謌集巻第二

夏部

四月一日更衣のこゝろをよめる

源師賢朝臣

我のみそいそきたゝれぬなつころも
ひとへに春ををしむ身なれは

二条関白家にて人々餘花の心
をよみ侍けるによめる

晋
蔵人从五位上
正四位下参議
従二位資通
卿男母備後
守師長女

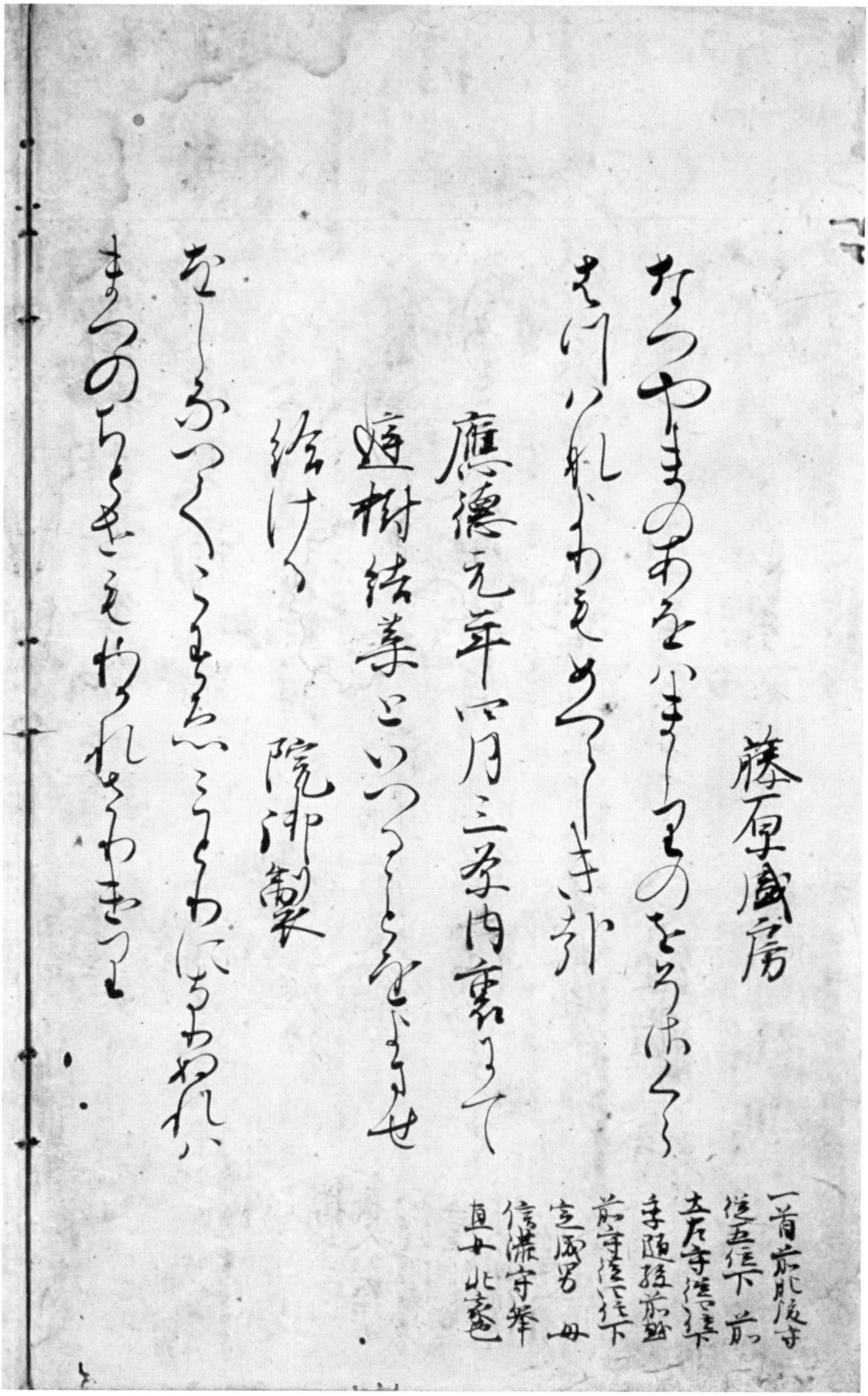
藤原盛房
なつやまのあをばまじりのをそざくら
はつはなよりもめづらしきかな
應徳元年四月三日内裏にて
庭樹結葉といへることをよませ
給ける　院御製
おしなべてこずゑあをばになりぬれば
まつのみどりもわかれざりけり

大納言経信

たまくしははまくもひろにあわふなわ
こやゆふまつくひさまれころ

鳥羽殿にて人々哥つかうまつりける
に卯花のこゝろをよめる

春宮大夫公實

ゆきのいろをうはひてさけるうのはなに
をのゝさと人ふゆこもりすれ

卯花連墻といへることをよめる

大蔵卿まさふさ

いつれをかわきてたつねましやまかつの
かきねつゝきにさけるうの花

卯花をよめる

江侍従

ゆきゝえもすらしもきてはうの花の
くれは月のかけかとそみゆ

二首
左大臣家乳母
大江匡衡朝臣女
母赤染衛門

攝政家參河

うのはなのさかぬかきねはなけれとも
なになかれたるたまかはのさと

卯花誰墻といふことをよめる

中納言實行

五首
正三位大納言
公實男　母
美乃守[illegible]
女

[illegible]やまのふもとにさけるうのはなは
なほきえのこしかきねなるらむ

卯花[illegible]よめる

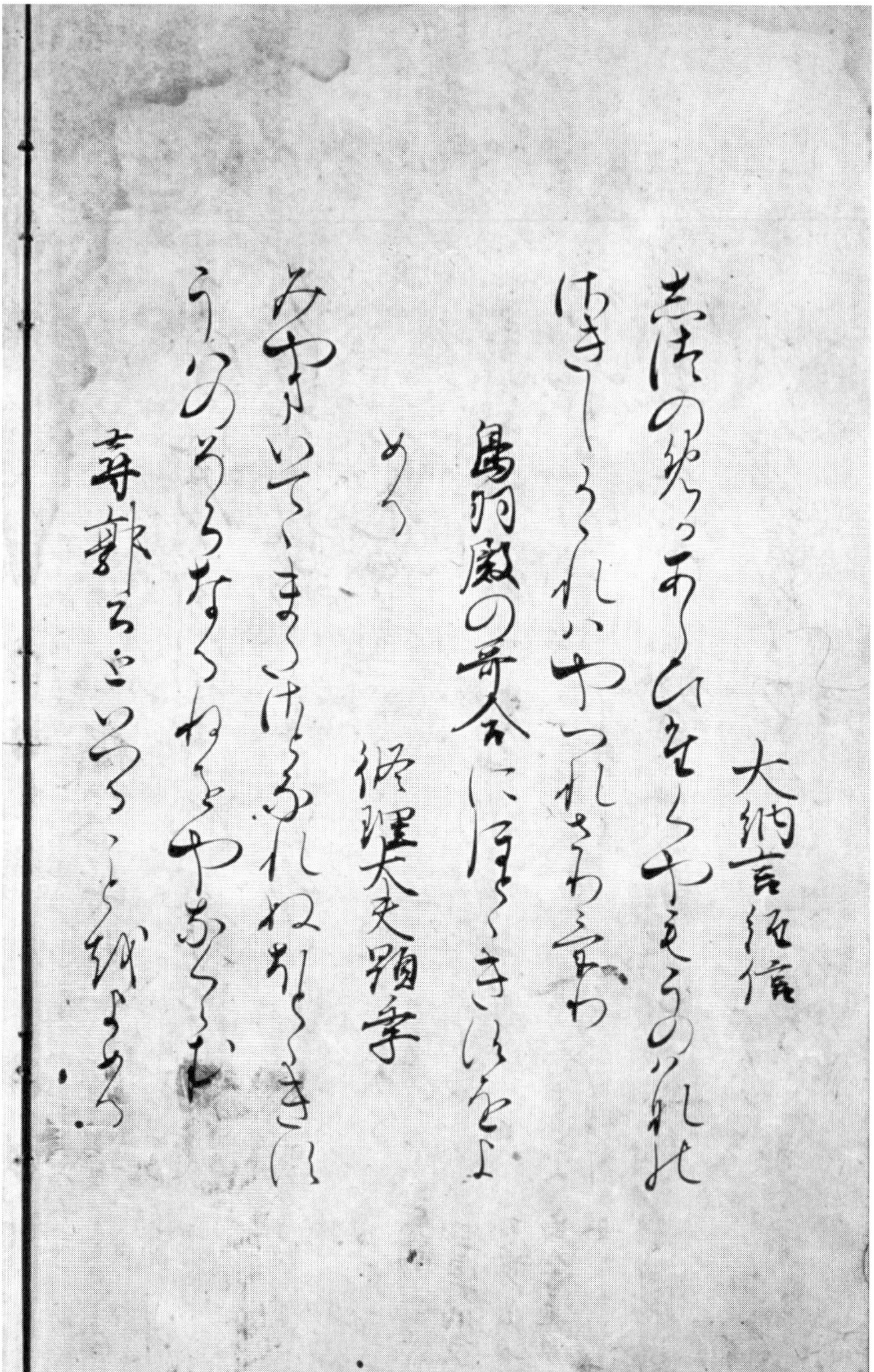

大納言経信

鳥羽殿の哥合にほとゝきすをよ
める　　修理大夫顕季

みやまいでゝまださとなれぬほとゝきす
うはのそらなるねをやなくらむ

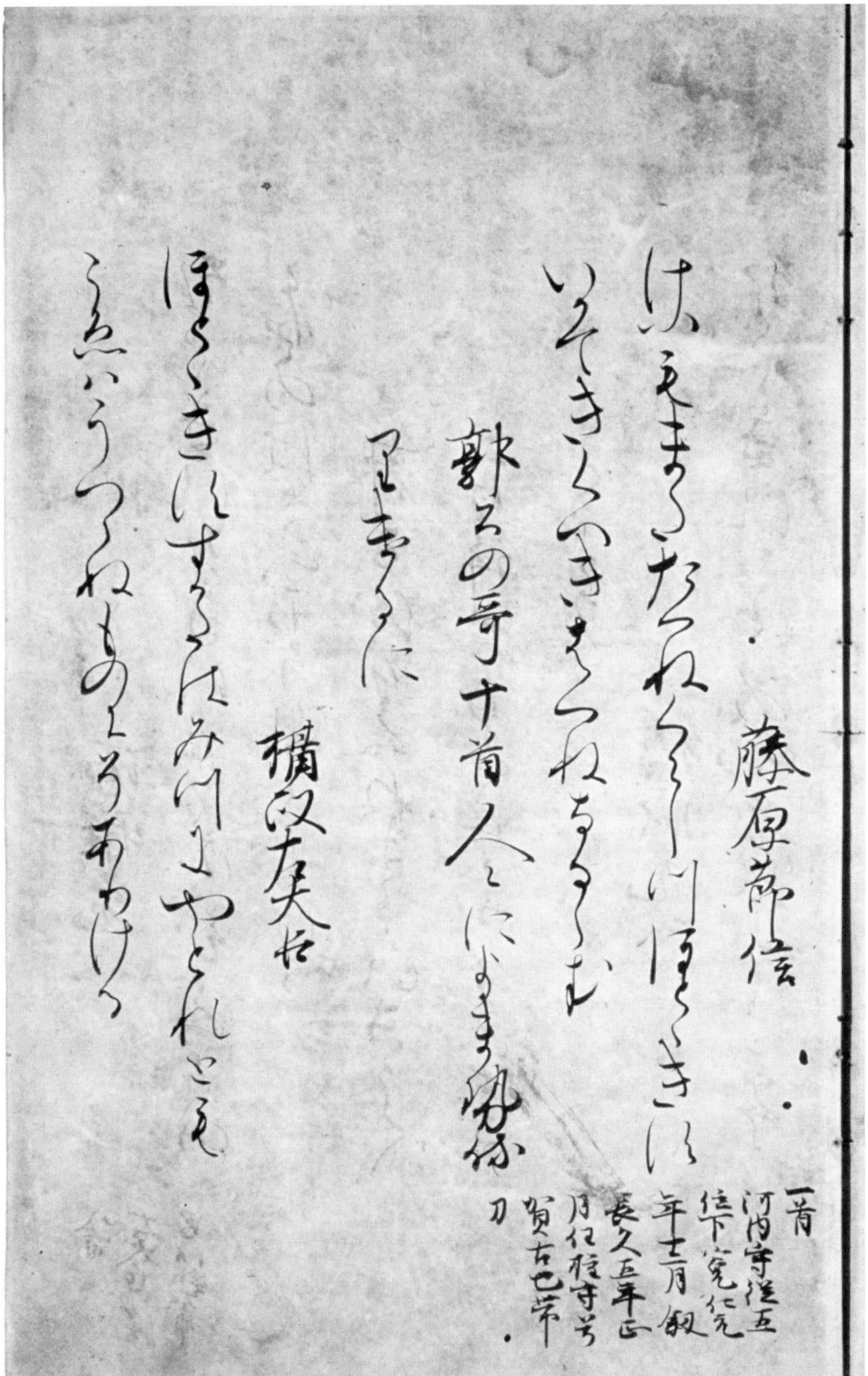
藤原節信

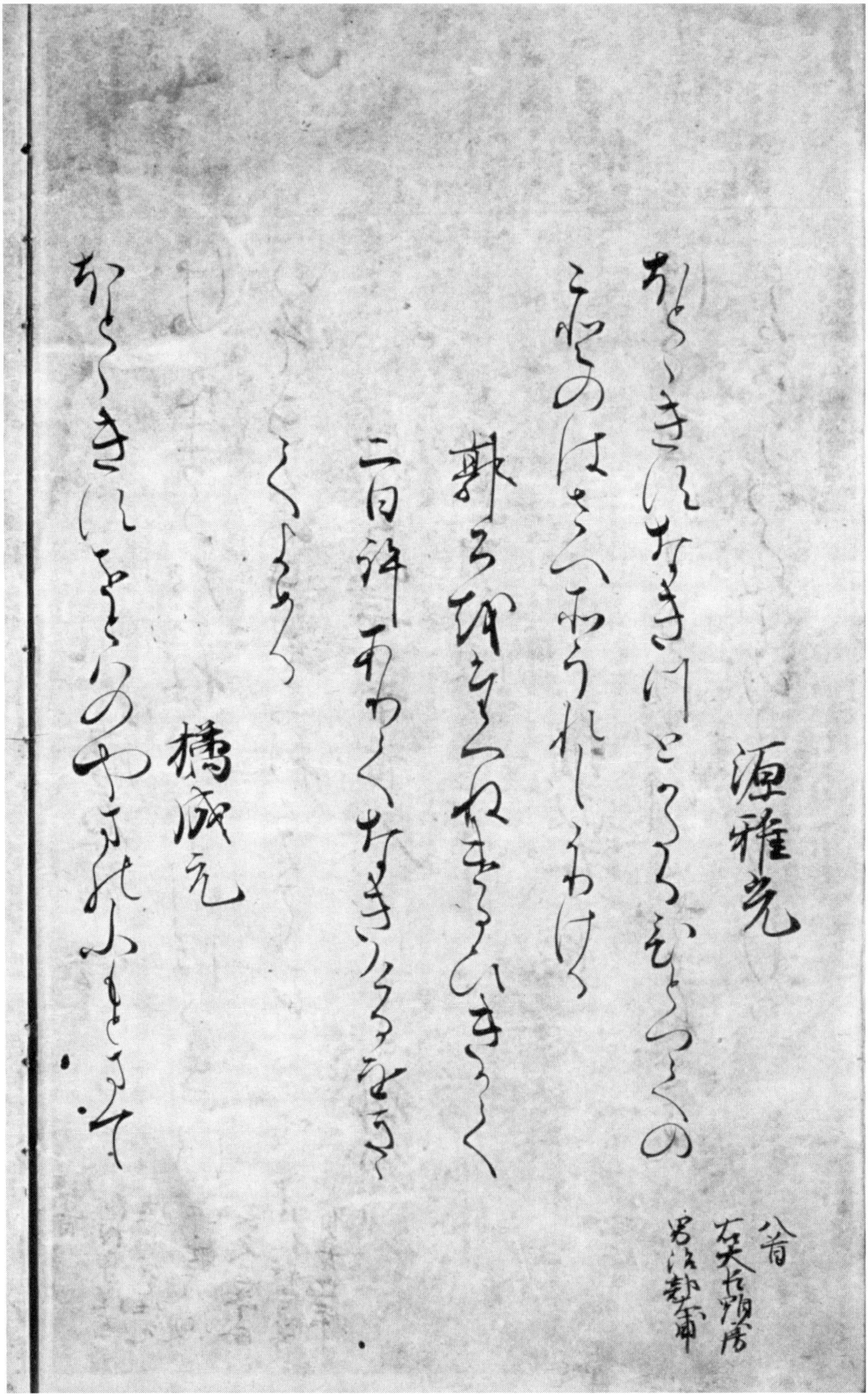
源雅光

橘成元

なれしらなみこそひきくかな

長實卿の家哥合に郭公の哥

よめる　　左京大夫經忠

そしこにきくとはなれとほとゝきす

こゑふかきせねものゆゑあけはつ

待郭公　　内大臣

こひすてふなきちやたかなほとゝきす

まつねやのうへしつくれるを

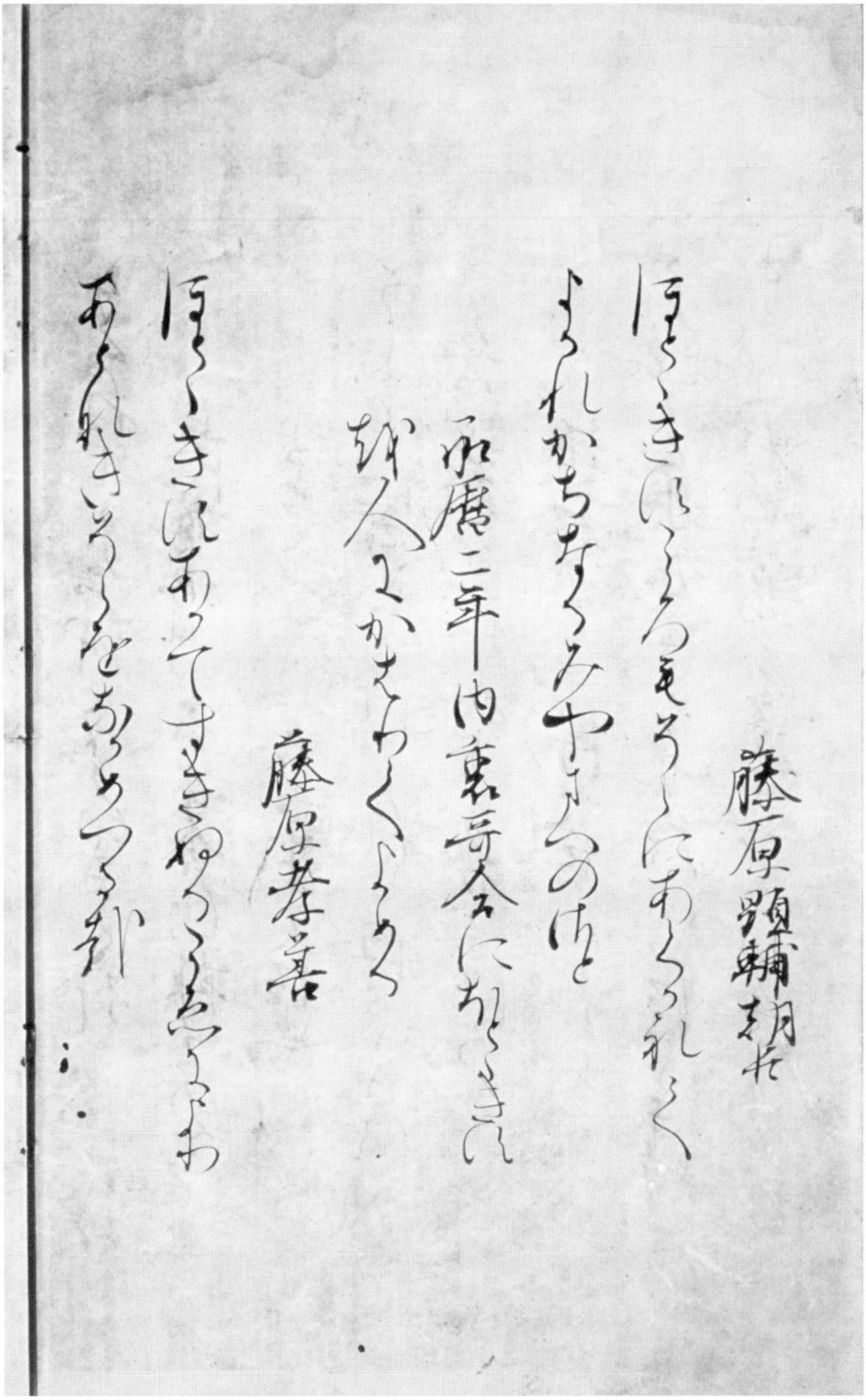
藤原顕輔朝臣
藤原孝善

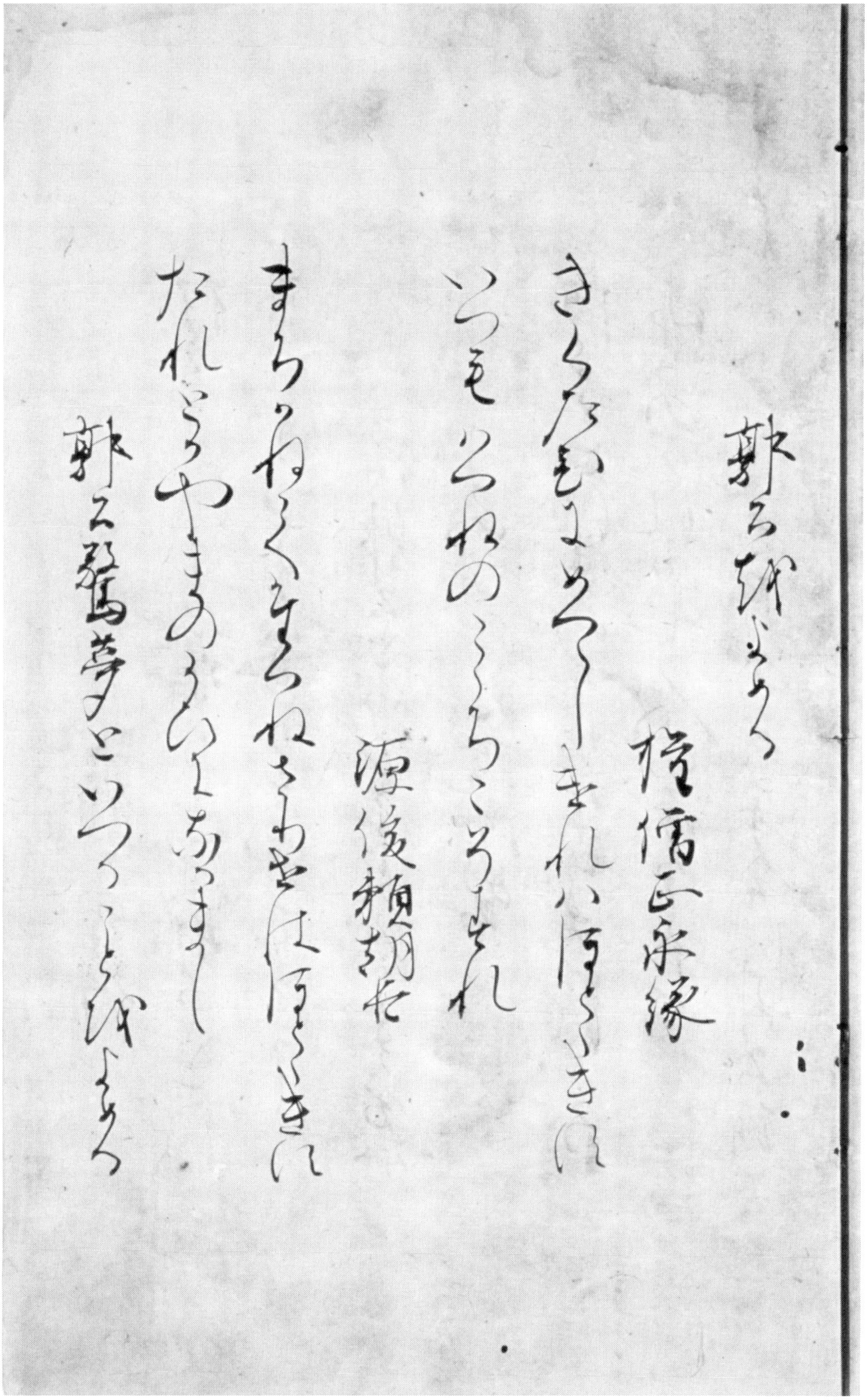
郭公をよめる
権僧正永縁
きくたひにめつらしけれはほとゝきす
いつもはつねのこゝちこそすれ
源俊頼朝臣
[illegible]
郭公驚夢といふことをよめる

中納言實行

ねやのひとゝおもなかきはゝしきゝ
まつらつゝるはきつゝやあるまし

待郭公といへることをよめる
まつ

院御製

ほとゝきすまつにかゝりてあかすかな
よそのうれしや人のみるらむ

俊忠卿の家哥合に郭公を

よめる　・　二条関白家歌合に

まつひとのやとをはしらてほとときす
よるのやまちをなきてすくるか

中納言女王

おとゝききしおのめくゝ地い川るを
きゝまつ川あきはのゝらゝ

時鳥をよめる

前斎院六条

二首
小一条院女房
仲正母後二条
殿御乳母

二首
神祇伯顕仲
卿女後号堀河

やとちかくしはしかたらへほとゝきす
まつよのかすのつもるしるしに

中納言雅定

ほとゝきすまれにきけはやまひこの
こたふるさへそうれしかりける

宇治前太政大臣家哥合に郭公

かけなく

康資王母

三宥
太皇太后宮
房号筑前続
前守高階成
順女母伊勢大

やまちかくうらこくふねハほとゝきす
なくわたりこそとまりなりけれ
匡房卿美作守にて侍ける
ときみちにてほとゝきすのなく
をきゝてよめる
中原高真
きゝもあへすこきそわかるゝほとゝきす
わつゝしわなくしるてなゝれを

月前郭公といへることをよめる
皇后宮式部
ほとゝきすくものたえまにもる月の
かけほのかにもなきわたるかな
暁聞郭公といへることをよめる
源定信
わきもこにあふさかやまのほとゝきす
あくれはかへるそらになくなり

ほとゝきすをまつといふことを
よめる　　　　讀人不知
ほとゝききにをうねたふてわるものを
まつひとゝいそてゝ心きくらむ
雨中郭公といへる心をよめる
大納言経信
ほとゝきすくもちにまとふこゑすなり
をやみたにせよさみたれのそら

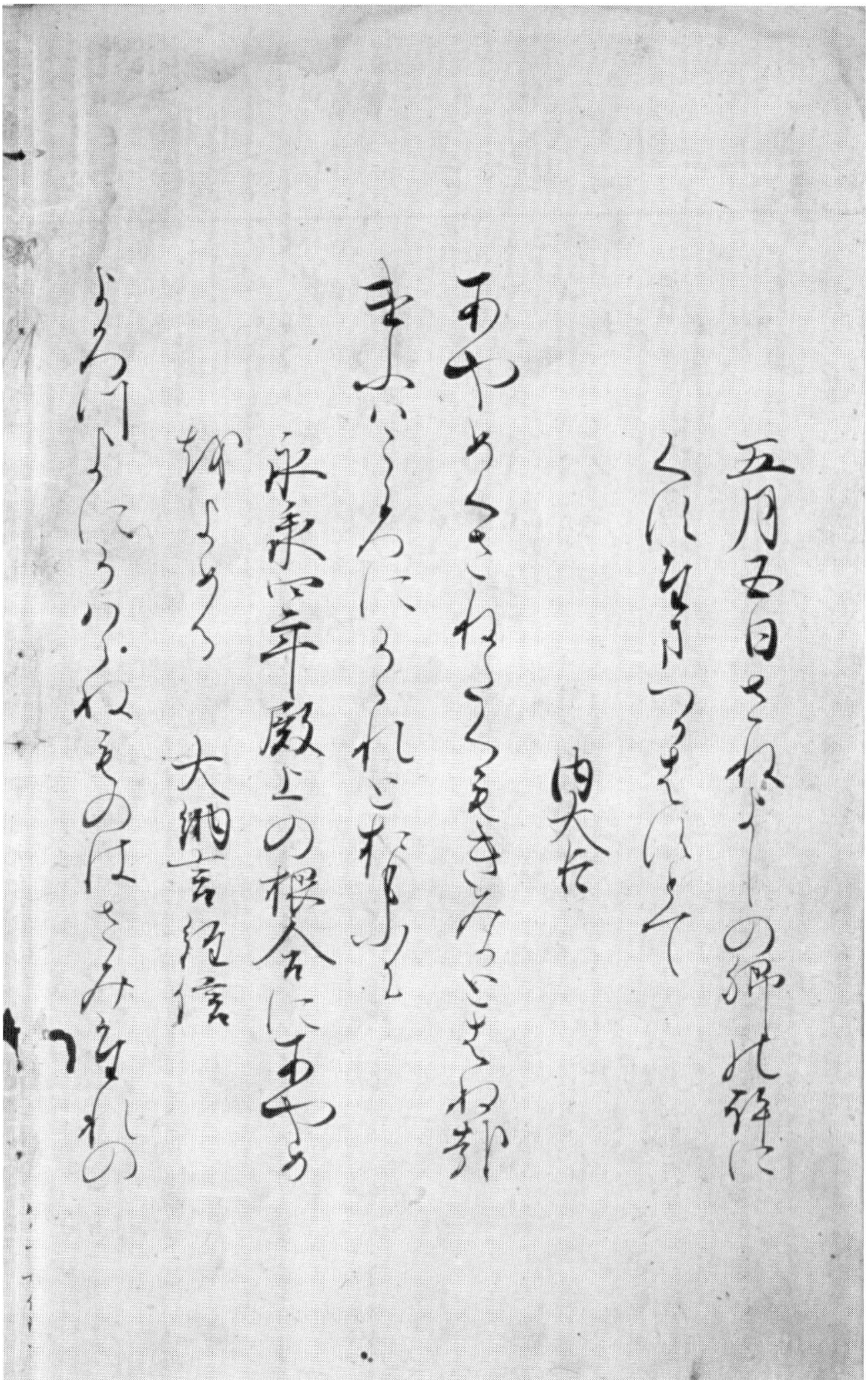

しつくにぬれてあやめちかをる

郁芳門院根合によめる

藤原孝善

あやめ草ひくてもたゆくなかきねの
いかてあさかのぬまにおひけむ

承暦二年内裏哥合にあやめを
よめる

春宮大夫公實

たまくらやはのあやめはひきけむ
みかけやあのつまになれにしを
みやけくしまるもとのつまに
五月五日くすたま人につかはすとて
よめる　権僧正永縁母
あやめくさわかみのうきをひきかへて
なへくるまねはおもひそあらむ
百首の歌に菖蒲をよめる

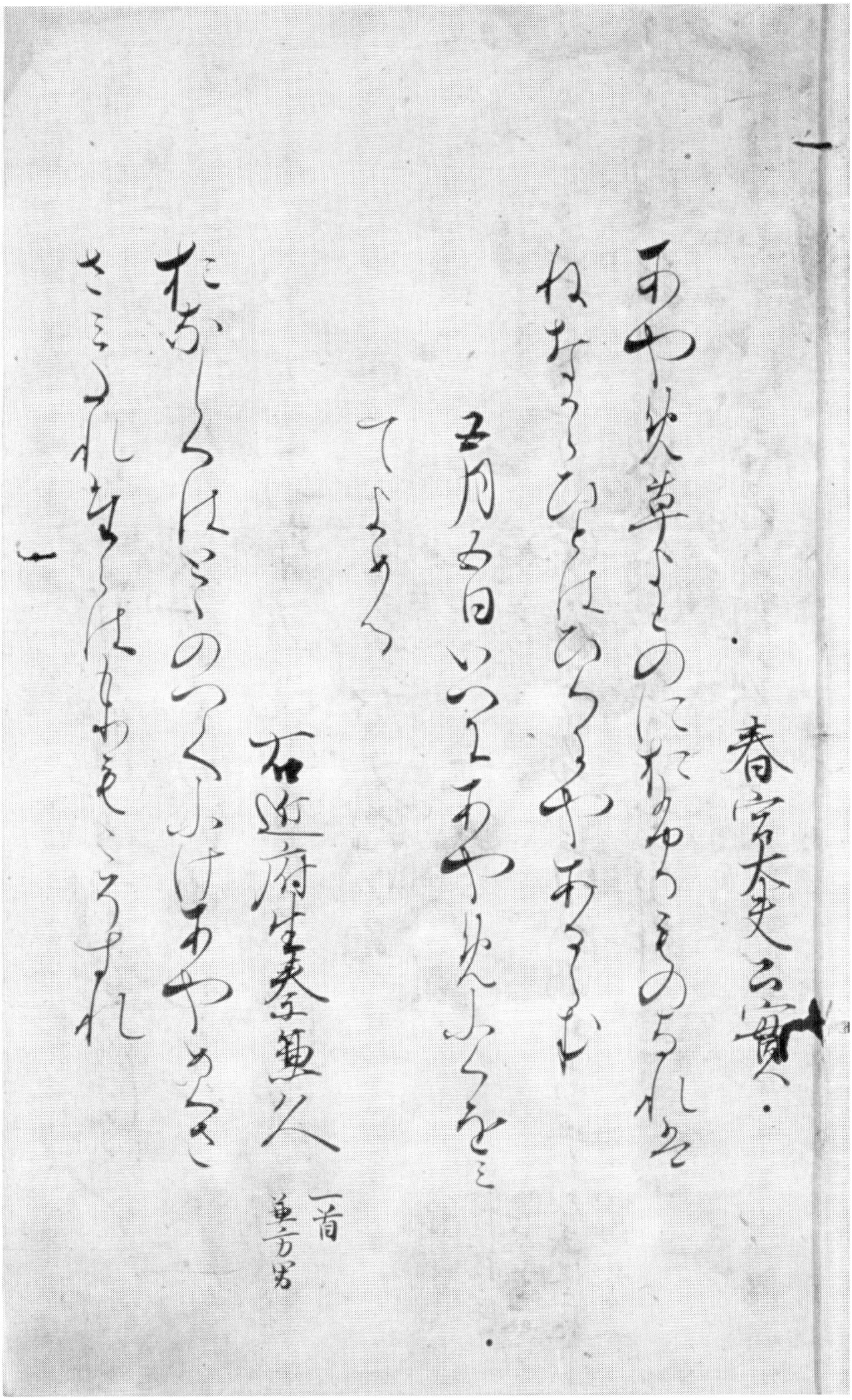

春宮大夫公實
あやめ草ひきのにたかきねのなかれをし
ねなきひとはあらしやあやめ草
五月五日いつもあやめふくをと
てよめる
右近府生秦兼久　一首　兼方男
たかしくはこのつくふけあやめくさ
さしかへしはなかそこれ

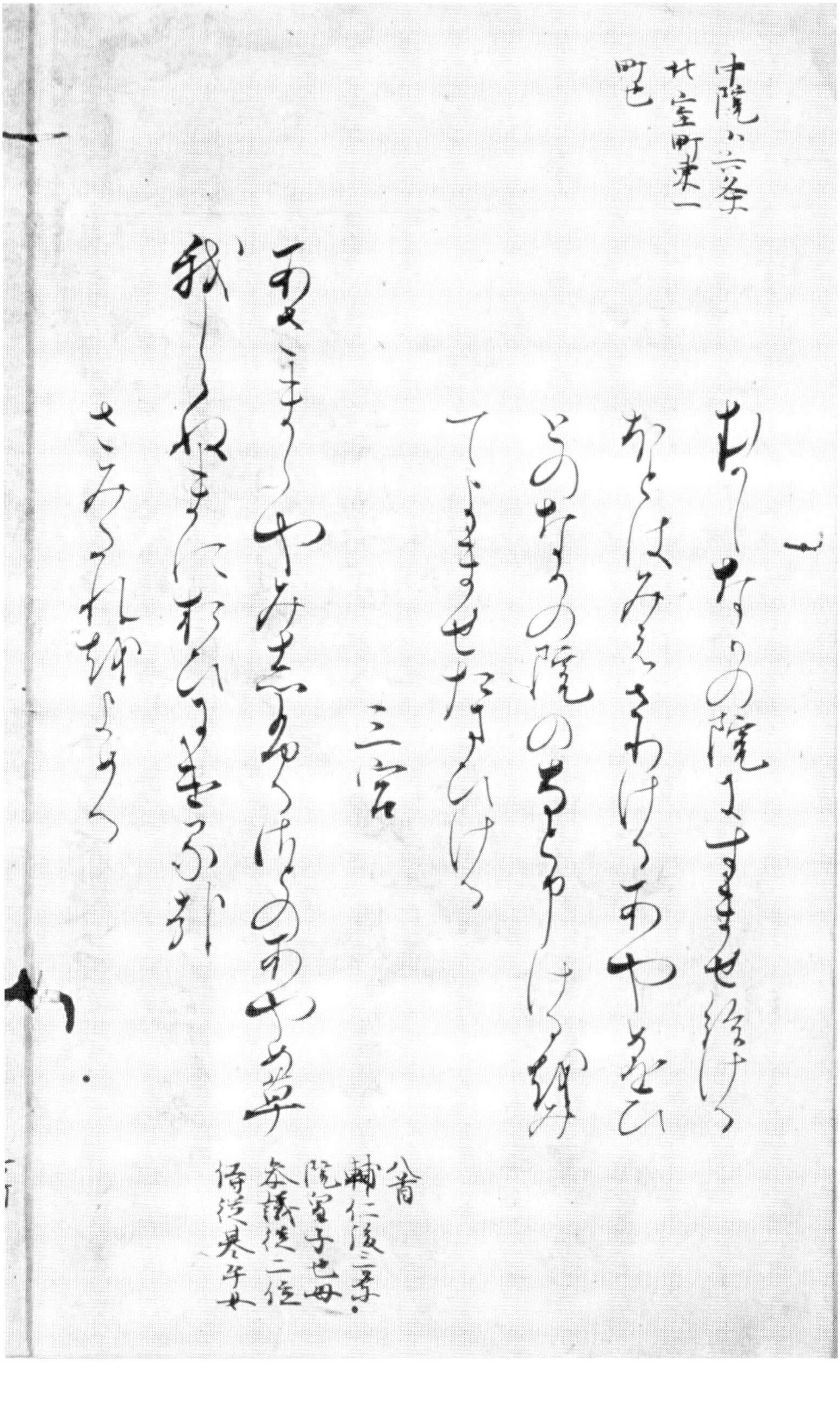

参議師頼　六首　大納言従一位　俊房男　母　實基女

さみたれにぬまのいはかきみつこえて
まこもかるへきかたもしられす

藤原定通　一首　通俊卿養子　實ハ中納言　俊實男也　俊實ハ大納言　實季男也

さみたれはひかすへにけりあつまやの
かやのきはのしたくつるまて

永暦二年内裏哥合にさみたれ
のこゝろをよめる

源道時朝臣

一首

後信卿母

大宮大后宮亮

さみたれにいりえのみつやまさるらむ

あしのしたはのかくれゆくかな

俊忠家哥合に五月雨の心を

よめる

藤原顕仲朝臣

さみたれにみつまさるらしさはたかは

まきのつきはしうきぬはかりに

さみたれの心をよめる

左兵衛督實能

さみたれはをとゝえしれはまさりてありけて
みなのこゝろはまさきてそみゆ

三宮

さみたれはいつもえたれしのうきねれた
おもひいるれくちこそまされ

攝政左大臣の家にて夏月の心を
よめる　　　神祇伯顕仲

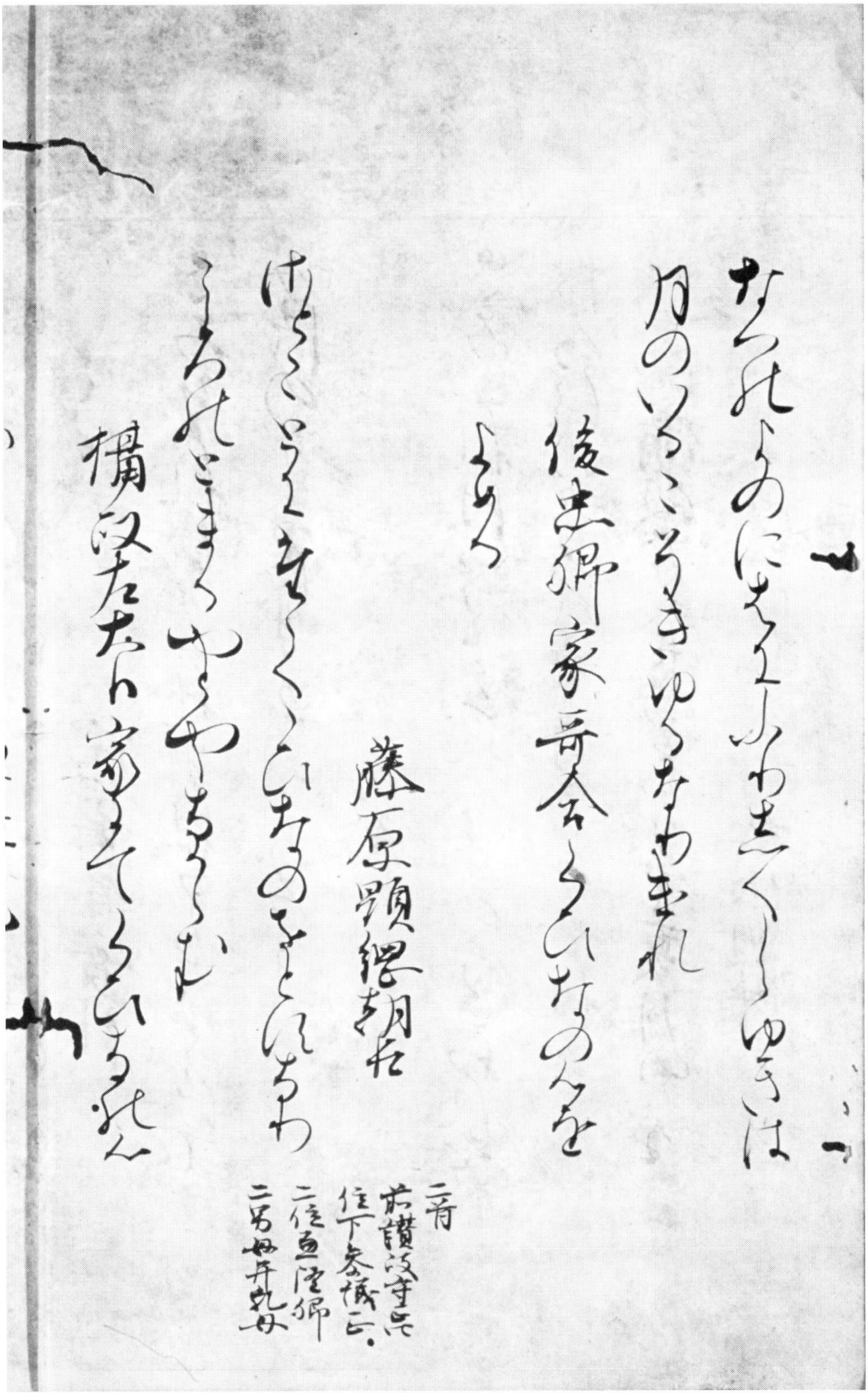

俊忠卿家哥合によめる

藤原顕輔朝臣

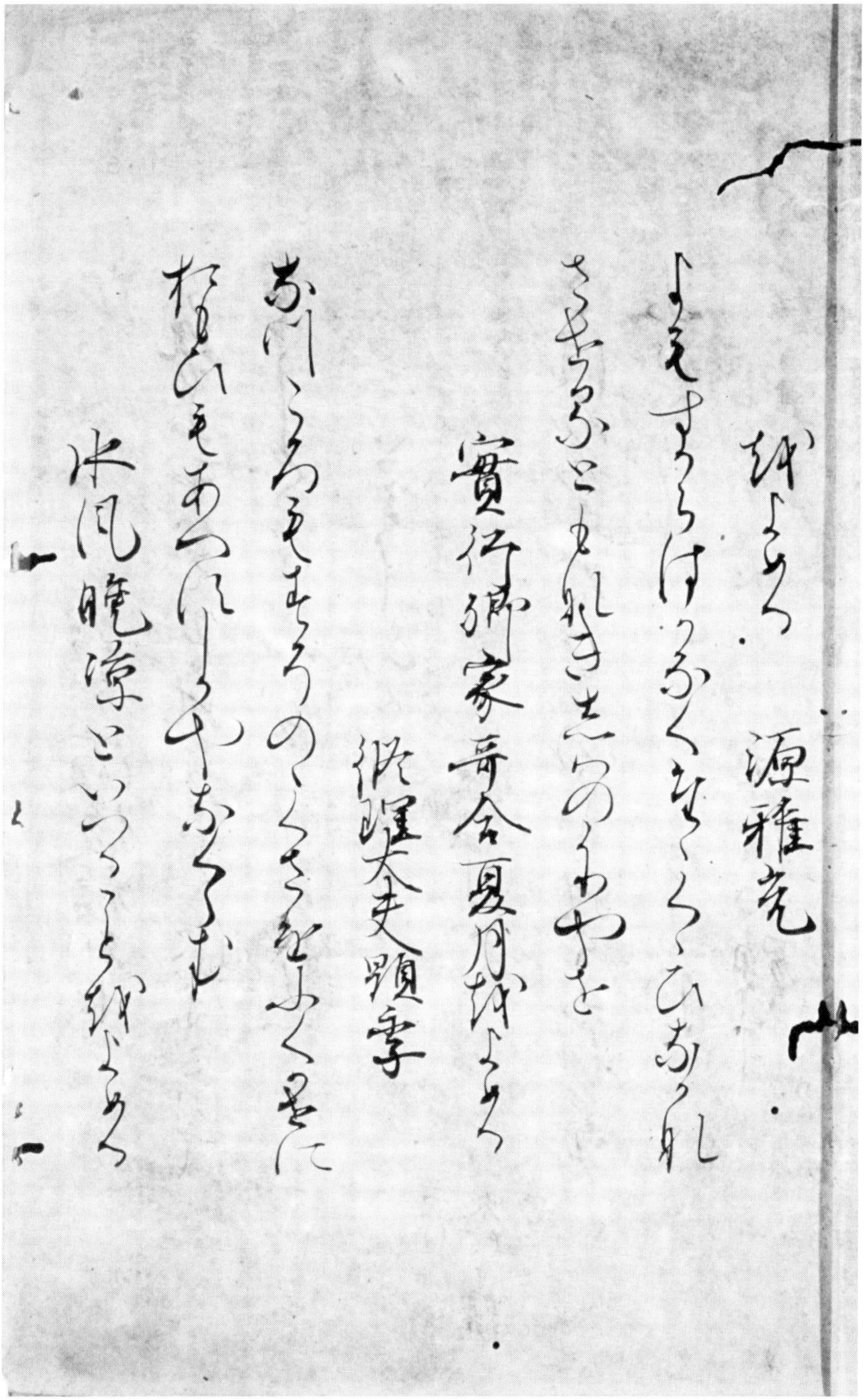

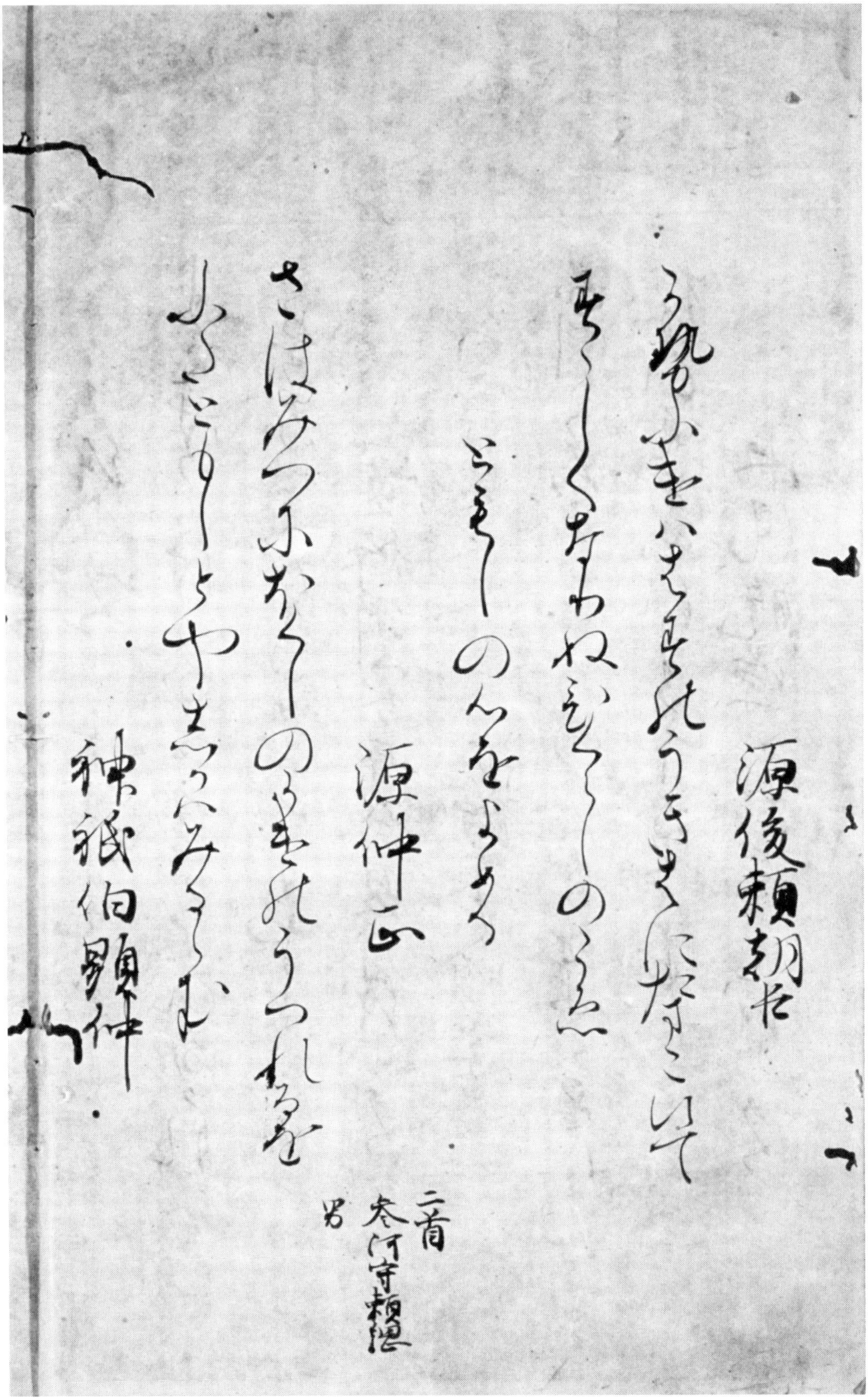

源俊頼朝臣

かせふけははすのうきはにたまこえて
すゝしくなりぬひくらしのこゑ

ともしのこゝろをよめる

源仲正　二首　参河守頼綱男

さはみつにほくしのかけのうつれるを
ふたともしとやしかはみるらむ

神祇伯顕仲

志つたまきねはやまのすそにたえて
いくよのひかりをわすれむ

家の哥合に花橘をよめる

中納言俊忠

さつきやみはなたちはなのありかをは
かせのつてにそそらにしりける

三首
正三位大納言
民部卿長家
孫 正二位大納言
忠家男
母大納言経輔
卿女

百首哥の中に花橘をよめる

春宮大夫公実

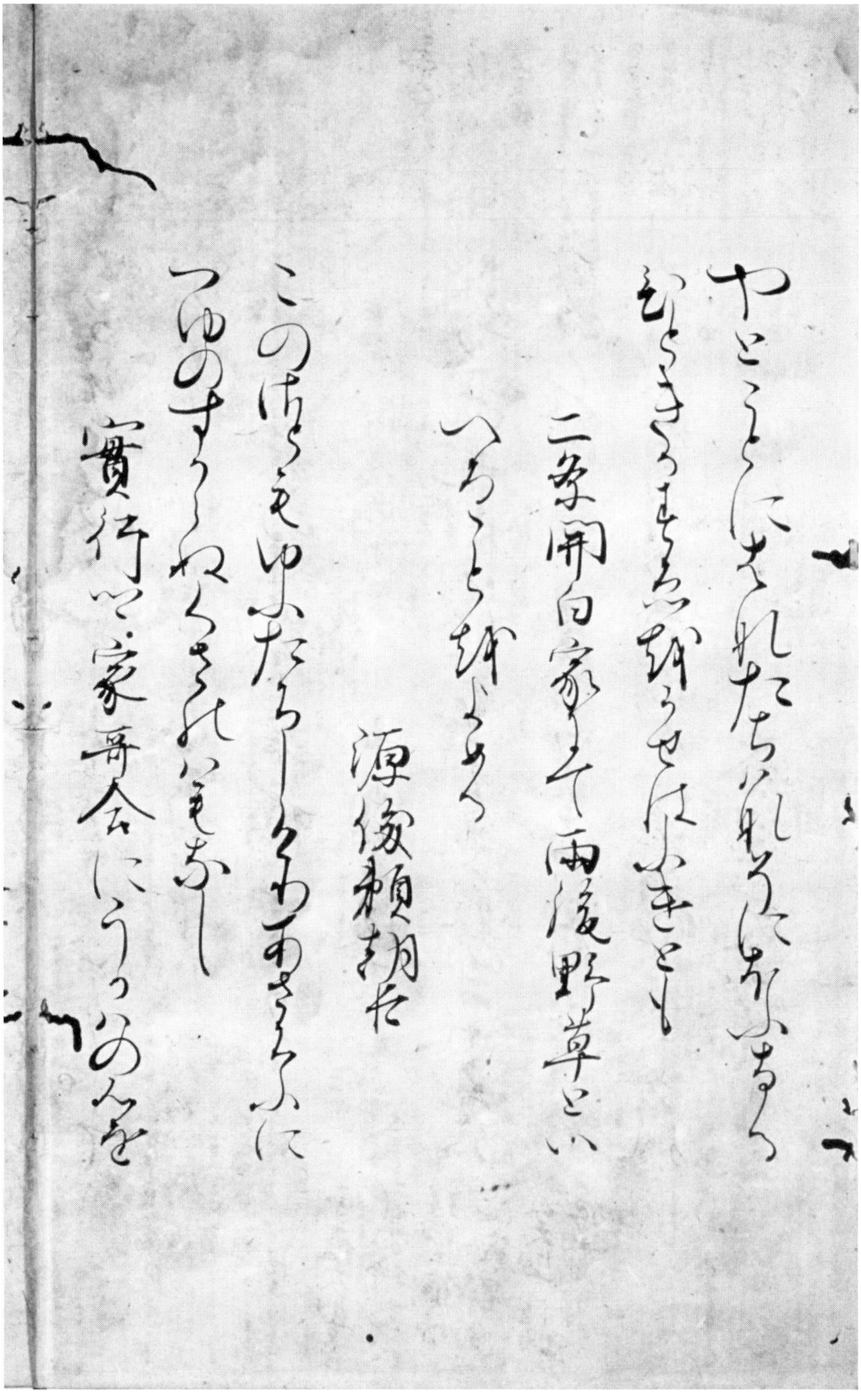

やとことに[illegible]

[illegible]

二条関白家にて雨後野草とい

へることをよめる

源俊頼朝臣

このさともゆふたちしけりあさちふに

つゆのすからぬくさのはもなし

實行卿家哥合にうのはなを

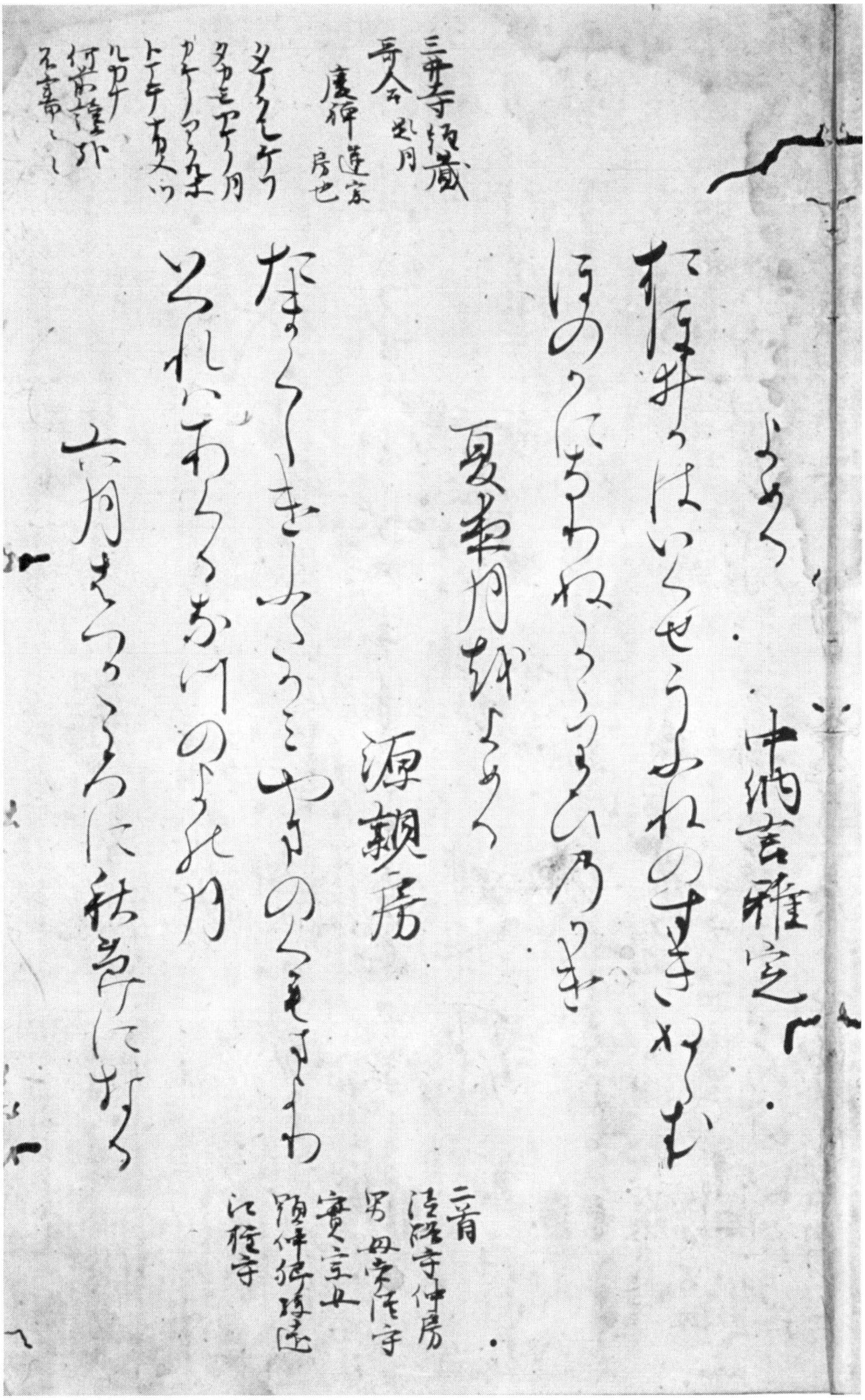

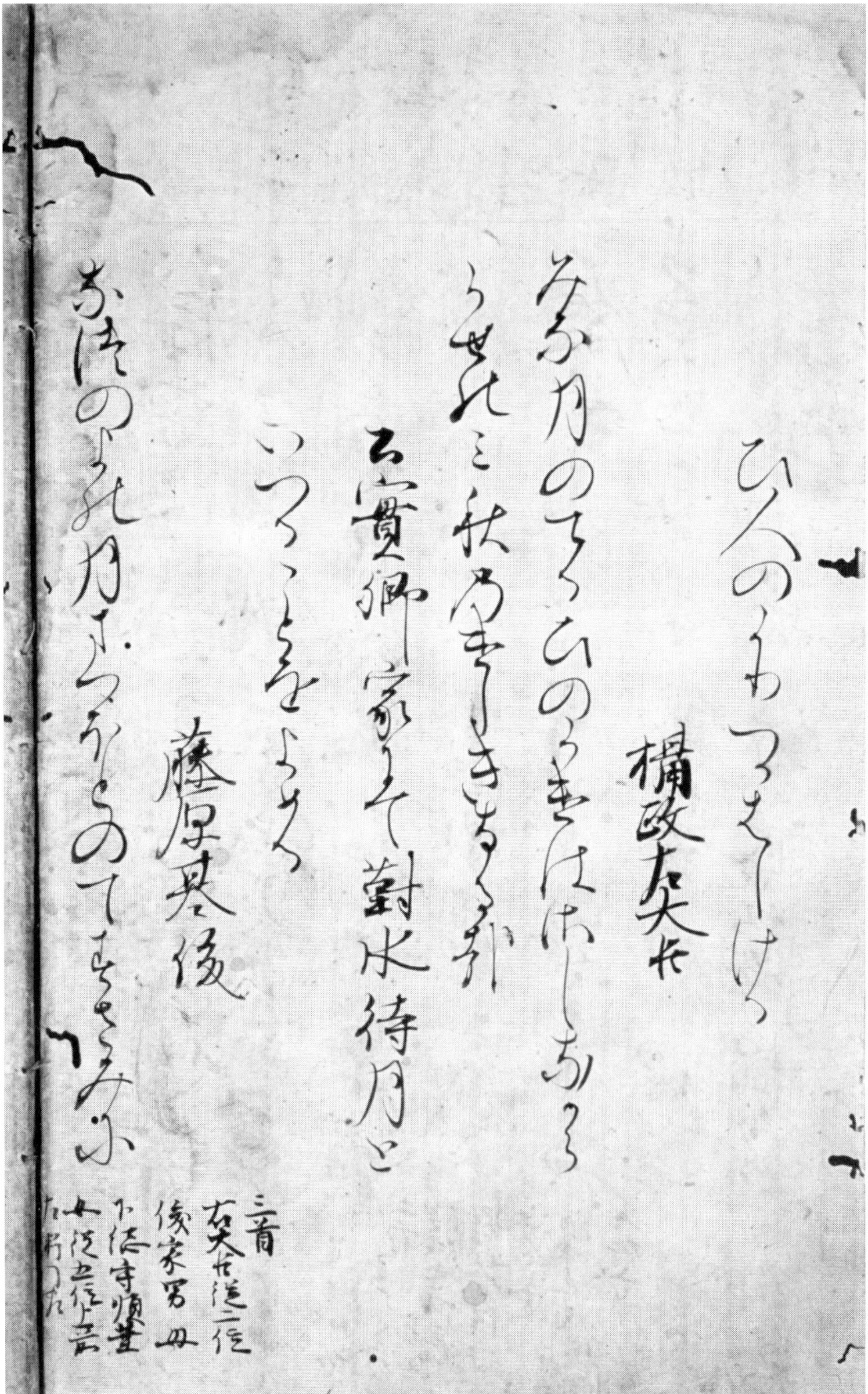

いはしみつゝくおもひしらるゝ

秋障一日といふことをよめる

中納言顕隆

三首
正四位下但馬
守隆方孫
参議正三位
大藏卿為房
男母美乃守
頼国女

みるきすゝみきはふるのすゝきは
ひとよをこめて秋やたつらむ

土左守頼仲
号也於長毘
詠之

金葉和謌集巻第三

秋部

百首哥の中に立秋乃こゝろを
よめる　春宮大夫公實

とことはにふくゆふくれの風なれと
秋たつひこそすゝしかりけれ

野草帯露といへることをよめる
大宰大貳長實

まくすはふあたのおほのゝしらつゆを
ふきなちらしそ秋のはつかせ

後冷泉院御時皇后宮歌合に
七夕のこゝろをよめる
大左内侍

よろつよにきみそみるへきたなはたの
ゆきあひのそらをくものうへにて

七夕乃心をよめる

能因法師

たなはたのこけのころもをいとはすは
ひとなみ〳〵にかしもしてまし

七月七日ちゝのふくにてはへりける
としよめる

橘元任

あふことはいみもやするとたなはたに
かさねてけふそぬきかへてつ

文章生散位
從五位下長門
守從五位上
元愷孫元官
能因

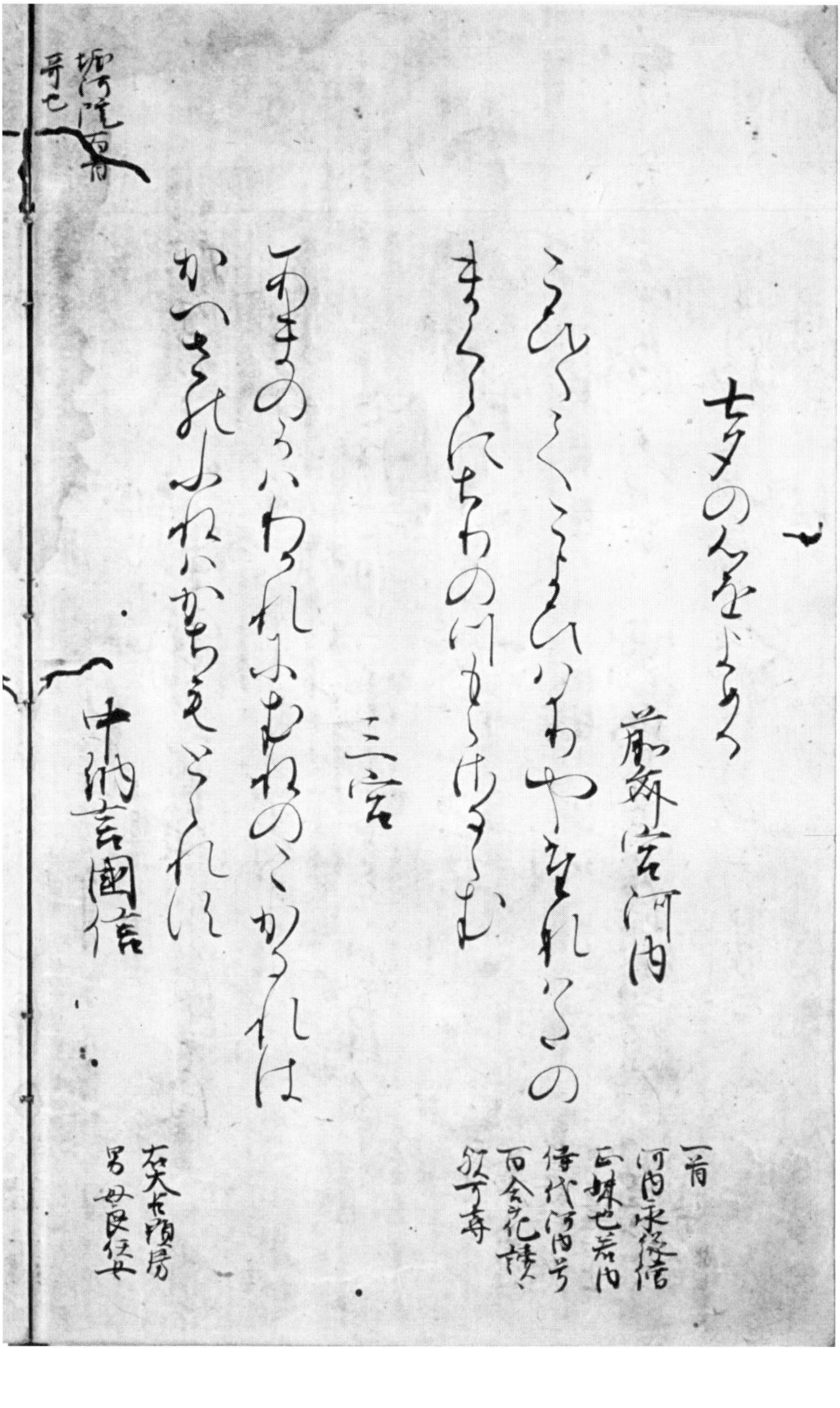

七夕の心をよめる

前斎宮河内

こひ〳〵てこよひはかりやたなはたの
まくらにちりのつもらさるらむ

一首　河内永縁僧正妹也若内侍代河内守百会允棟叙下寿

三宮

あまのかはわかれにむねのこかるれは
かへさのふねはかちもとられす

中納言國信

右大臣顕房男　母良任女

堀河院御哥也

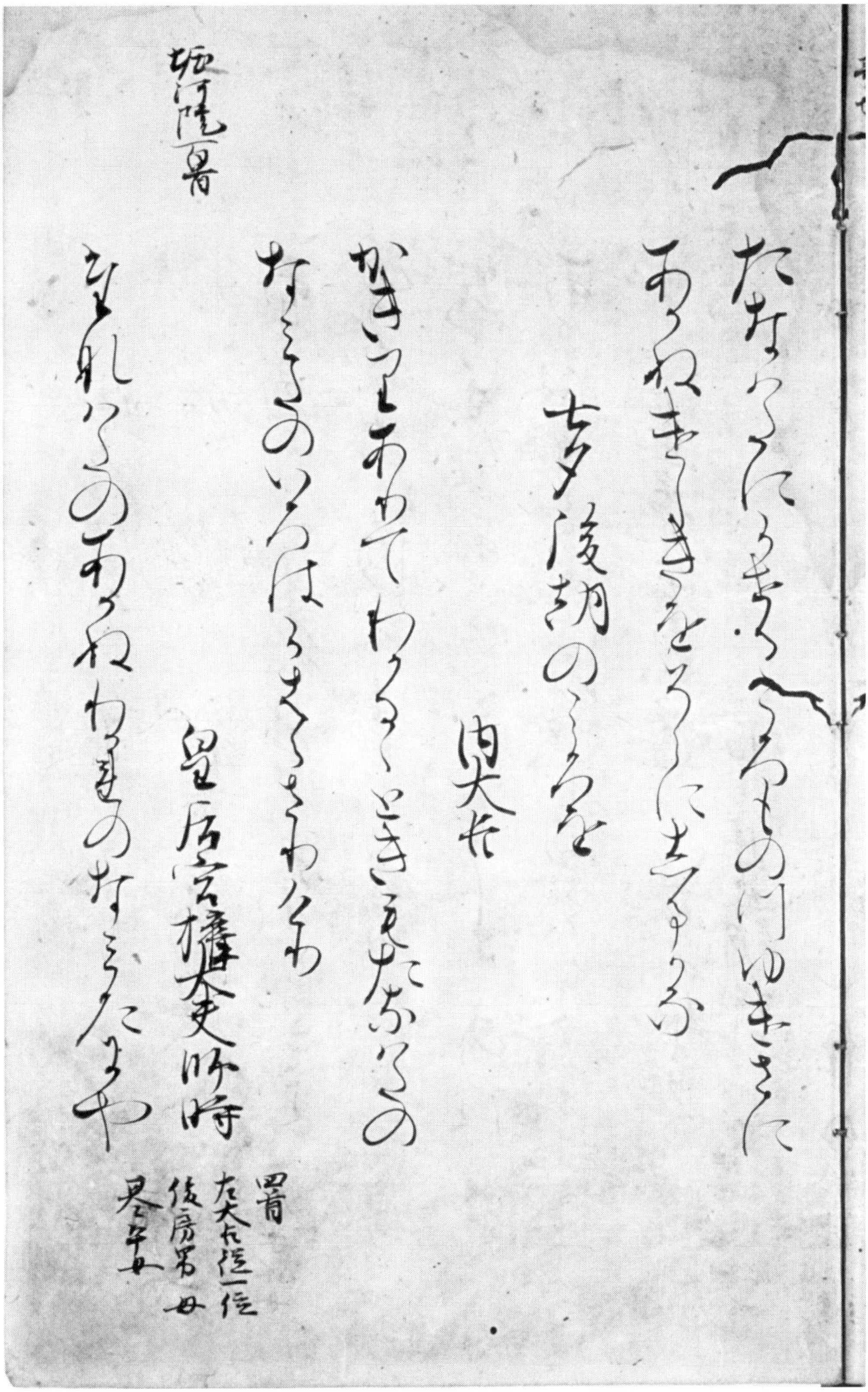

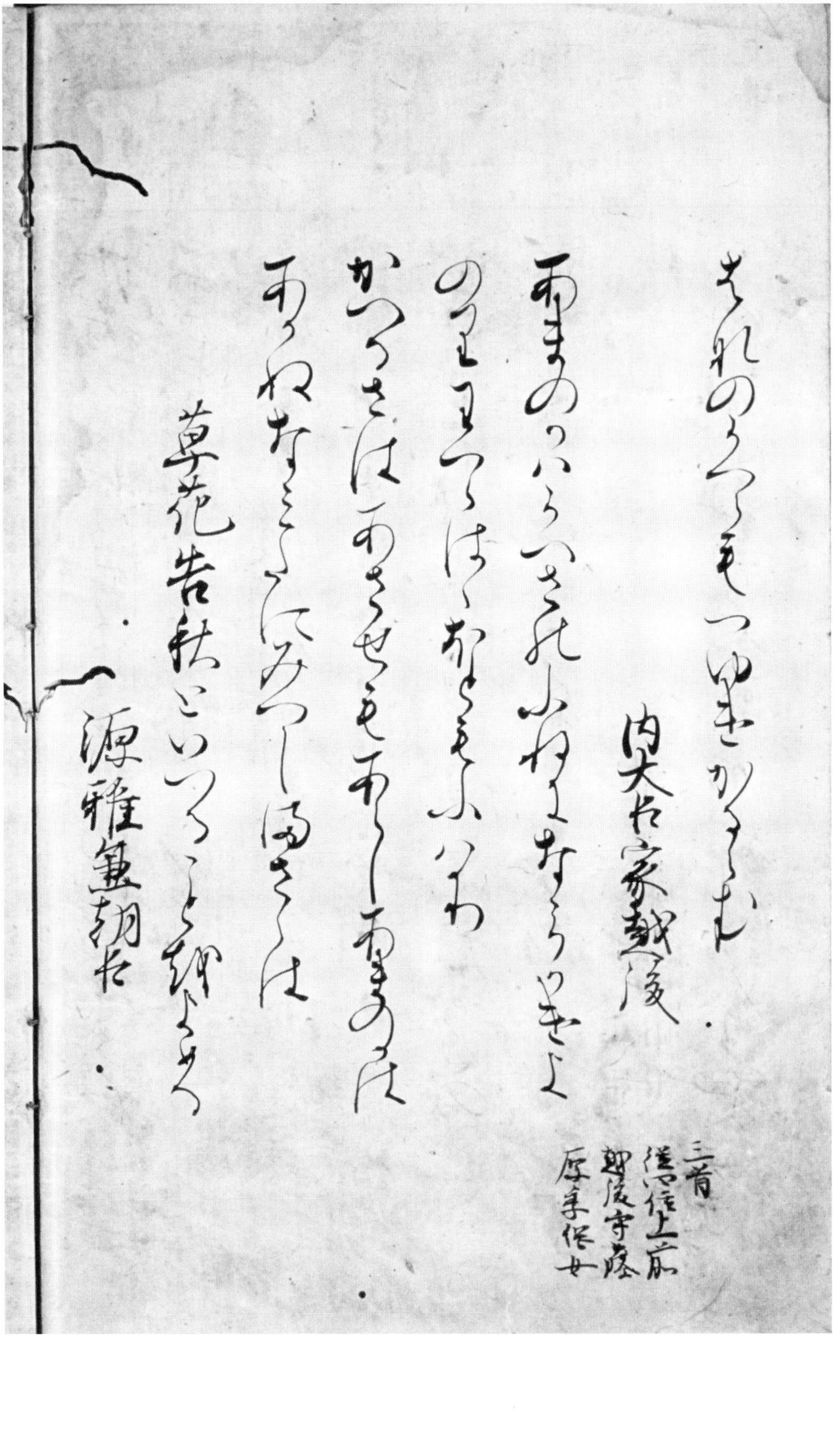

内大臣家越後
三首
従四位上前
越後守藤
原季任女
草花告秋といへることをよめる
源雅兼朝臣

はきゝるあしたのそれをみなへし
秋をしらするつまにそありける

源縁法師　　二首

さきゝるわかるゝなといろのをみなへし
いかにとゝふへし秋のまへきゝ

秋のゝしめの心をよめる

大納言経信

よの門ゝ秋ハきにけりやまはたとの

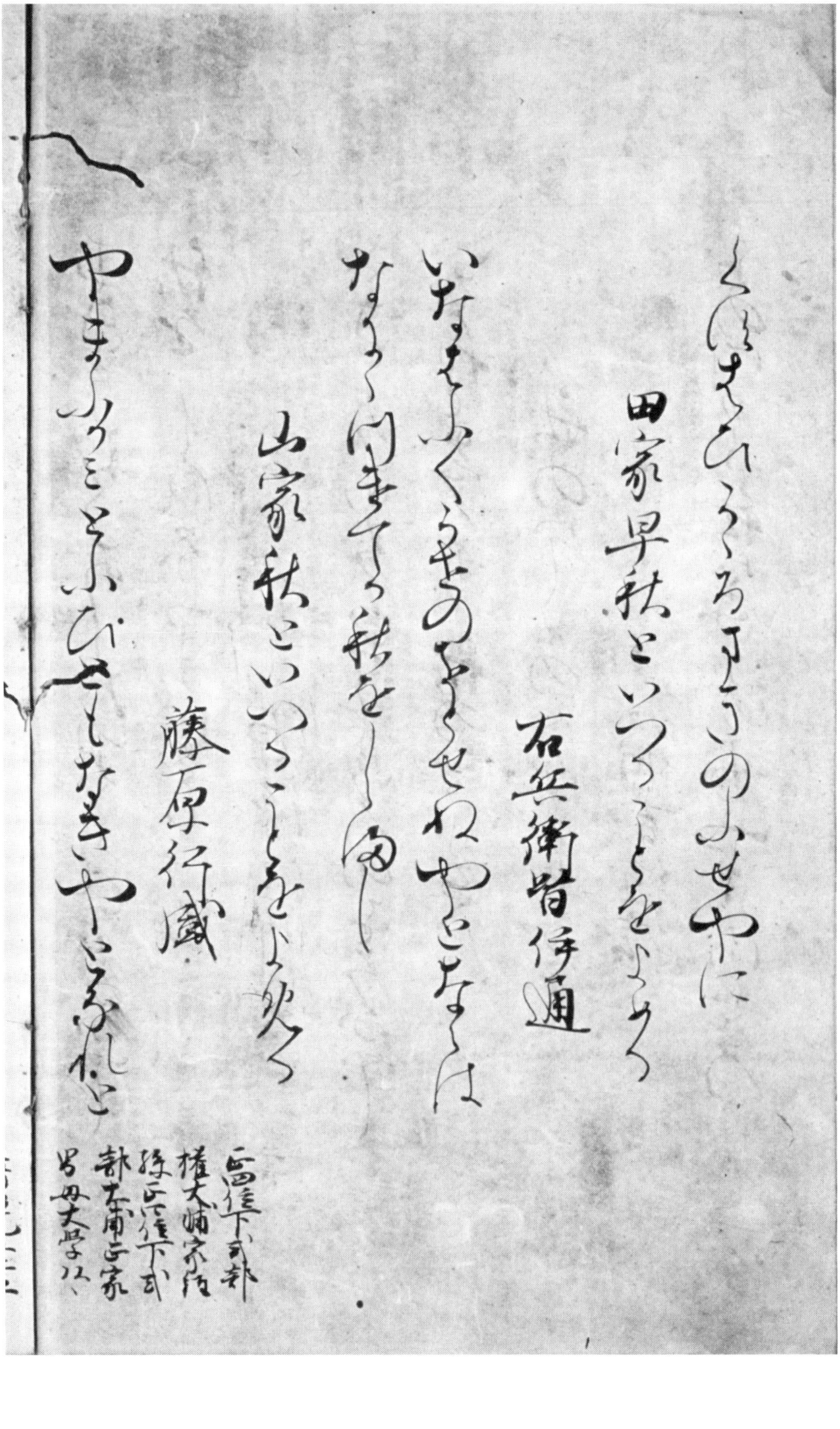

くさむらこそきのかせやに

田家早秋といへることをよめる

右兵衛督伊通

いなはふくかせのおとせぬやとならは

なにゝつけてか秋をしらまし

山家秋といへることをよめる

藤原行盛

やまふかみとふひともなきやとなれと

正四位下式部
権大輔家経
孫正五位下式
部大輔正家
男　母大学ゝ

そとものまへに秋はきにけり

師賢朝臣の梅津の山さとに
人々まかりて田家秋風といへること
をよめる　大納言経信
夕されは門田のいなはおとつれて
あしのまろやに秋風そふく
みか月のころをよめる
大江公資朝臣

寛弘七五
従下左衛門
権佐兼文章
博士越中介

二首栄外記
兵部権大輔
従四位下右兵庫
相模守従四位下

清言男
養子

やまかはにあそひてはやかはくよ
川あそひしけるにもしとすれむ
橘以綱朝臣の家にてゆふ川くゐの
ころをよめる
藤原忠隆
う鶉ふきはえこやすらねこのまわ
かのめく秋のゆふ川くら都
月條宿友といつることをよめる

法橋忠命

草まくらこのたひねにそおもひしる
月よりほかのともなかりけり

閑見月といへることをよめる

顕仲卿女

もろともにくさはのつゆのおきゐすは
ひとりやみまし秋のよの月

暁明月といへることをよめる

三首
散位源重道
妻也後号待
賢大夫云々
位兵部卿
[illegible]信[illegible]

前中納言伊房

一首　権大納言三位行成孫　参議従二位兵部卿行経男　母前土左守源貞亮女

いりかたになりやしぬらむつきかけを
このみとかわきにくらへは

鳥羽殿にて橋上月といふことを
よめる　春宮大夫公実

まれにこそはあしのせにたちぬらめ
なかしみつまえやそらの月かけ

一

寛治八年八月十五夜鳥羽殿に

て翫池上月といへることをよませ
たまへ

院御製

いけみつにこよひの月をうつしもて
こゝろのまゝにわかものとみる

大納言経信

てるつきのいはまのみつにやとらすは
たまゐるかすをいかてしらまし

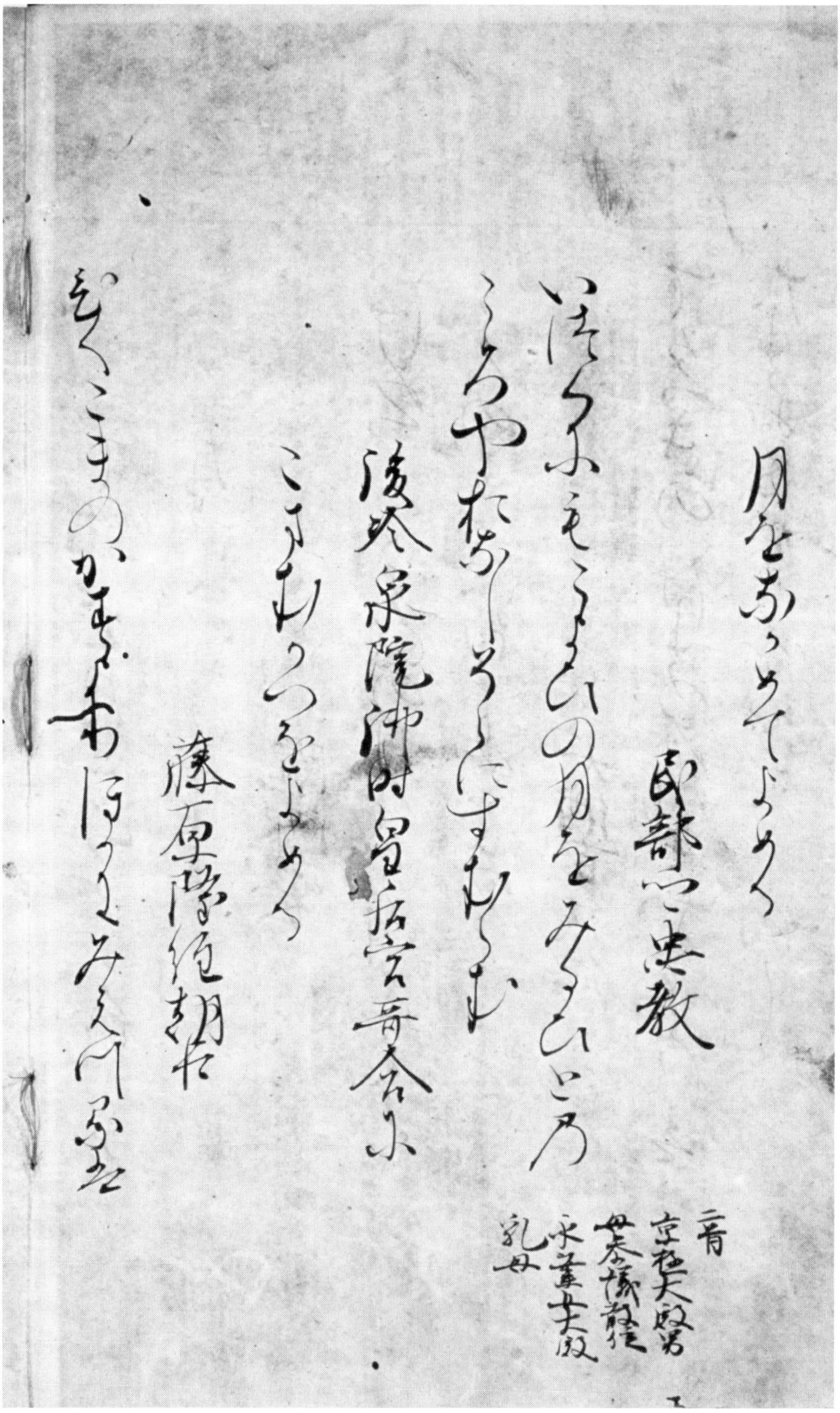

せきのしみつにうはをわけゝむ
こまむかへをよめる
源仲正
あけまちゆけやまていらぬもち月の
こまにとらいやあふさかのせき
八月十五夜のこゝろをよめる
源頼房
さやけさはおもひなしかと月ゝみれ

こよひとしねられてといふや

閏九月ありしとしの八月十五夜に

よめる　春宮大夫公実

あきはなをのこりおほかるとしなれと
こよひの月のなこそをしけれ

水上月をよめる

前斎院六条

くもりなきかゝねさよの河きゝけを

きよささいろはかはりしてみゆる

九月十三夜因見月といへることを

よめる　　　源俊頼朝臣

すみのぼるこゝろやそらをはらふらむ

くものちりゐぬあきのよの月

皇后宮肥後

月をみてなくさむこゝろあれませは

ゆくゑもしらぬあくるしもかし

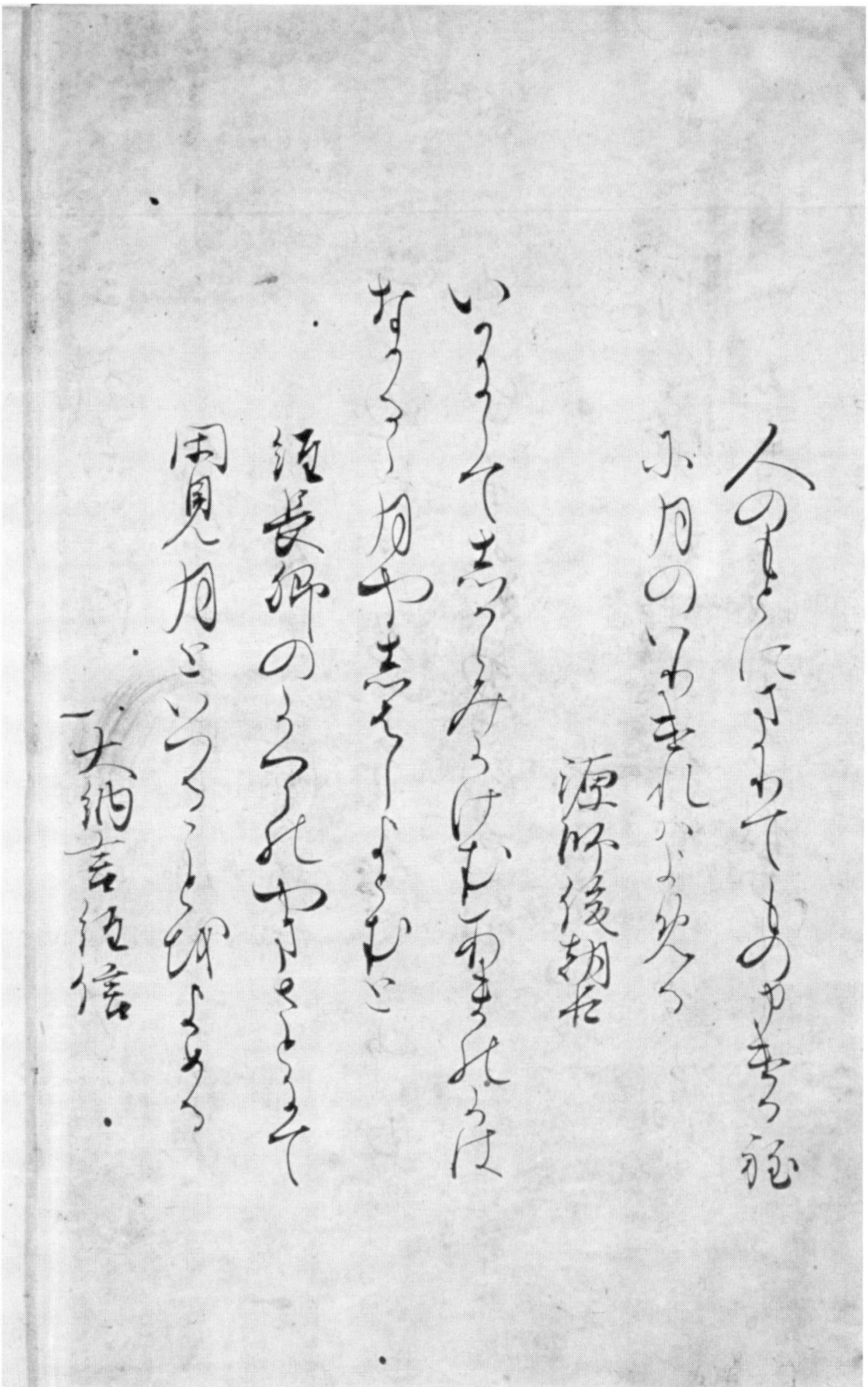

こよひわかゝつらのさとのつきをみて
おもひのこせることのなきかな
承暦二年内裏歌合に月をよ
める　　春宮大夫公實
くもゐなきうきよをいてゝやまのはよ
いるとも月をおしまさらまし
宇治前太政大臣家歌合に月をよ
める　　皇后宮攝津

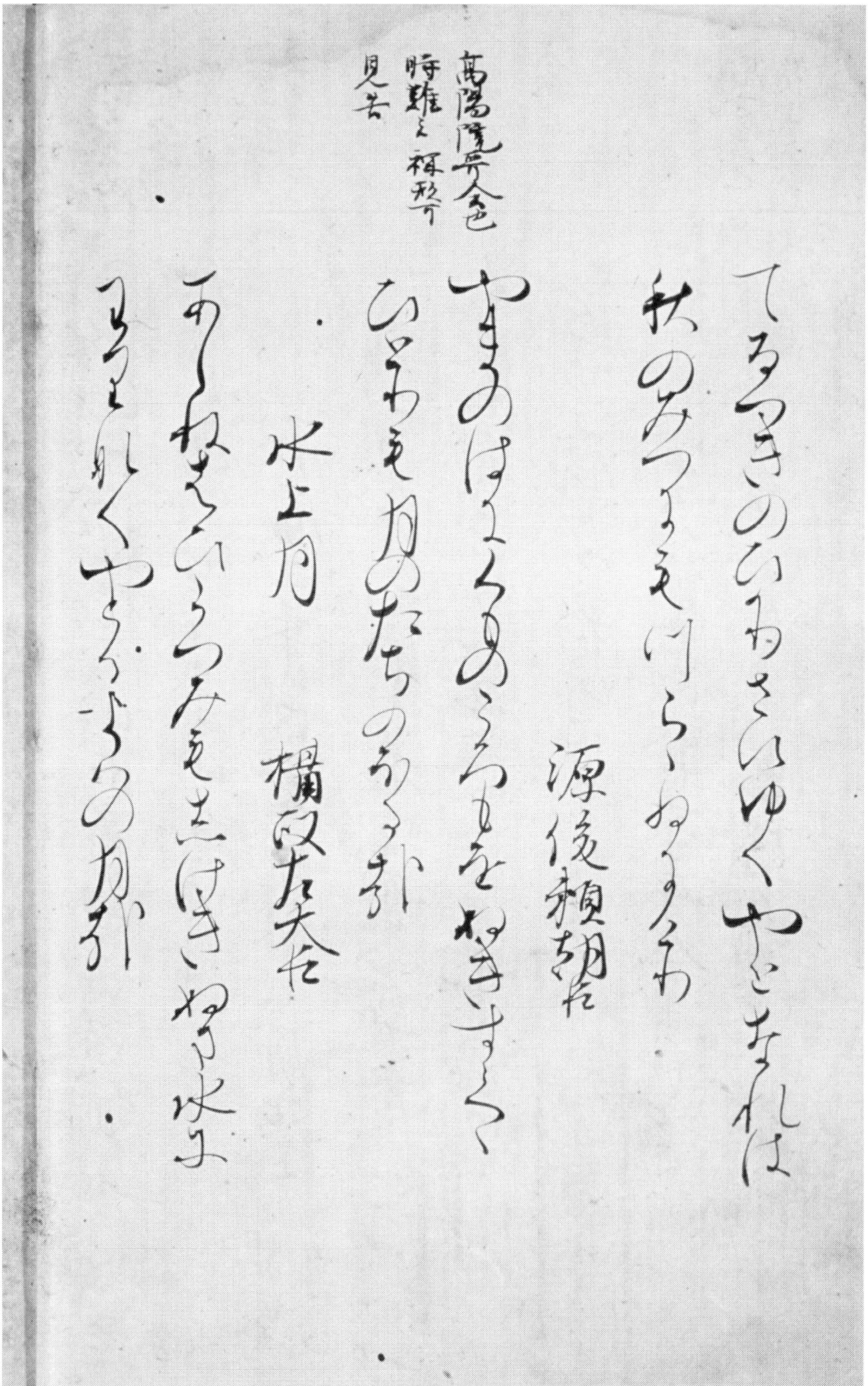

てるつきのひかりさえゆくやとなれは
秋のみつにもつらゝゐにけり

源俊頼朝臣

高陽院哥合
時難之稱秀哥
見苦

やまのはにくものころもをぬきすてゝ
ひとりもつきのたちのほるかな

水上月　　橘俊大夫

あしねはふひろみもさはきわする水
すゝしくやとるつきのかけ

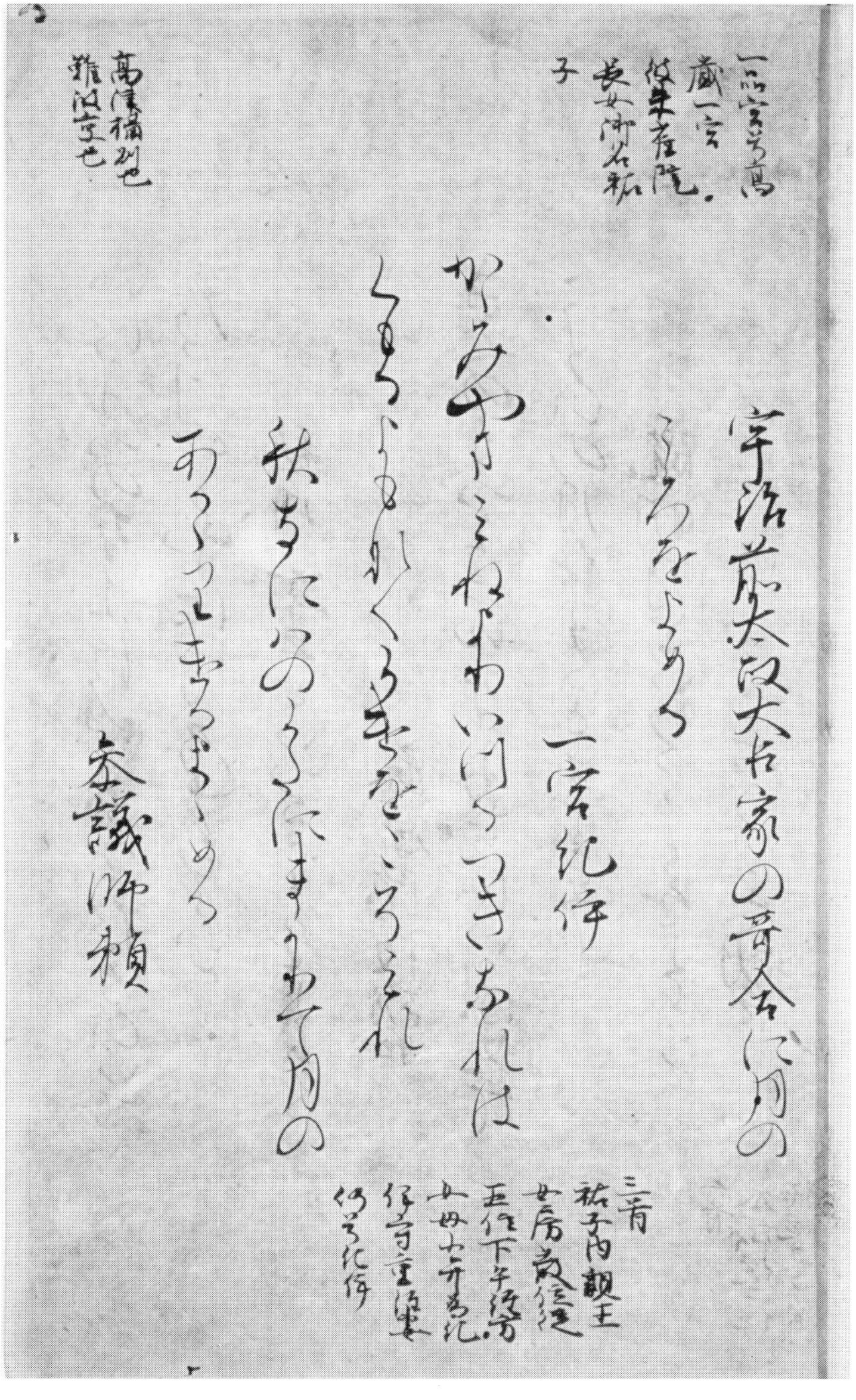

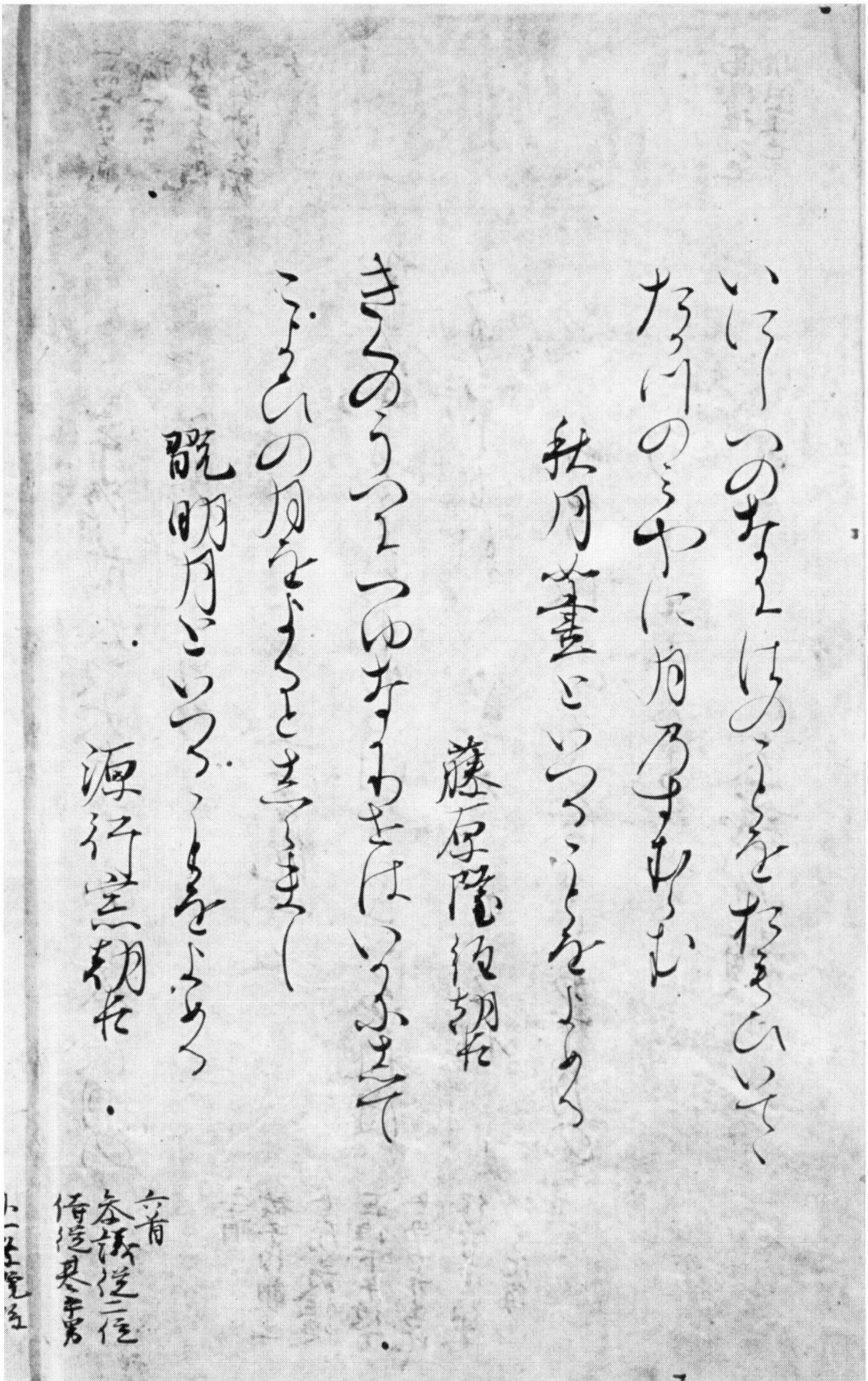

小一条院御

なかはちかくさのあしにくまれて
こころはまへにすめる月かな

八月十五夜に人々歌よみけるに
よめる　　平師季

一首
蔵人式部丞
従五位下

みかさやまひかりをさしていてしより
くもらてあけぬ秋のよの月

宇治入道前太政大臣の卅講歌合
月のこころを

右語哥也

読人不知

さとゝほみつきのひかりもすみわけく
よふかくわなくすゝはなかけゝ
月をよめる

藤原忠隆

なかむれはふきゆくまゝに雲きれて
そらものこらにすめる月かな

奈良の花林院の哥合に月を詠

権僧正永縁

いかなれは秋はひかりのまさるらむ

おなしみかさの山のはの月

月哥とてよめる

藤原顕輔朝臣

みかさ山もりくる月のきよけれは

神のこゝろもすみやしぬらむ

太皇大后宮扇合に月の心をよめる

大納言経信

みかさやまみねよりいつるつきかけは

さほのかはせのこほりなりけり

題宇治乃家にて九月十三夜

月哥よませけるによめる

大宰大貳長實

くまもなきかゝみとみゆるつきかけに

こゝろうつさぬひとはあらしな

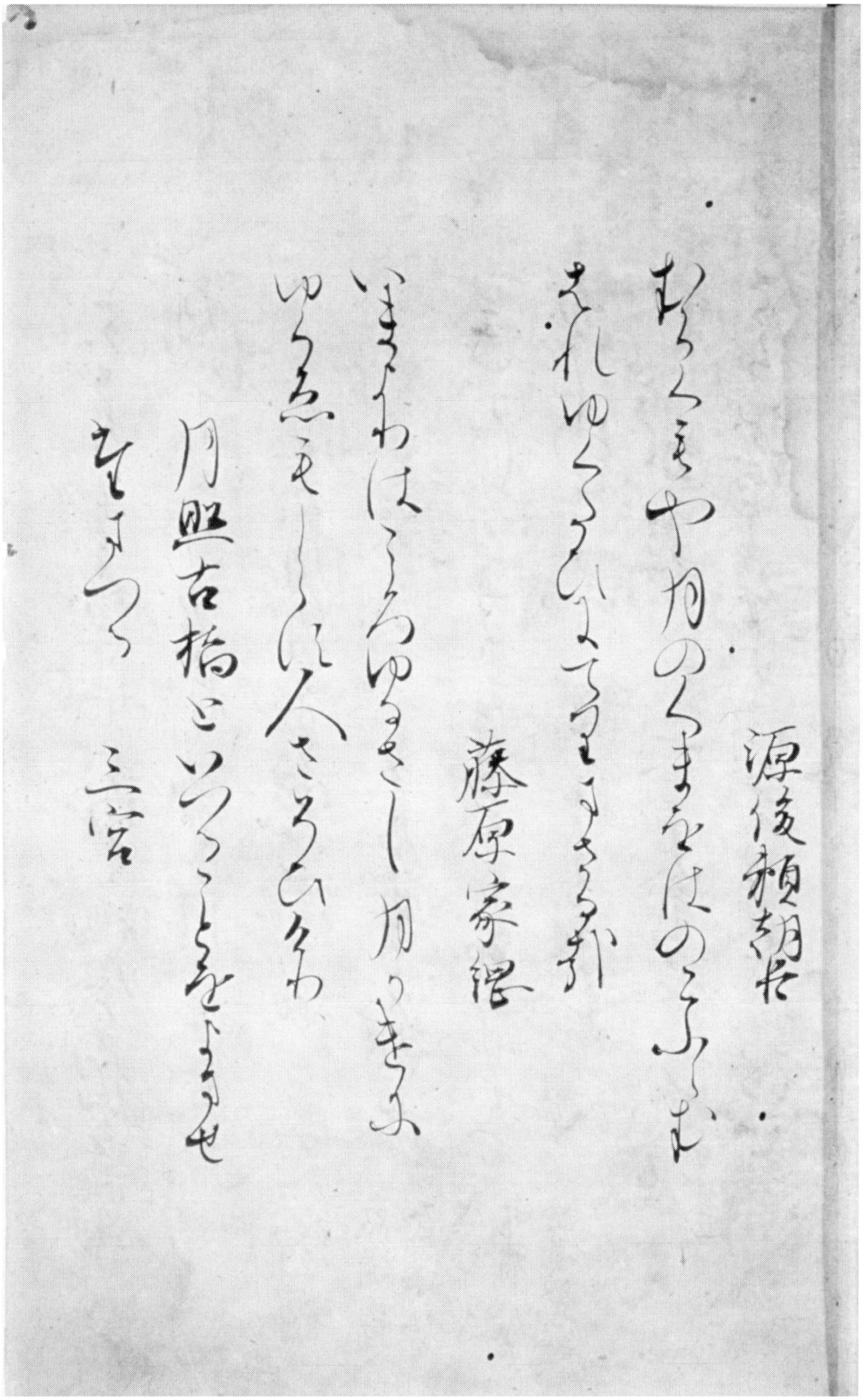

源俊頼朝臣
おくまや月のくまをはのこさねと
まれゆくかけはまてまさるかな
藤原家経
いまはころゆるさし月のきよさ
ゆるかみしゝ人さらひなかは
月照古橋といへることをよませ
たまひて　三宮

こゑたてゝもこしかまへねたち橋を
月のわたるすゑまちわたれ
水上月といへる
藤原實光朝臣
つきかげのさすにまかせてゆくふねは
あかしのうらやとまりなるらむ
題不知
太宰大貳長實
さらねたるなまにはさらしてまくらゆを

二首
正四位下式部
大輔實信孫
従四位下右中
弁有信男
母實政卿女

いとゝみかく秋のよの月

永承四年殿上哥合に月の心を

よめる　藤原家経朝臣

よろつよにくもらぬくものうへなれは

なかゝしらしく月をみるかな

月前擣衣のこゝろをよめる

修理大夫顕季

まつかねにころもかたしきよもすから

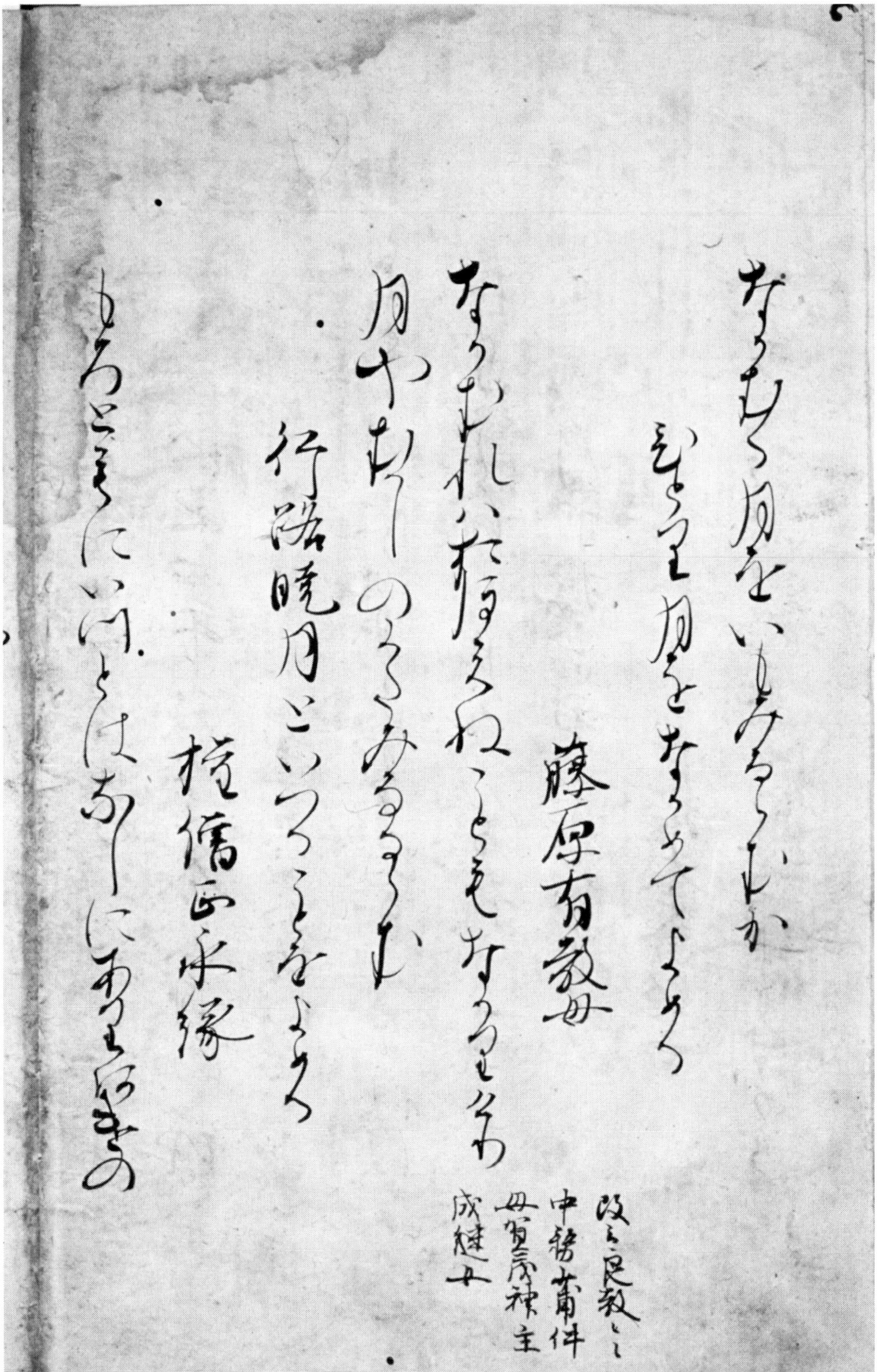
行路暁月といへる事をよめる
権僧正永縁

月のみそらをすみのぼりゆく

對山待月といへることをよめる

土御門右大臣

ありあけの月まつほどのうたゝねは

やまのはのみぞゆめにみえける

一首
中務卿具平
親王男
母為平女
右大臣従一位
師房也

山家暁月をよめる

中納言顕隆

やまさとのかとたのいねのほの〳〵と

あくるもしらて月をみる哉
月あかゝりけるころあかしに
まかりて月をみてのほりたりける
にみやこの人々月はいかにと
たつねけれはよめる
平忠盛朝臣
ありあけの月もあかしのうら風に
なみはかりこそよるとみえしか

罒
讃岐守正盛
朝臣男
正廝経

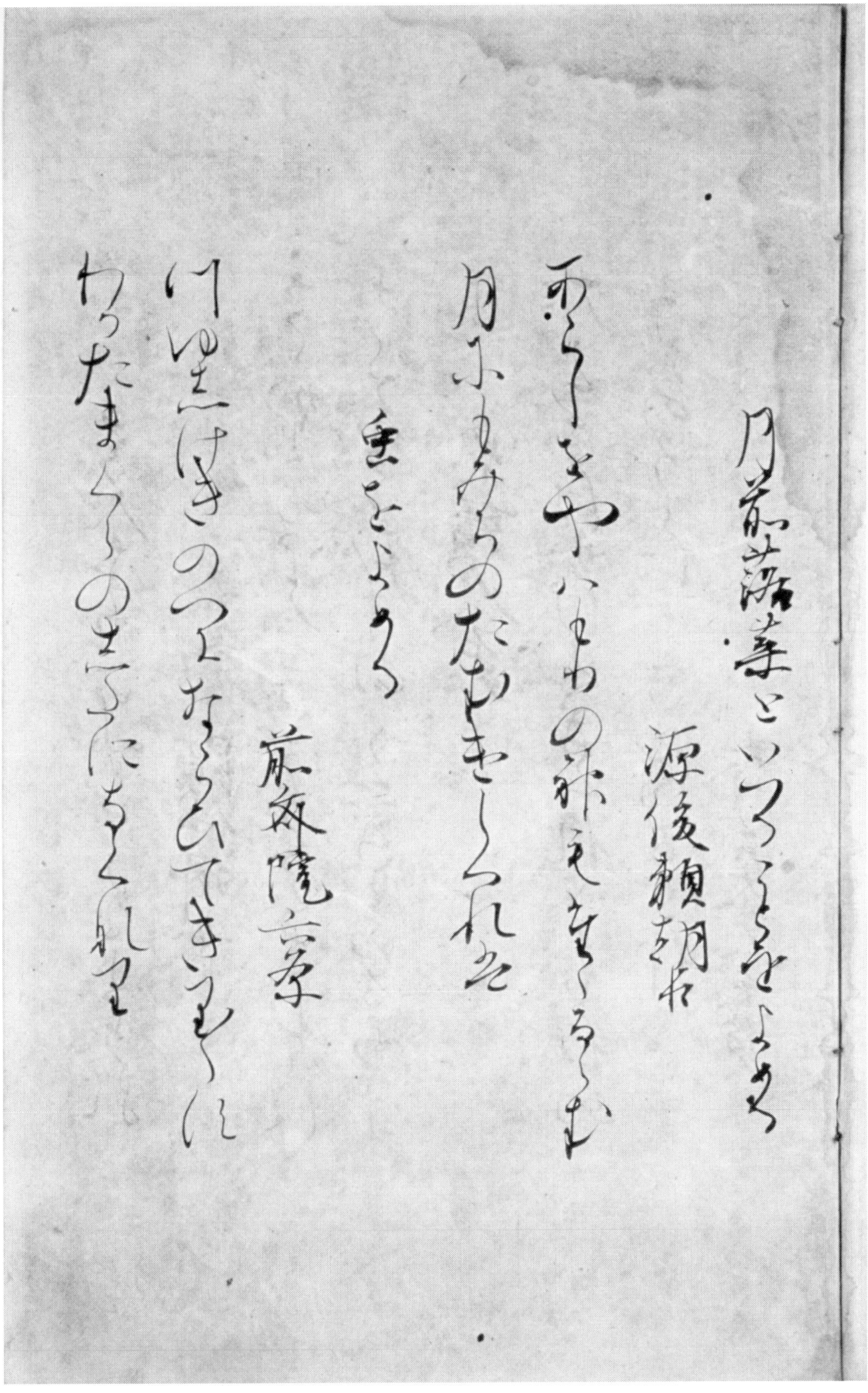

はたをりといふむしをよめる

顕仲卿女

さゝかにのいとひきかくるくさむらに
はたをるむしのこゑきこゆなり

読人不知

たなはたはかけくきれことわれの
うみなしてもきこゆなるかな

春宮大夫公實

いまさやにこゑのあしやきむつらむ
さそもわかねそしにあくれまて
まつをよめる
三宮大進
山まこえゆくまつのあくれるひとかねの
とこのやまのきみかやまむしむ
聴閑虫といへることをよめる
皇后宮右衛門佐

物おもふこともなきみの月みきに
あはれをそふくさかしみえけれ
夜聞鹿といふことをよめる
内大臣家越後
よそにてもをくらにこころあくかるる
我身かしこのつまならねとも
橘以友左大臣家にて擣衣とい
ふことをよめる

源雅光

さ夜ころはみやこまてしきこゑすなる
むしのねにさへゆるゝてられ
むしのうらみてなく

藤原顕仲朝臣

よあらしをあきはてゝゆふやまさとしかの
まはしのゝやまよあくてむ

野花帯露といへることをよめる

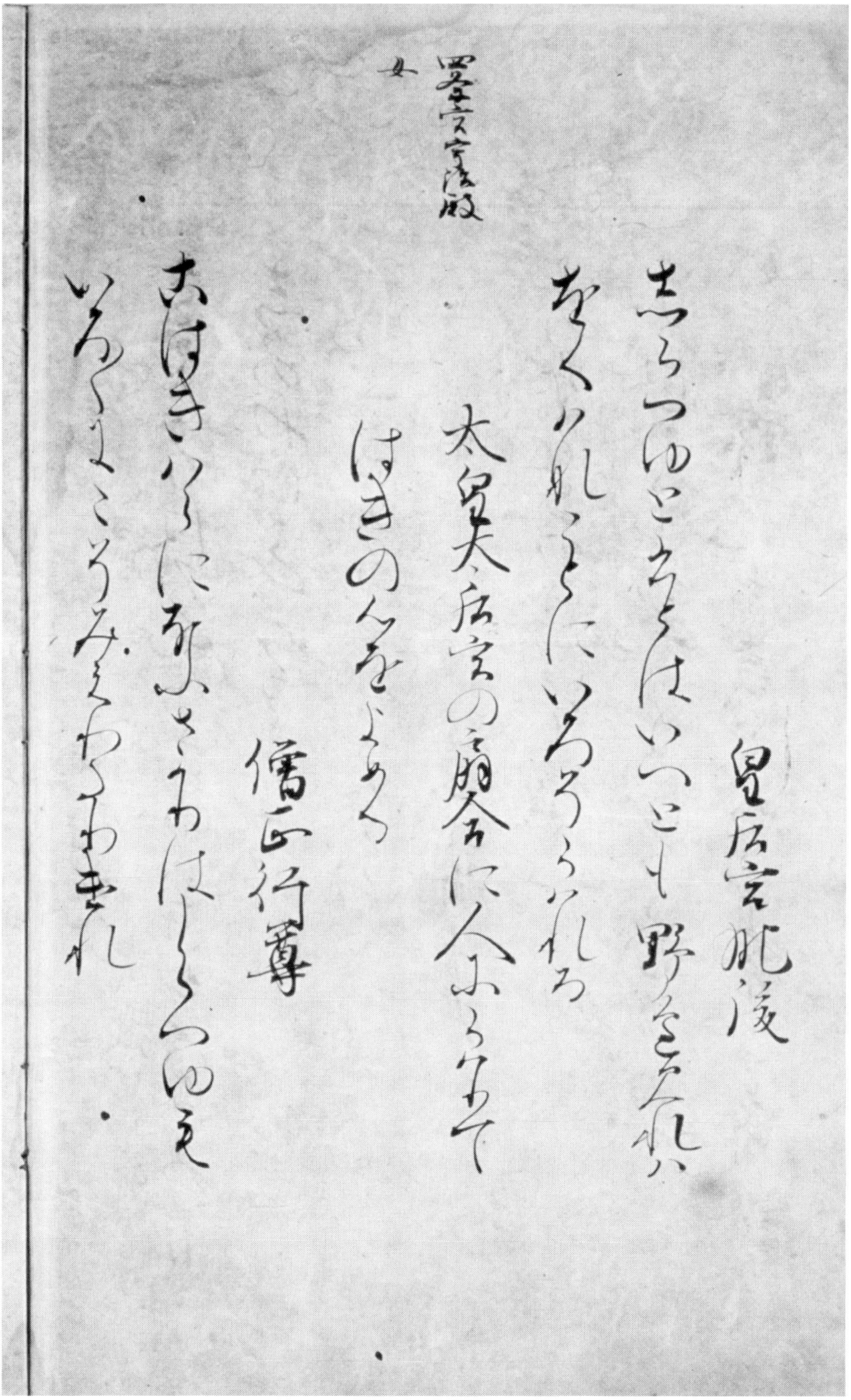
皇后宮肥後
しらつゆとたまはいへとも野をみれは
おくはことにいろそかはれる
太皇太后宮の扇合に人にかはりて
はきのゑをよめる
僧正行尊

はきをよめる

大宰大貳長實

しらつゆやまおくはきにけゆるらん

をりつるそてやひとにしられむ

（しらツユケシ…八　有万葉集）

女郎花をよめる

隆源法師

をみなへしはなのこころにやとりせむ

それのちるてにあかつきやまむ

顕隆卿家哥合に女郎花をよめる
中納言俊忠
ゆふつゆのたまかつらしてをみなへし
のはらのかせにをれやふすらむ
女郎花をよめる
藤原顕輔朝臣
まさら川ゆやこころをとくいまをみなへし
いろめくのへにひとかよふとて

摂政左大臣

きみふへしよのまれらもにすみて
けさしもつゆしころさるれ

摂政左大臣家にてかるかやを
よめる　　　源忠季

さほかはのみきはにさけるかるかやは
なみのよるてやゝきむとすらん

蘭といへれ

右兵衛督伊通

かりふくるもとしきこゆるやまのはに
あきのいろしまつあたつらむ

神祇伯顕仲

さかりなるいとれとちらやまさらむ
ほころひまさるゝぬるはすゝき

鳥羽殿前栽合に女郎花のこゝろを
よめる

春宮大夫公實

あたしのゝつゆふきみたるあきかせに
なひきもあへぬをみなへしかな

野草帯露といへることをよめる

平忠盛朝臣

ゆくひとをまねくかのへのはなすゝき
こよひもこゝにたひねせよとや

堀河院御時御前にてをのをの
探題して哥つかうまつりける

にすゝきをたわてはたつねさらまし

源俊頼朝臣

うつらなくまのゝいりえのはまかせに
をはなゝみよる秋のゆふくれ

河霧をよめる

藤原基光

うちかはのかはせもみえぬゆふきりに
まきのしまひとふねよはふなり

三首
好海又除之
内匠允大和守
元盛之也前
越前守従五位
上頼成男前
石見守従五位
下頼方孫也
京也

鳥羽殿前栽
合弥也歌合
三首及イ有九

郁芳門院の根合に菊をよめる

中納言通俊

さはなくておきゐるきくをけさみれは
またくらきそらゆくつきかとそみる

三首
従大貳従三
位経平男
母家

鳥羽殿前栽合にきくをよめる

修理大夫顕季

ちらぬまはきみにもみせむきくかれし
つゆもあまてそなつとこそすれ

序也

權大夫長家にて紅葉障子と
いふことをよめる
藤原仲實朝臣
もみれねさしのたちえおりけれはみる
なれわさそのゝこのめをみるらむ
承暦二年内裏の哥合に紅葉
をよめる
源師賢朝臣
さゝきゝのこゝろさへやとつこたはつれ

罒
正位下中宮
亮越前守兼
遠江守兼信
孫従五位上兼
業男母大殿
北政所乳母
家也

み[illegible]ふのさとはもみちしにけり

宇治前太政大臣大井河にまかりて水邊紅葉と
いふことをよめる
大納言經信
おほゐかはいはなみたかしいかたしよ
きしのもみちにあからめなせそ
太皇太后宮扇合に人にかはりて

もみちの心をよめる　　源俊頼朝臣

おとはやまもみちちるらしあふさかの
せきのをかはゝにしきをりかく

落葉をよめる　　藤原伊家

たえかはまつしみつもよしなくてこそ
これのもみちはわたしみるかな

二首
右中弁正五位
下周防守兼
従四位下三基
男母式部卿
女正五位下春
宮亮俊家孫

大井の御幸につかうまつれる
修理大夫顕季
おほゐかはゐせきのおとのなかりせは
もみちをしけるわたりとやみむ
深山紅葉といふことをよめる
大納言経信
やまもりよをのゝおとたかくひゝくなり
みねのもみちはよきてきらせよ

十一

紅葉をよめる

神祇伯顕仲

よそにみるみねのもみちやちりくると
ふもとのさとはあらしをそまつ

大井の逍遥に水上落葉といふ
ことをよめる

藤原伊家

はゝそちるいはまをかはくかへれは

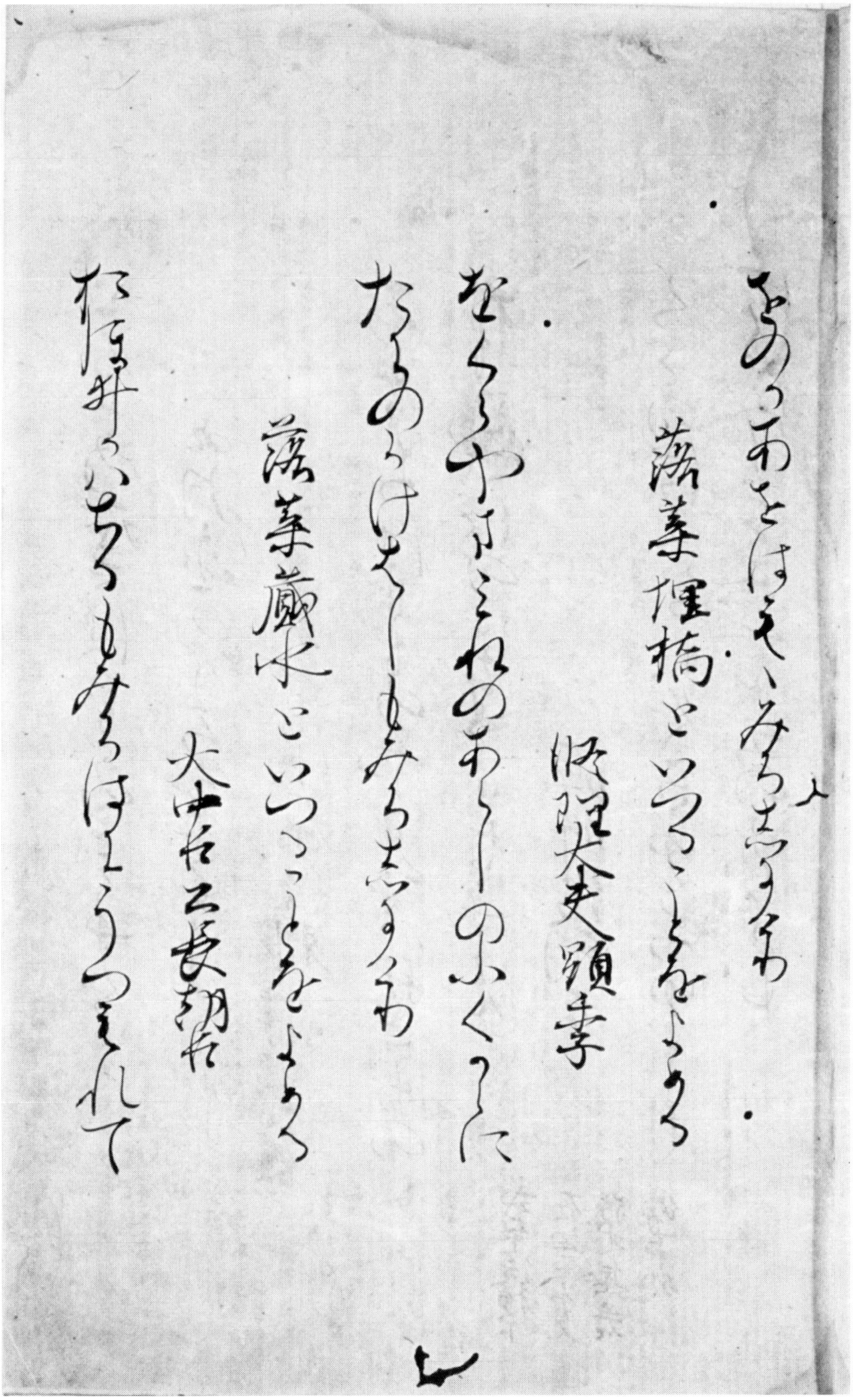

[illegible]

落葉埋橋といへることをよめる

修理大夫顕季

[illegible]

[illegible]

落葉蔵水といへることをよめる

大中臣公長朝臣

[illegible]

いろきのたきはたえのこそすく

九月盡のこゝろをよめる

中原経則

あすよりはよものやまへの秋きりの

おもかけにのみたゝむとすらん

源師俊朝臣

くさのはにはかなくきゆるつゆをしも

かたみにおきて秋のゆくらん

或本俊頼卜
在無而不見
散木集若
俊頼歟

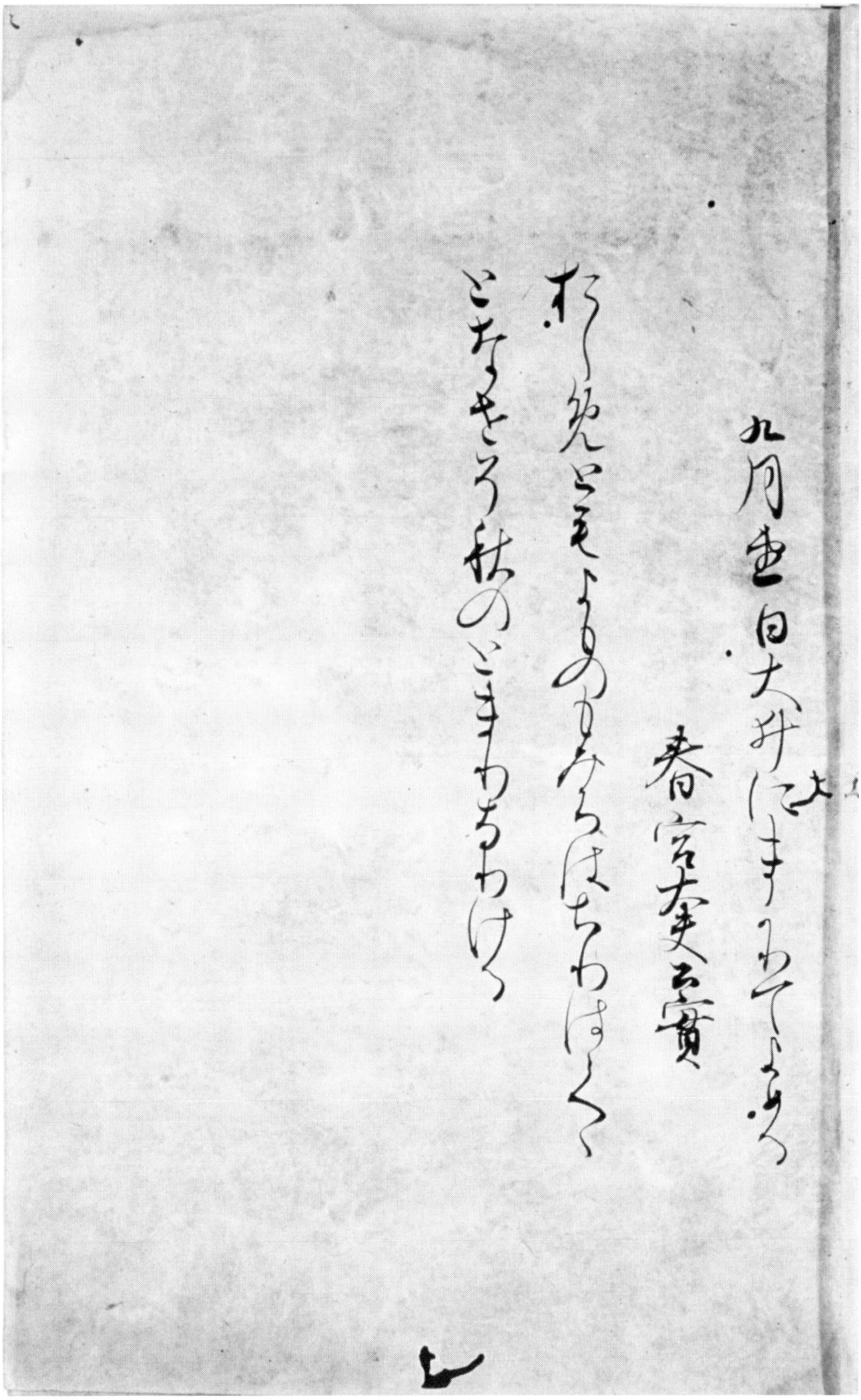
九月晦日大井にまかりてよめる
春宮大夫公実

金葉和謌集巻第四

冬部

承暦元年御前にて殿上のをの
こども探題にうたつかうまつ
りけるに時雨を探てつかうまつれる

源師賢朝臣

神な月しくるゝまゝにくらふやま
したてるはかりもみちしにけり

従二位藤原親子家の造紙合に
しくれをよめる
修理大夫顕季
しくれつゝかつちるやまのもみちはを
いかにふくよのあらしなるらむ
奈良の人々百首哥よみけるに
時雨をよめる
権僧正永縁

やまさとはのみそまさらてましくれハ
かみちれいろりふかくなりける　上

時雨を詠る　橘成家参河
神な月しくれのあめぬれはあさきのふ
いろにてあくすかやま抄

後朱雀院御時御前にて霧籠
紅葉といふことをよめる

前中納言資仲

諱敦成
一条院第二皇
子母儀上東門
院

二首
右大臣資
孫大納言三位
資平男
中納言二位

上

前帥

もみちゝるやとは秋きりはれねは
た川のかはのなかれをそみる

大井にまかりて落葉のこゝろを
よめる　　平致親

一首
重之子歌
然者源也

おほ井つはかみちをさへくいかたしは
さかにしきをきてそみえける

落葉をよめる

大納言経信

みむろやまもみちちるらしたひ人の
すけのをかさにゝしきおりかく
竹風似雨といへることをよめる
中納言基長
ふくかせのをとにてをかつきゝつる
かれねとこそはあきとしられけれ
十月十日ころあきのちりけるを
きゝてよめる

二首
堀河右大臣頼
宗孫内大臣女
正三位能長
男母源済政
女

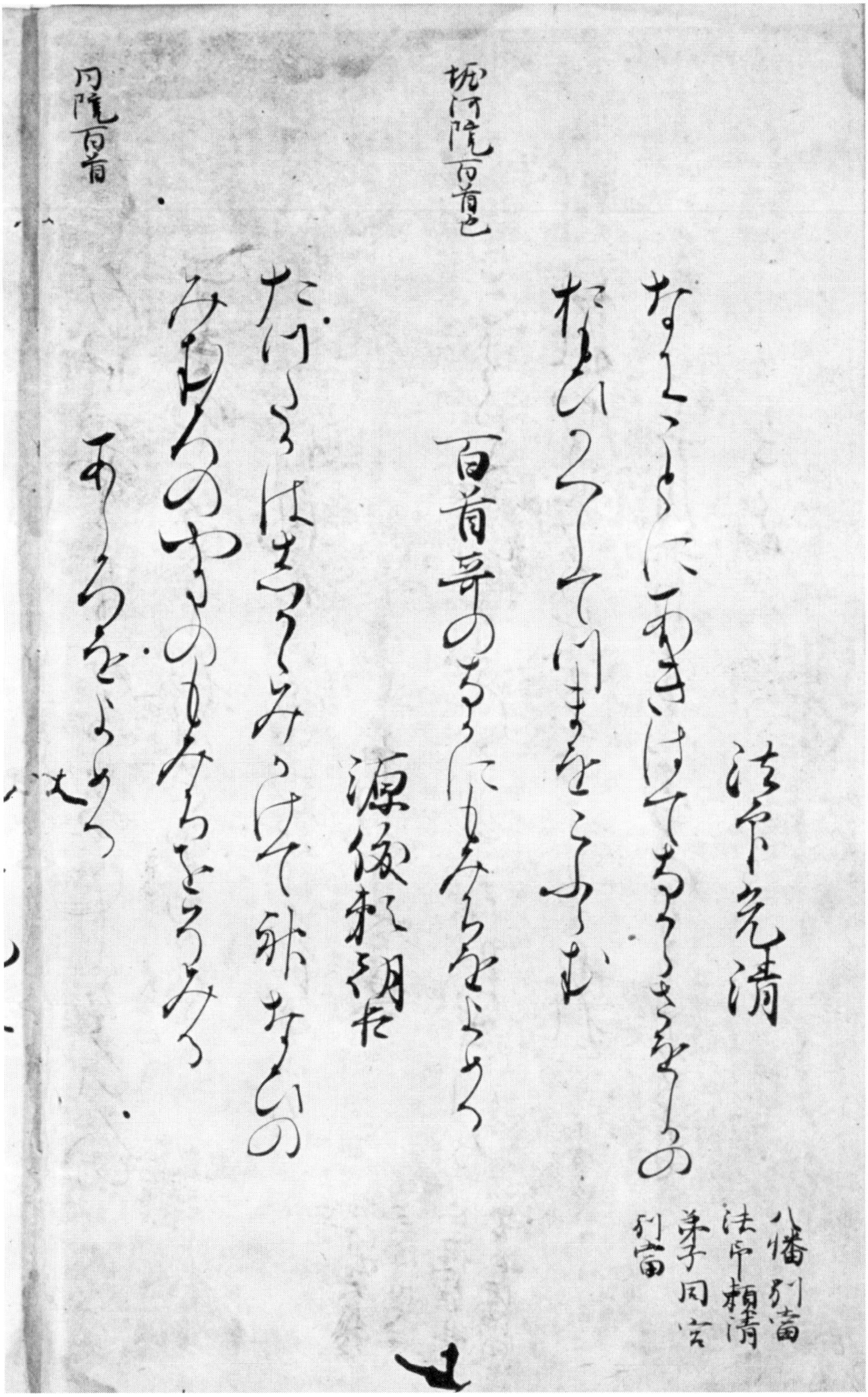

法印光清

なにごとにあきはてながらさをしかの
おもひかへしてつまをこふらむ

堀河院百首也

百首哥の中にもみぢをよめる

源俊頼朝臣

たけくらはまてしみちけそ秋なかの
みむろのやまのもみぢをぞみる

同院百首

あしろをよめる

八幡別当
法印頼清
弟同宗
別当

皇后宮肥後

ひをのよるかはせにみゆるあしろきは
たつしらなみのうつるなあるらむ

月照網代といへることをよめる

大納言経信

はきゝよみせのあしろによるひをは
たまもにきゆくころかわるかきつて

橋高冬夜といへることをよめる

上

せひわたくしもくいさゝいけあきやましい
とをたちうるねのこゑきこゆるか

関路千鳥といへることをよめる

源兼昌

あはち島かよふちとりのなくこゑに
いくよねさめぬすまのせきもり

二首　二条大宮
皇后宮進
従五位下攝
津守俊輔之
男

こほりをよめる

藤原隆経朝臣

後拾遺云 [illegible]

ちりのよふねさすのをとはたえにけり
あしまのこほりひまもなけれは

谷氷結氷といへることをよめる

内大臣

たにかはのよとみにむすふこほりこそ
みるひともなきかゝみなりけれ

堀河院百首

百首哥のなかに氷をよめる

藤原仲実朝臣

これこわたるあしのしけはかせはてて
こやのいけみつこほりわたるか

冬月をよめる

神祇伯顕仲

冬さむみそらにこほれる月かけは
やとにもるこそとくるなりけれ

氷満池上といへることをよめる

大納言経信

[illegible]

深山霰をよめる

大蔵卿匡房

はしたかのしらふにいろやまかふらむ
とかへるやまにあられふるらし

水邊寒草といへることをよめる

大中臣公長朝臣

たつねくはゆきふみわけしあとはつゝ
あきのゝけくさたえすかれつゝ
宇治前太政大臣家哥合に雪の
こゝろをよめる
源頼綱朝臣
ころもてによこのうら風ゆえくて
おそうまはゆきやふりぬらむ
橋上霜といへることをよめる

一首　藏人
前参河守経信
從下美乃守
正四位下頼國
男母信濃守
中清女

前斎院尾張

しれみのたちつまきのとこゆるわれ

まかれのをしにふれるもつゆき

初雪をよめる

大納言経信

はつゆきはまきのはしろくふりにけり

こやをのやまのふゆのさひしさ

雪中鷹狩をよめる

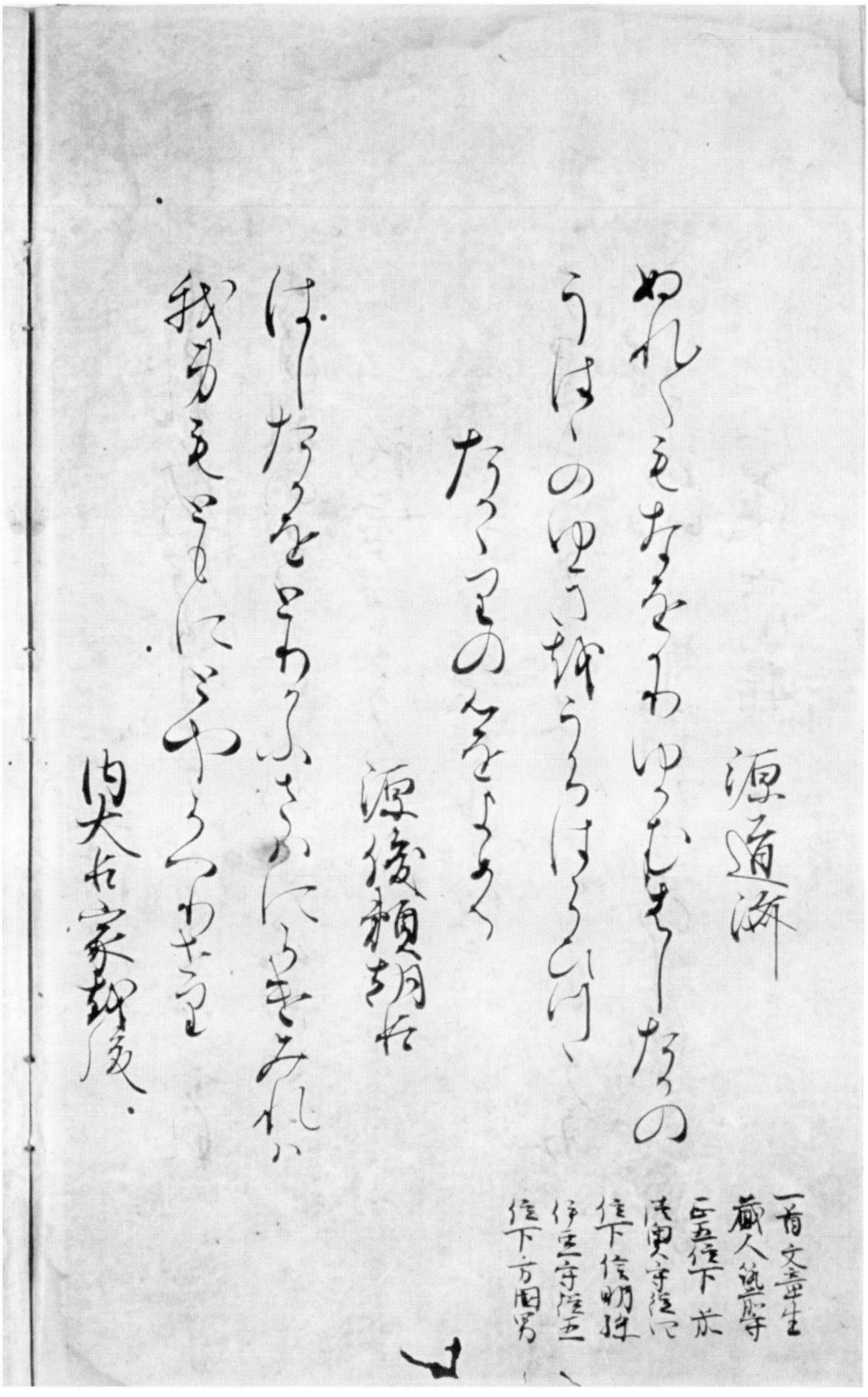
源道済
源俊頼朝臣
内大臣家越後

こゝわやまのゝきのにすくきこし
さゝろけわのひとはけりきれ
堀河院百首也

百首哥のなかに雪の心をよめる
大蔵卿匡房
いかにせむすゑのまつやまなみこさは
みねのはつゆききえもこそすれ

宇治前太政大臣家哥合に雪の
心をよめる　皇后宮権大夫師時

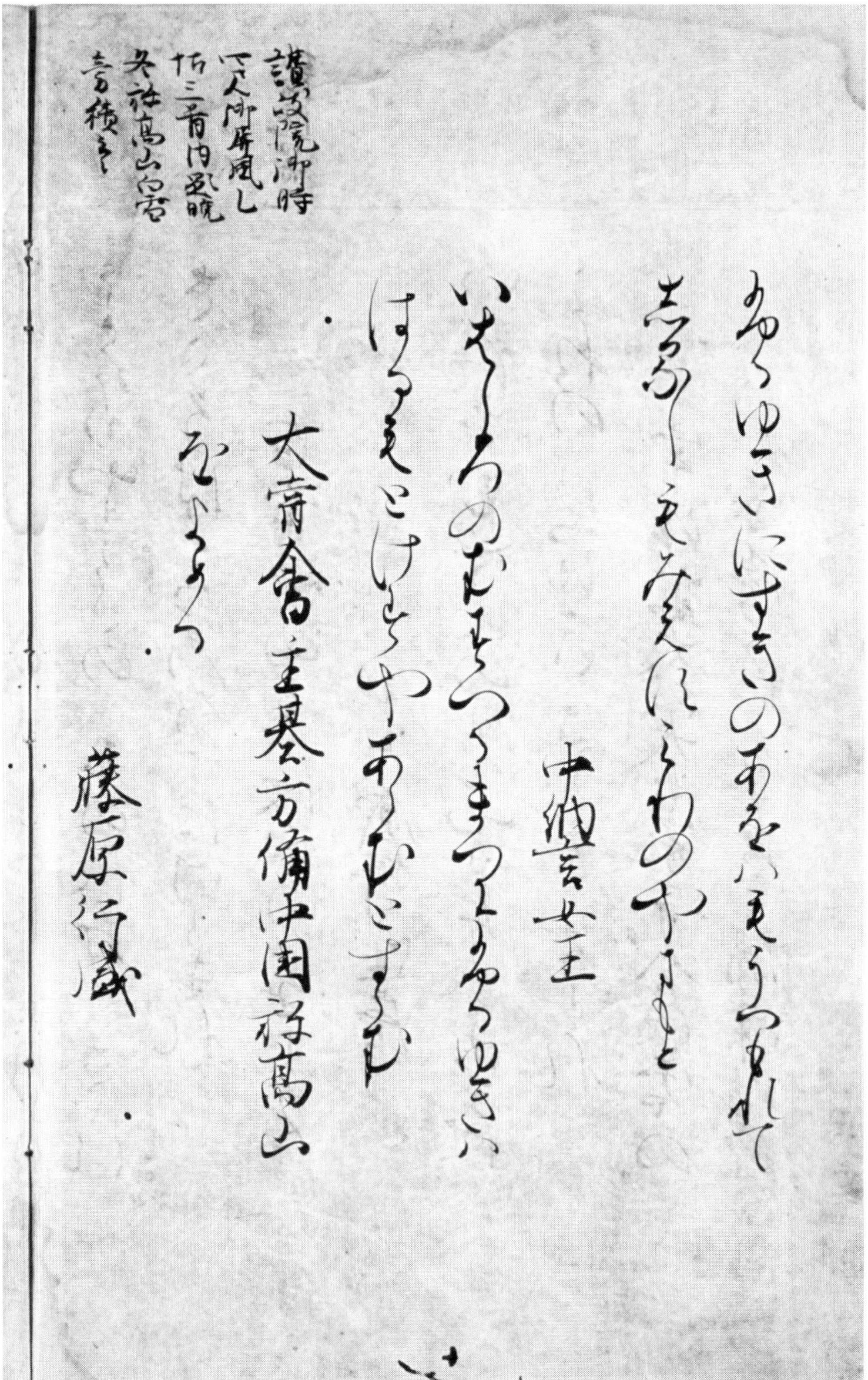
中納言女王
大嘗會主基方備中国稀高山
藤原行盛

ゆきふれはいやたかやまのこすゑには
まゝ冬なかられさきうらわ
雪の哥とてよめる
源俊頼朝臣
ころもてのはしゆくまゝにたえまなく
うつゝきやまにゆきはふりつゝ
雪御幸にをそくまいりけれは
たゝきのはなれたるきよしの御門に

たまりかてつもれる

六条右大臣

あさことのかゝみのかけにおもなれて
ゆきみんとしもいそかれぬかな

すゝかやまをよめる

皇后宮権大夫師時

堀河院百首

すゝかやまをたえはわさゝかのやまゝ
ゆきけのくもとこゆるみなかなき

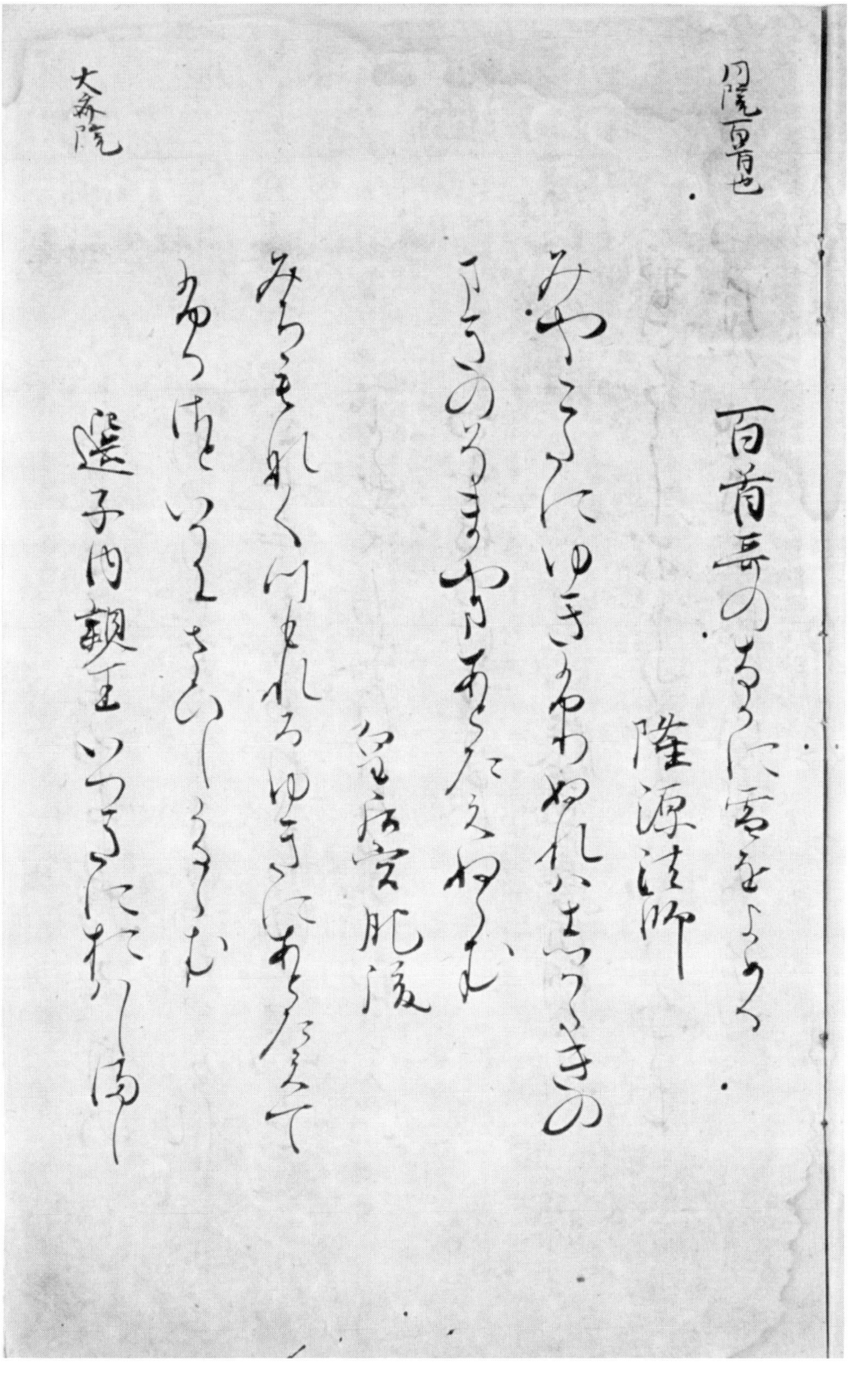

同院百首也

百首哥の中に雪をよめる

隆源法師

みやこたにゆきふりぬれはしからきの
まきのそまやまあとたえぬらむ

皇后宮肥後

みちもなくつもれるゆきにあとたえて
ふるさといかにさひしかるらむ

大斎院

選子内親王　いつきにてかし侍

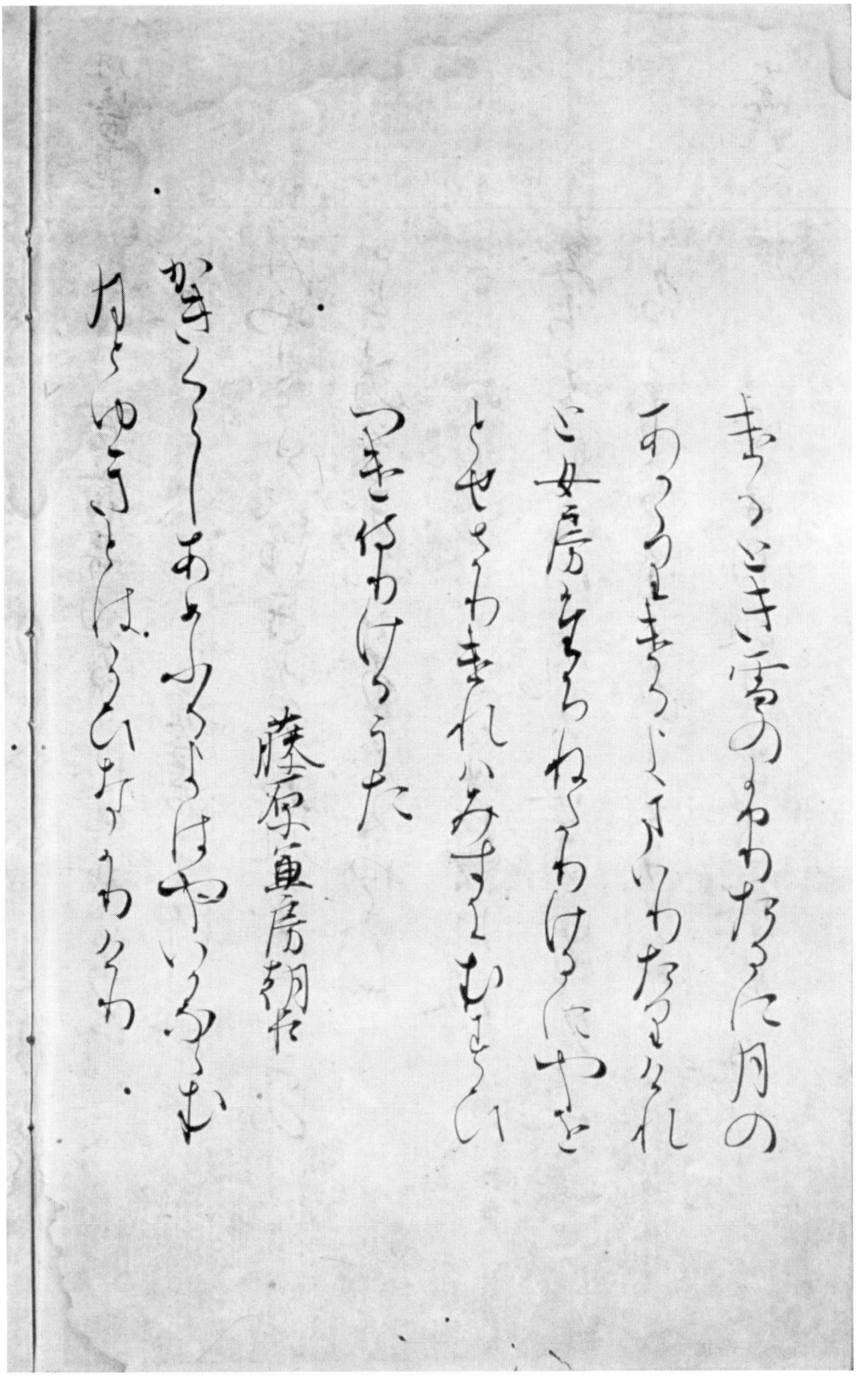

まつとき雪のゆかたるに月の
あかゝりけるによもすからたれ
こ女房をたつねまかりけるにやを
とやさわまれいみすとむすひ
つかはしけるうた
藤原兼房朝臣
かきくらしあまふりけれはやへさしむ
月とゆきとはいかなるかな

家経朝臣のやとにて
障子のゑに林中にすむ人ところ
きたるところをよめる
康資王母
さゝきはやまかけふかきの松風に
なかきね秋はあかしと思
林泉のこゝろをよめる
皇后宮権大夫師時

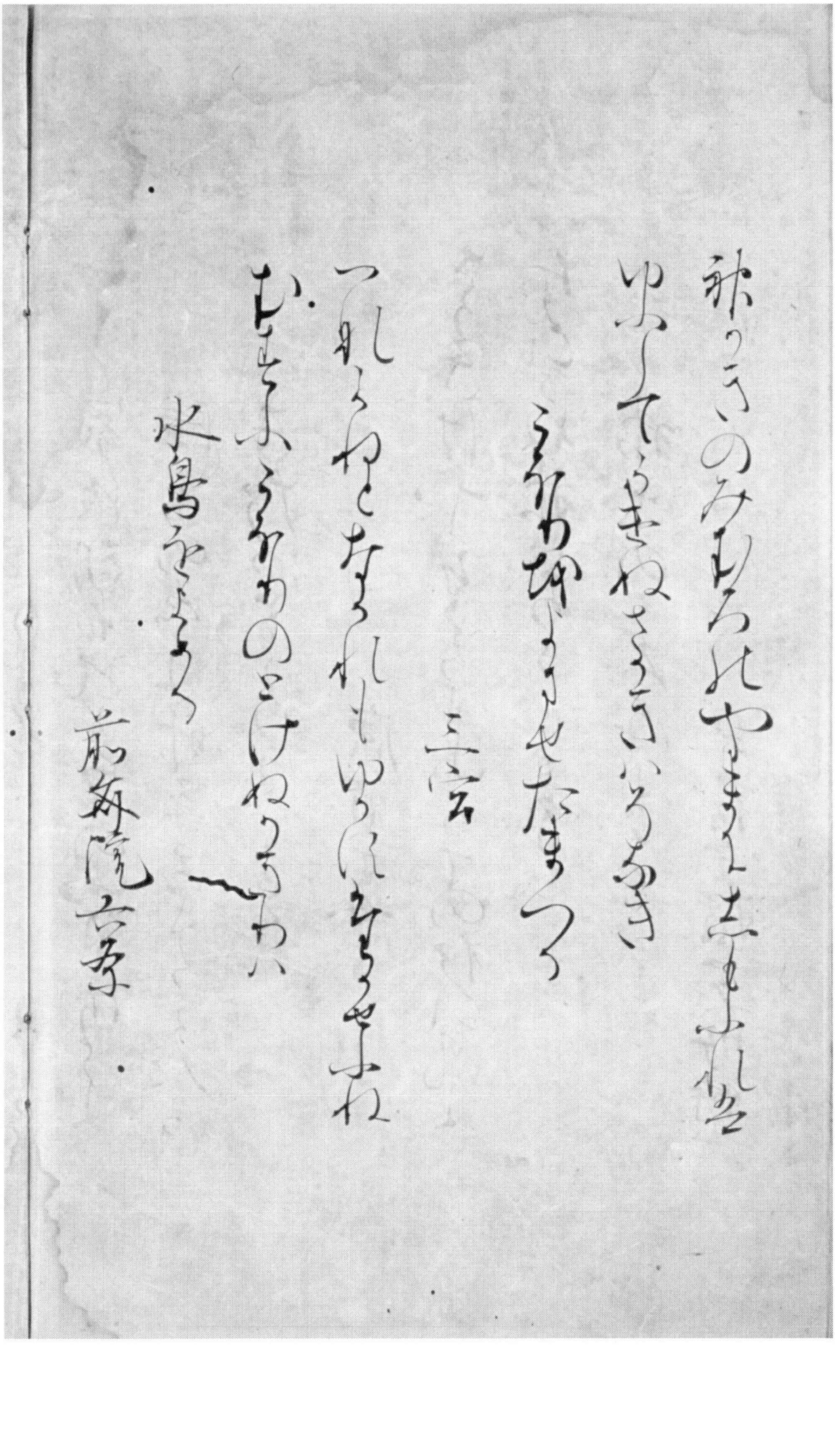
三宮
水鳥をよめる
前斎院六条

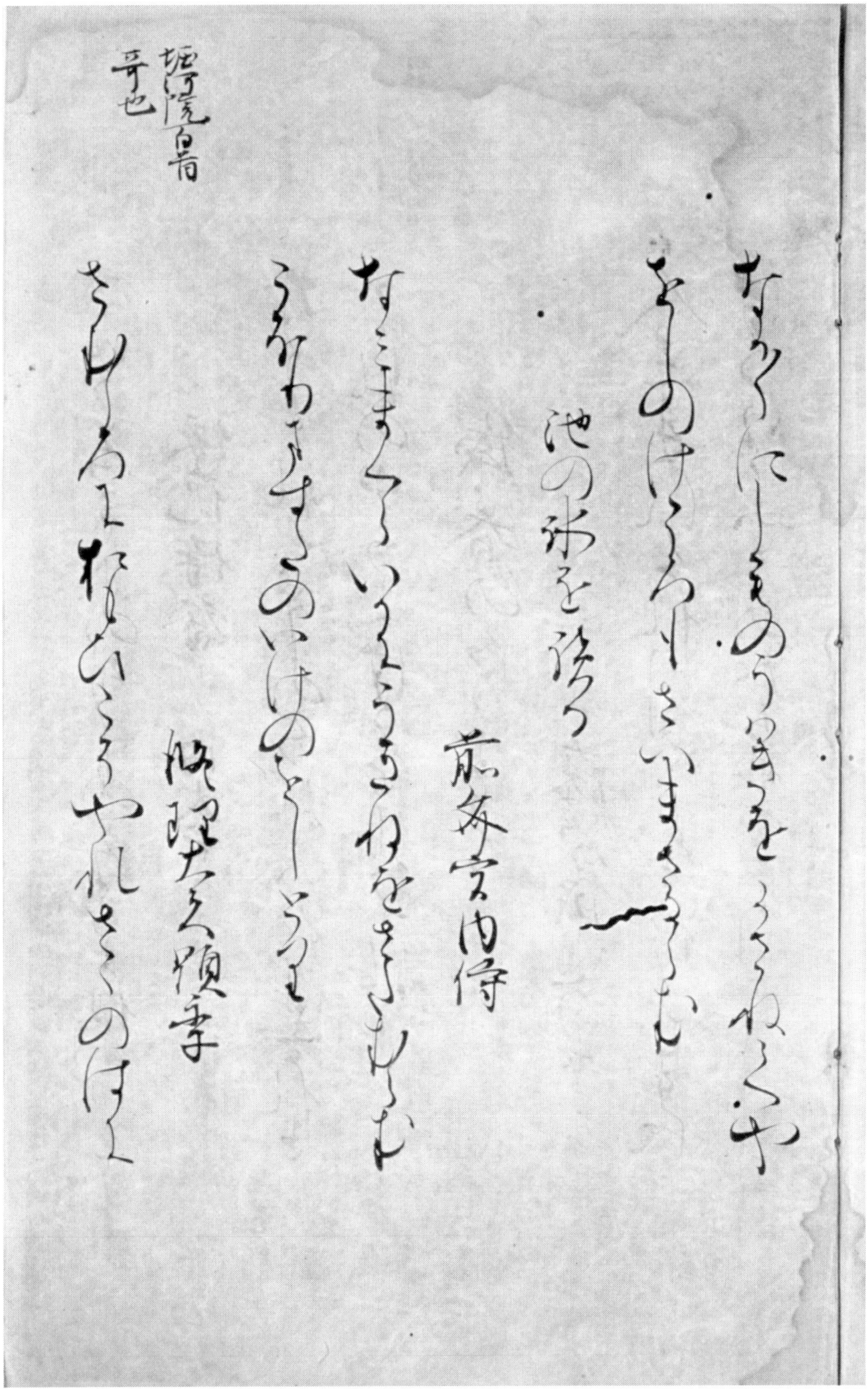
池の氷を詠る
前斎宮内侍
修理大夫顕季
堀河院百首哥也

さゆるしもよのそらのうらまね

懐花待春　　内大臣

なかれしくさのこれいはまきれと
それのゆかしけれをまつられ

歳暮の心をよめる

藤原成通朝臣

人しれすくれゆくとしをおしむまに
はるいとふちみのたちねつきね

攝政左大臣家にて各題をさ
くりて歳暮をとりて
よめる
藤原永實
かそふるにのこりすくなき身にしあれは
せめてもおしきとしのくれかな
この哥よみてのちとしのうちに
みまかりにけるとそ

歳暮のこゝろをよませたまひき
乳

三宮

いうきおくれゆくとしをかそへつゝて
みをたつねけりいをはきりなきわ

中原長国

うしくれねとわかところはきりまきしか
我みのうつしかさなるは

一首　文章生
外記　肥後守
正五位下大隅
守従五位下
酒人金頼男

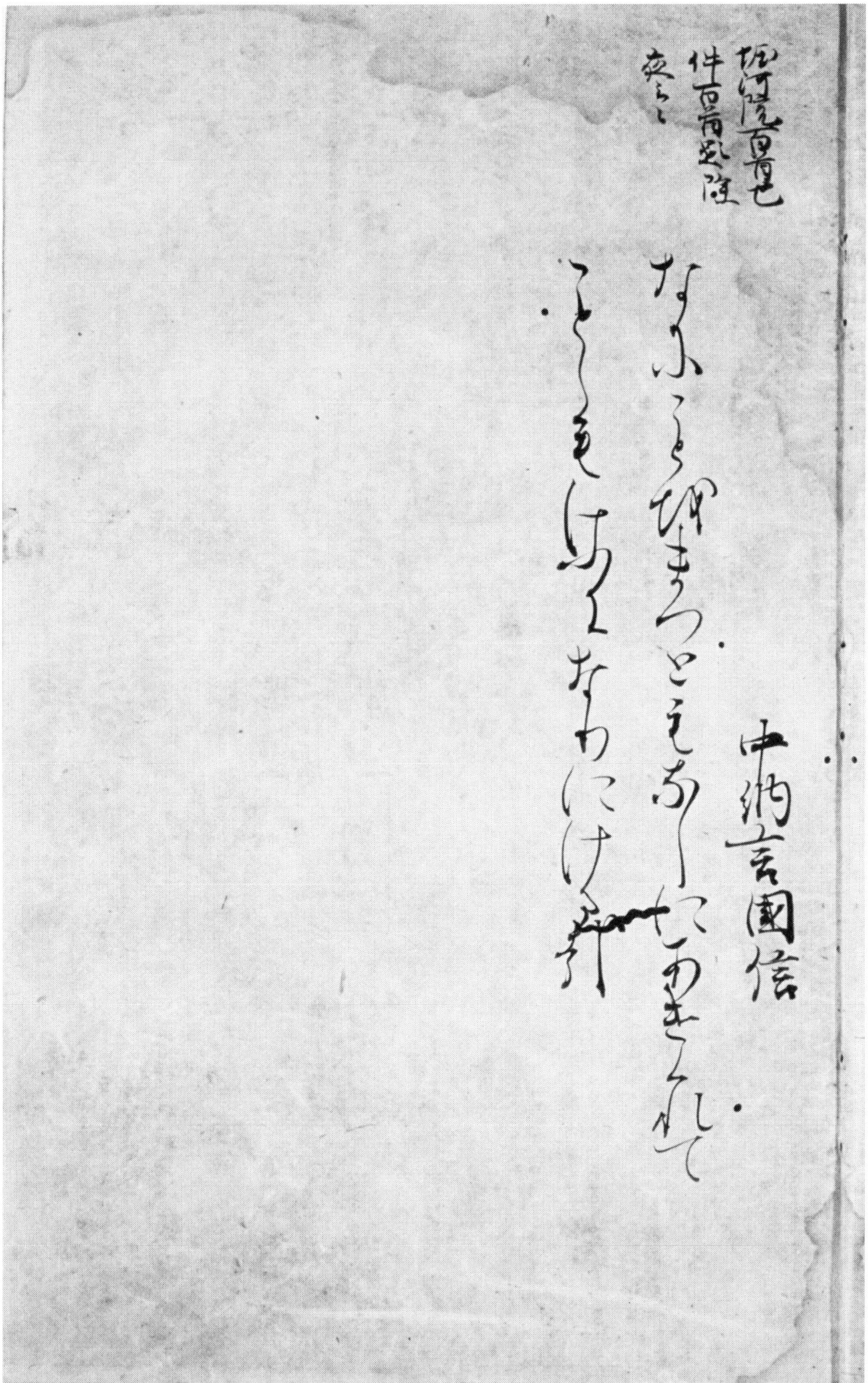

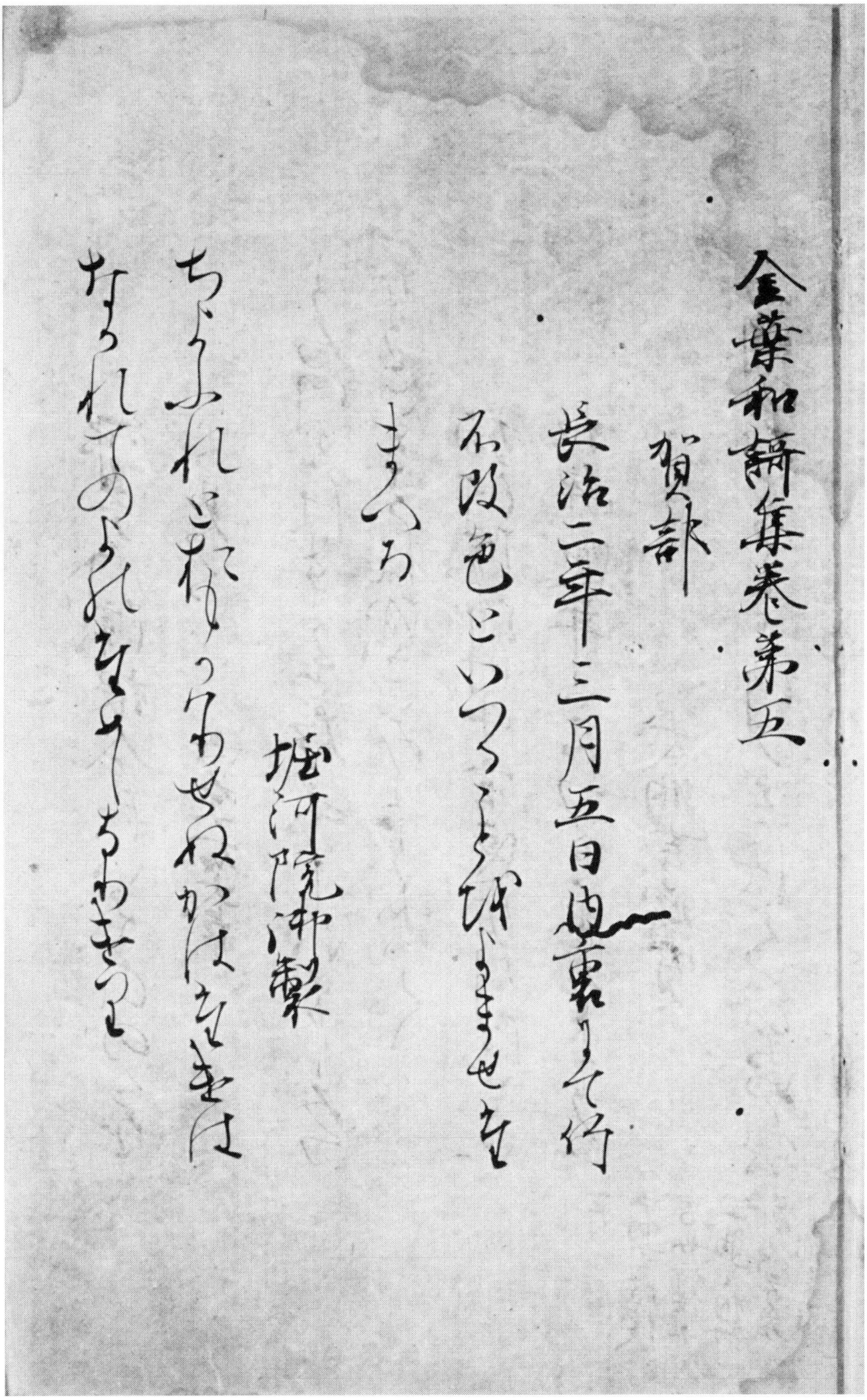

金葉和謌集巻第五

賀部

長治二年三月五日内裏にて竹不改色といふことをよませたまひける

堀河院御製

ちよふれとおもかはりせぬかはたけは
なかれてのよのためしなりけり

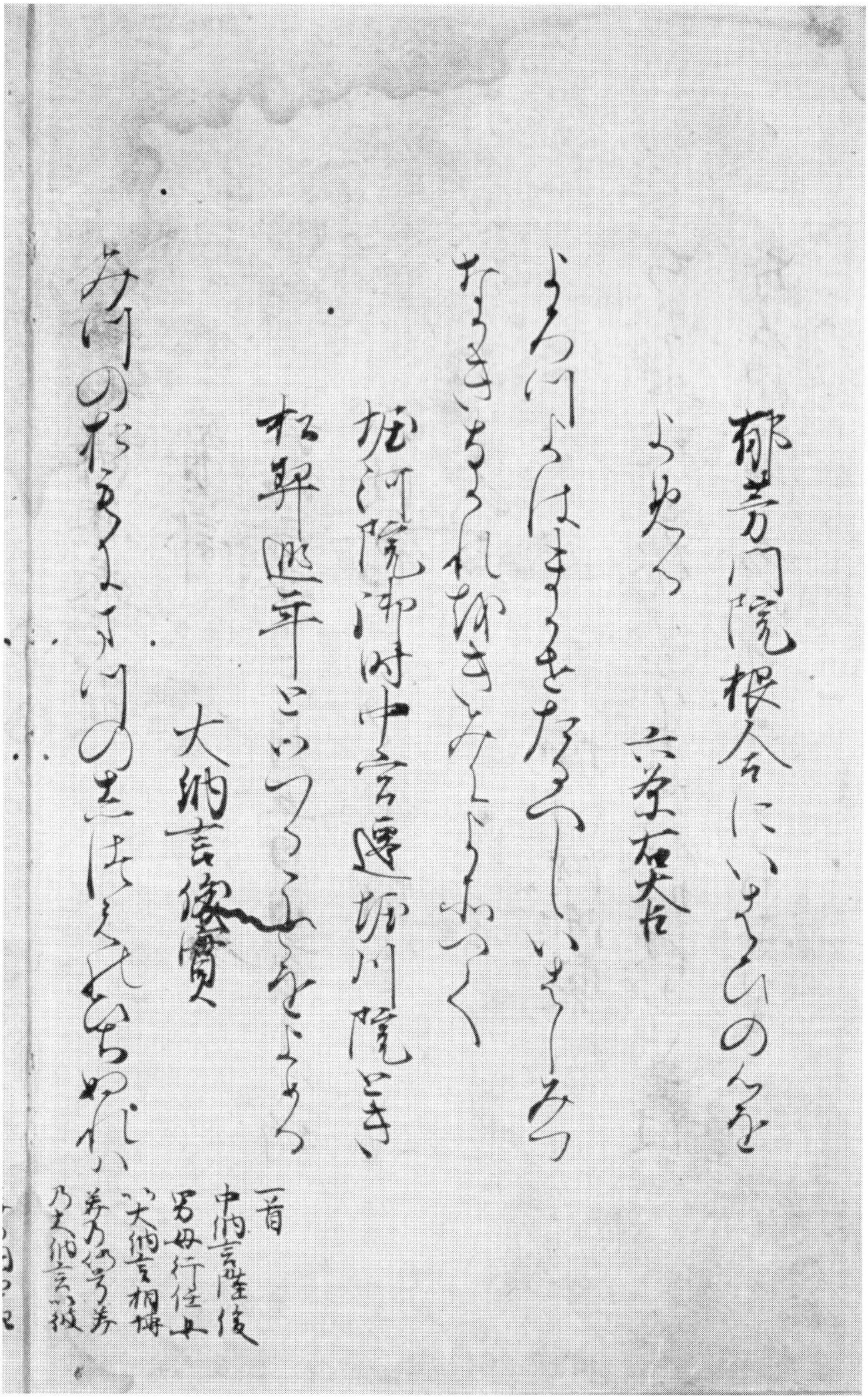
郁芳門院根合にいはひの心を
よめる　六条右大臣
よろつよはまかせたるへしいはしみつ
なかきなかれをきみによそへて
堀河院御時中宮還御堀川院とき
松影遐年といへる事をよめる
大納言俊實
一首
中納言隆俊
男母行任女

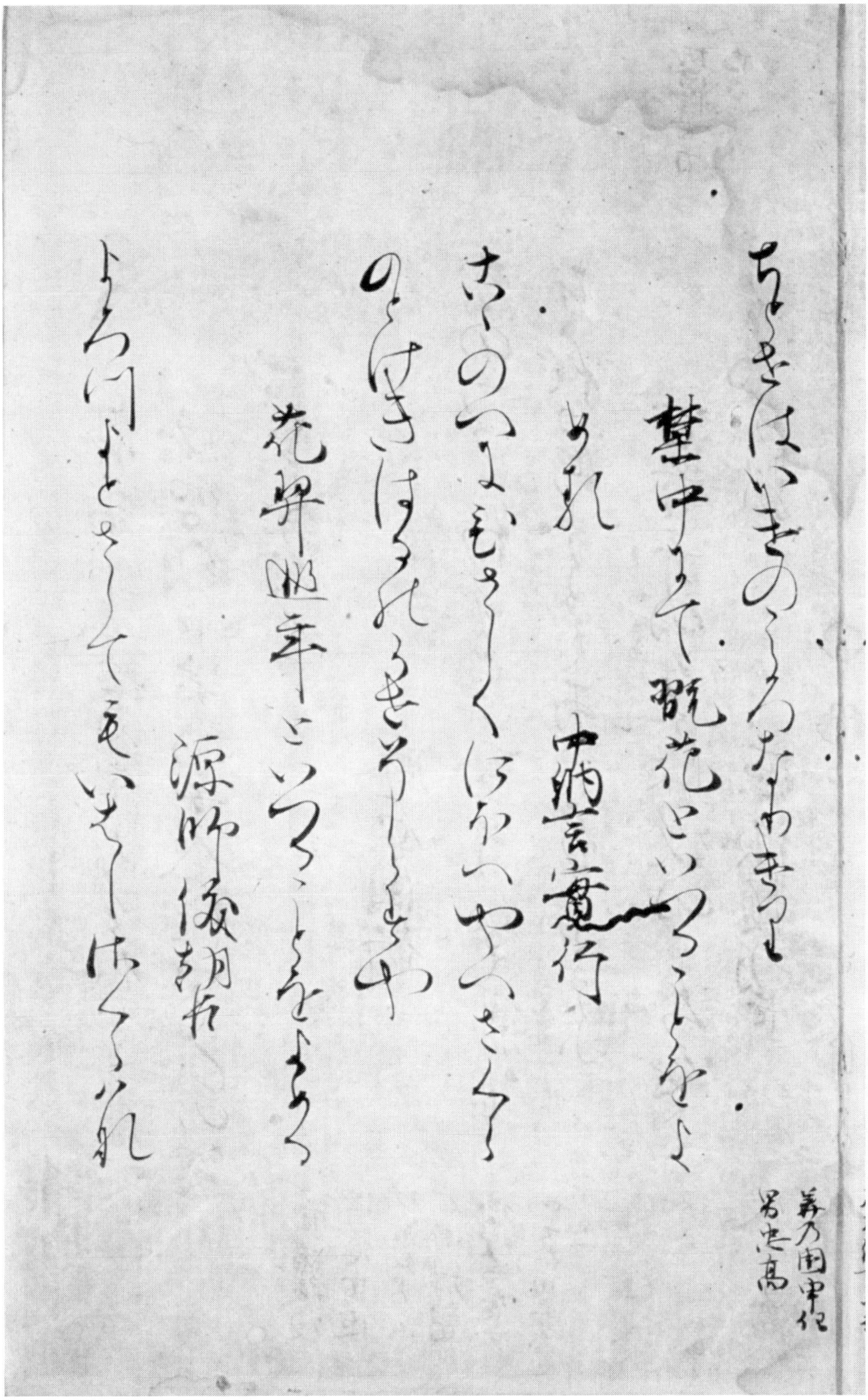

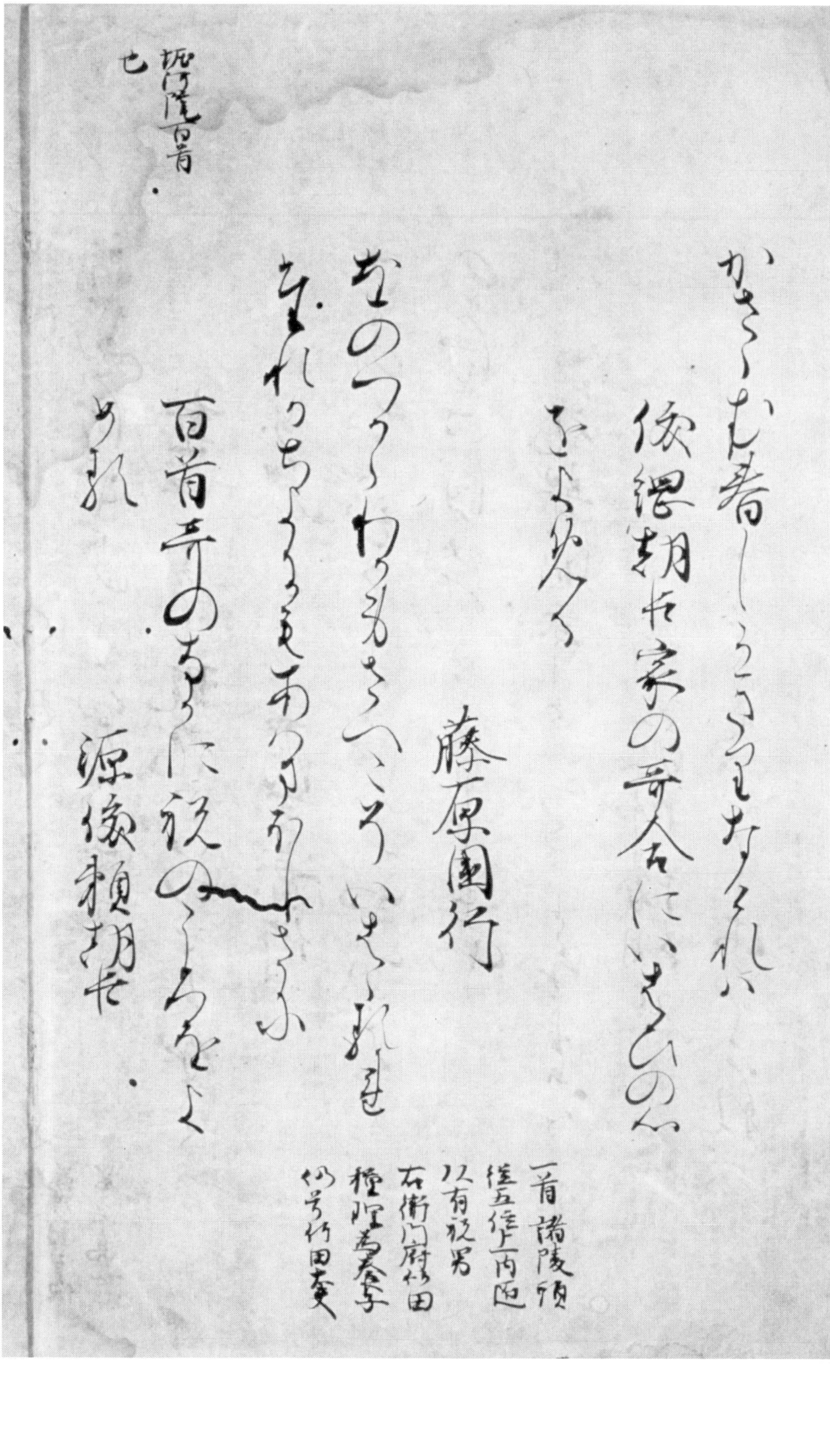
かさゝむ君しなからましかは
俊綱朝臣家の哥合にいはひの心
をよめる
藤原国行
きのつゝわかきへといはれを
なれしちゝゝまあつまらむ
百首哥の中に祝のこゝろをよく
めれ
源俊頼朝臣
堀河院百首
七
一首　讃陵頃
従五位上内匠
以有故男
右衛門府竹田
種明為奉子
似号竹田奉

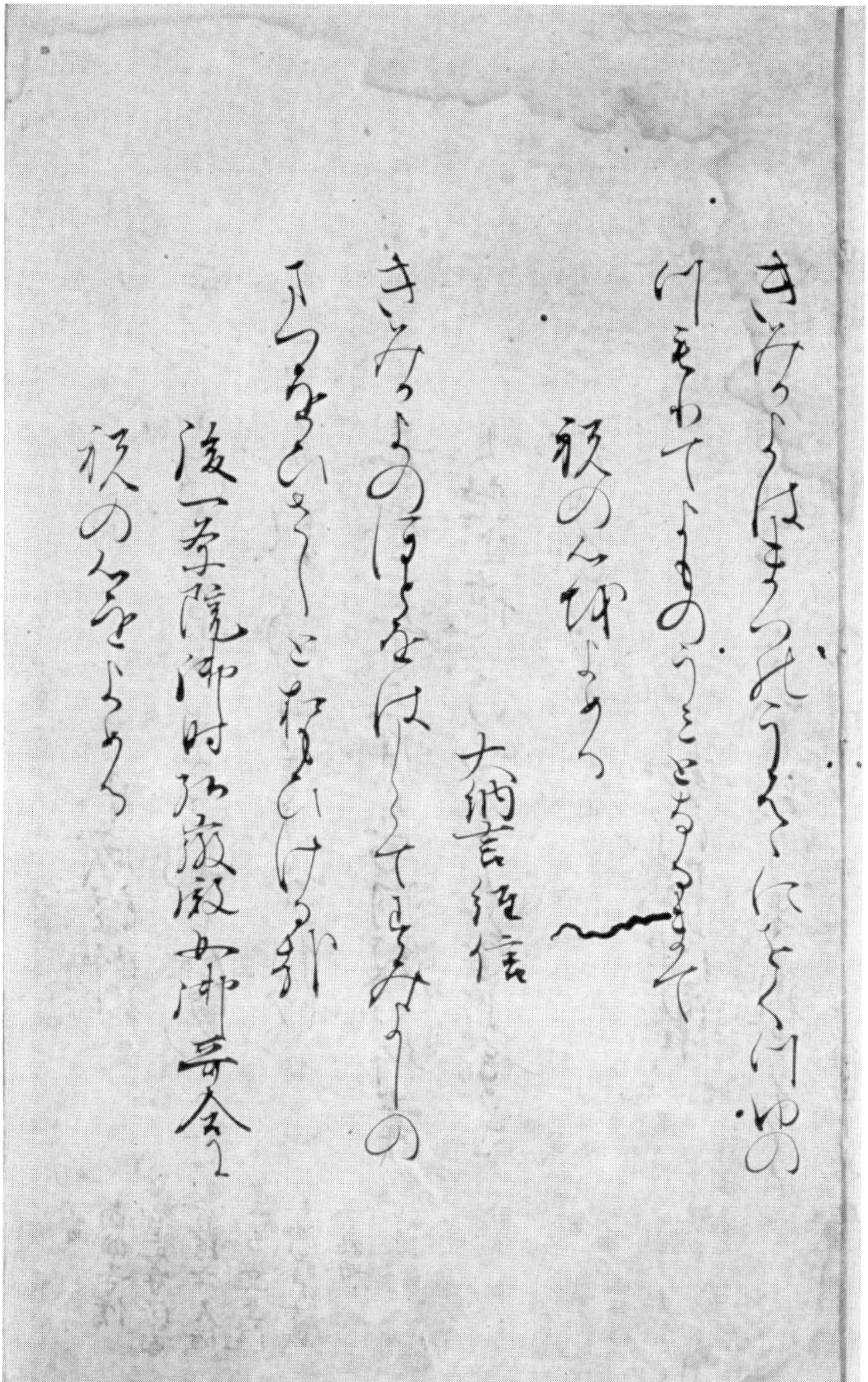

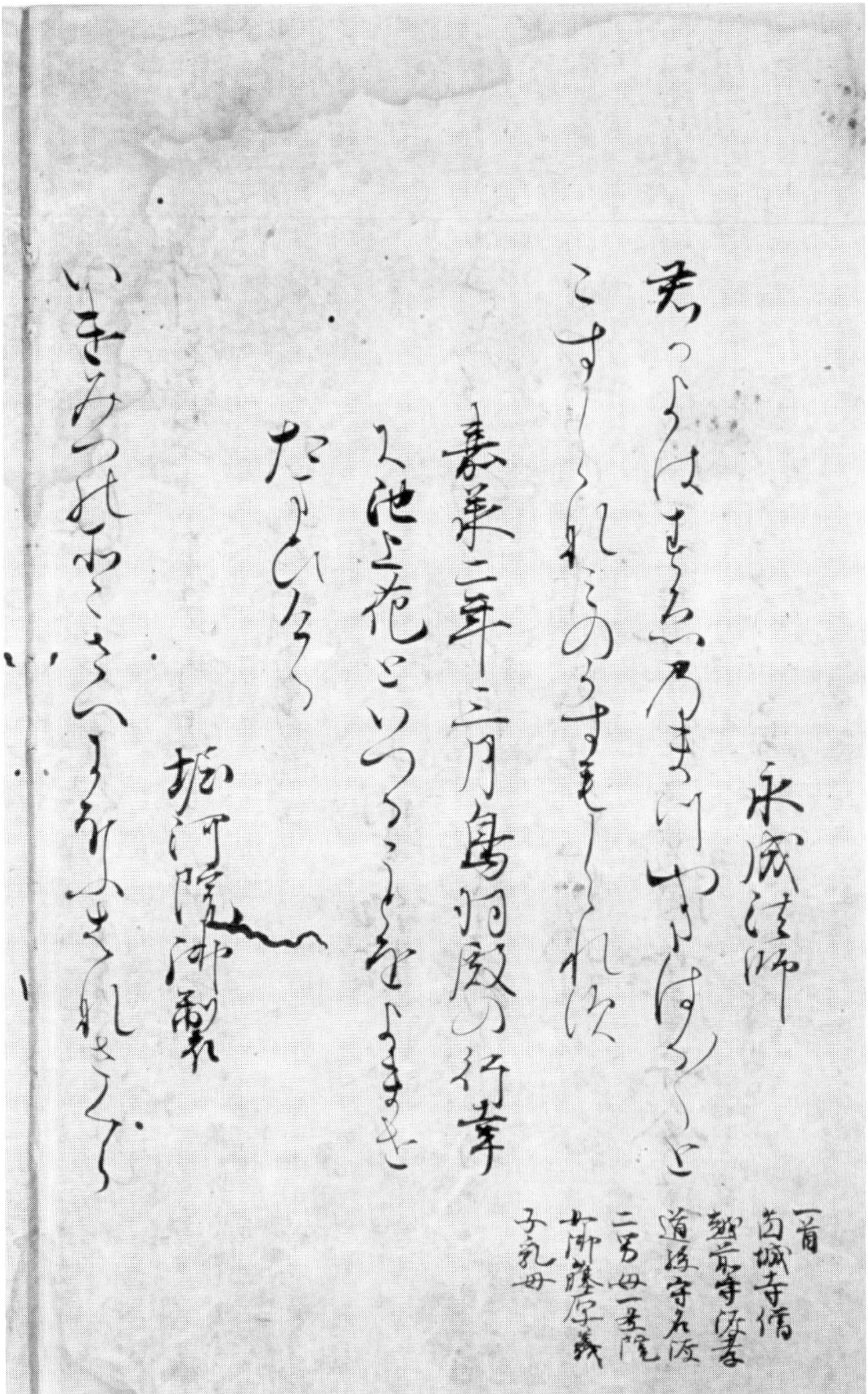
永成法師
君かよはすゑのまつやまはるはると
こすしらなみのかすもしられす
康和二年三月鳥羽殿の行幸
に池上花といふことをよませ
たまひける
堀河院御製
いけみつのそこさへにほふはなさくら

讃岐院御時也

みちとせもあしちよのはるまて

大嘗会主基方辰日参音聲に
川ある所をよめる
藤原行盛

せこえつき川にみのれうろこそて
なのゝきみよとちふるう道てき

悠紀方朝日郷をよめる
藤原敦光朝臣

同御時也同辰
日参入音聲
哥也

二宮　正四位上行
式部大輔右京
大夫従四位下兼
文章博士明衡男
母安房守平実
重女

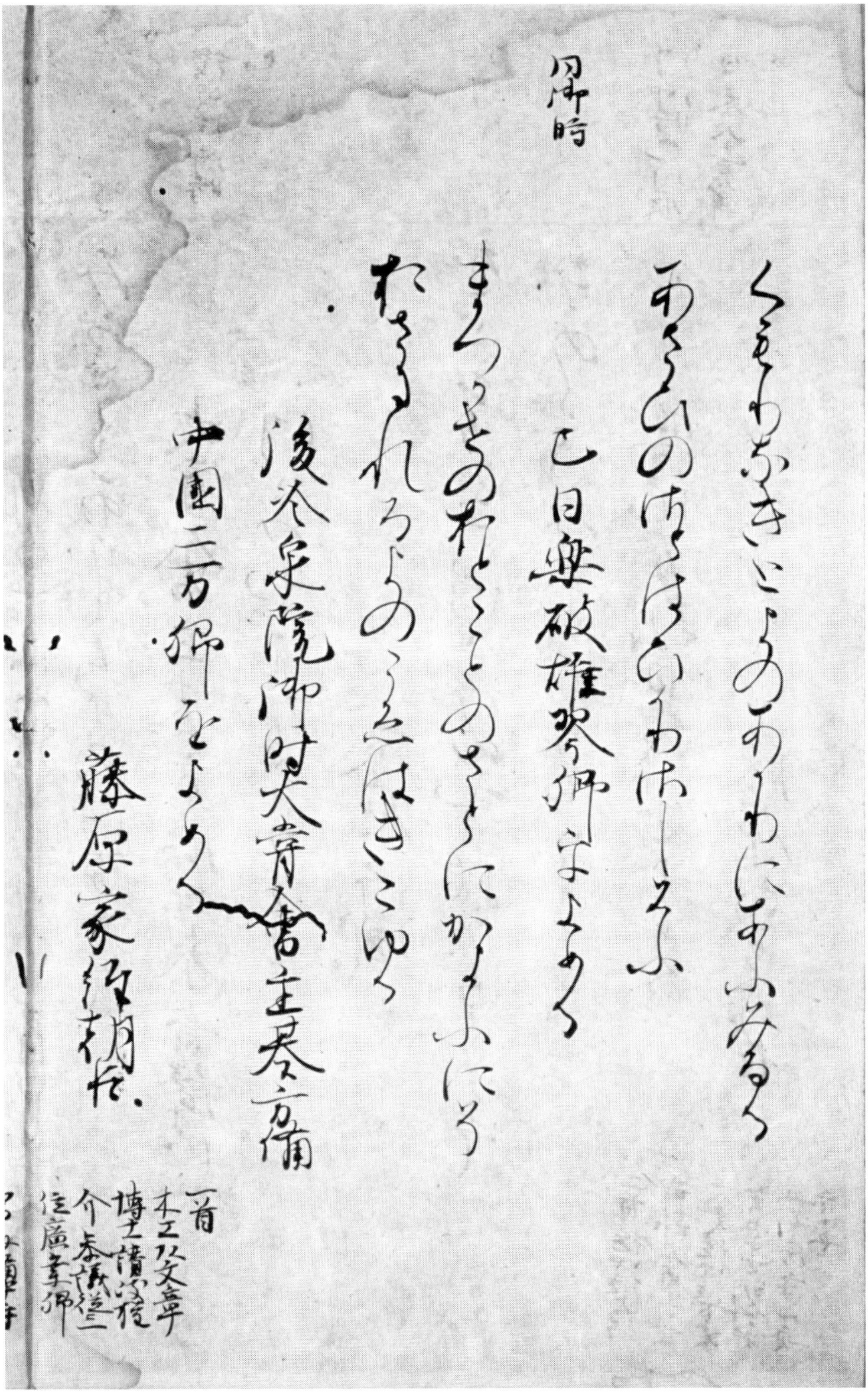

後冷泉院御時大嘗会主基方備中国二万郷をよめる

藤原家経朝臣

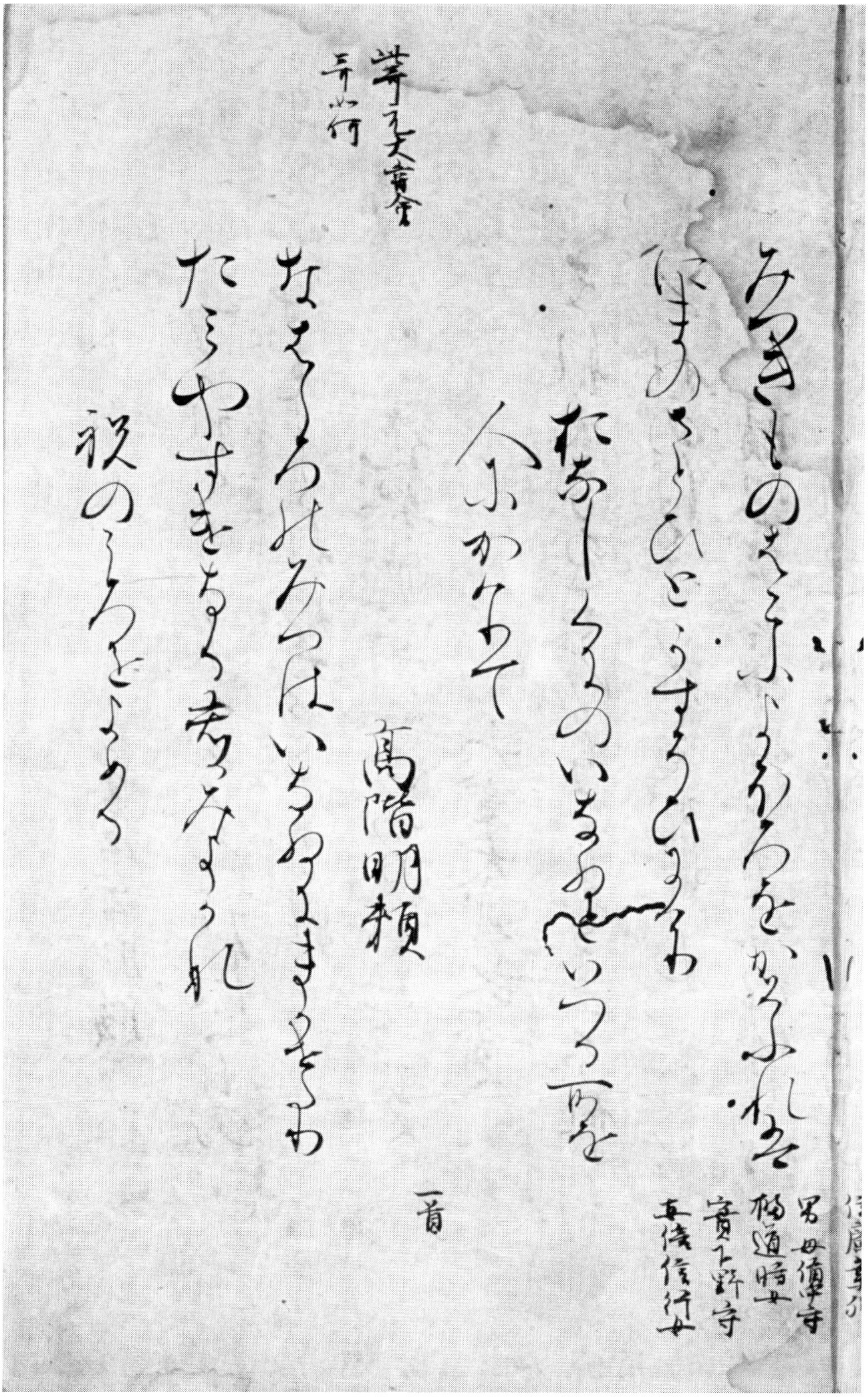
高階明頼
一首

皇后宮肥後

いつゝれくうせふくそしにたちわの
かすもしられぬ君かこよまれ

花見巡年といへることをよめる

大宰大貳長實

さしれもころかきゝみつちゝきさをすくふれし
それのはるゝいくつもかはらむ

堀河左大臣中將にて侍りけるに

春日祭のつかひにくたりて侍
けるに周防内侍のりしくるまに
てまかりけるに為隆行事
弁にて侍けるにとしをわ
く侍ける

周防内侍

いかはかり神もうれしとみかさやま
ふたはのまつのちよのけしきを

四三五　従下
仲子周防内
侍棟仲女母
加賀守従四
位上源正職
女後朱雀院
女房号小馬
内侍

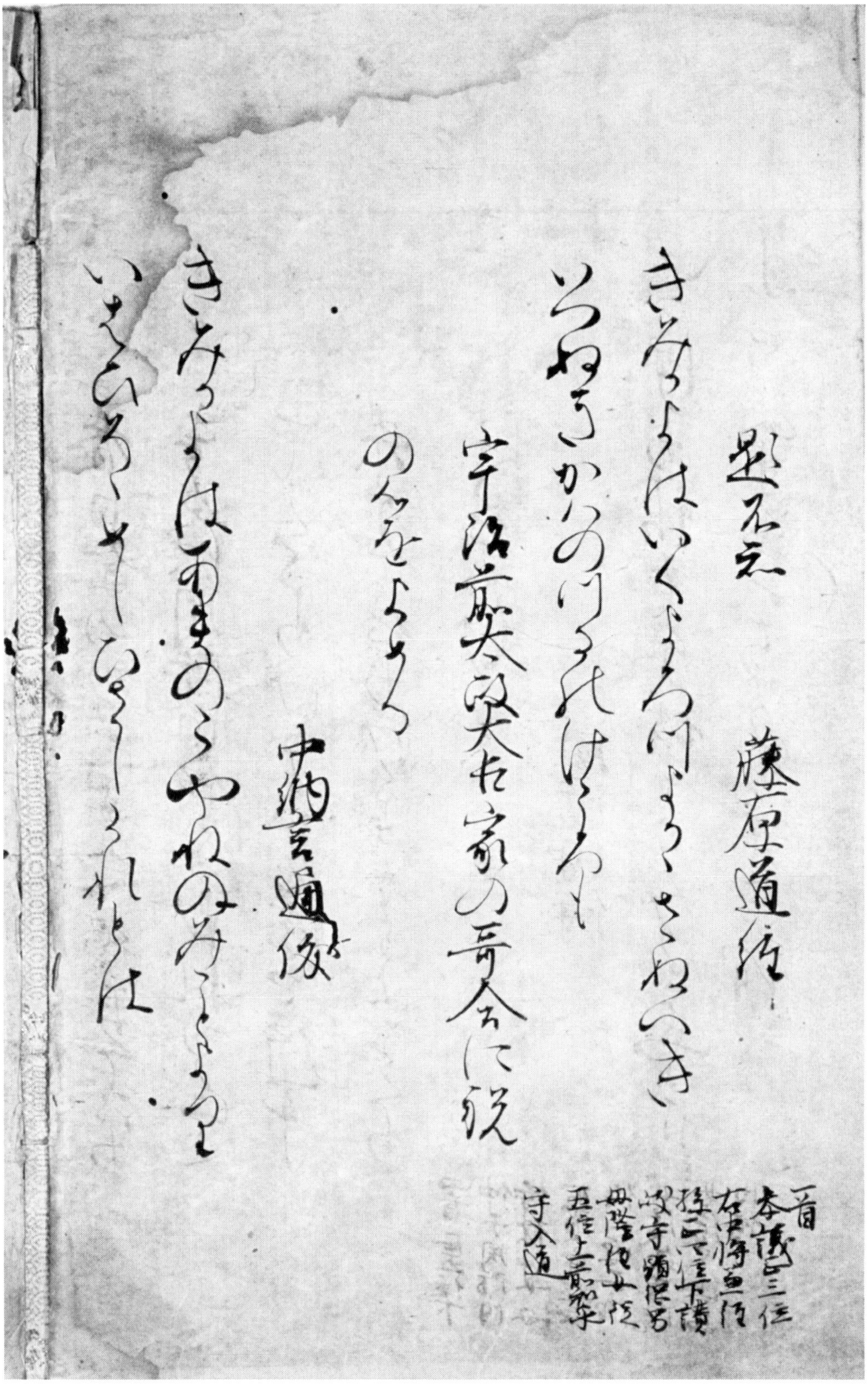

題不知　藤原道経

きみかよはいくよろつよかかさぬへき
いつぬきかはのつるのけころも

宇治前太政大臣家の哥合に祝
のこゝろをよめる

中納言通俊

きみかよはあまのこやねのみことより
いはひそそめしひさしかれとは

大蔵卿匡房

きみかよはかきりもあらしみかさやま

みねにあさひのさゝむかきりは

新院北面にて藤花久匂といふ

ことをよめる

大夫典侍

ふちなみはきみかちよのまつにこそ

かけてひさしくみるへかりけれ

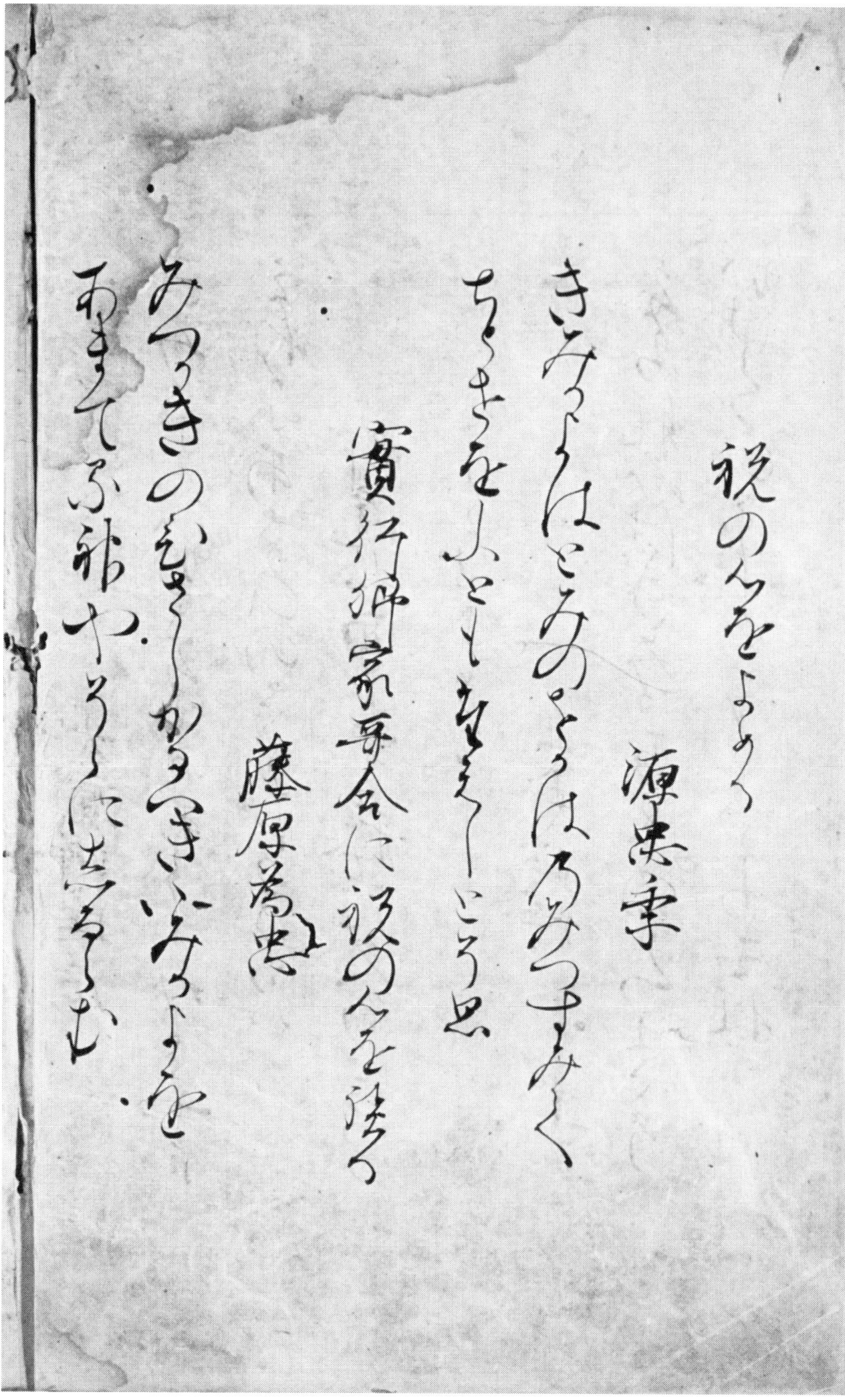

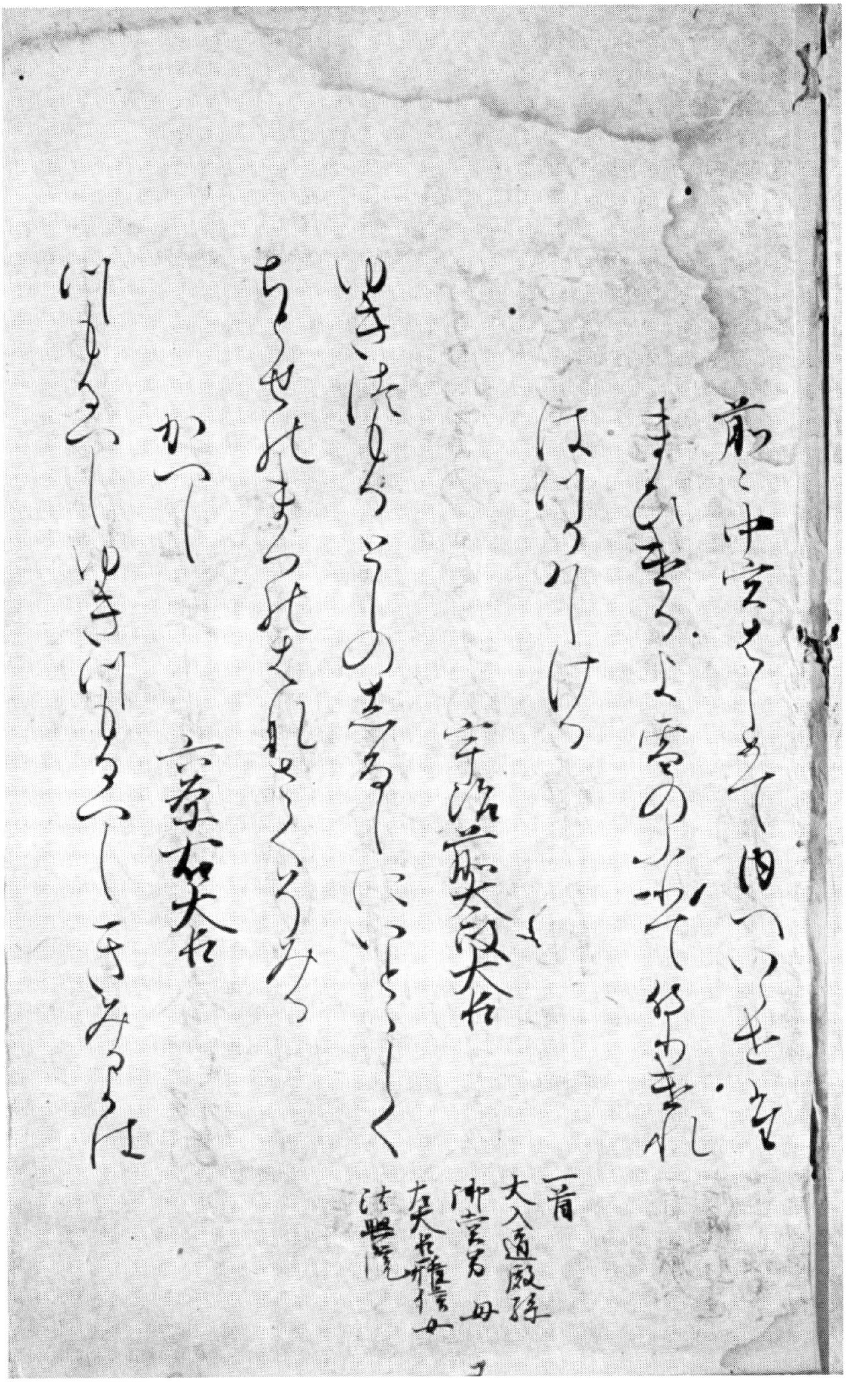

まつれもしさくちよにひさしくみるまて

天喜四年皇后宮哥合に祝の心をよませ給ひける

後冷泉院御製

なつやまのおほきのもとにかけまても
つきせぬみよのすゑそみえける

松上雪をよめる

源頼家朝臣

一首　諱親仁

一首　蔵人　前筑前守従
従五位下頼光と
男母従三位

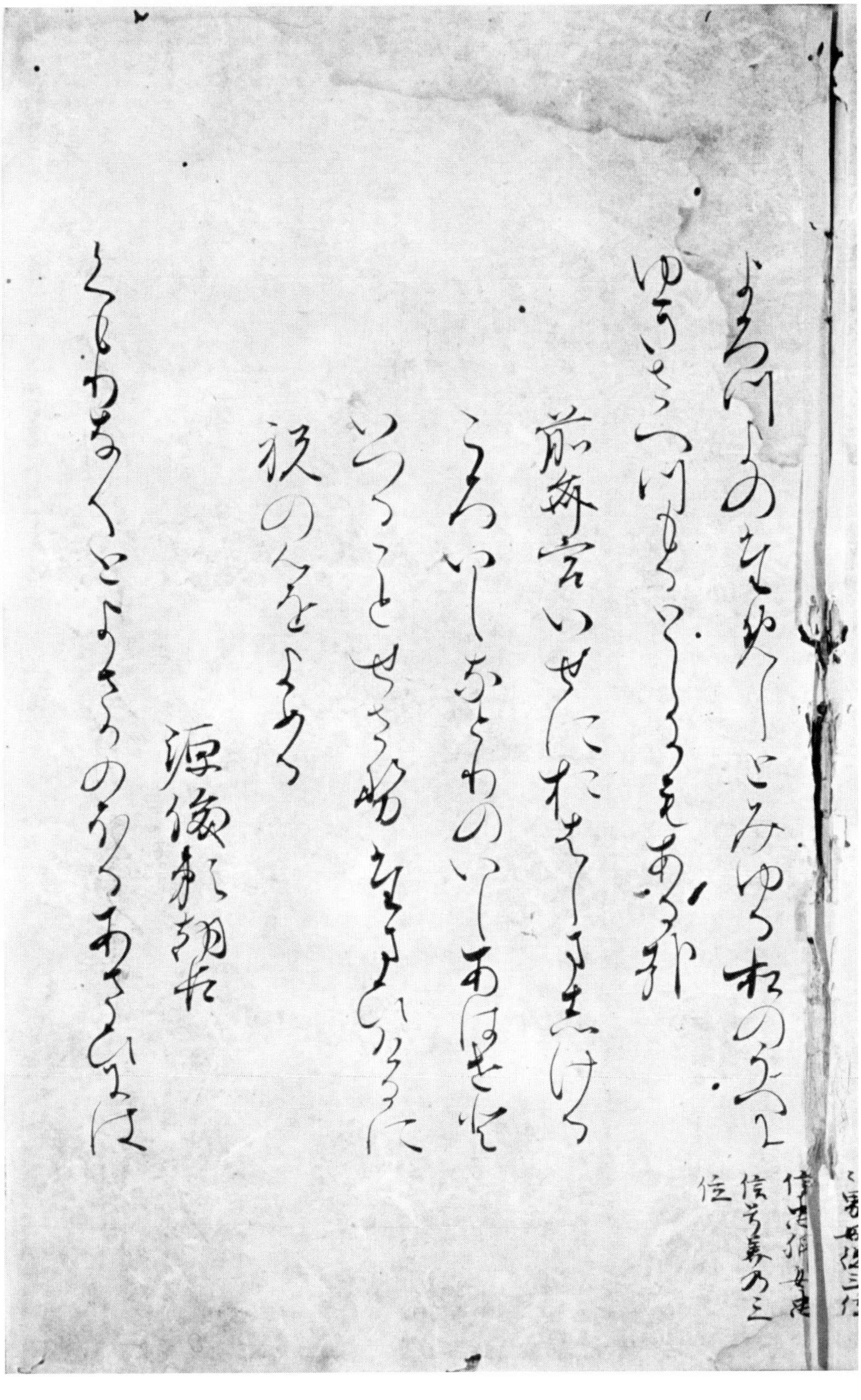

ゝ家女房三位

信忠卿女忠

信忠長女三位

よろつよのためしとみゆる松のうへに

ゆきさへつもるとしにもあるかな

前斎宮いせにはべりける

ころやしなとわのいしあはせに

ろくことせさせ給ひけるに

旅の心をよめる

源俊頼朝臣

くもはなくとよそのゆくあきをは

［下帖］

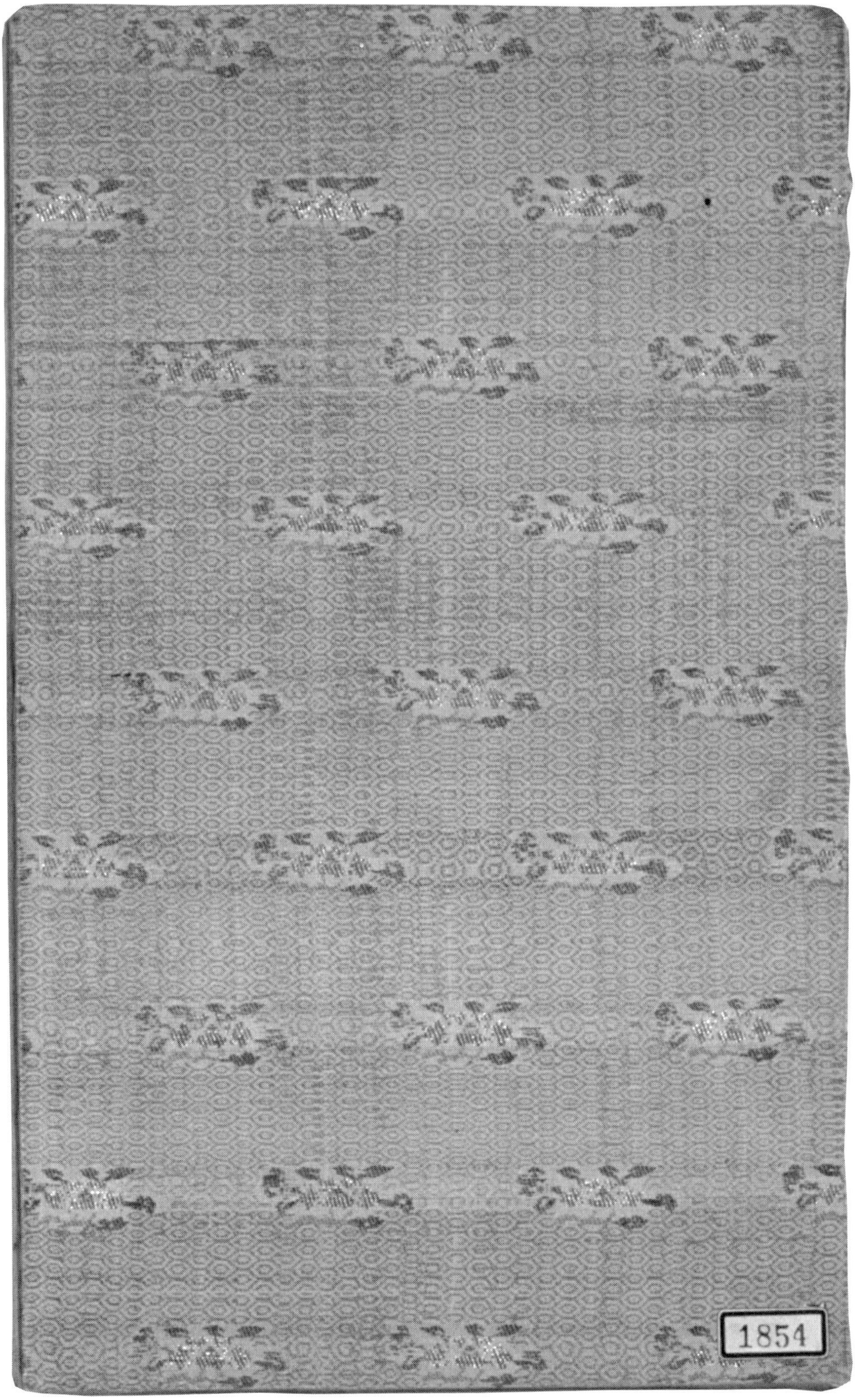
1854

1854

金葉和謌集巻第六

別離部

兼房朝臣丹後になりてくたり
けるにつかはしける

大納言経長

きみうしやはなのみやこのはなをみて
なはしろみつにいそくこころよ

かへし

藤原兼房朝臣

一首
右大臣源重信
孫中納言正二
位道方男

よをふかくなきこしるしにあれしかなわか
なこりをこそおもひしりける
重尹帥下向し侍けるころ人々
餞し侍けるときよめる
堀川右大臣
ふるきをおもひのわかれにふるさとも
こゝよかるふなてしたるわかれ
讀人不知

をくれゐてわかこひをれはしらくもの
たなひくやまをけふやこゆらむ
経輔卿いよへくたりけるに
ふくしてくたりけるにみちより
上東門院にさふらふ人のもと
つかはしける
前大宰大貳長房
かなしさのそてもひちはしわかれの風

たつねおきつるよをかさねけり
これを御覧してさしおきて
つきさせたまひける
上東門院
わかれちをけにいかはかりなけくらむ
きくひとさへそうつてはわれけり
二首　彰子
御堂入道女
源定之か大隅守にてくたりける
ふときき月のあかくてまかるよわり

月をみてよめる

源為成

拾遺集

はるかなるもろこしまでもをくれぬは

うらやましきは秋のよの月

對馬守にて小槻あきみちかく

だりけるときいひつかはしける

兵成朝臣妻

同集

おきつしまくもゐのきしをゆきかへり

式部明母長

源為政文章

博士従四位上

能登守従五

位上長経母

男外記

ふみつよそさもたまかへりしもえれ

家綱朝臣伊勢国へまかりくると
あかてそたちけるとき人々
餞しはへりけるによめる

参議師頼

いせのうみをのゝあゆえにくるはて
みやこのつとへうつれいさねよふ

源行宗朝臣

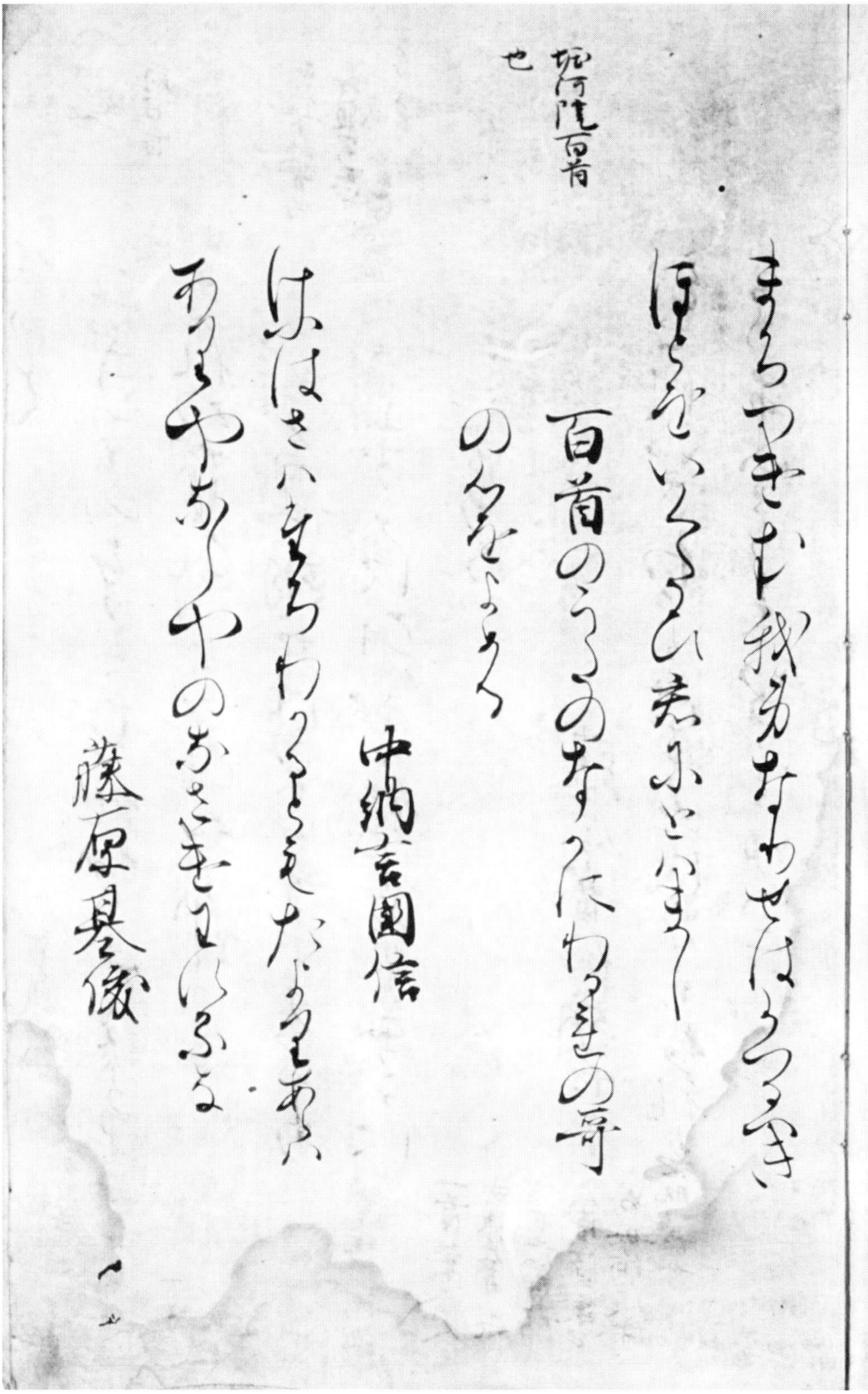
堀河院百首也
中納言国信
藤原基俊

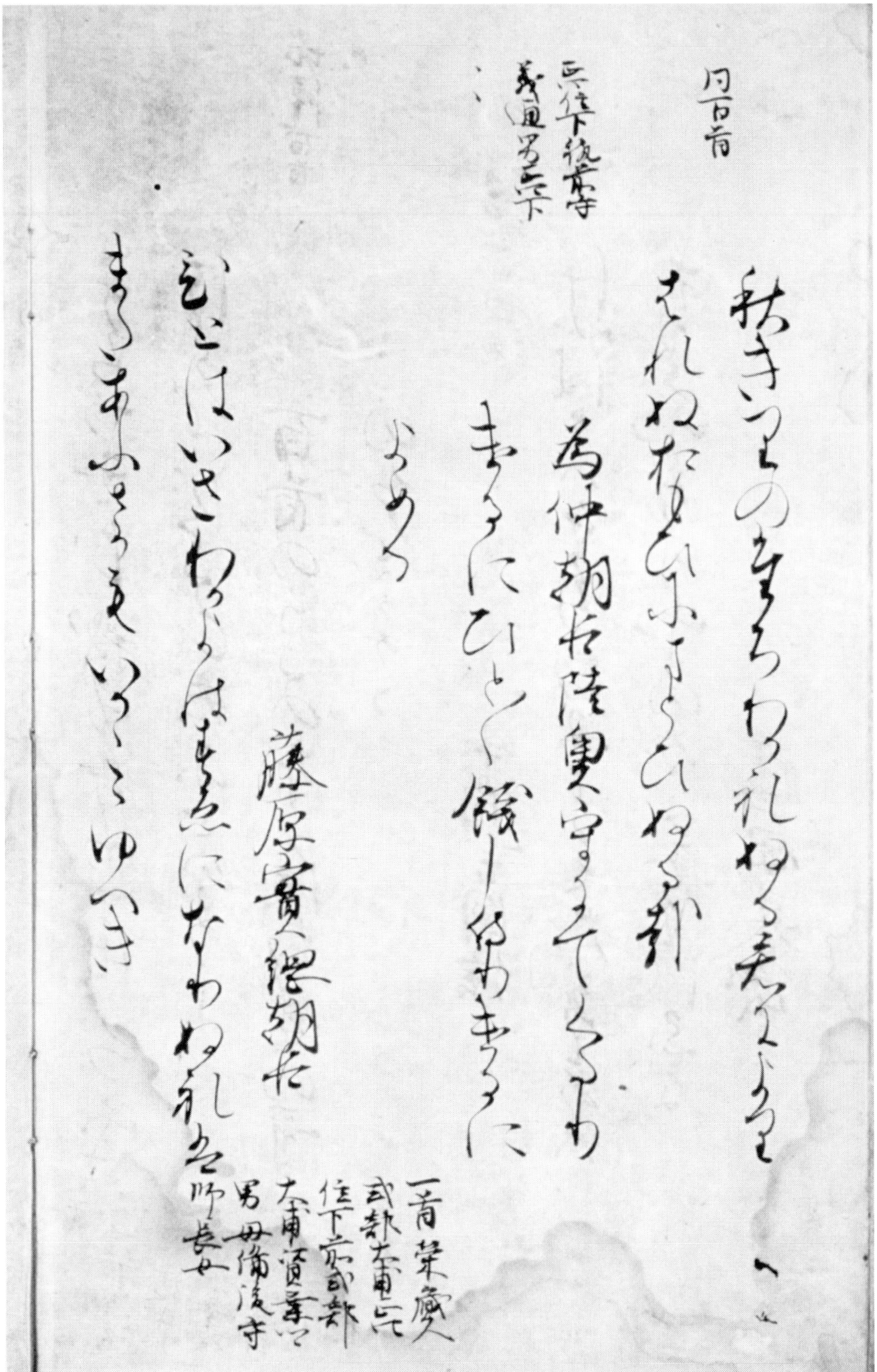
為仲朝臣陸奥守にてくだり
侍けるに人々餞し侍けるに
よめる
藤原実綱朝臣

藤原有貞

一首
従五位下信濃
守従三位卿
太宰大弐資業孫
正五位下式部
大輔實綱男
母備後守師
通朝臣女

こひしさはおもひしれ人にあらねども
みやこのしのふらんにいはれなき

經衡にくしてはくへまかりき
ふに大貳にての任へゆく

中納言通俊

けしのあるあさひのきみをなとひらん
まふくかせ我をまちくらん
し

かへし　　春宮大夫公實

すさひとも見えしものからはしたかの
きみをまするかへきしられは

みちのくにまかりけるになこその
せきよりみやこへつかはしける

橘則光朝臣

一首　藏人　陸奥守從五位上　駿河守敏政男

我ひとりいそくとおもひしあつまちに
かきねのむめはさきたちにけり

金葉和謌集巻第七

戀部上

五月五日にはしめて女のもとへつかは
しける

小一条院

きつらさわけにそてかぬれてあやめ草
かくこそひちにおひしものとは
をむなのかりつかはしける

一首
諱敦明三条
院皇子立太
子院号

大江匡房朝臣

志のすゝきうはゝにすくさゝかにの
いかさまにせはひとなひきなむ

暁恋をよめる

神祇伯顕仲

さわこともねよふるきぬよはしのゝめに
うちとけぬまもふかわかれしきかな
何道なかわけくもしのゝめのわかれ

かへしける

春宮大夫公實

これにしくなさけはなきをかくさまて
をしまるゝはいふかひもなや

顕季卿の家にて人々恋のこゝろ
よみ侍ける

藤原顕輔朝臣

あふとみしうつゝのかひはなけれとも
く

詩序之時後頼
感歎よろこひつゝ
かしハリ字点
全也後頼寄
ハらひニ升コツ
ヨアミしかトぇ

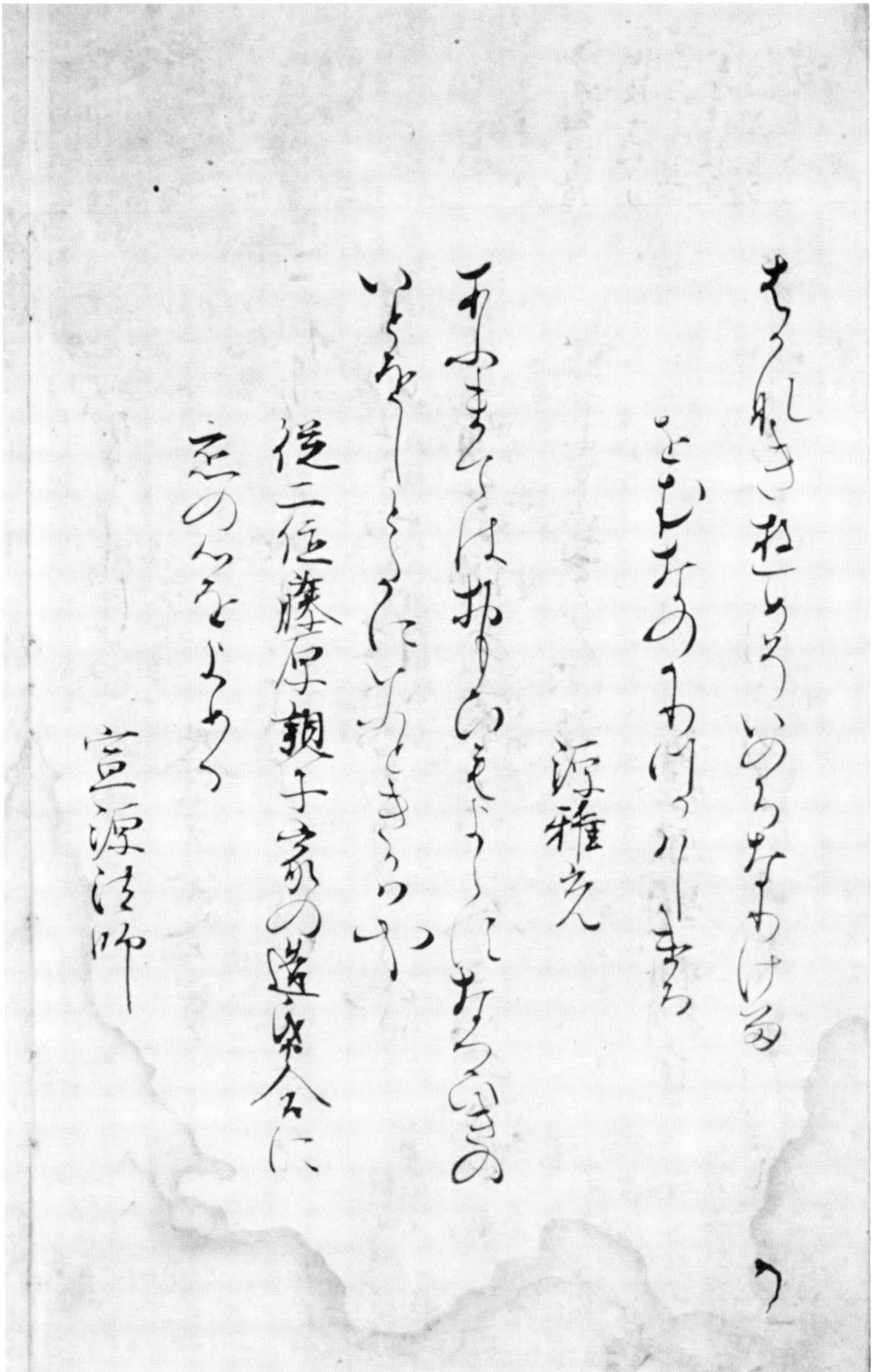

もらしきねさめといのちなかりける
ととまるのあはれかける
源雅光
あふまてはおもひもよらしなつひきの
いとほしとたにいふときかはや
従二位藤原親子家の草合に
恋の心をよめる
宣源法師

暗昔雅之
不被合入ハ
イカントモ云
ツキトモ云

つまはなしわすれぬいをそうしてもなく
なつきこそのゆかむをしらんを

大宰大貮長實

松ひさせものうらみてねるよの
うきしくさてにかくさみつを
きのやけしひとのかみなつきこと
てみたるなさくしあく

津守國基

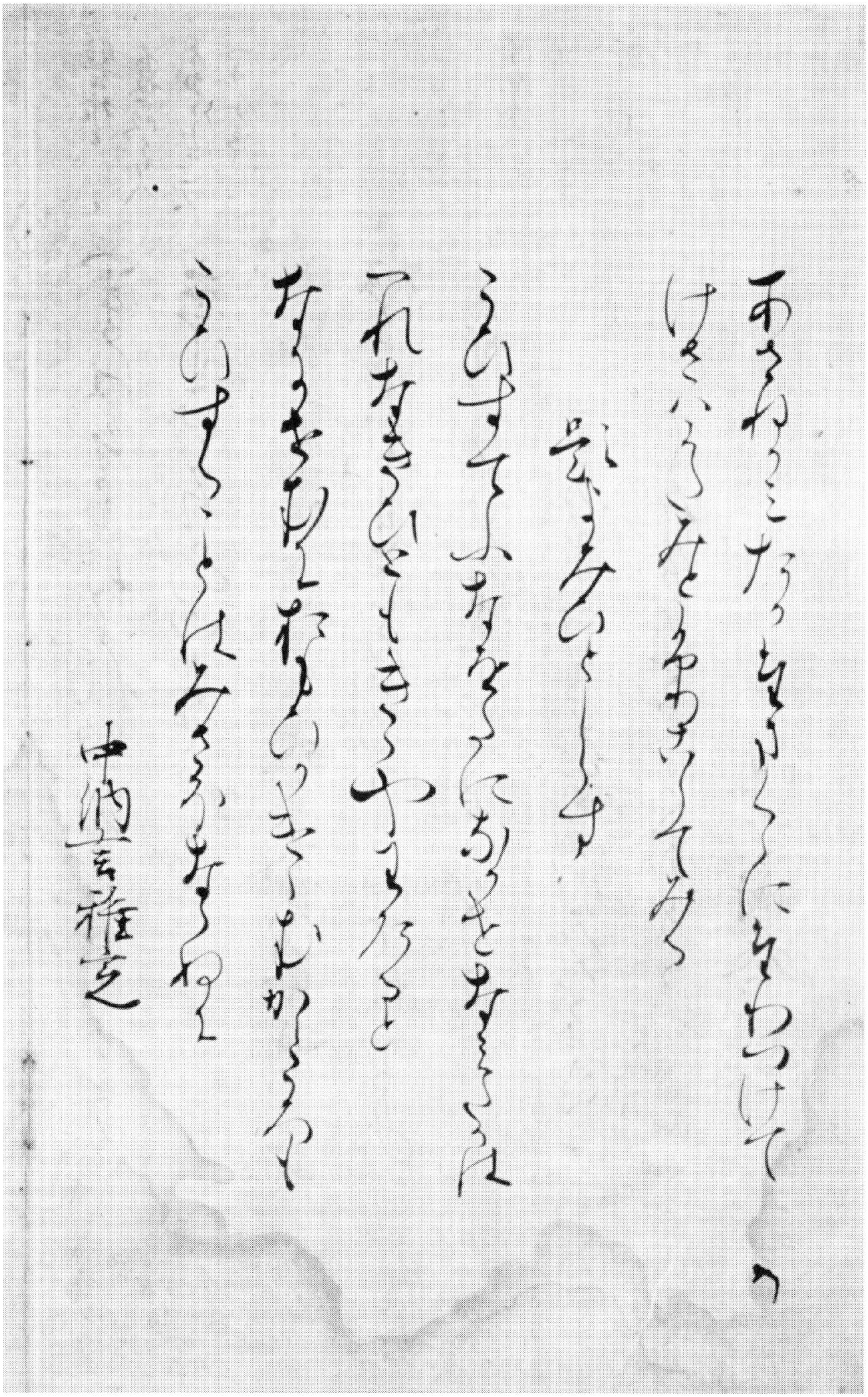
あさねかみたれかたまくらにたわつけて
けさはかたみとふりこしてみる
題しらず
こひすてふなをたになかせなみたかは
つれなきひともききやわたると
なつのきもしをれ[illegible]
こひすとは[illegible]
中納言雅定

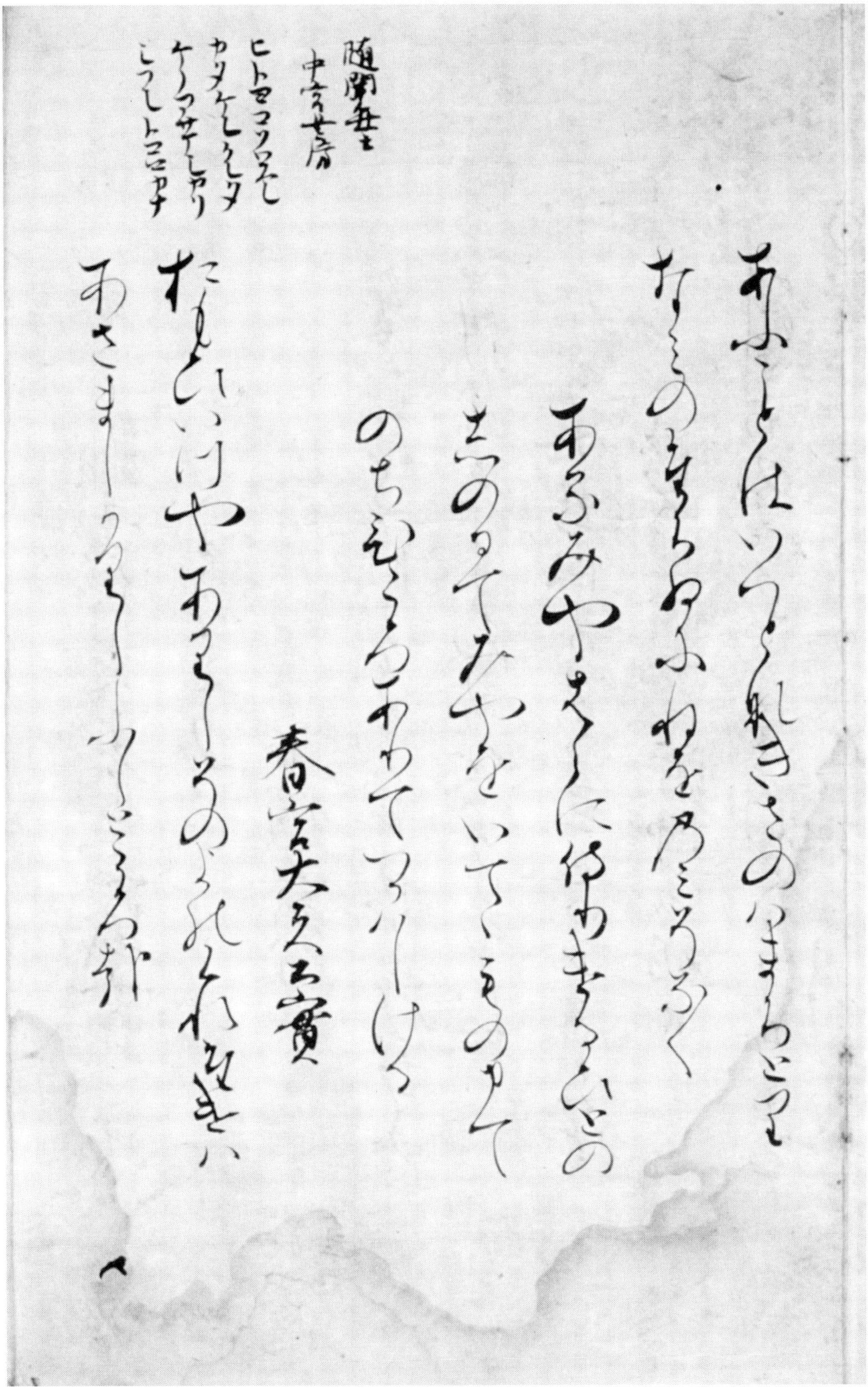

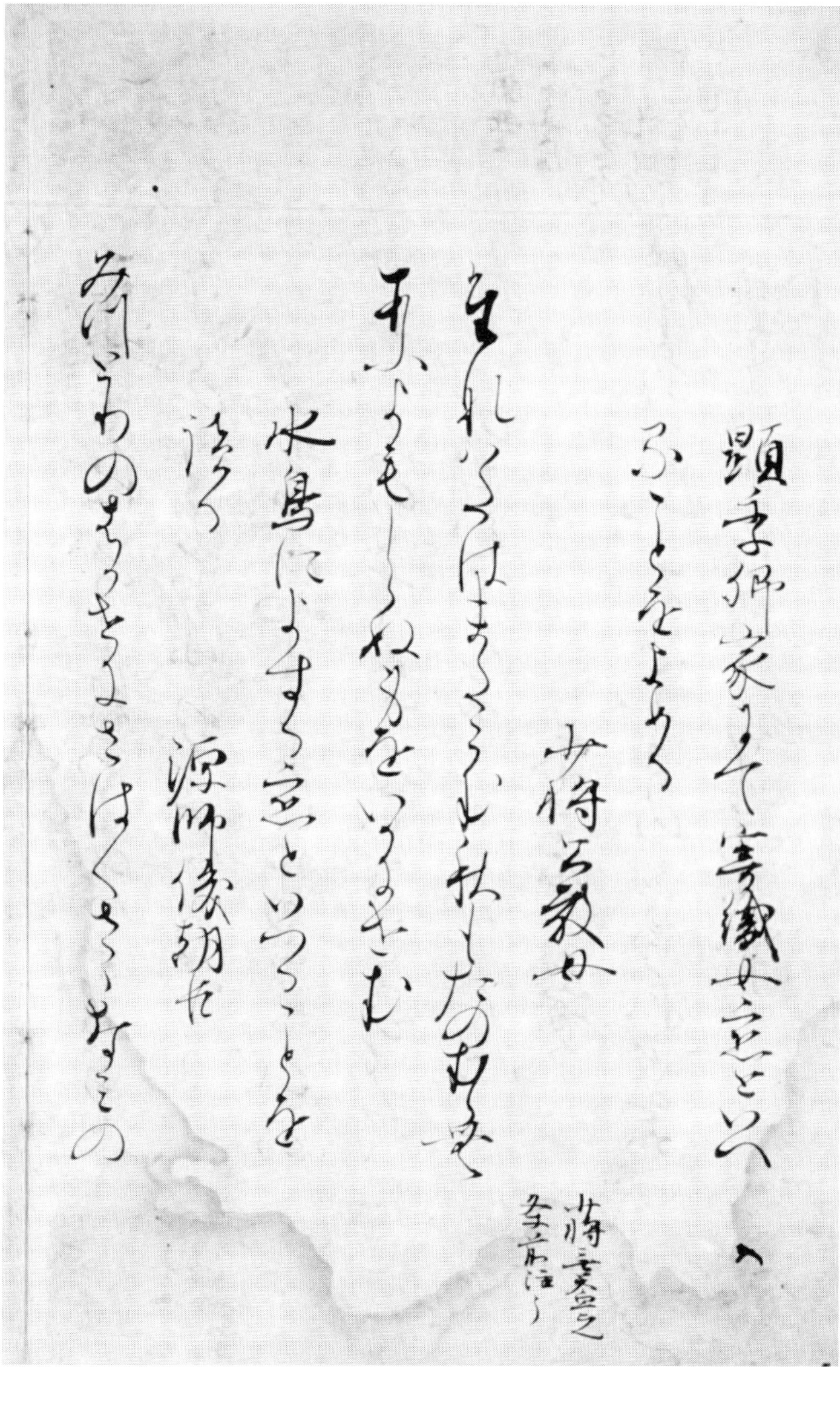
顕季卿家にて寄織女恋といへ
ふことをよめる
少将公教母
水鳥によする恋といふことを
よめる
源師俊朝臣

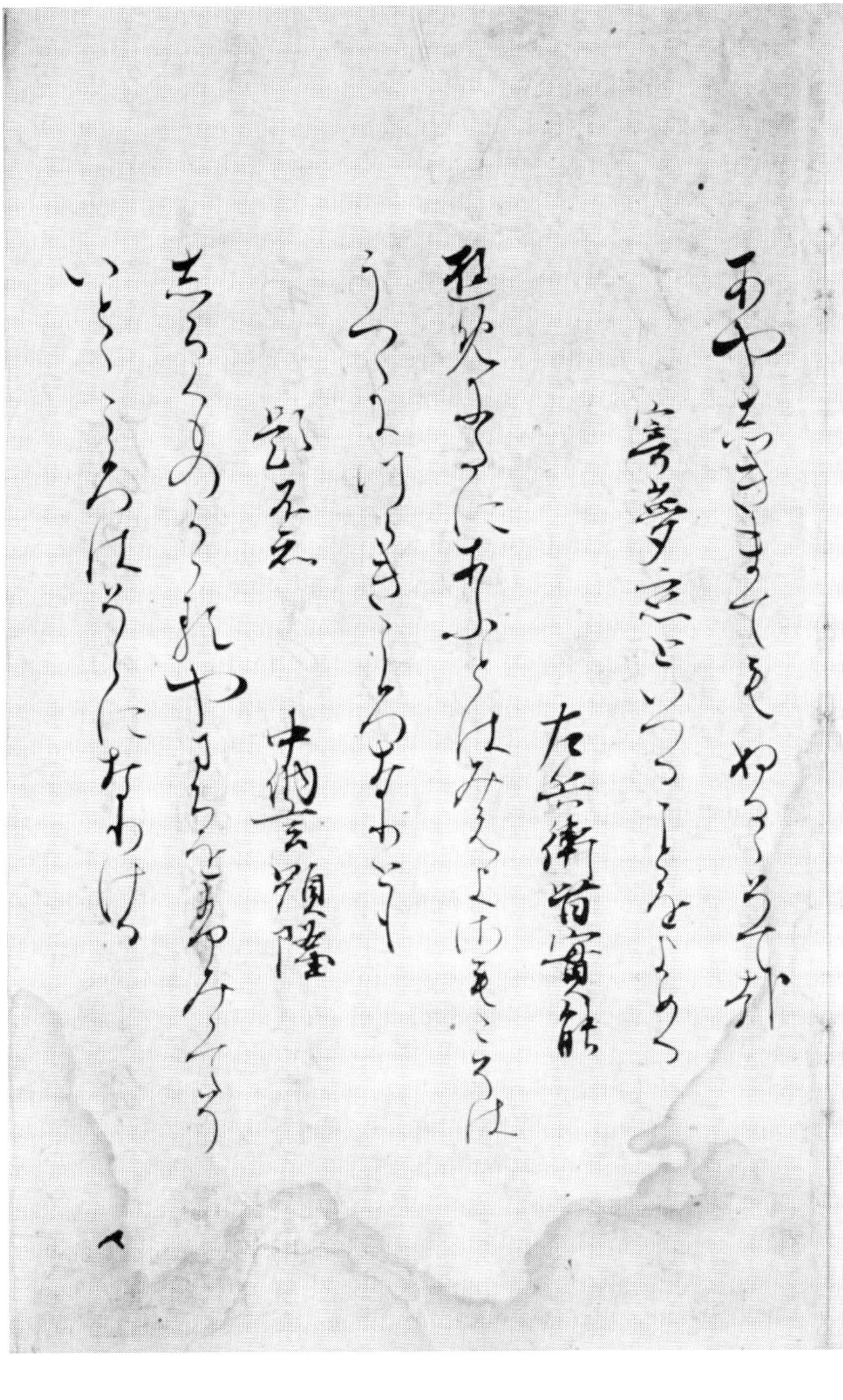
寄夢恋といへることをよめる
左兵衛督実能
題不知
中納言顕隆

署右大臣顕房孫中納言国信男

たのめてあはすといつはりしをとく　入
めれ　　　源顕国朝臣
あもみなしとをのむれしくすれしてわ
はやいつたちかへるへき
忍恋のこゝろをよめる
中納言實行
たにかはのうへはこのはにうつもれて
したになかるとひとしるらめや

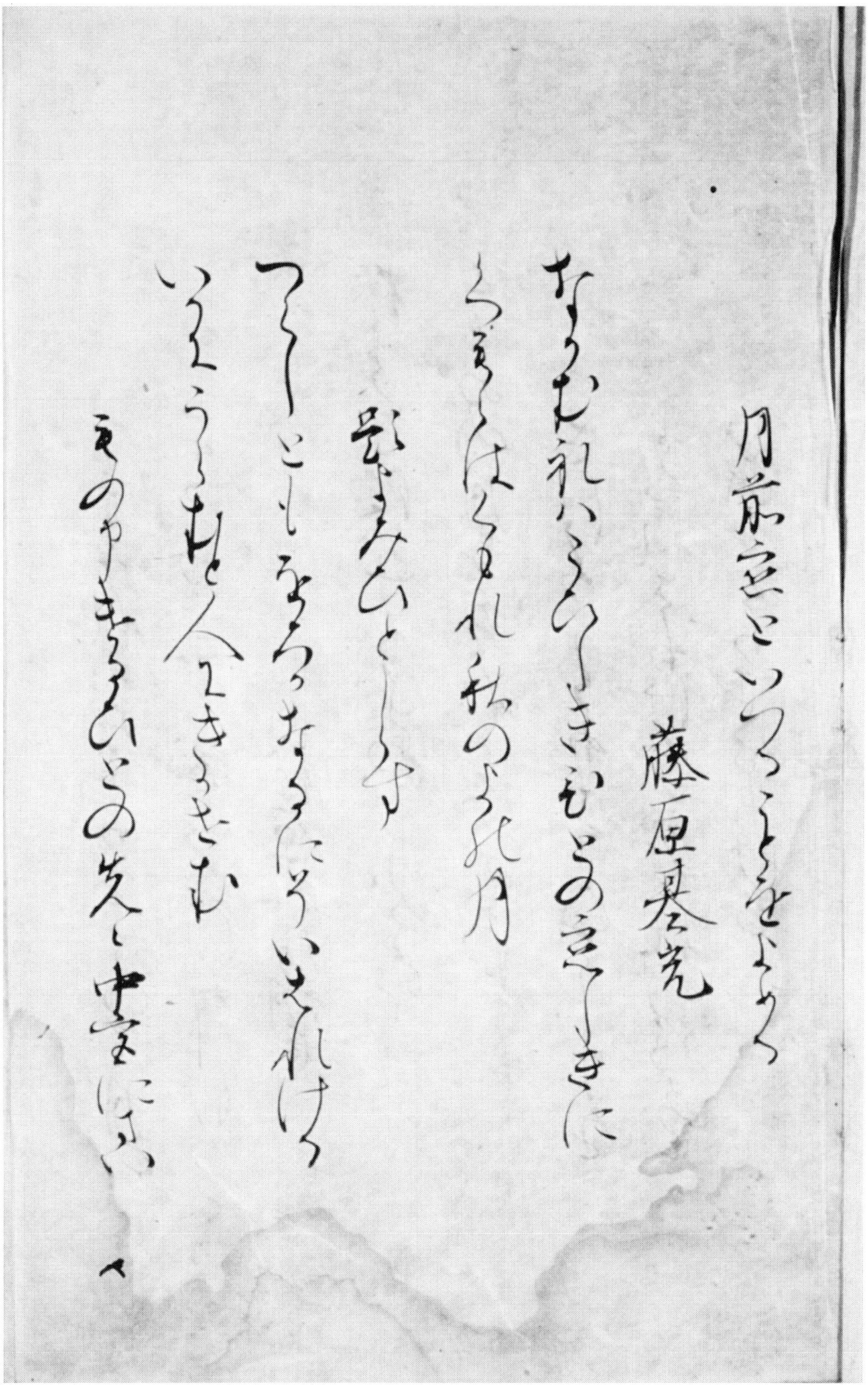
月前恋といふことをよめる
藤原基光
なかむれはこひしき人のこひしきに
くもらはくもれ秋のよの月
題よみひとしらす

あまられハみなともとめて月の
かつらきるきみにとひけり
藤原知房朝臣
なかきよはかすむるねやにふるしくれ
くもゐの月をそれとみるらむ
さけちらしあはてそなさしうきを
とられさわけるそてのつゆをも
いとなくもわけてやわけける

讀人不知

あさましやなとうきさまをゆるしかくさ
さころはあまのまくらなりとも
ふみわたるともそいひなきにき
ふひふみもへけりけり

奥右家実通

ふところをなにかくしけむふみの
みそのすゑひをいてみをきむ

三首
蔵人所雑色之
能女

實行卿家哥合に恋の心を詠

長實卿母

ちるらめやよものつきもしらまにて
つれなきひとをこひわたるとは

藤原道経

恋しさをふかくこめてやなかれいて
なかれかはのみをきえぬらむ

少将公教母

なかれてのなにそたちぬるみなせかは
ひとめつゝみをせきしあへねは
　　　　　　　　皇后宮右衛門佐
なきなにはたてのゐせきもくちななむ
よしむもれきのいとするかな
　　　　　　　　源顕国朝臣
かくとたにまたいはしろのむすひまつ
むすほゝれたるわかこゝろかな

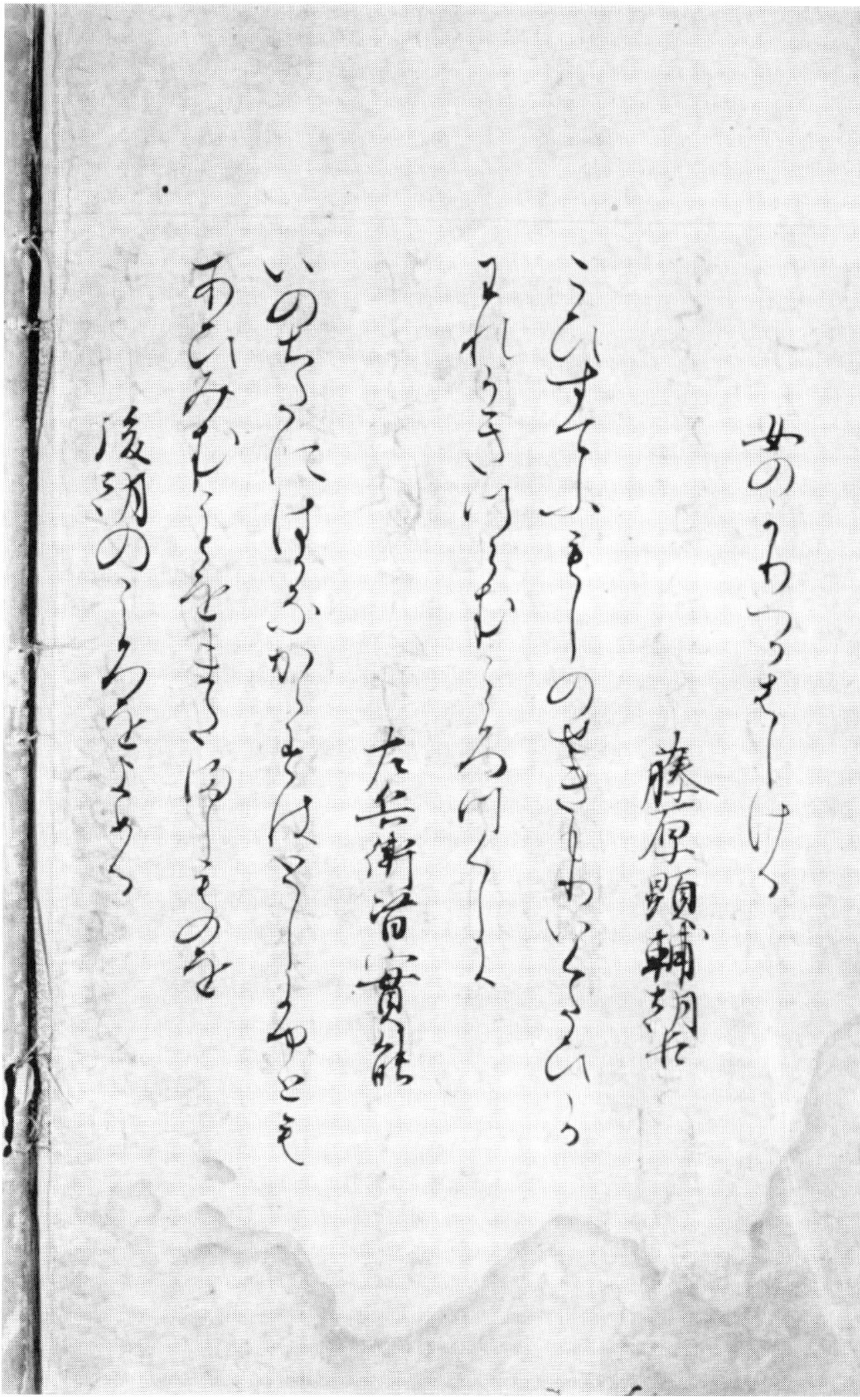
藤原顕輔朝臣
左兵衛督実能

源行宗朝臣

はらわしゝるなゝにふかみそても
なをゆめつところうさされけく

堀河院御時艶書合によめる

春宮大夫公実

なをひすかはいそてもしられなくやまの
いはまをくゝるたにのしたみつ

恋のこゝろをよめる

藤原顕輔朝臣

うしかれと人もまさらぬわかこひや
くろきのやまのたきのたえまなき
あふまじき人をおもひそめてく
めく　　よみ人しらず
いつまでもむなしきわかよしりつゝて
はかなくてはわかれなきまを
院のくものうへいとまなく

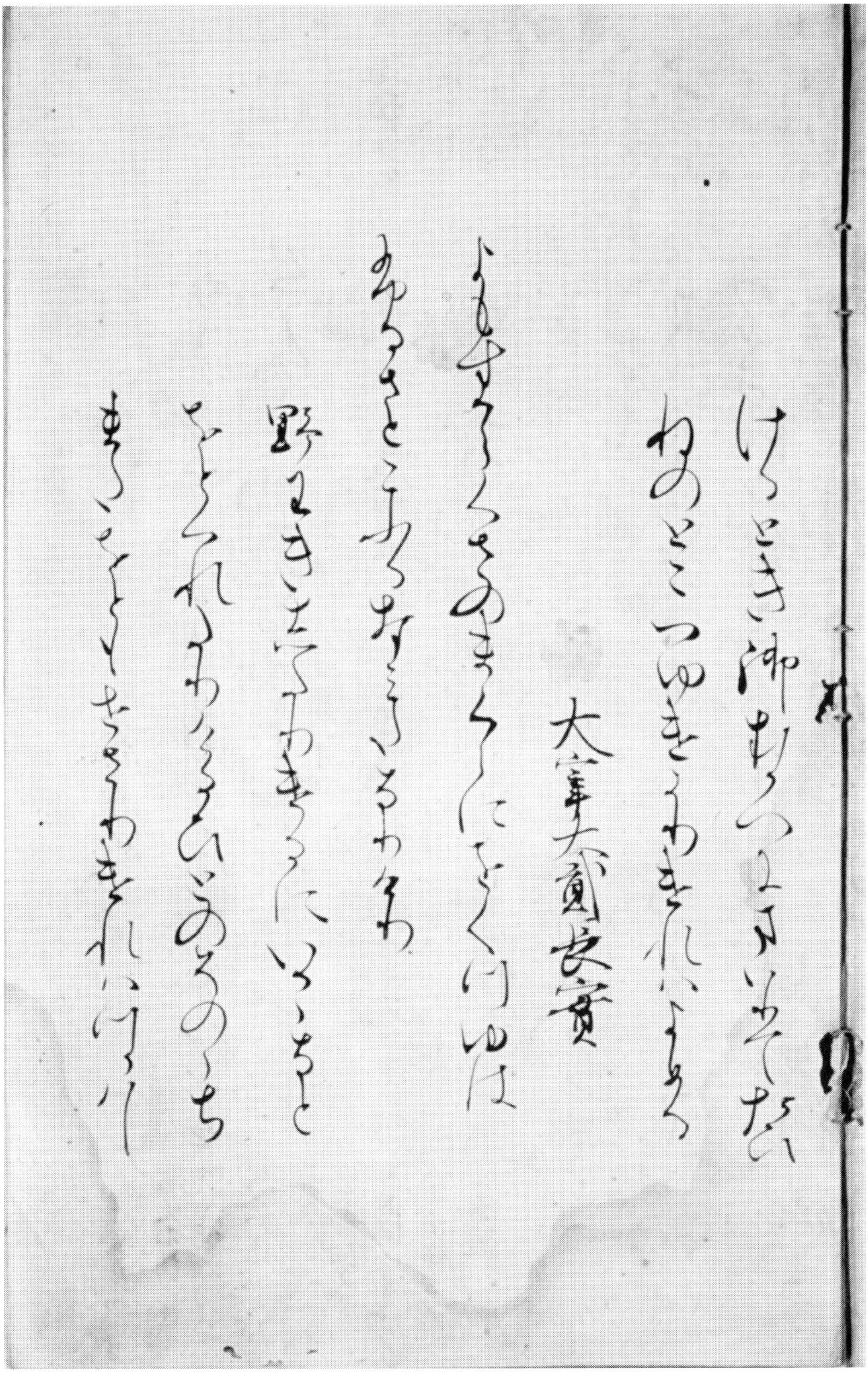

けり　　　　さかみ

あらはしきものゝちかひはたえぬへき
くれにすくいそやもあらなむ

三首
入道一品宮女房　父不詳　不知氏祖之由　見家集　母前能登守康俊女　云々　為相模守為盛妻　仍号相模　侍従

国信卿家の哥合に夜恋のこゝろ
よめる

散木集ニ
夜恋ニ

源俊頼朝臣

よとゝもにたまちるとこのすかまくら
みせはや人によはのけしきを

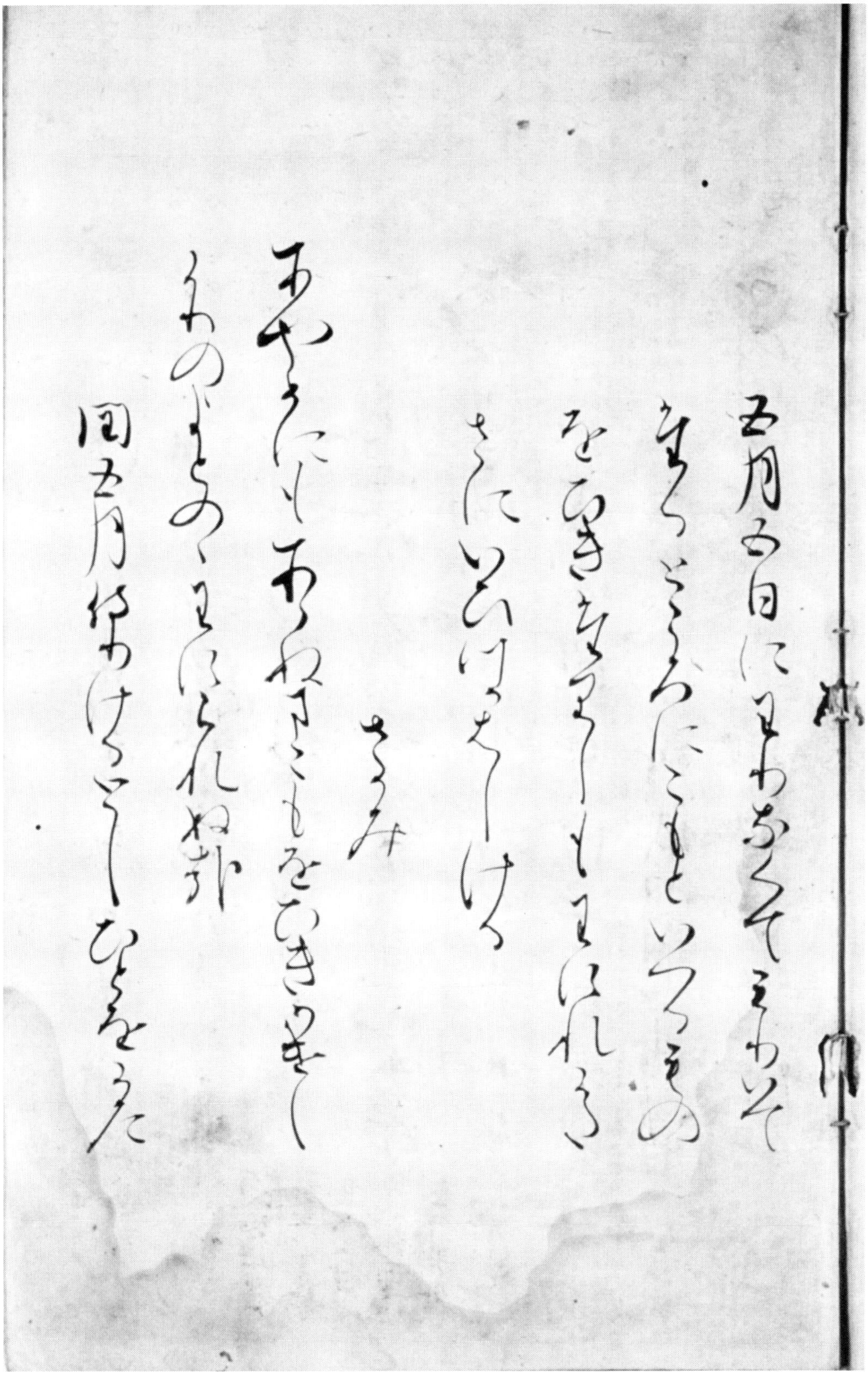

ちかけることのこれも月すきてと
まきらしかねしよふ
藤季通
なるうへくうらみちにたちてあやめ草
あまのかはなみにくさ月なかれけむ
むとのかはゝけゝ

一首
前駿河守従
五位下隆寄
従下従上則之
三男母因幡
守行平女

神祇伯顕仲
そのかみよみしほとのさかりには

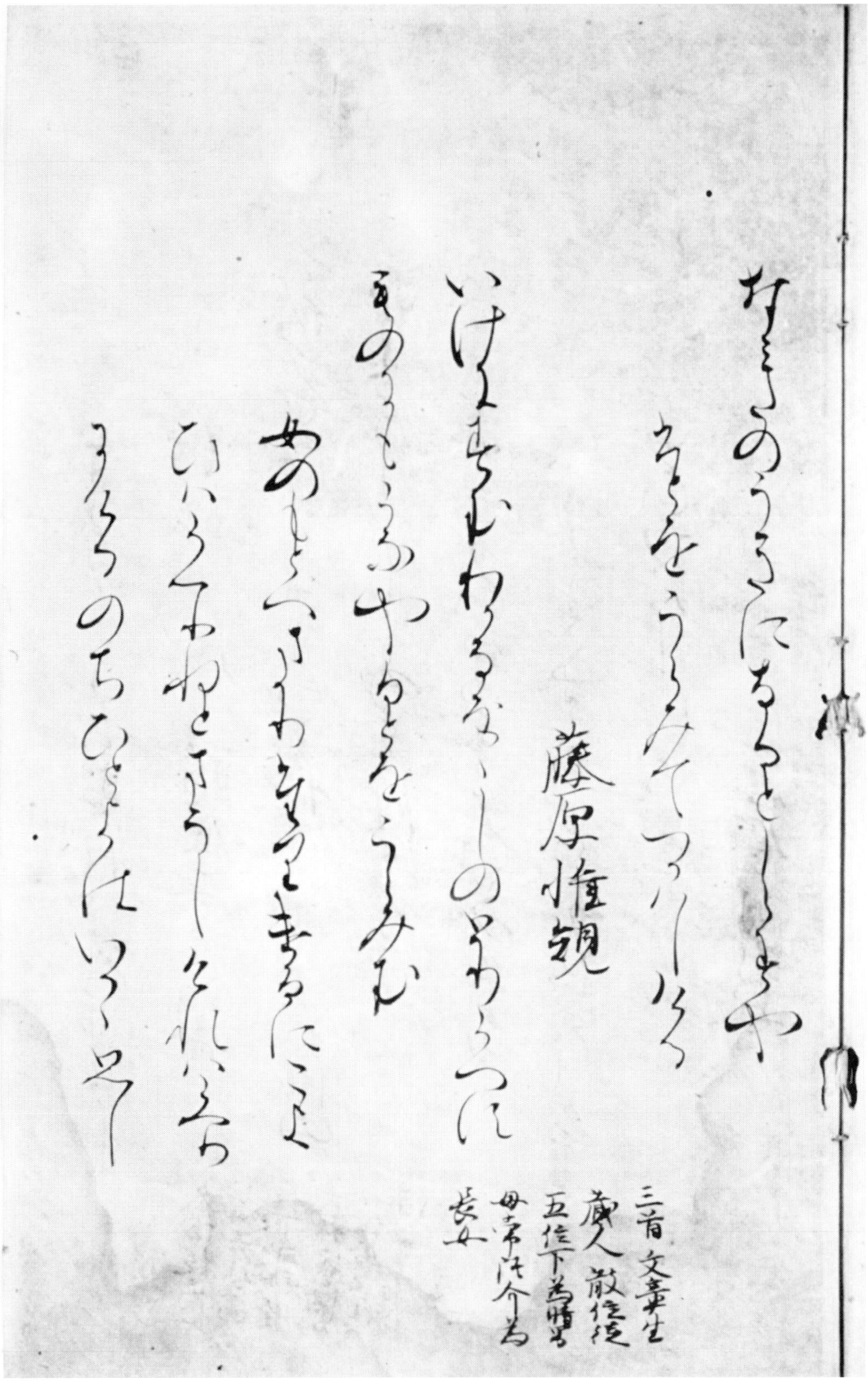
藤原惟規
三首 文章生
蔵人 散位従
五位下為時男
母常陸介為
長女

いまゝらしふわきれいのちなり
けり

藤原正家朝臣

秋のせにのきつされてくるれはの
いまらみしのまちはとる

一首
参議従三位
廣業卿四
位下式部権
大輔家経男
母但馬守能
通女

かつこひやかきこひのあふころ
いまさきすくしとあやきれしを
をひつりけり

藤原有教母

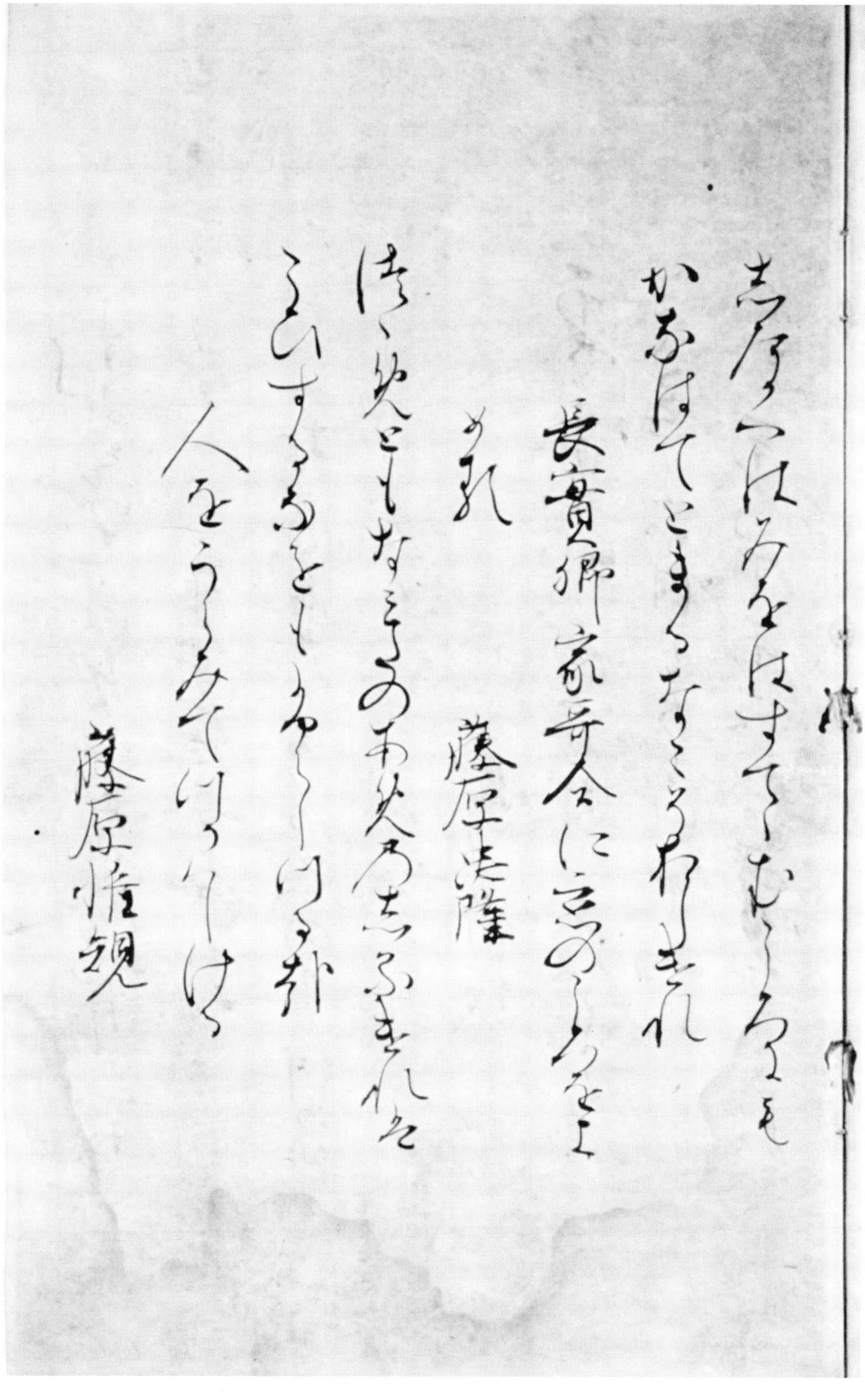

さすかにさはなれぬなみのこりてか
うらみてもなをたのまるゝ哉
なきなたちける人のかはりて
しける

前斎宮内侍

あさましやあふせもしらぬなみたかは
まつそとはいはれこひしてや
あひてあはぬなきなのたつをよそあれ

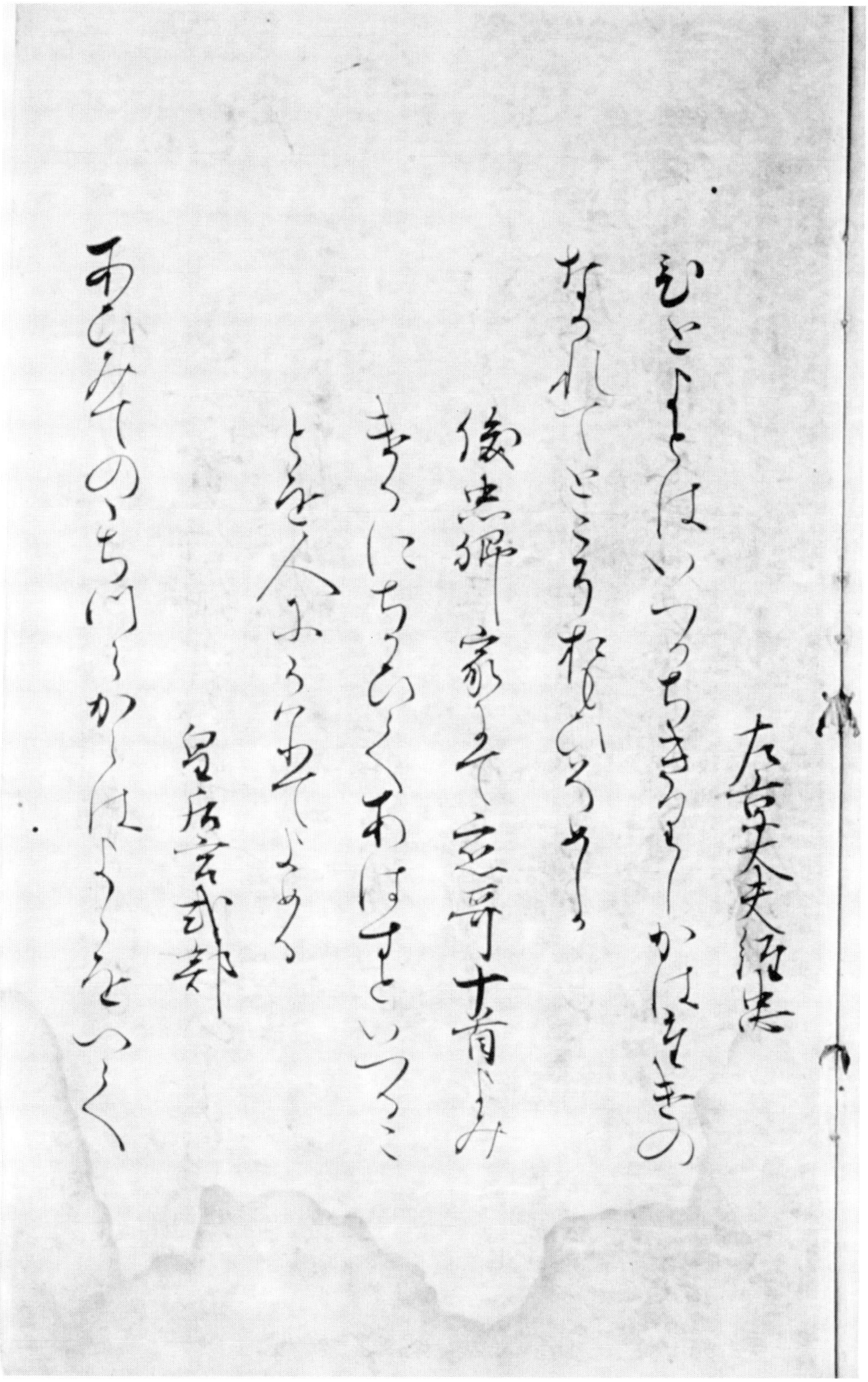
左京大夫經忠
むかしよりいつちきゝしかはそきの
なかれてところなくもあるかな
俊忠卿家にて連哥十首よみ
侍けるにちるもみちはといふこ
とを人にかはりてよめる
皇后宮式部
あらみそのちゝかはらをつく

これ[し]やわかあさくらのてとはな

實行卿家の哥合に恋のこゝろ
をよめる

源俊頼朝臣

いつとなく[し]こひにこかるゝわかみより
たつやあさまのけふりなるらむ

恋哥とてよめる

藤原成通朝臣

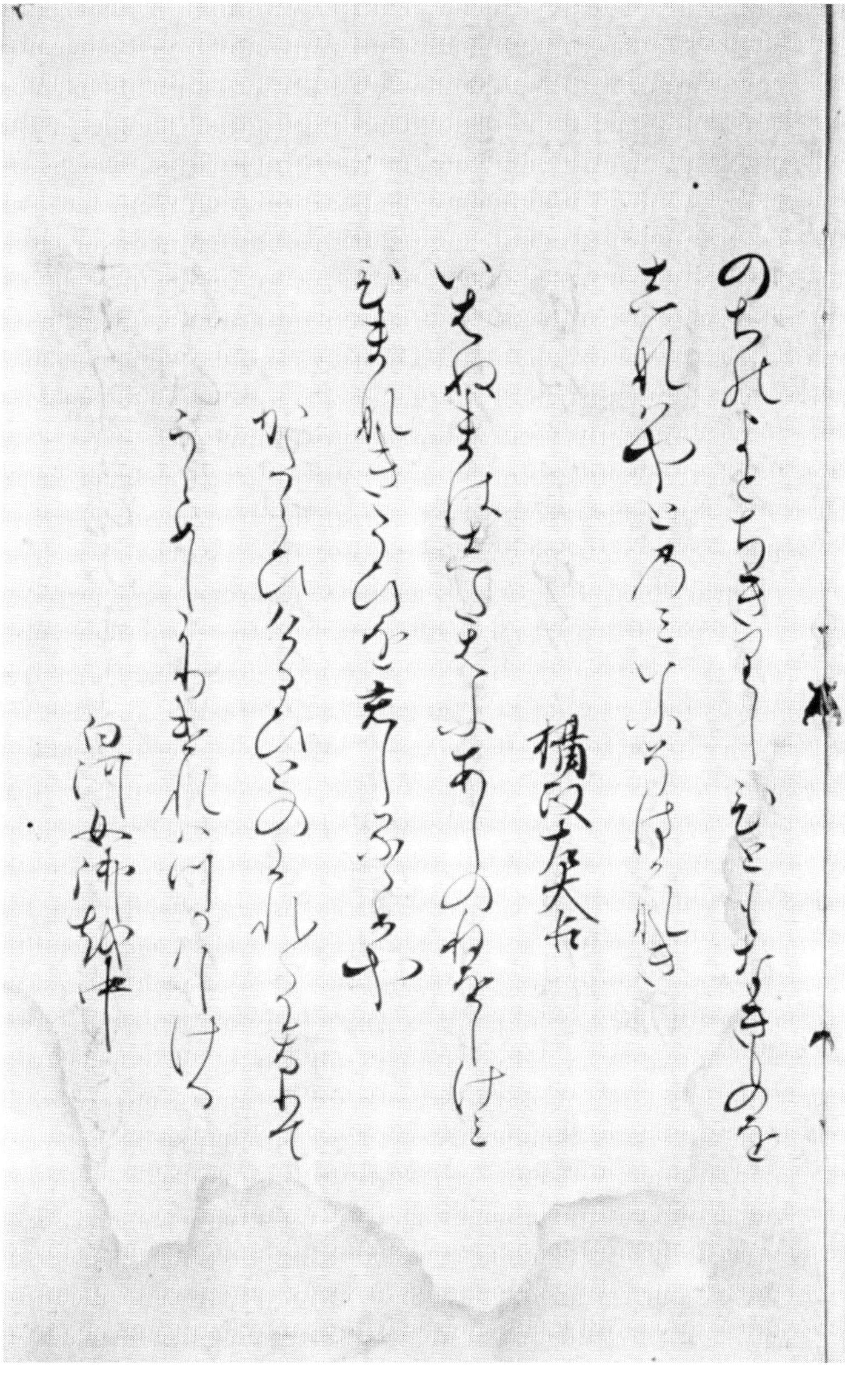

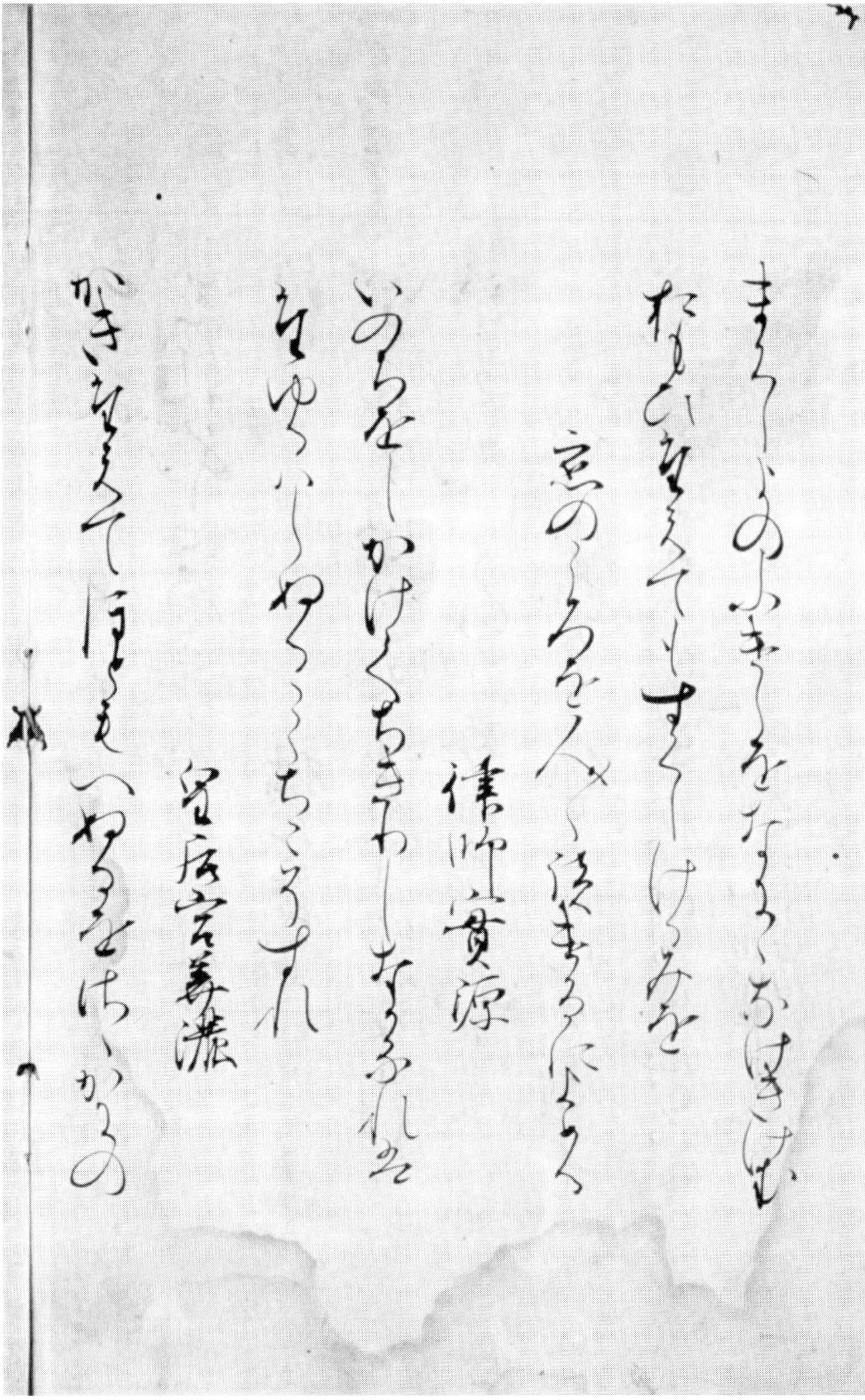

まれにこそかゝらずもがな

権高言　橘俊大夫女

みをゐやれしきみしのひれのくさまくら

なまねきうらくさのくさな

堀河院御時艶書合によめる

ふ　　　皇后宮肥後

なきのやまとけてひとをみるさみなれし

ひとつやまふろそての河をを

皇后宮にて人々恋歌つかうまつ
まつるにふみをつかはせる恋といへ
ることをよめる
美乃
おもれとしもとのこれやまねかは
ものしれおまうつたまつさ
人々恋歌よませ侍けるに
女にかはりて

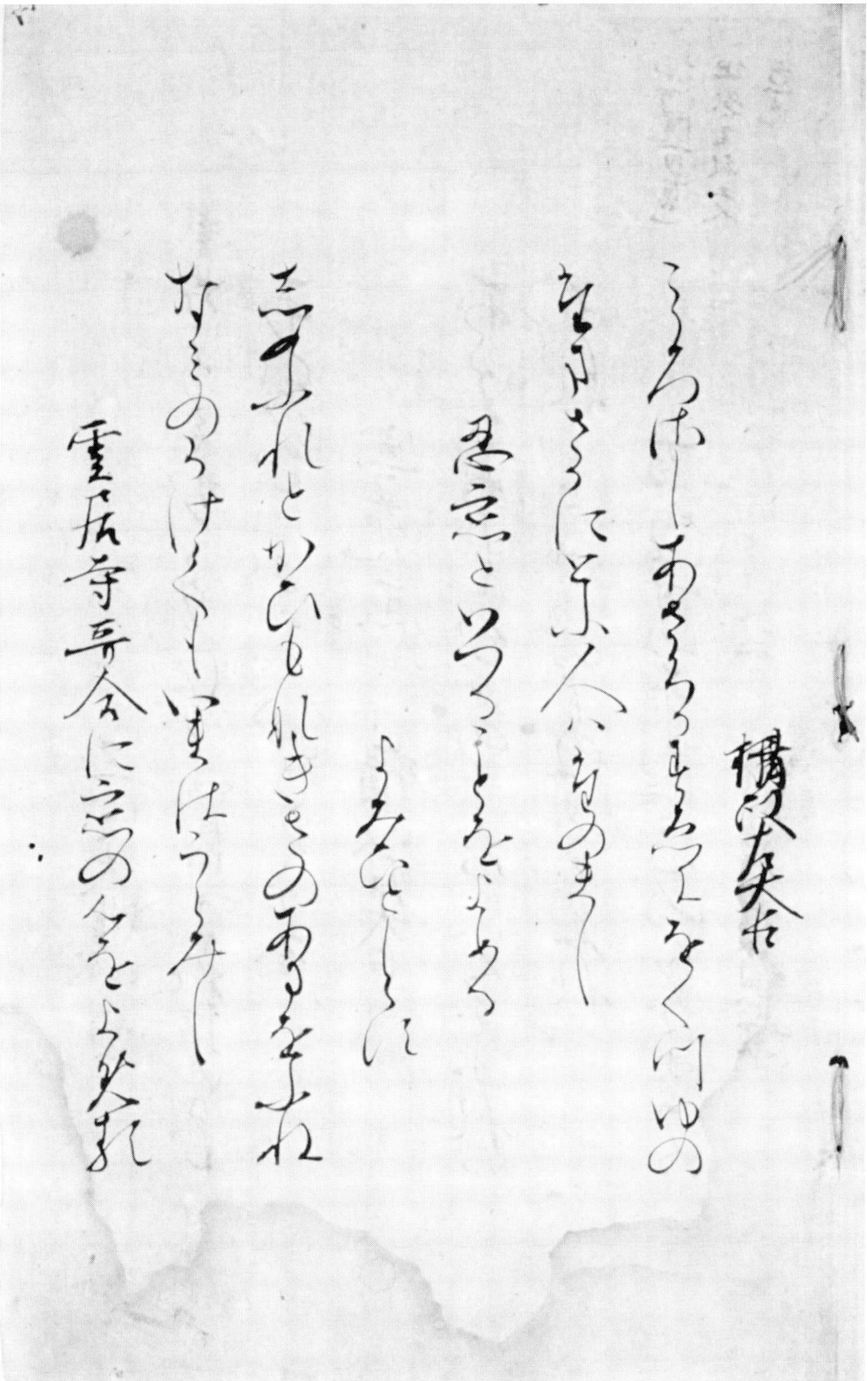

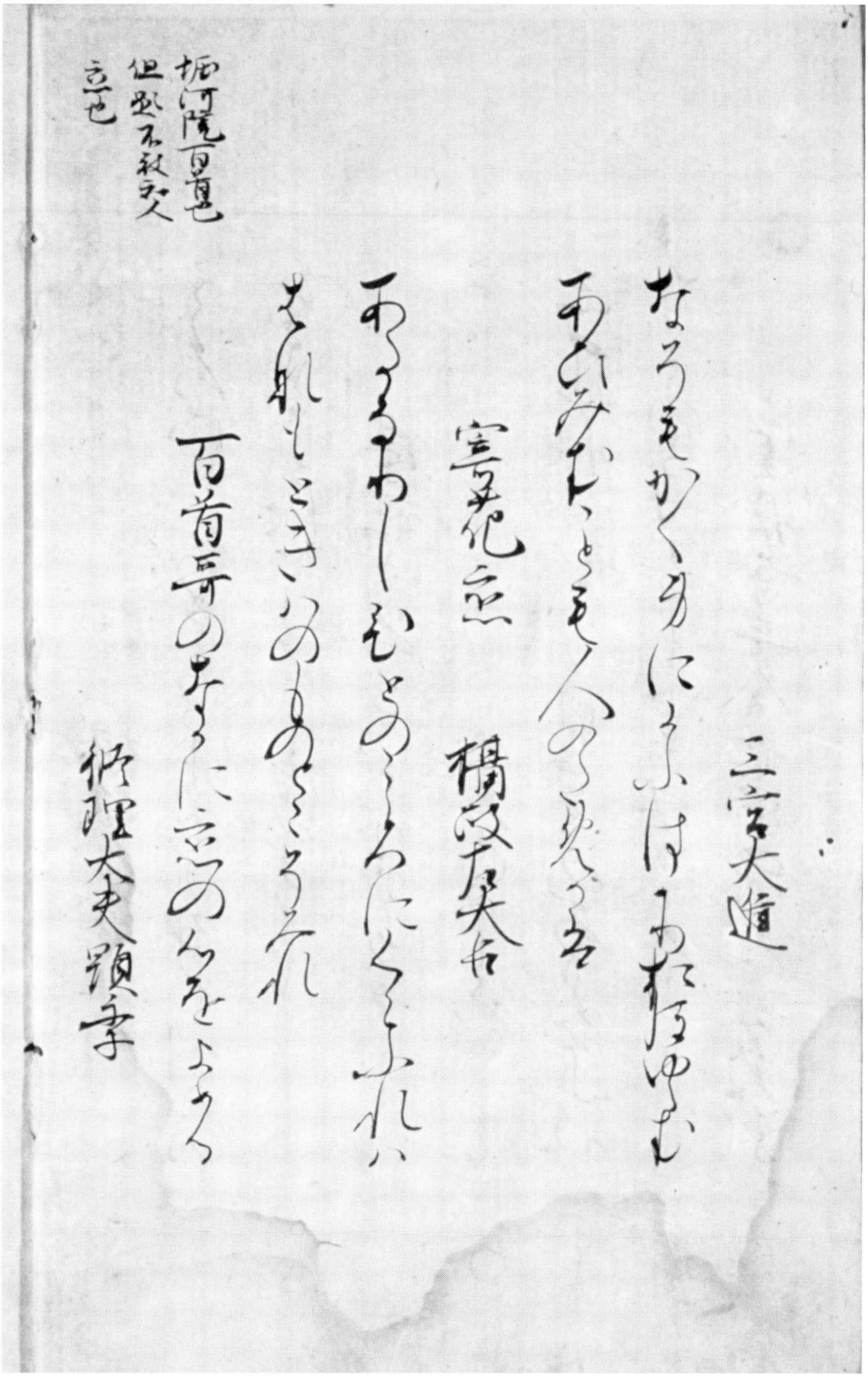

我恋はかくれにかくこもれは乃
うけさねうきはまるひともなし
摂政左大臣家にて恋のこころをよ
める　　源雅光
あやにくにこころこそなれあふものを
いとにかはらねをとるらむ
寄山恋をよめる
大中臣公長朝臣

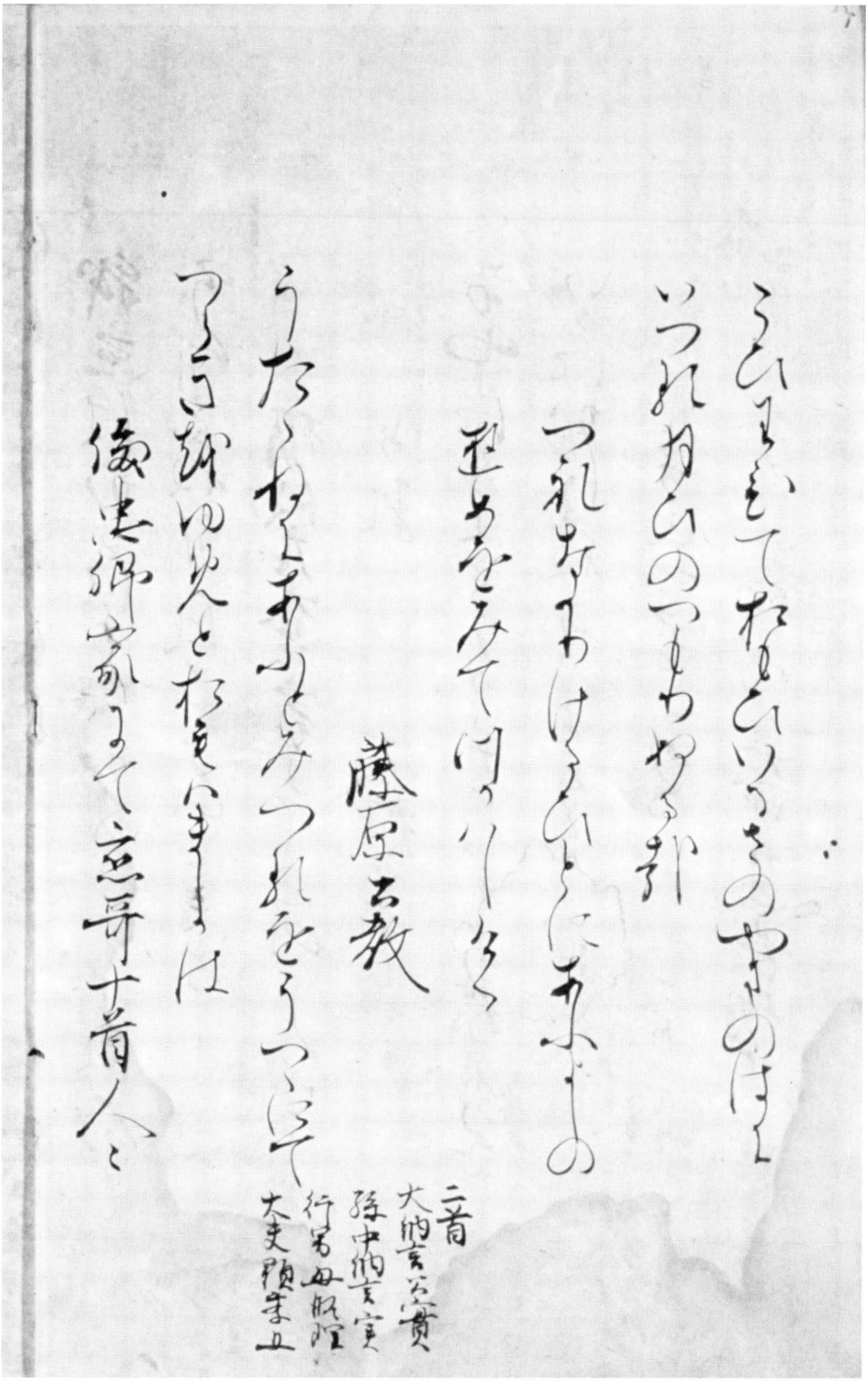
藤原公教
二首
大納言公実孫
中納言実行男
母 大夫顕季女
俊忠卿家にて恋歌十首人々

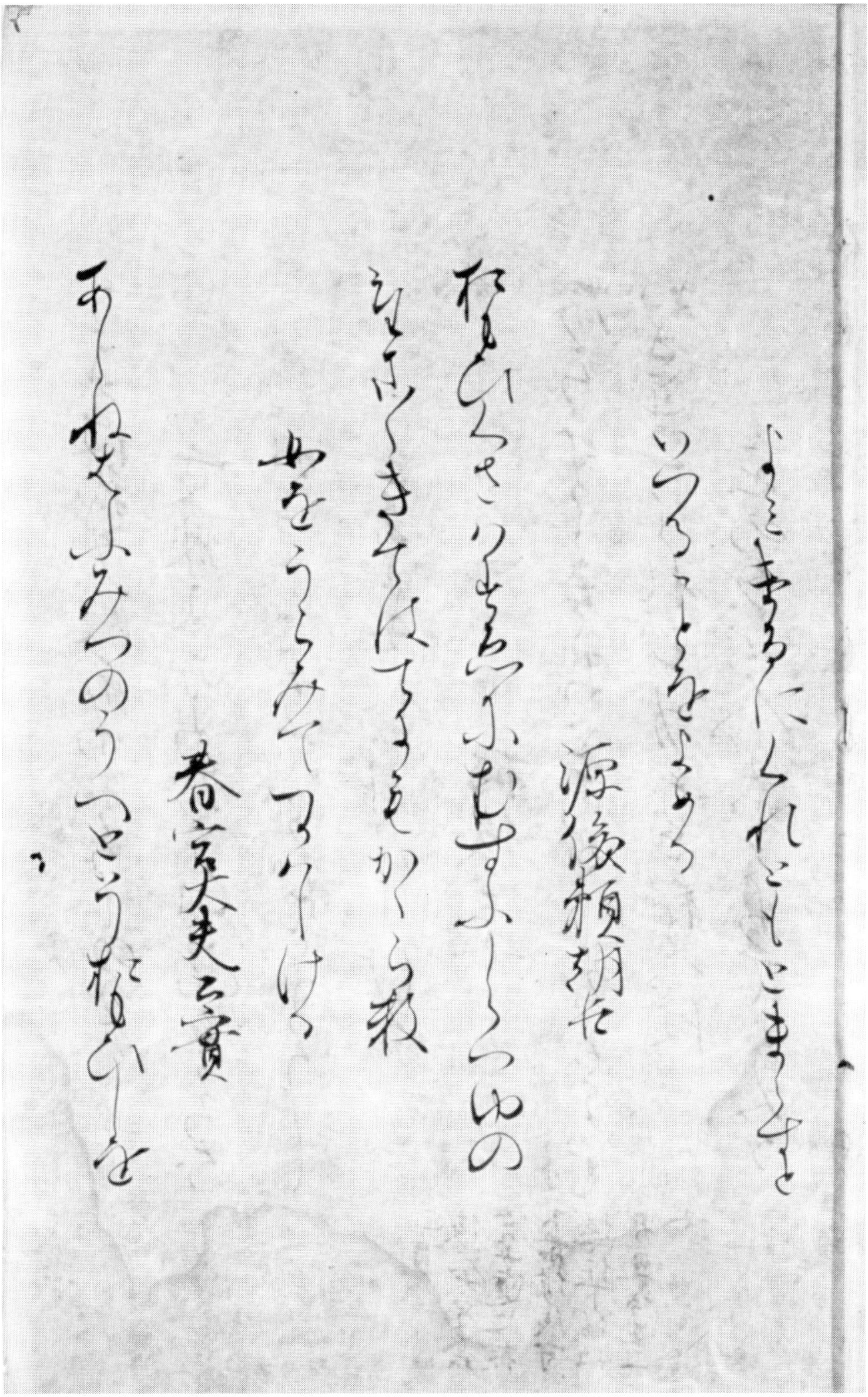
よそにてはくれにとまるを
いつるともなきにまつ
源俊頼朝臣
おもひくさはすゑにむすふしらつゆの
たまたまきてはてにもかゝらす
女をうらみてつかはしける
春宮大夫公実
あしねはふみつのうへとうきねしを

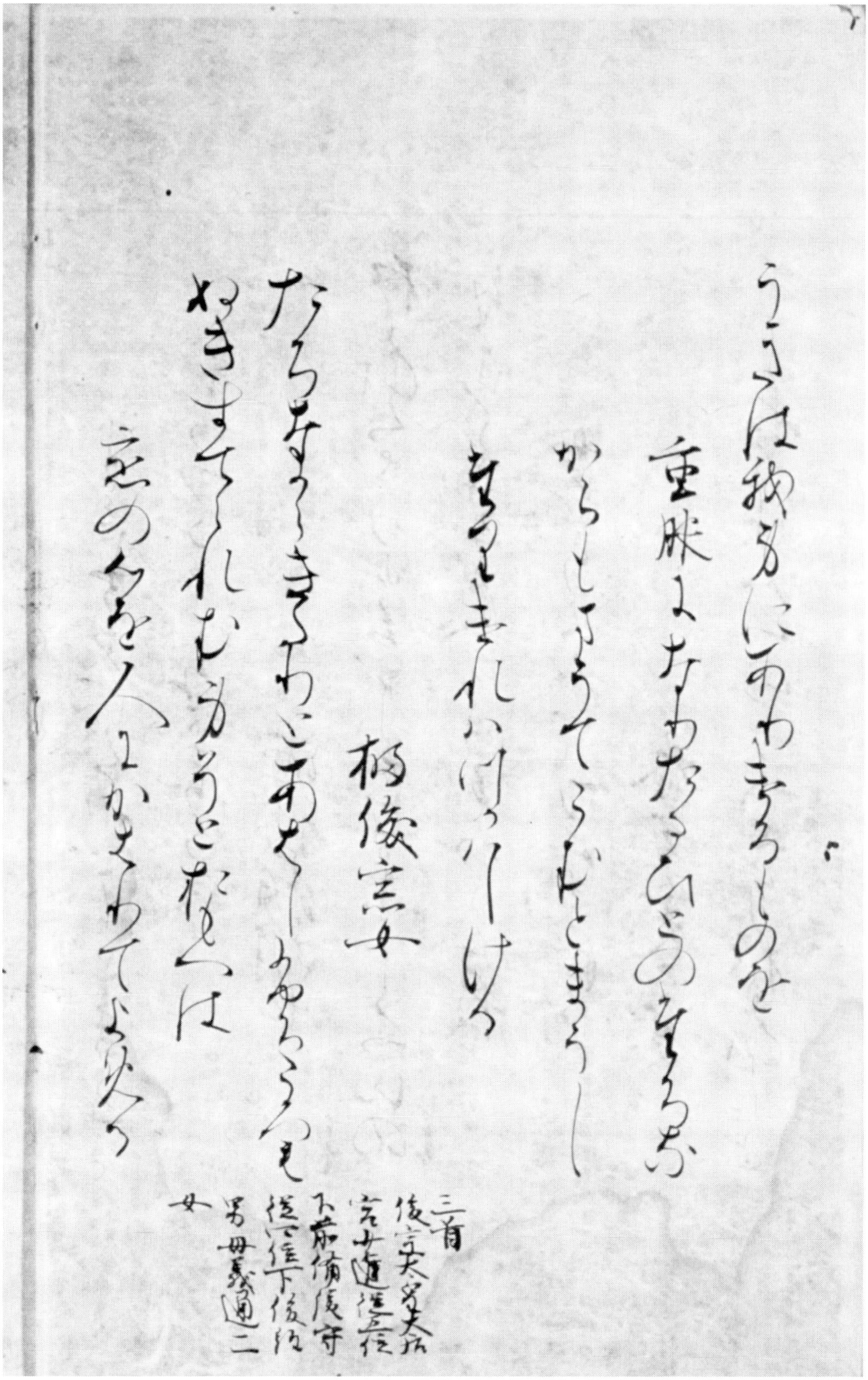

先中宮上総

いしゝふなきのこれりとやくわ
なとしきゝ川ゝさやすゝみ

賀茂宮内富

なのめなくことのはたえもなきものを
なけゝかゝれしふつゆのいのちを

金葉和謌集巻第八

戀部下

初戀のこゝろをよめる

良暹法師

かすならぬ人とはなしもふこゝろをたつるやとて

はるのゝくしにしまつせたゝやかる

三位卿家にて紅葉帚のせ

なにて恋といふ事を人にしませ

藁從三位
清輔二孫重家
顕義男雅忠

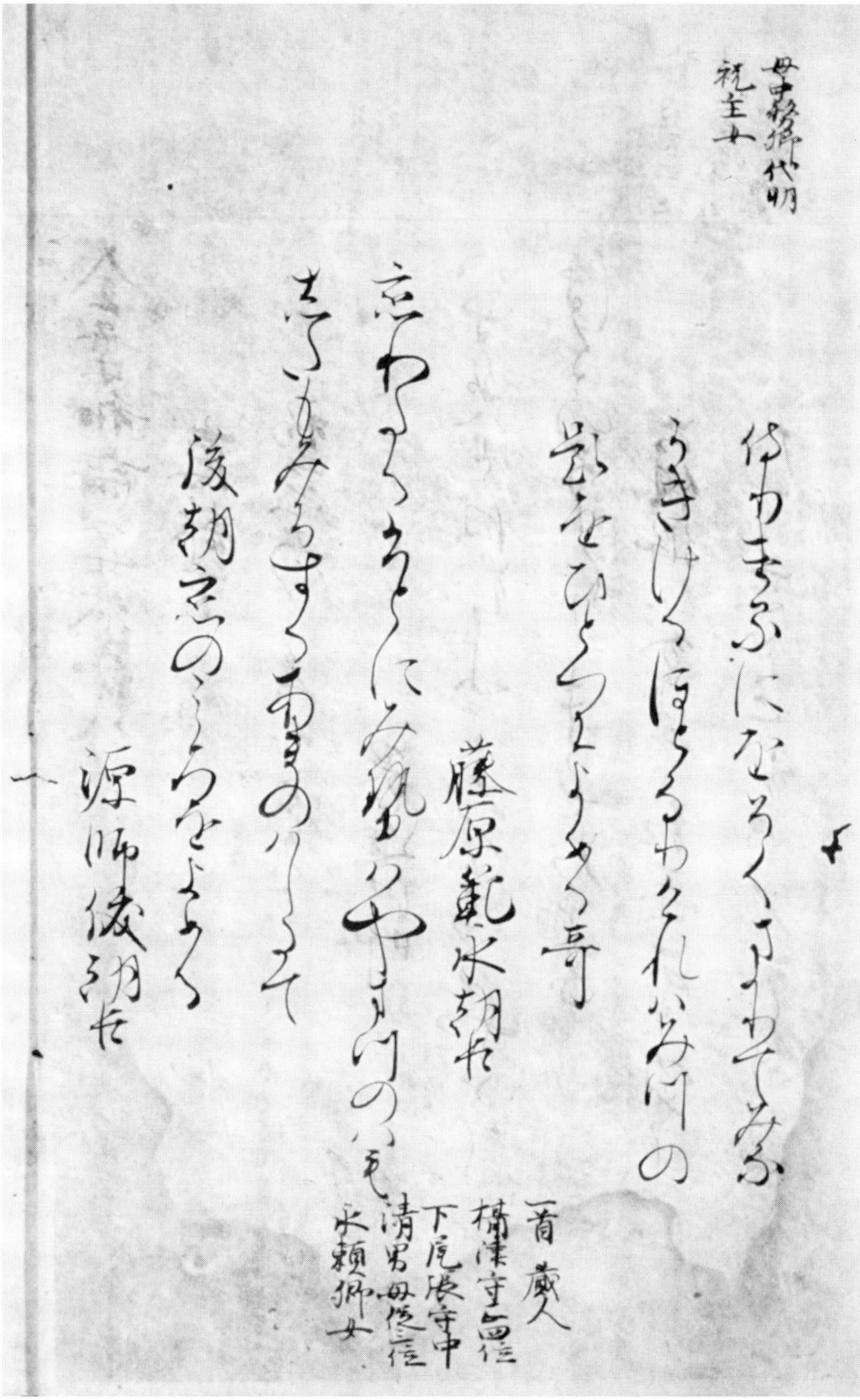
藤原範永朝臣
後朝恋のこころをよめる
源師俊朝臣

しのゝめのあけゆくそらもかへるさは
なみたにくるゝものにそありける

月増恋を　内大臣

いとゝしくなけきそふかなたゝよひかれ
月をみよとちきりしよるそふ

恋の哥とてよめる

藤原顕輔朝臣

こひわひてねぬよつもれはしきたへの
まくらさへこそうとくなりけれ
鳥羽殿歌合に恋の心をよめる
藤原仲実朝臣
よゝをへていそくのかけるわかそてや
らしほるいろにはますまさりけれ
暁恋といふこゝろをよめる
中納言雅定

あまつほしひとをはゆふつゝの
いふやまのいはともましかゝまし
恋の心をよめる
右兵衛督伊通
やまの井のいはもるみつにかけみれは
あさましけにもなりにける哉
皇后宮にて人々哥つかうまつりけるに
ふし恋の心をよめる

大宰大弐長実

みちのくのならしのふもあなすら
こゝろにもあらぬあふみまけりける
ならはし人と百千年すきまふに
うらみのみをもあく

権僧正永縁

わかれはむとをのみしもとれむしにも
あふまてとみるらふしきけ

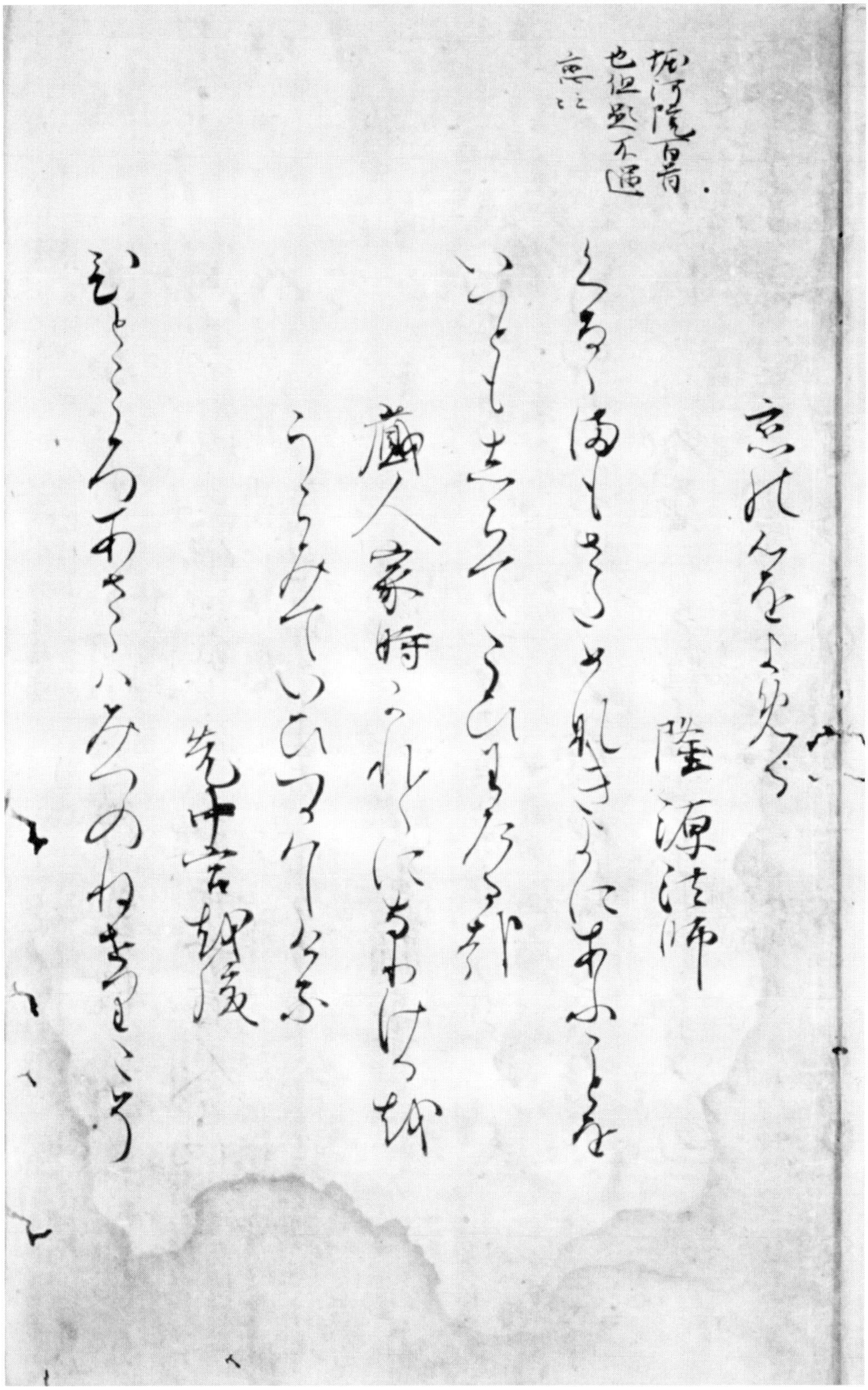

さりふいかにもいまゝほしまれと

俊忠卿家にて恋哥十首人々に
よませ侍けるによめる
修理大夫顕季

わきもこかこゝろふるさきしかゝるも
うのよれつゆしるそはわれしまき

我恋はいふれしてなあてことの
うわかうゝときゝてけりけふ

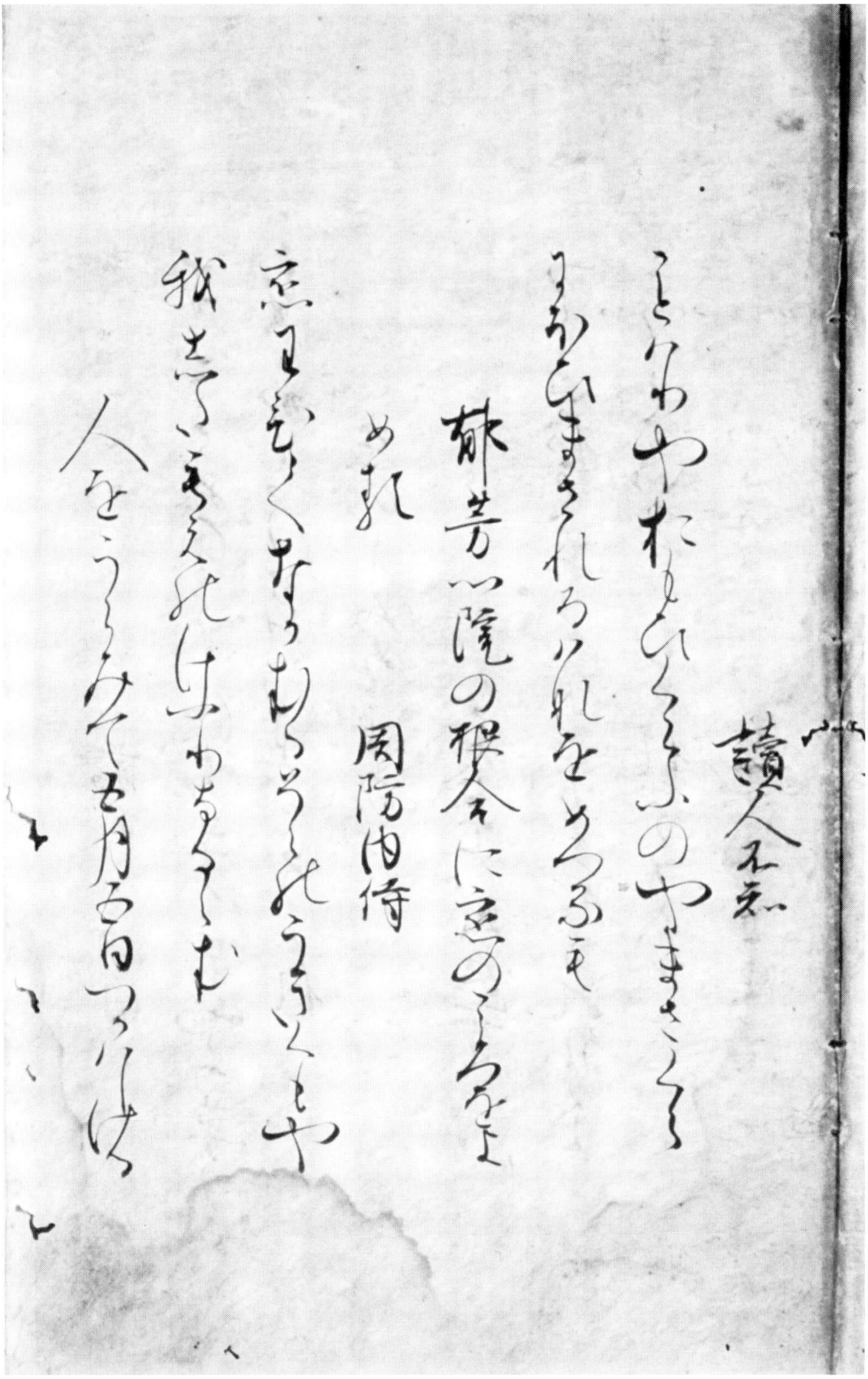
読人不知

郁芳門院の根合に恋のこゝろを
よめる
周防内侍

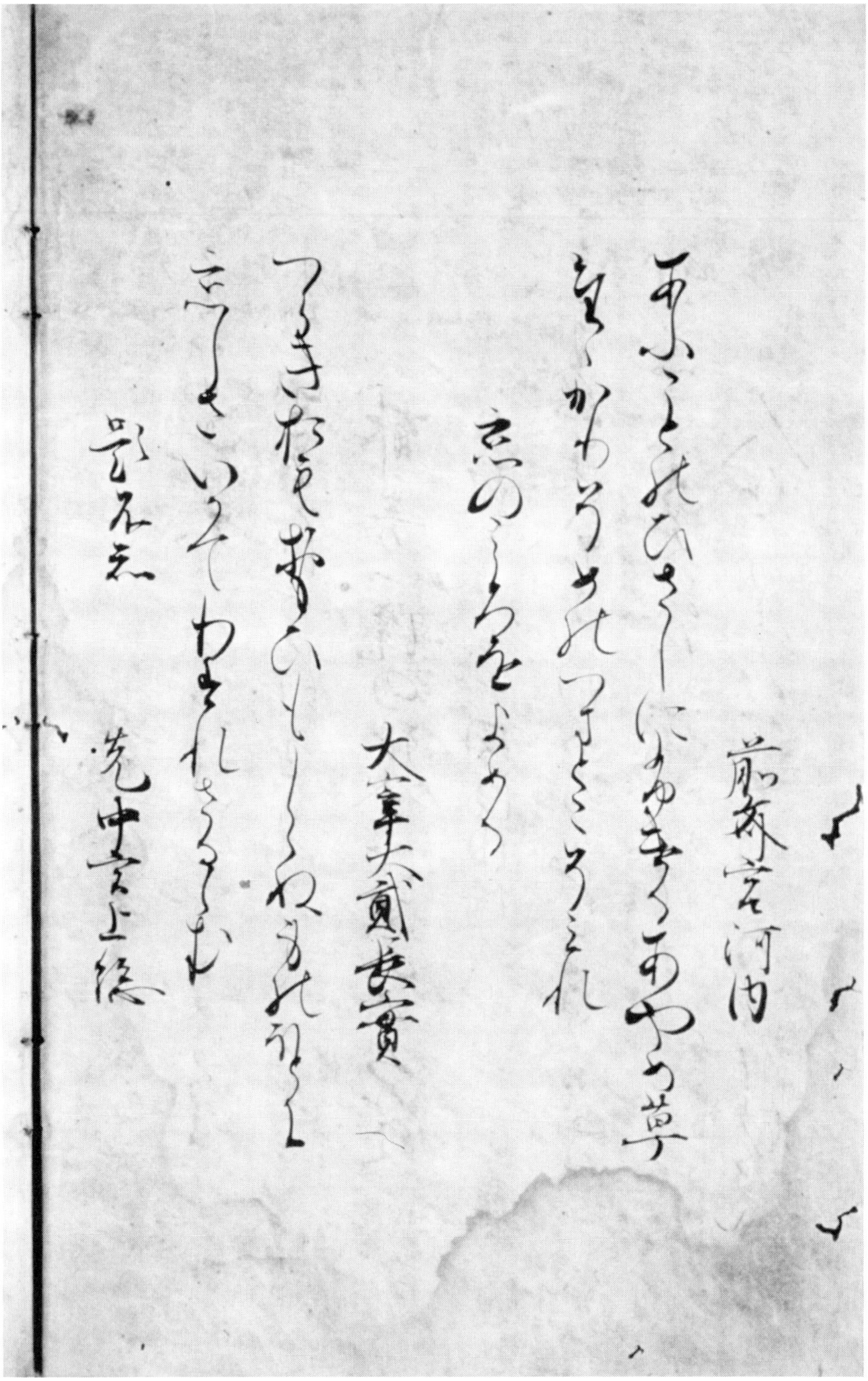

前斎宮河内
あふことはひさしにふけるあやめ草
たゝかりそめのつまとこそみれ
恋の心をよめる
太宰大貳長實
つらきをもおもひしらぬわかれかな
こひしきにこそわすれさるらむ
題不知　前中宮上総

はきのはちるをなかめてはらふくも
ひとをつらしとおもひけるころ
忘られけるところにてよめる
源俊頼朝臣
わすれくさしけれるやとをきてみれは
おもひのきよりおふるなりけり
ひとをうらみてよめる
よみひとしらす

いまはたゝおもひいてしうらみしと
ふもたえぬるこのかくかきるまり

逢不逢恋のこゝろをよめる

左兵衛督実能

たのもしきやあひみしまゝのうれしさの
のちのつらさにまさるへしとは
いとをうらみかへるゝいつゝ
数たのましきしものをいひける

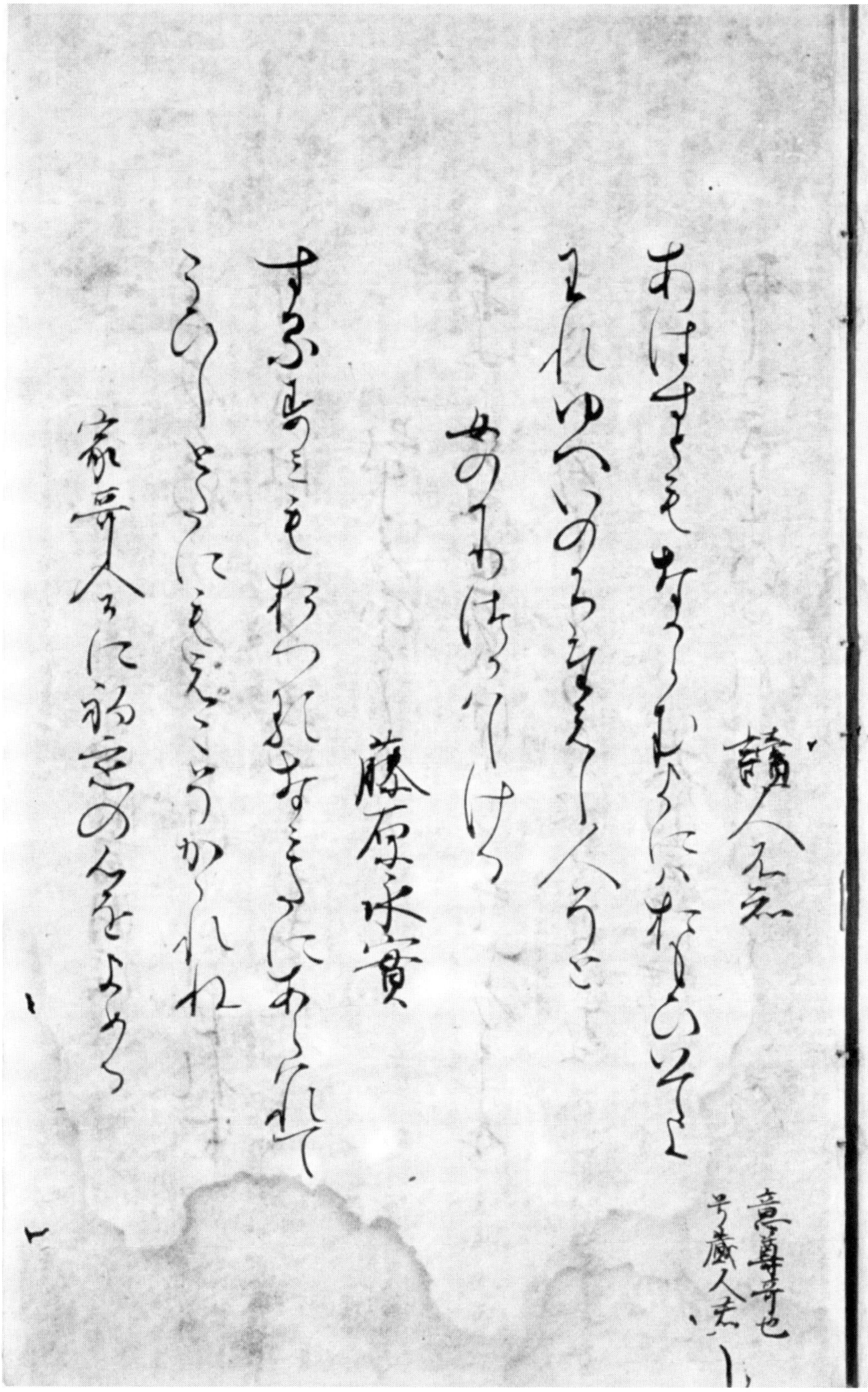
讀人不知
藤原永實

中納言国信

いろみえぬこゝろはかりはしつむれと

なみたはえこそしのはさりけれ

[illegible]よみひとしらす

あふことは[illegible]

[illegible]

大納言経信

あし[illegible]

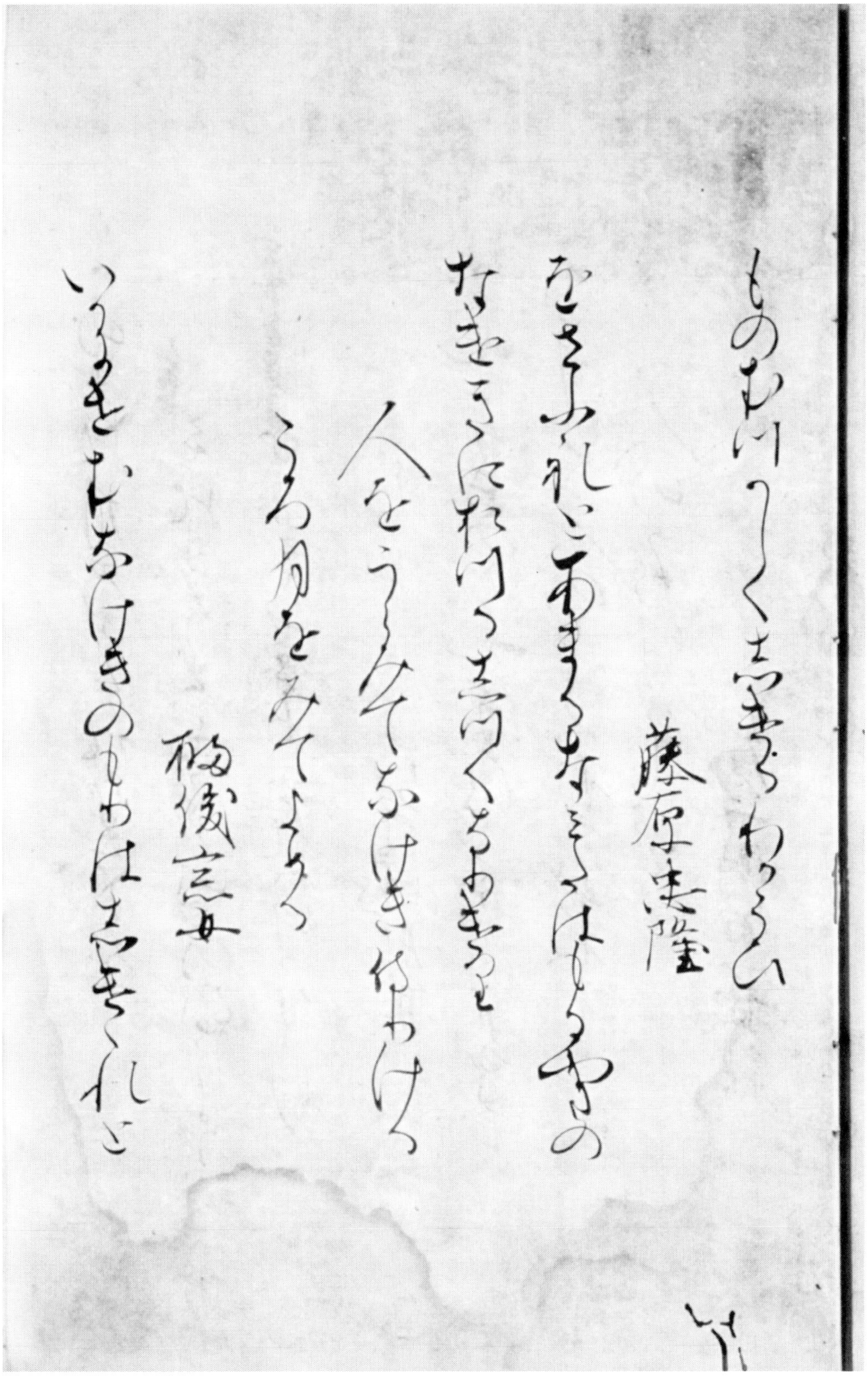

このまれ月乃うとれなきよを
それはまうしきとのひきしう
ひとともせさわきまれハけりつける

前斎院肥前

とやまきのとやまにゝらすけきかも
ひさしく人のおとつれもせね
人のみけりつける

左兵衛督實能

わかこひのたもとのいろにつくは
はかなくも人にみえましものを
もろともにほとゝきすをすらき
ふ人さはすくなかりけり
のちまたにそゝなきけやとさきね
それに　春宮大夫公實
ほとゝきすしくもぬのよそになきつるは
まれらなるわのこゝろあらはれぬ

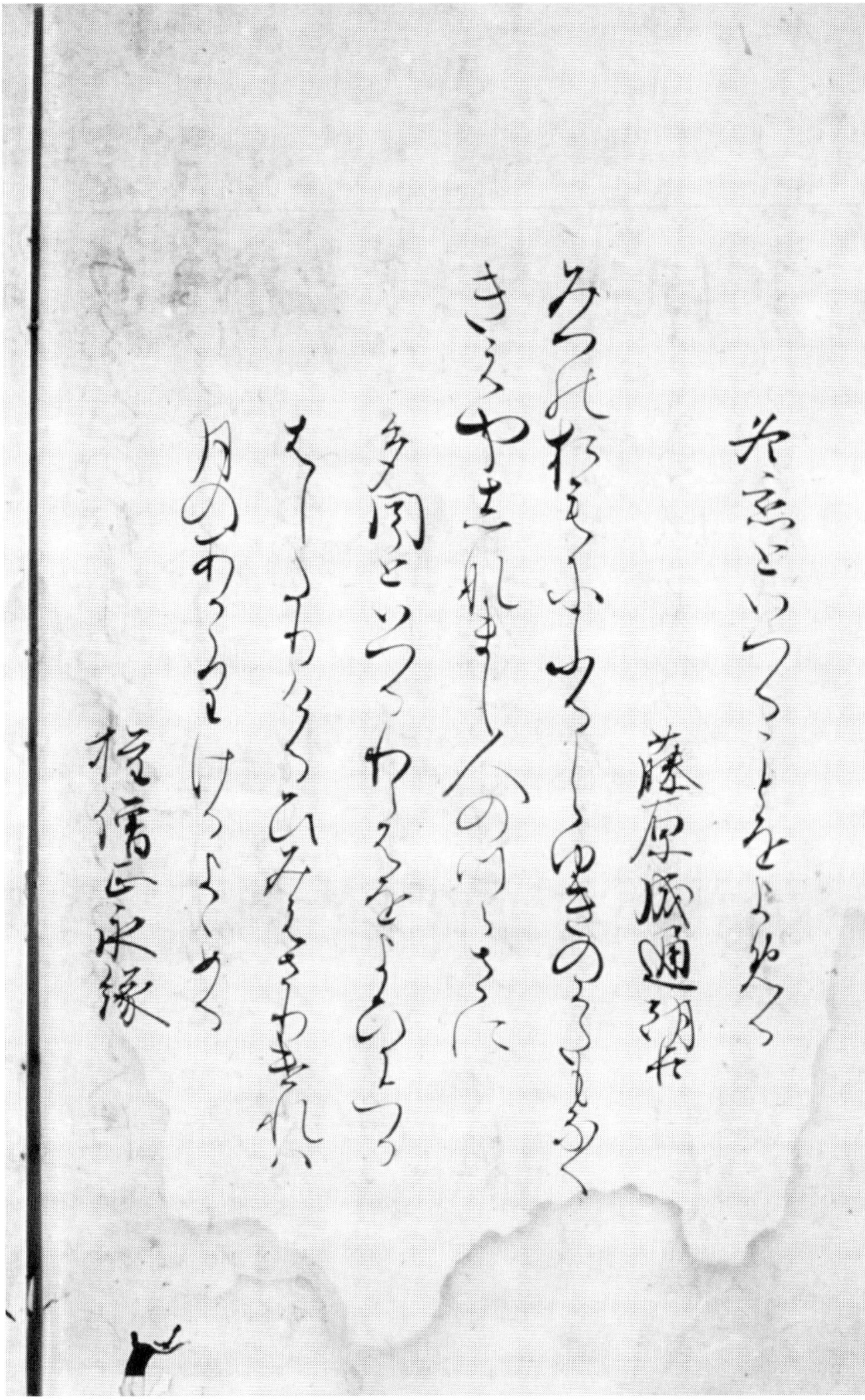
藤原成通朝臣
権僧正永縁

まこひとのたほそこまてかなしは
ねるゝたましゐうきはみえまし
宮内卿　橘俊宗女
あふことはなきさにあさるあしかものうきねをなくと人しるらめや
ひとりうきみてよなく
藤原盛経母
さのゝやかはのうきにおしはそ

ひとのけしきをうらみけるつき

橘俊綱家にて恋のこゝろを

よめる　　源雅光

なさそふあけてのうらみあまりても

みるめはかりくめところきけ

　　前斎宮甲斐

うきもうき人のあはれにつけても

おもひそいそかるゝかなそ

なく

いまひとのこゝろをみわのやまにてそ
すきにしかたはなにひしらるゝ
こゝろかはりし人のなとかそこを
つれなきをきゝていひつかはしける
橘俊宣女
あさしやはまによもしまれぬる
いくかをすきてなにひつらむ
山の寺会にこゝろをよせて

読人不知

慈覚房天台
行真弟也
本ハ此名於
今者有憚
後白河院御
名也

なをさりにあふはゆめのこゝちして
うつゝもなをうつゝなるらむ

いつてかとなしふ人のさまもあらね
ききしさそうちとものまうし
きれはにあく

中原章経

こひすてきみふわふまてへけれは

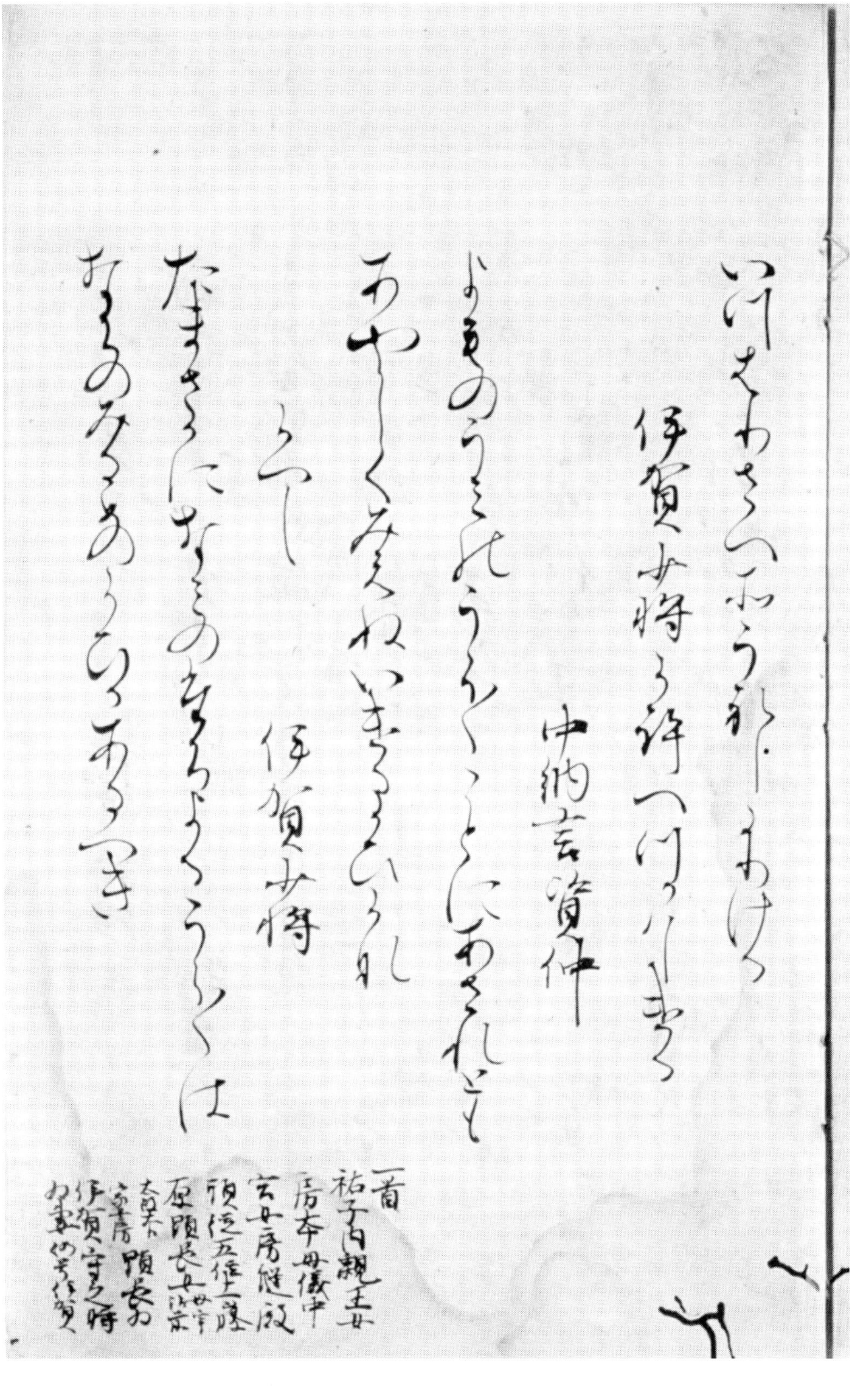

いせをわすらふもうかれまける
伊賀少将か許へ遣はしける
中納言資仲
よものうらわくてれとにあされとも
あしくみえねいまきくひろれに
返し
伊賀少将
一首

題不知　　上総侍従

蒋　晋

あさましくな[illegible]てうらふ[illegible]
こゝろかへしは[illegible]
そのつま[illegible]みるにたてしを
ものあはれ[illegible]けるをこは[illegible]
[illegible]上東門院より[illegible]
こころさし人あまた[illegible]
[illegible]けり

源縁法師

なきくよわかねてもうつくしかるを
いまさてはあふへかりつらむ
宮のへをまなく

民部卿忠教

こひわひてたえぬおもひのけふりにや
むなしきそらのくもとなるらむ

女のうかりける

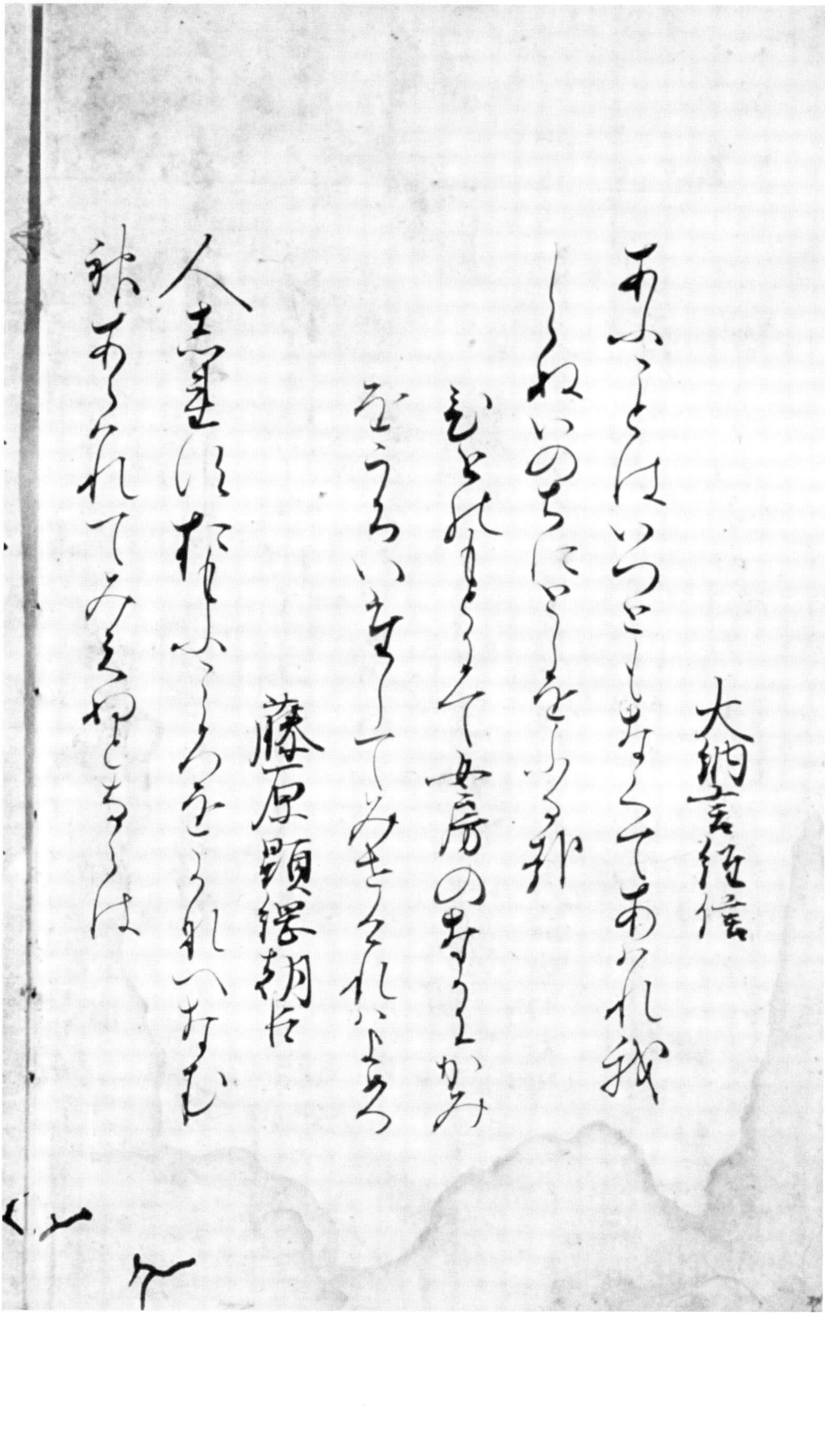

大納言経信

あふことはいつともなくてあはれ我
しらぬいのちにとしをふる哉

もとより女房のもとにかみ
をうらいなしてみせけれはよめる

藤原顕綱朝臣

人しれすなはしろをまもれへなむ
秋あらはれてみえむとすらは

堀河院御時艶書合によめる

中納言俊忠

ひとしれぬおもひありそのうらかせに

なみのよるこそいはまほしけれ

返し　　一宮紀伊

おとにきくたかしのうらのあたなみは

かけしやそてにぬれもこそすれ

これはいかなりとなのめかしく

もとのせうとかれいろうて
みえさりけれはよめる
橘政家姤河
ちきりおきし人もこすゑのこのまより
たのめぬ月のかけそもりくる
こゝろかはりたる人のもとへつかは
しける　　江侍従
めのまへにかはるこゝろをなみたかは

一首

なられてやとえたえけるかな

國信卿家哥合に被忘恋こゝろを

よめる　源兼昌

ほころはいさゝれ石のまつをたのみ

いろいつれかちかえしねなむ

ゆきのあしたに和利弁うちわ

うかれけはゝなれしかなきを

くゆかなしき

出羽弁

一首　二条院女房　本母儀中宮　女房前出羽　守従五位下季　信女　出羽守　従五位上　源致遠女

まちわひてはらつれになりしたまくらの
ゆきさえまさりてけさはみすかへ
かつし

大納言経信

おくれよのゆきけのそらにいてしかと
うけさはほとなくなりやはせま
すゝかなるしきねさへいつまてと

まつらく

前斎院六条

ゆふされはくらきこころにひきまよひ
ほのふれはほとはしらすな
たにあはむこころきえはてなは
なとちきりきさりきとひとのひとつう
あまつれさわすれはなく

読人不知

ひとはいさあわすやすむいわすれて
こされねかことうみきかなれし

うしろものかけはひとつなく
てかくれなきわかれはけふなし
けり

はやくよりあさきこゝろとみてしかは
おもひたえにきやまのゐのみつ

読人不知

もらさはやおもふてかはのせきも
うけにみえぬ音をしのひむと

なかれはかはらぬかつらもの
へすなるをいはまてわかれにつ
きにけり
きみこそはひとよめくりの神ときけ
なにあふことのかたかふらむ
あしたの恋をよめる
藤原顕輔朝臣
あふさかをこえつるあしたのなけきは

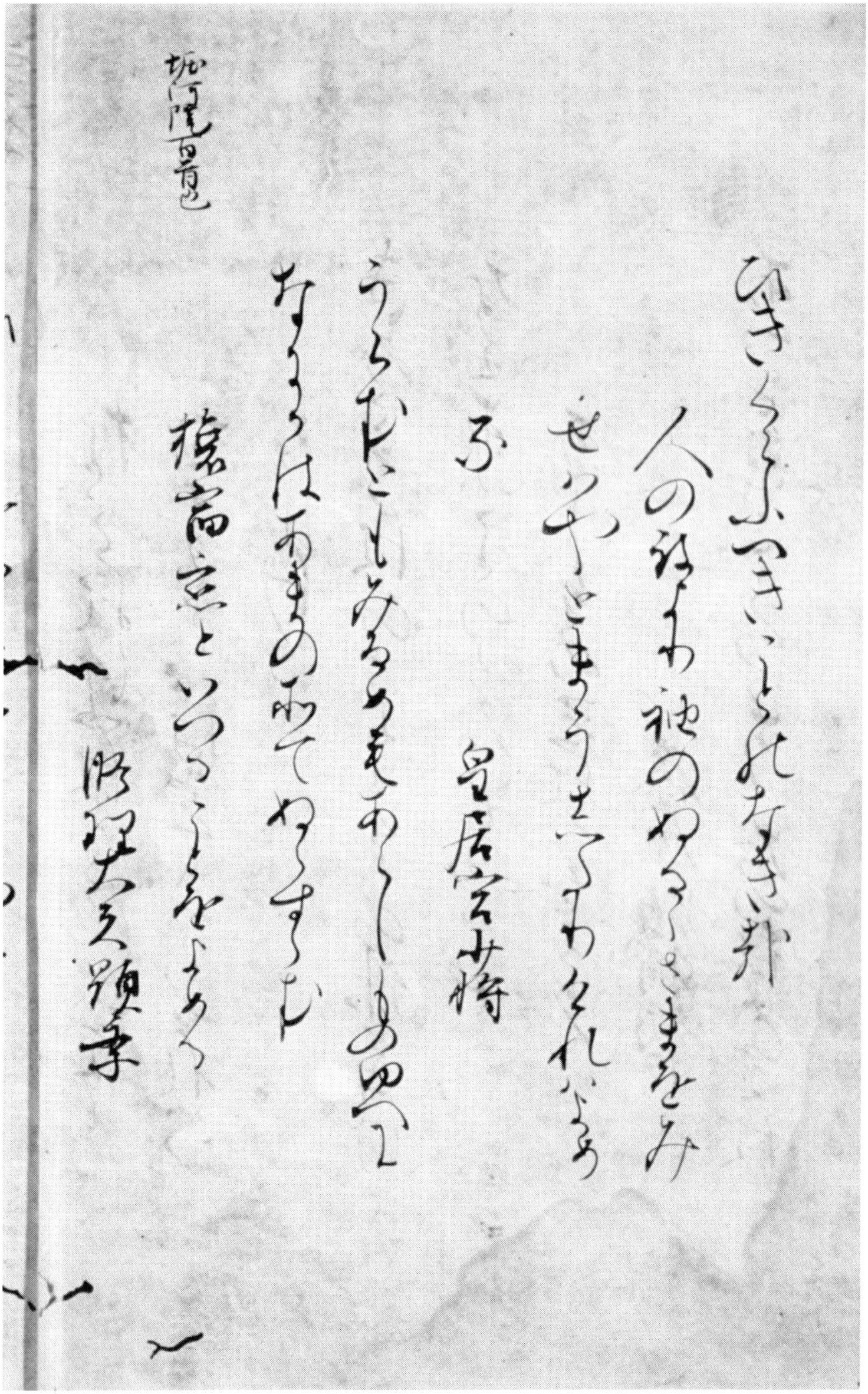
皇后宮少将
堀河院百首

こひしさをいつまてしのふやまひなれて
いきのしたにてそわかれはてなは

人のもとにまうてこむといひて
さてまかれぬよしよめる

一宮紀伊

うらむなよかけみえかたきゆふつくよ
おほろけならぬくもまつみそ

蔵人にてはへりけるころうちをわ

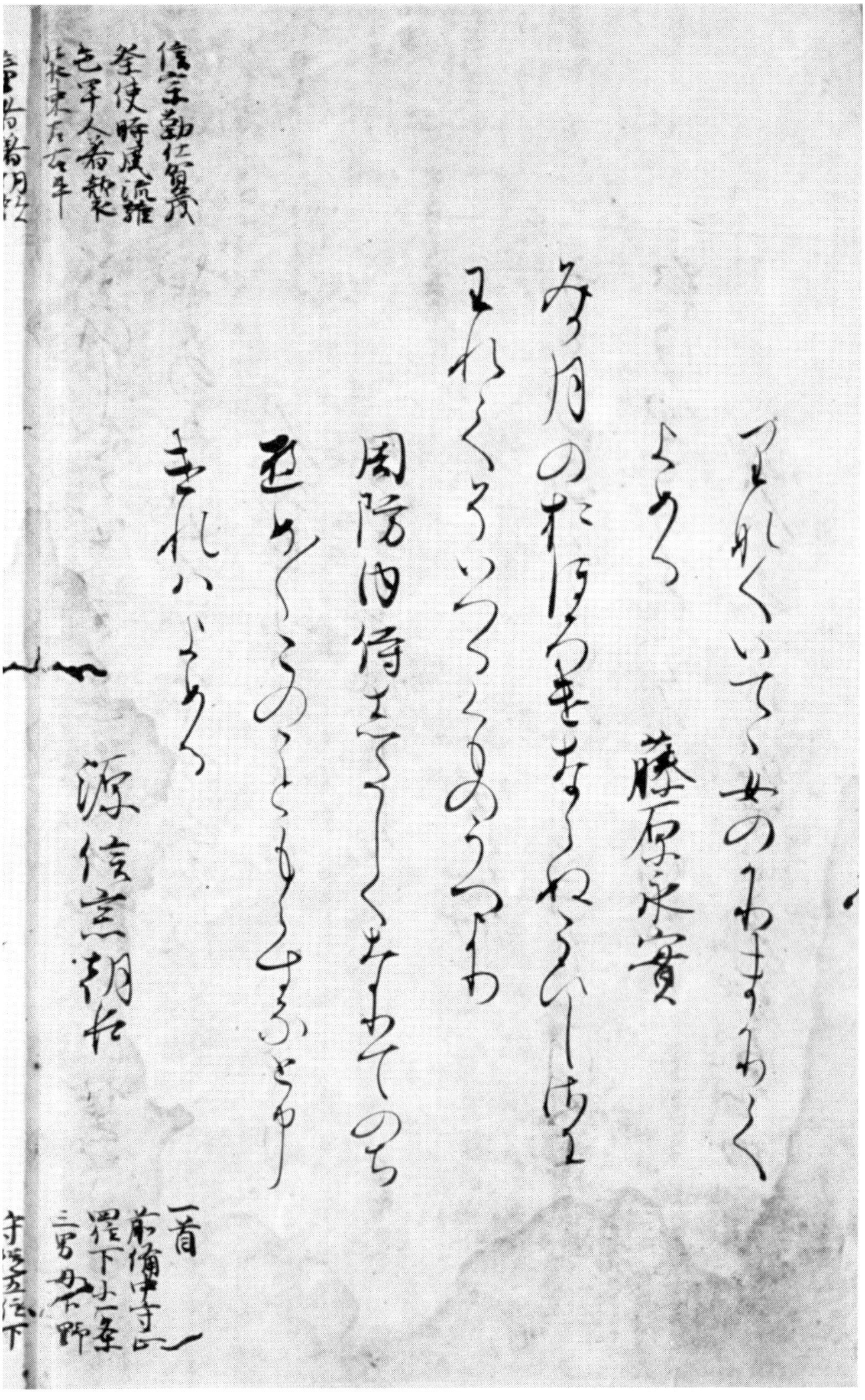
藤原永實
周防内侍
源信宗朝臣

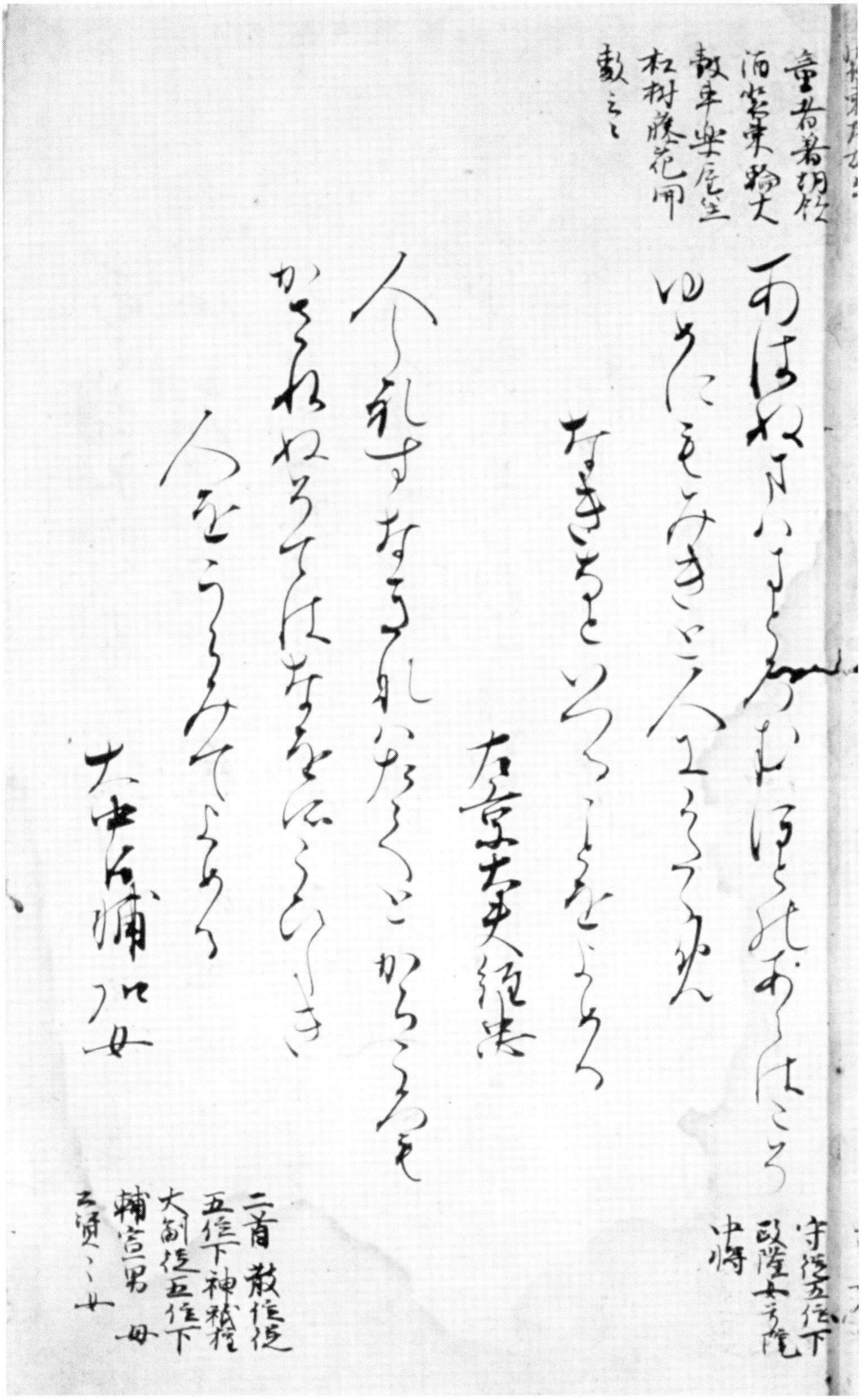
左京大夫経忠
人しれすなきなはたてとからころも
かさねぬそてはなほそつゆけき
人をうらみてよめる
大中臣輔弘女

あるまなくもくるかひなうしみき
なかもみしほとをつけとなしそ
三井寺にて人々恋哥よみける
に読る　僧都公円
つらしともおもはむ人はおもひなむ
われなれはこそみをはうらむれ
こゝろかはりける人のもとに
まうしむとまうこふわきかれし

一首
中納言定頼
延中納言実経
家男芳真
如院僧都三
井寺僧

さは[illegible]わかて[illegible]
[illegible]
[illegible]　題不知
さみたれの[illegible]
[illegible]
[illegible]　左兵衛督實能
わひぬれはむかしはよそにみしさみたれも
いそ[illegible]

題讀人不知

あまくものくしのよそにきえぬれは
おもひしれしるしなるへし
あしひきのやまのまにたふれなく
かへさはふせやにかゝるなかなか
みくまのにこまのつまつくあをつゝら
きみこそまろかほたしなりけれ
はのくろみさゝへ人をあふくるは

きみところてうせはみえしか
あふみてふちはたゝしまにきこゆと
いろはこゝにかゝるものを
かさとりのやまにふりふくみゆるあれは
すゝやまかゝるわかれかな
これつおもなけきをいへせよとてか
きみをわふこのひとすちよみさき
あふこれきものとしるへなすかは

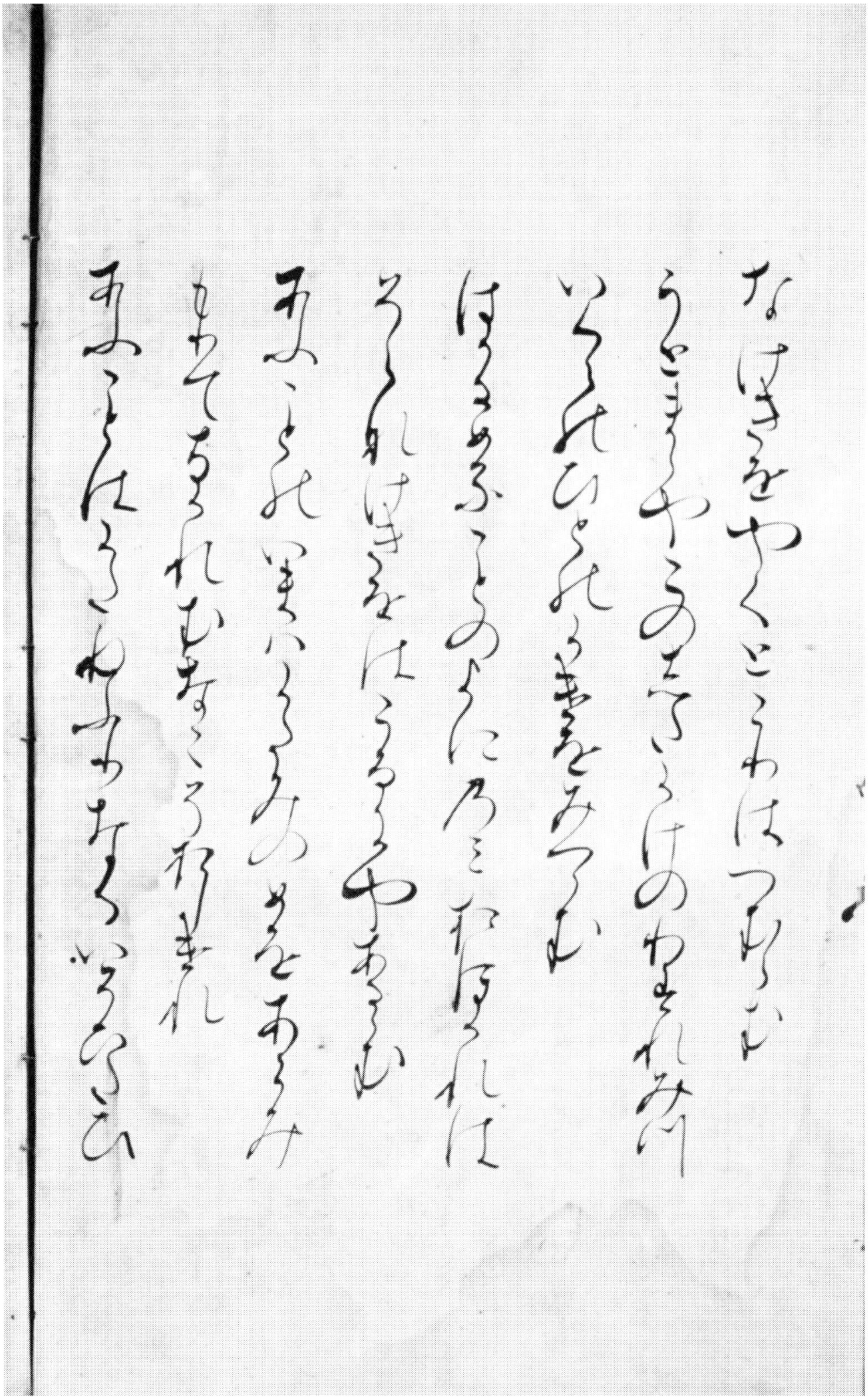
なけきをやくところはつねなれ
うときまやあさてけのかすれみれ
いくそれひとそれうきをみつむ
はるまあふこのよにのとおもへれは
そうしれけきをはるこゝやあさねむ
あふこそれまへここみめをあさみ
まちてこそれむすくろかまれ
あふこそれこそれわかみくいろひとさひ

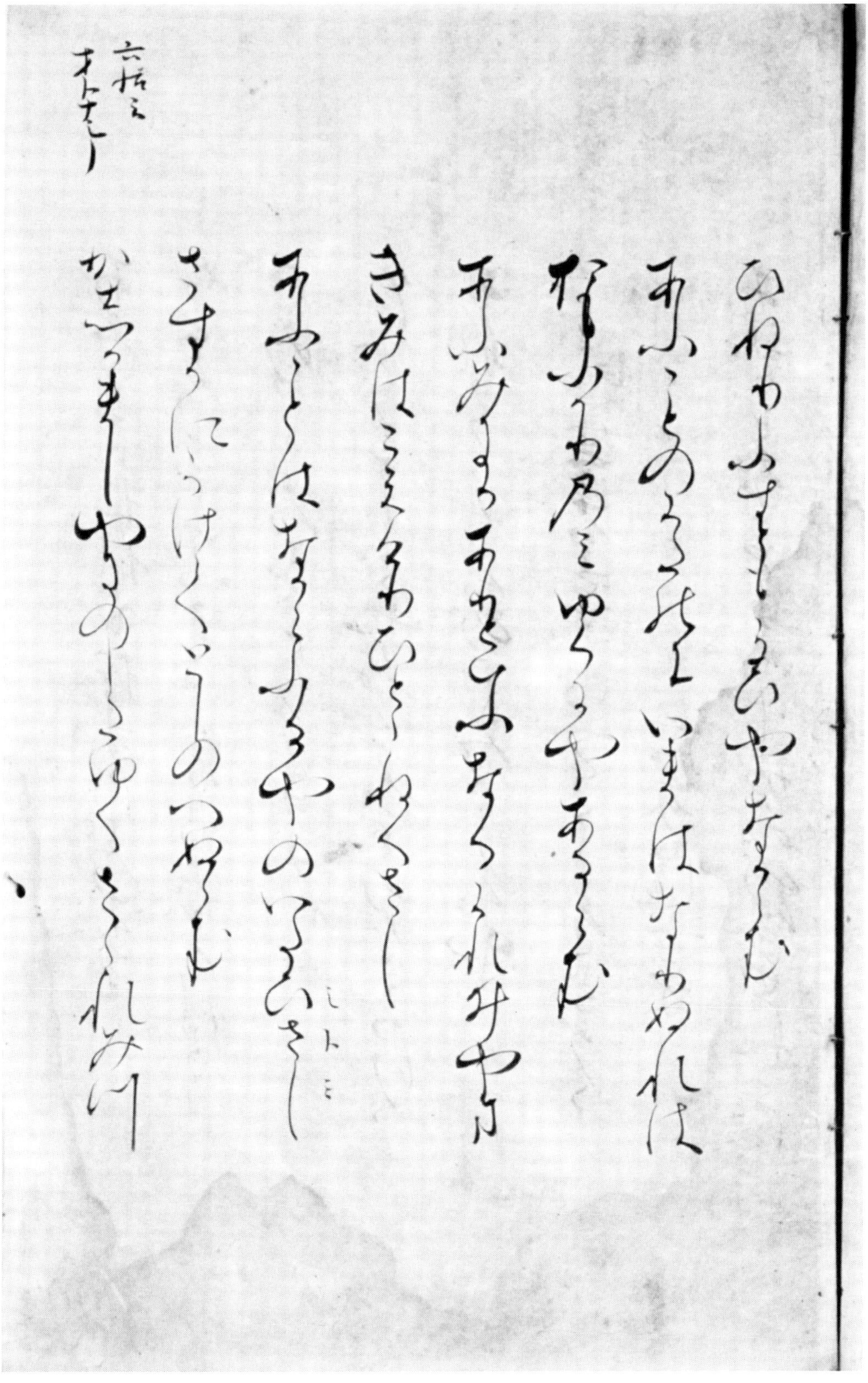

あすはわれもなけいしろあまる
ねるひとはゆめにもわはすれしを
きみこふるをとゝかきくれは
しれうるしこそなけきひとのなかはけ
あれまくらあきみつるや
寄石恋といふことをよめる
前斎院六条
あふことをとふいしかみのつれなさに

わすられぬうきなかるかな

摂政左大臣家にて人〻恋の心を
よみけるによめる

源雅光

かすならぬみをうちはしのはし〳〵と
いはれなからも恋わたるかな

恋哥十首人〻よみけるによめる
いとまなきをわすらるゝかな

修理大夫顕季

[illegible]

春宮大夫公實

あふことはかれ/\[illegible]

顕仲卿女

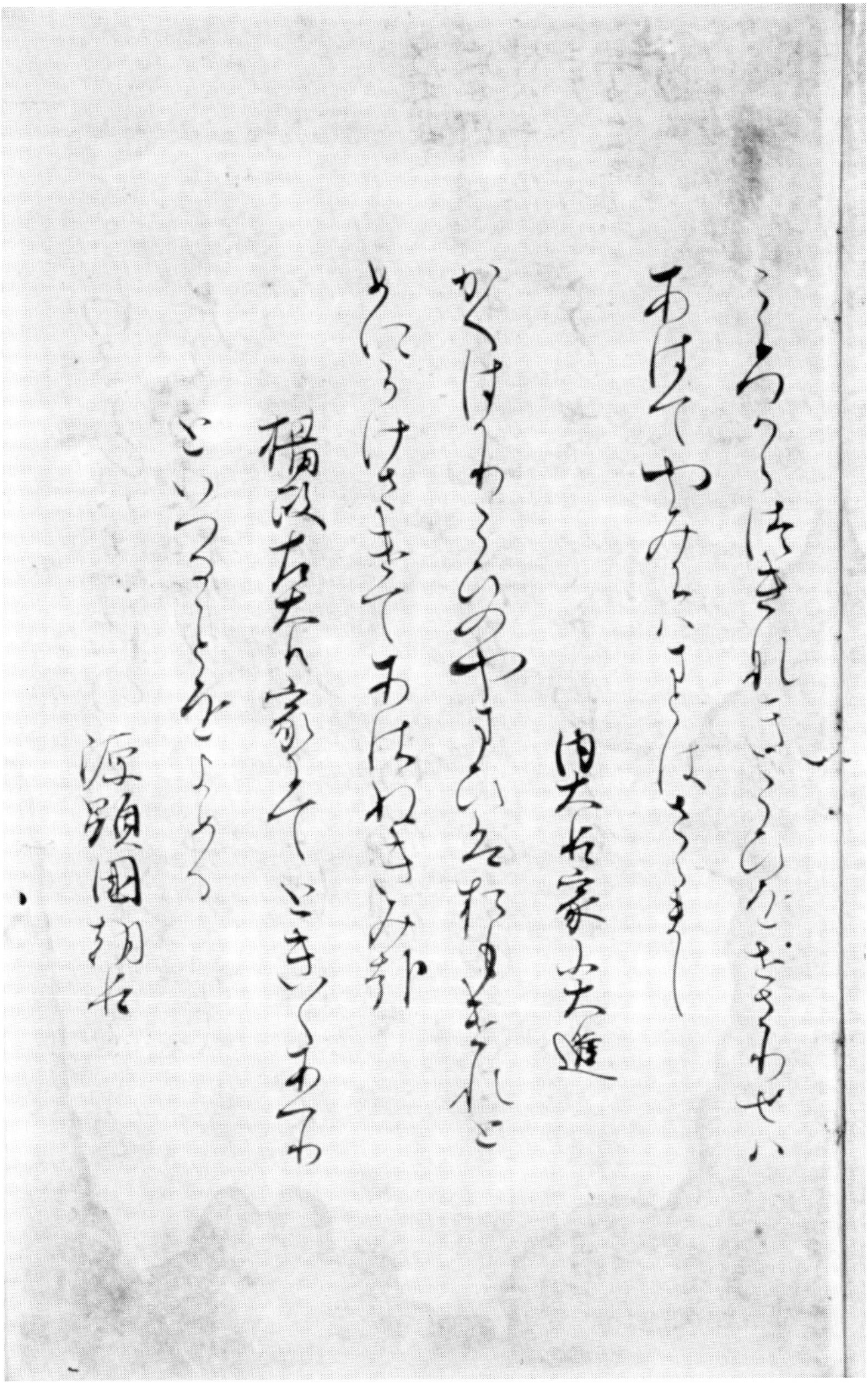
こゝろはきれさらにこゝろたにかよはせは
あけてやみにはさらまし
内大臣家小大進
かくはかりこひのやまひはおもけれと
めにかけさけてあはぬきみ哉
攝政左大臣家にてときゝあふこひ
といへることをよめる
源顕国朝臣

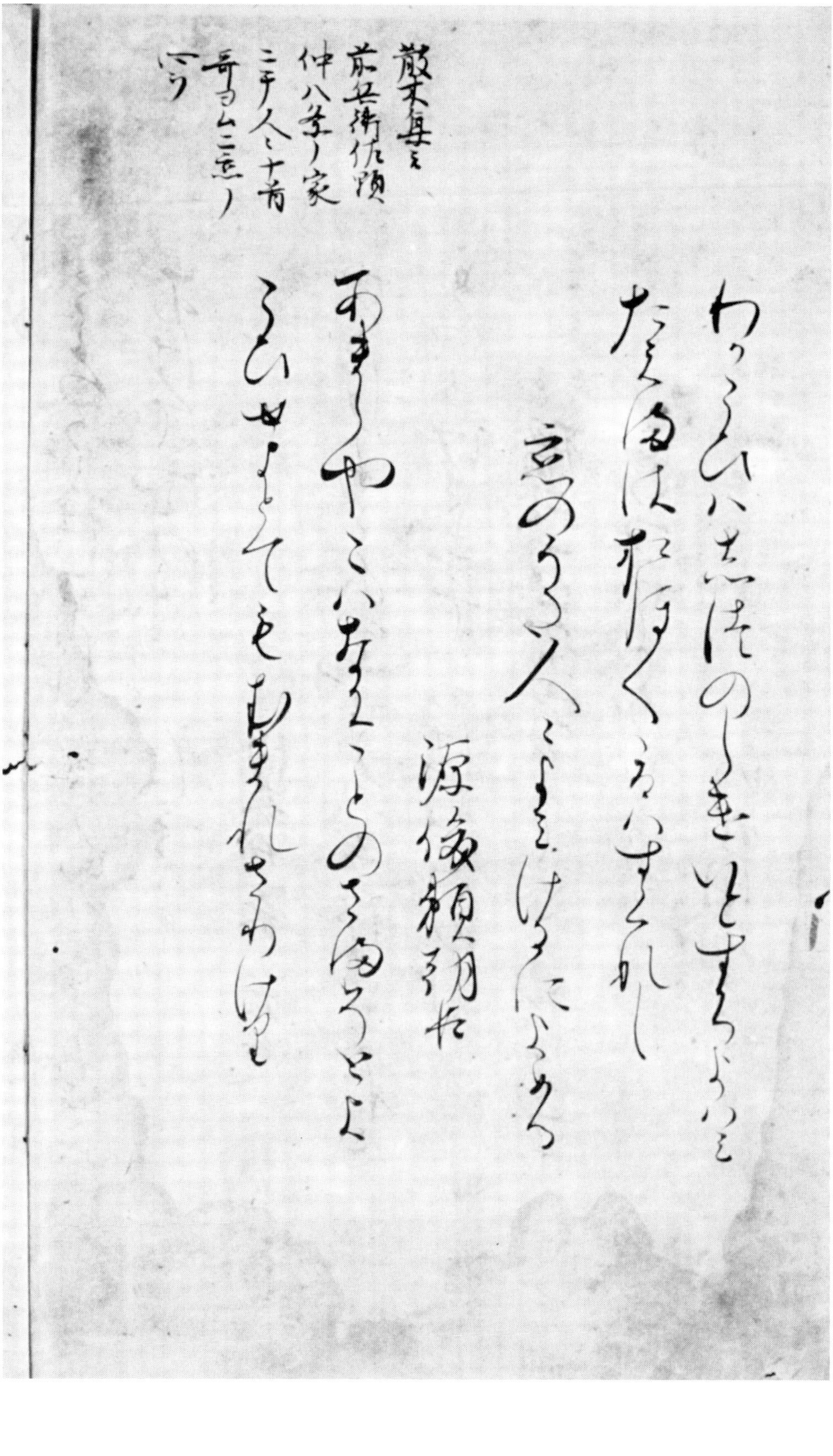

わかこひハしつのしけいとすちよわみ
たえ間はおほくくるハすくなし
恋のこゝろを人々よみけるによめる
源俊頼朝臣
あさましやこハなにゆへのむくいそと
こひせよとてもむまれさりけり

散木集ニ
前兵衛佐顕
仲八条ノ家
ニテ人々十首
哥ヨムニ恋ノ
心ヲ

金葉和謌集巻第九

雑部上

むかし道方卿にくして筑紫にま
かりて安楽寺にまいりてみ侍り
けるみきりの梅の我任にまかりて
みれは木のすゑはかれふし
さゆえて大枝のこりたるを
くさきかくはきなるをよめる

大納言経信

秋かきてまし我みしむなれ
こえしわいきとるわにはきこれ

山家鶯といへることを

橘政大夫任

やまさとゝうきよのなかをはなれねは
たにのうくひすねをのみそなく

円宗寺の花を御覧して　後三条

後三条院御
願有仁和寺

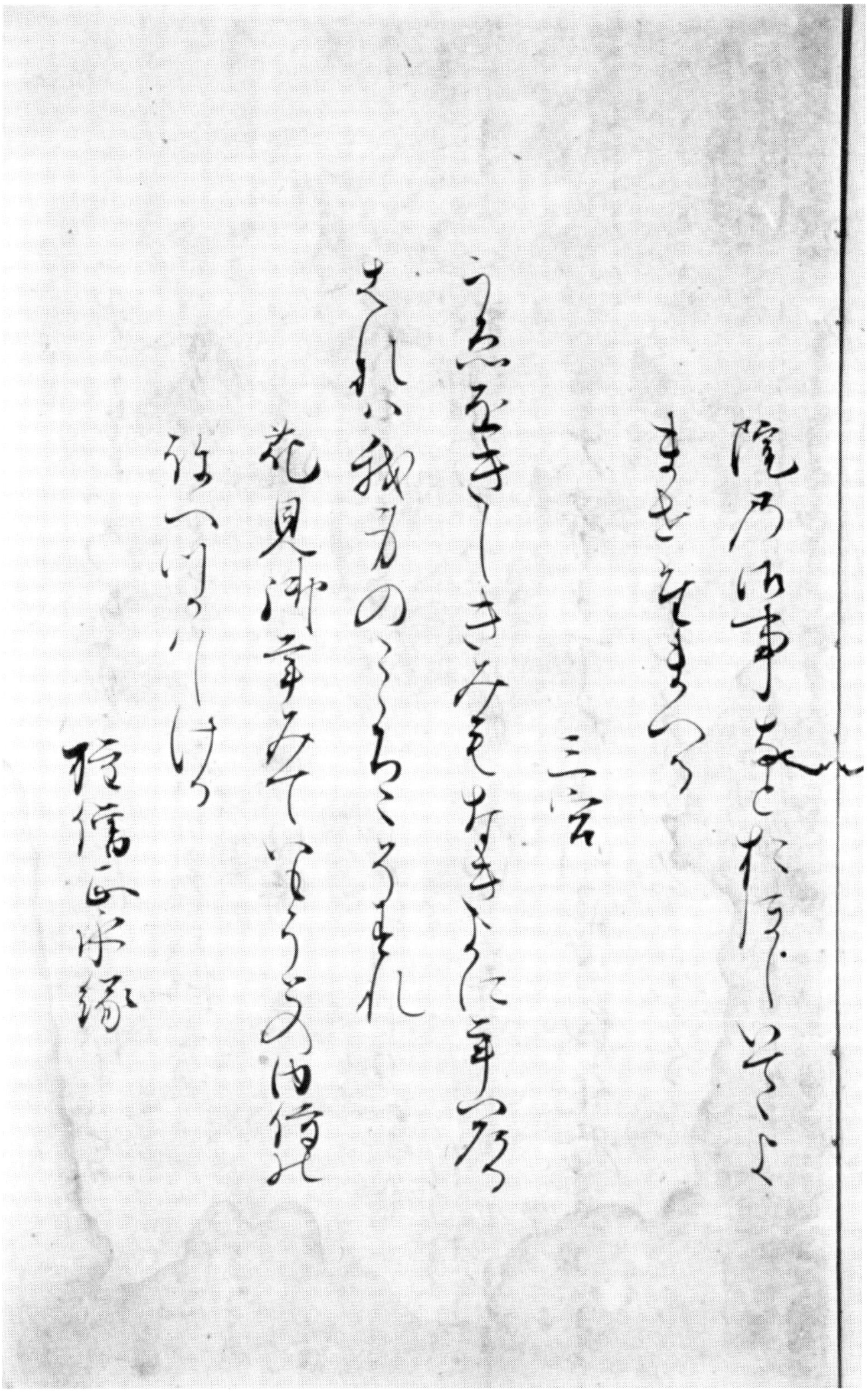

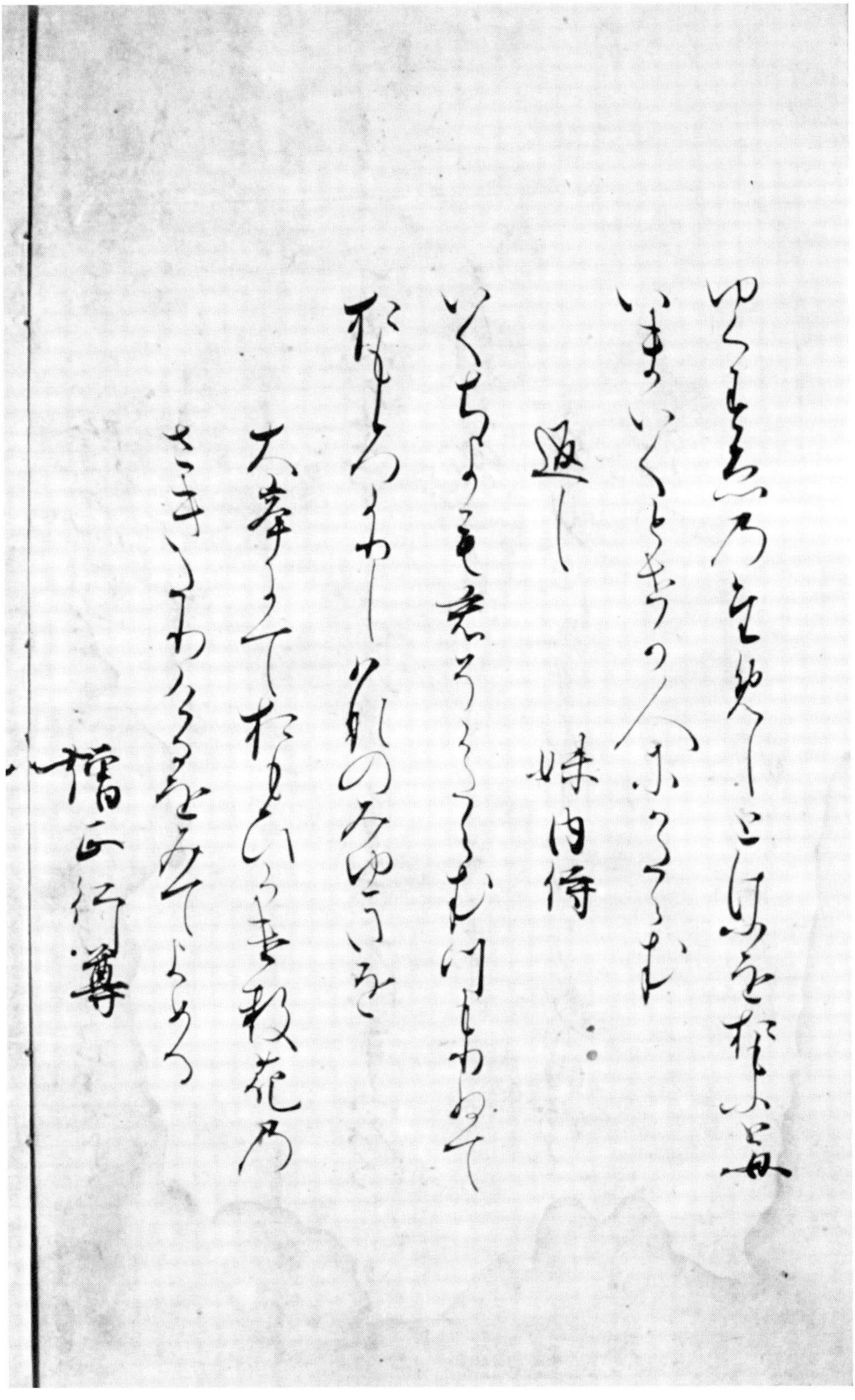

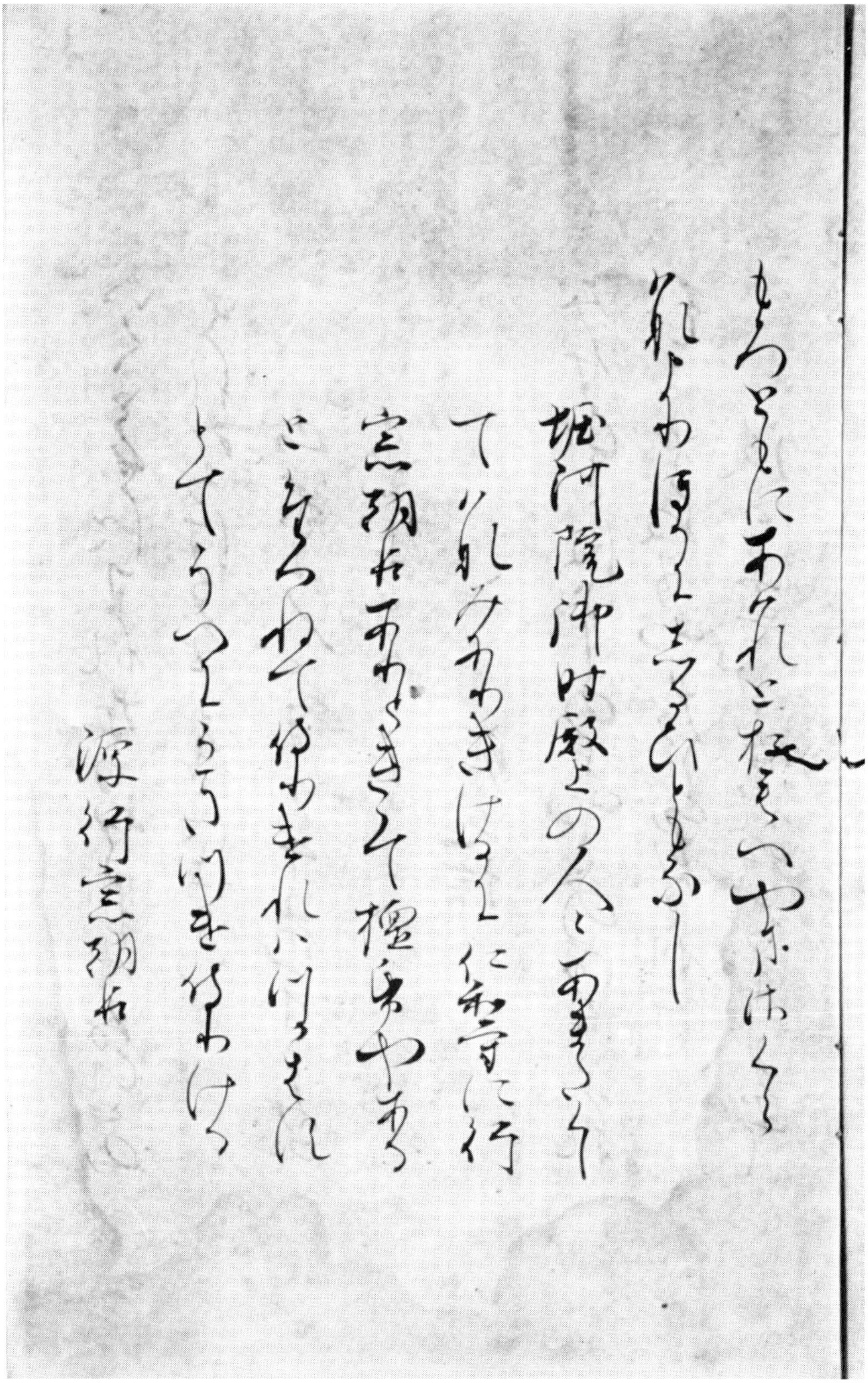
堀河院御時殿上の人々あまた
源行宗朝臣

いくとせにわれなれぬらむひとの
きれみるはるをよそにきゝつゝ
山家に人とまちて花尋といへる
ことによめる
源定信
みなひとはよしのゝやまのはなをれ
なましねぬやかたのむめはさき
後三条院にまれおはしまして

まつのこしは春さへあるらん
かみそよむ
左近将曹秦兼方
ころみせにいろもかはらすゆきゆかは
さもしこそものはなもいつかきれ
はつさせのうらうらうらや
ましきこえきこえきれはぬ
よゐく
藤原顕仲朝臣

とりかれとはうにしれねなかきは
これのみやうきよをわたるよすかなる
蔵人おりて非時叙従五位わ
まうてゝ右中弁伊家かもとへいひつ
かはしける

藤原惟信朝臣

やまふかくさしもたかなしかさのかれしと
くもゐのそらをにこりつゝき

一首
正五位下中実
進保相孫正四
位下皇后宮
権亮資盛男
正四位下主殿人
母大和守良資
女良資女位

有守文乃

伊賀丹波 仍
禄 伊賀丹波

隆家卿大宰帥にふたゝひなりて
てのちはしめて香椎御社にまゐり
たりけるに社司ことにまゐりて
すきをとりて帥のかうふりに
さすとてよめる

大入道殿 兼家
孫 町尻殿 道隆
号中関白 道隆卿
母 前中納言
二位

大膳武忠

ちはやふる香椎のみやのすきの葉を
ふたゝひかさし我君そきみ

源心天台座主になりてはしめ
てやまのみやまうてにやまをみは
ろかゝて哥よみてやまきれ侍る

良暹法師

こゝをゝくかよふやまちはかすれとも
はふはまゆくゝちところれし

藤原基清か蔵人にてかうふり
たまはりて殿上まかれいまその

ひけりけるに

藤原家経

おもひわれはさはなをやすらむ
くものかよひちうちまみえて

一品宮天王寺にまいりたまひて
ひころ御念仏せさせたまひ
けるにまいりてものへすとて
きこえまうて奉りけるによめる

前周防守従四
位上頼祐鍾
四位下備後守
資能男　母
能通朝臣女
良門内舎人
流藤輔忠孫
末葉也陵從
征者也行性
見也

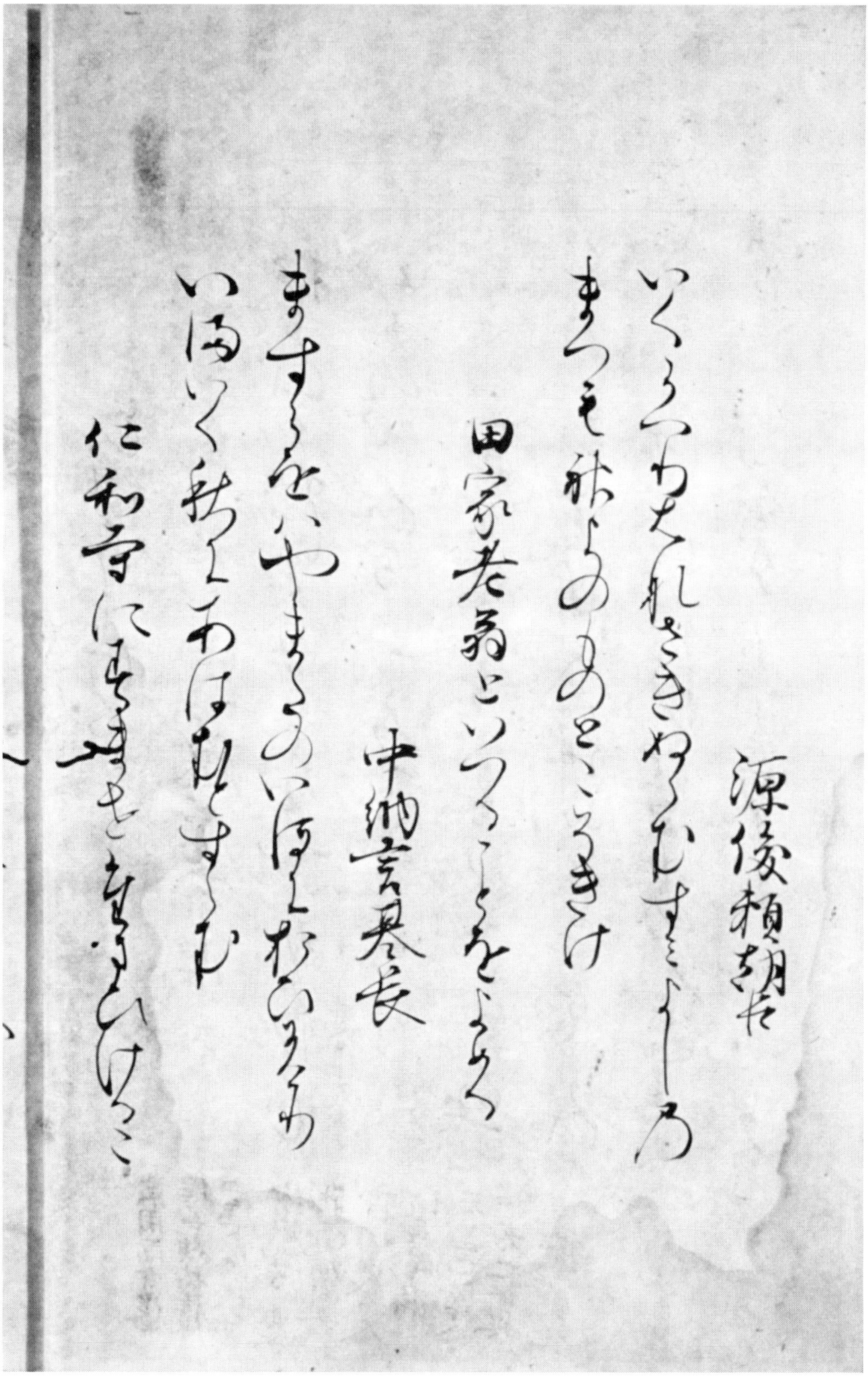
源俊頼朝臣
いくかへりはなさきぬらむすみよしの
まつもかみよのものとこそきけ
田家老翁といふことをよめる
中納言基長
ますらをはやまたのいほにおいにけり
いまいくあきにあはむとすらむ
仁和寺にこもりておもひけるこ

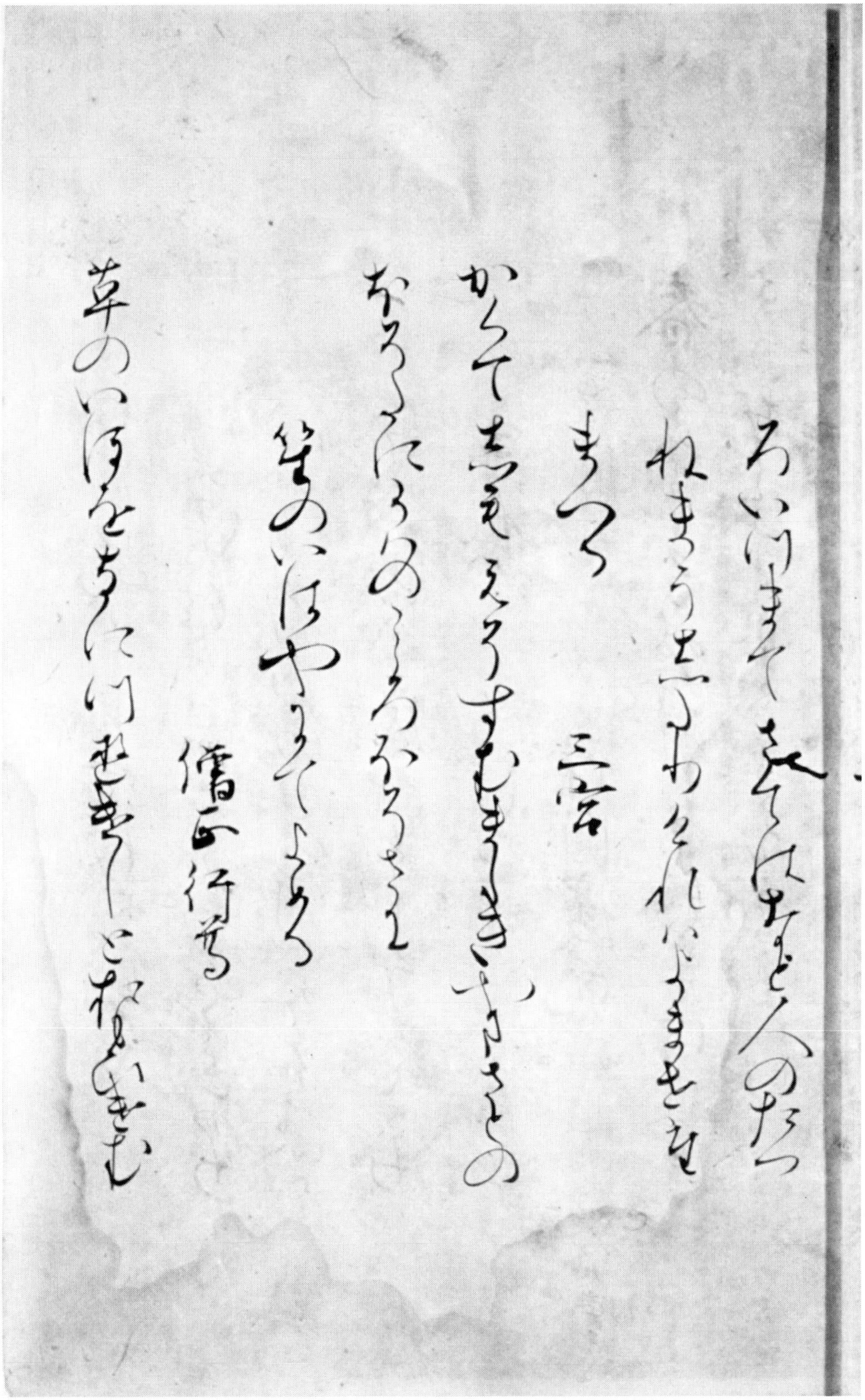

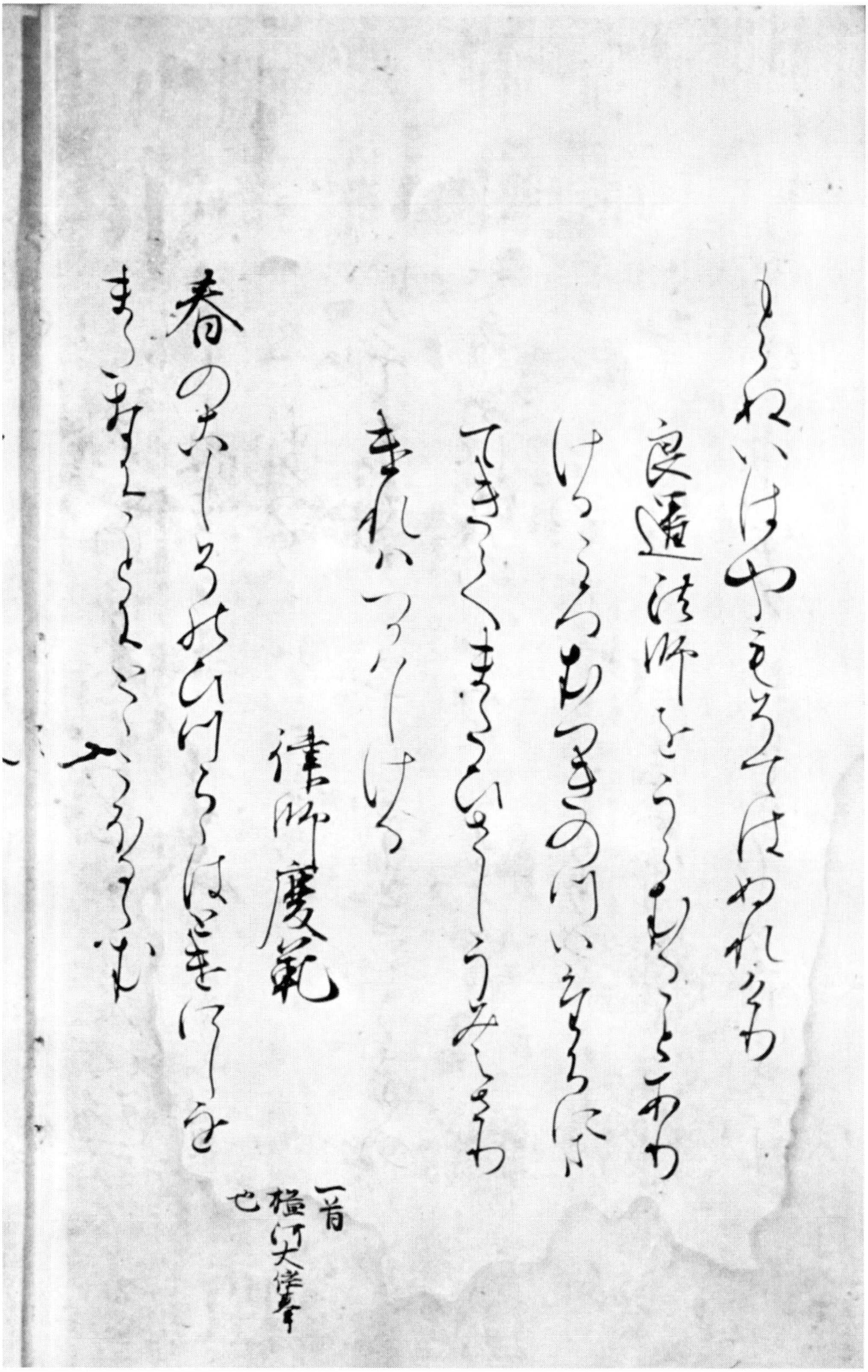
良暹法師
律師慶範

對山待月といへることをよめる
藤原正季
このよふはやまのはいつれ月をのみ
まつとしもまてもやとねつきけり
山里にてあかつきの月をみて
よめる　　　　僧正行尊
このまもるありあけの月のひかりにも
なれつるわか身をそおもひける

宇治前太政大臣ときのうたよみと
もをめして月のうたよませ給
ひけるにまうてにもいく三資卿の許へ
つかはしける

源師光

かすならねはきゝてふ月かきり
しれねたにのすらすあかしつ

僧都頼基　叡明山にてあかつきと

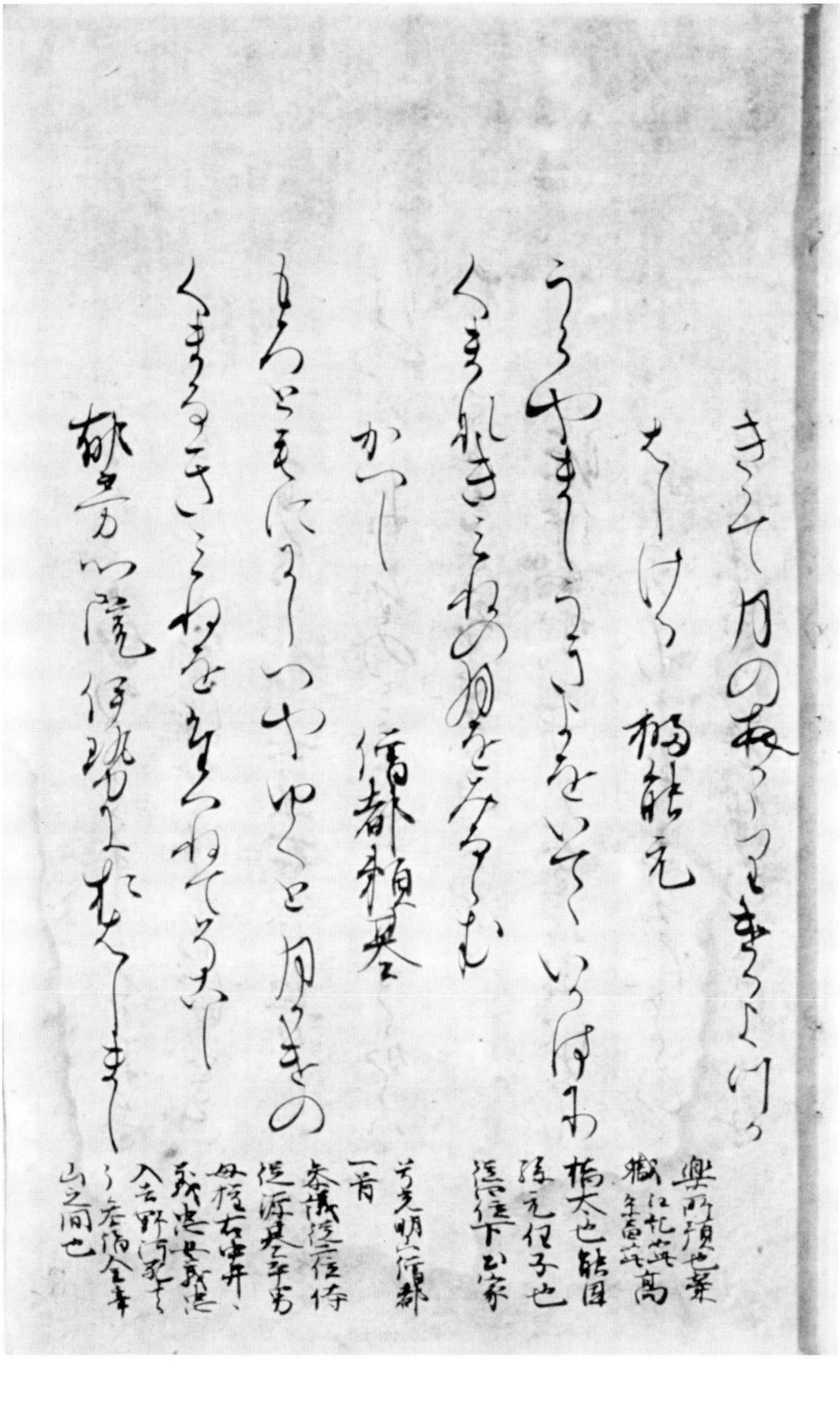

まくらこそわつらはしくさわき
ろにすゝかけをつるわけるとき
よめる　　六条右大臣北方
三首　治部卿隆俊女
はやくよりわかたのめしすゝかけは
なほよるこそきてもゆく
源仲正女かねすみ皇后宮にて
あそひわたるをまろにてとらく
なかときさせたまひてけることを

よわてさもなきまのくさめ
さもなまひきしけきしる
かりひきるしけるをきく
くらすまとのやちよいのるき[illegible]
ろ　横津
これやまふくらきにかよふらむ
ちよをそへにひきうつきかな
かつし　善乃

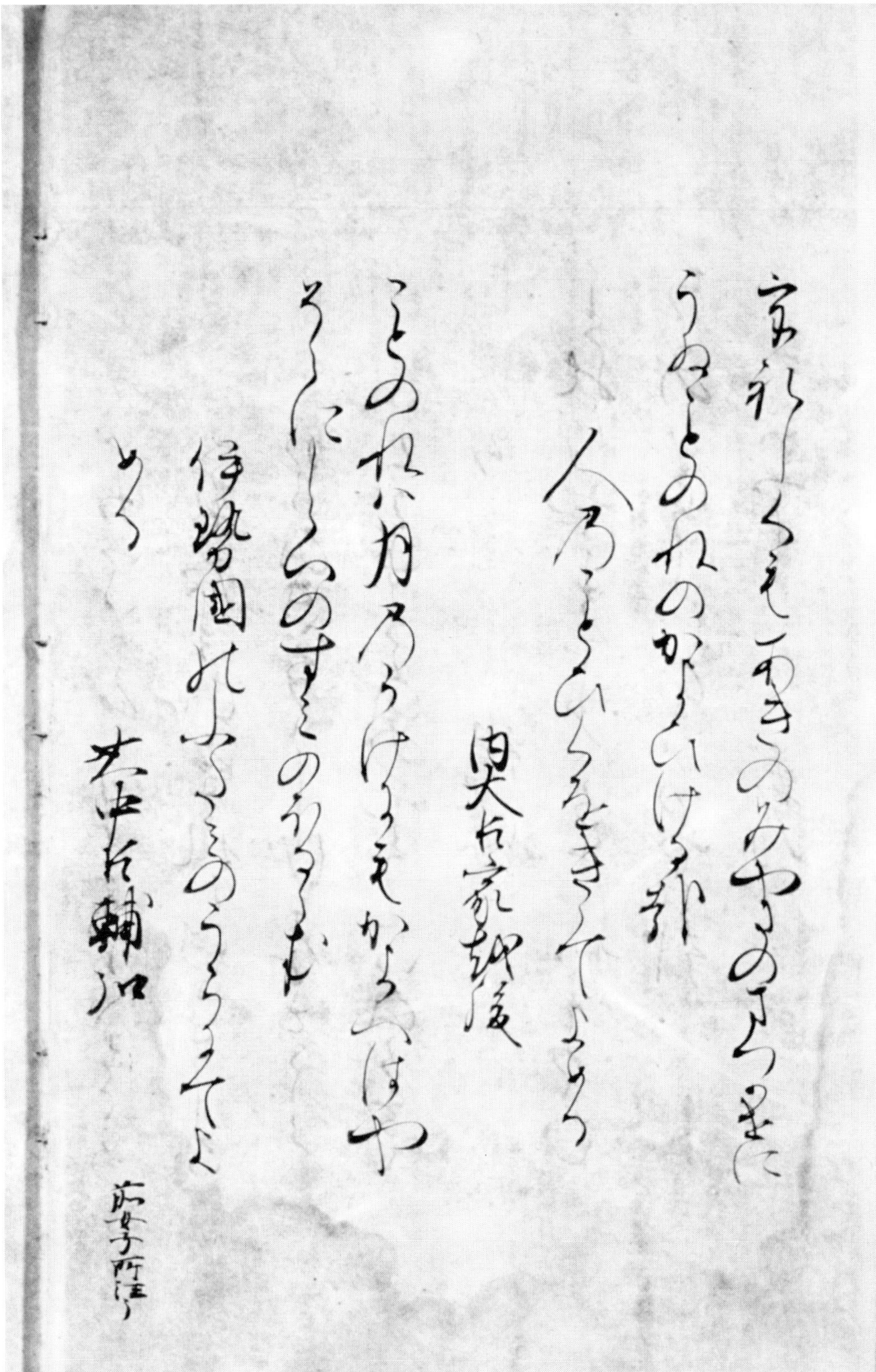

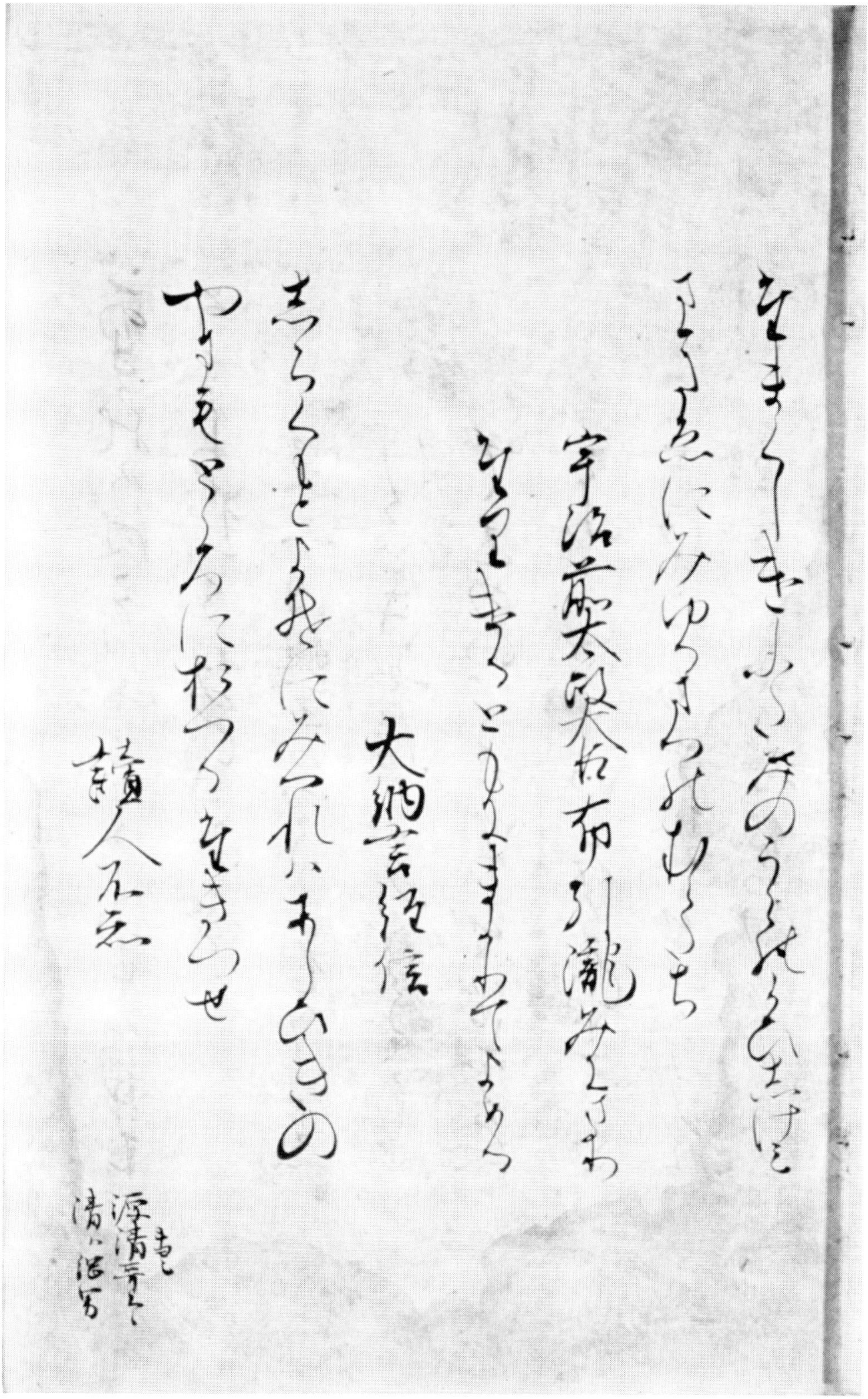

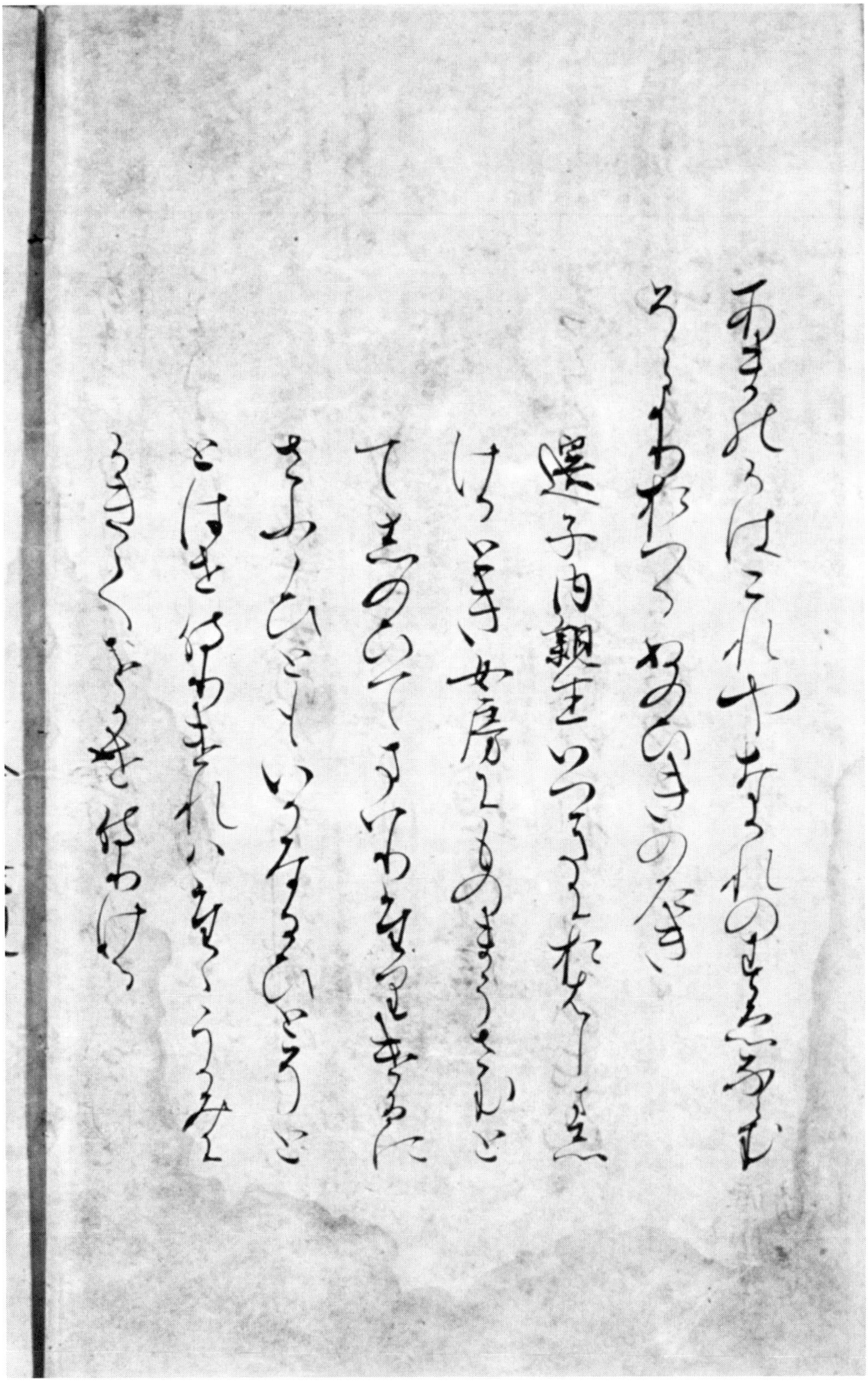

藤原惟規
かみかきはきのまろとのにあらねとも
なのりをせねは人とかめけり
郁芳門院伊勢におはしまし
けるとき下りさまにくさつ
にわたりにてすゐらきかれの
こゑのほのきこえしきれはよあ
れし
六条右大臣北方

秋きのあはれとはたれもしるをすき
はるもひしらまれかねのこゑかな

前斎宮いせにおはしましける
ころ寮頭保俊御祭の使にて
のぼりけるにわかれををしみてほど
すぎてこれをまうでくる
まけ事などまうしたりけ
けるにつかはしていひつかはしける

白河院女房六
前斎宮善子
藤原保俊前
右衛門佐忠後
号右兵衛督
良頼卿

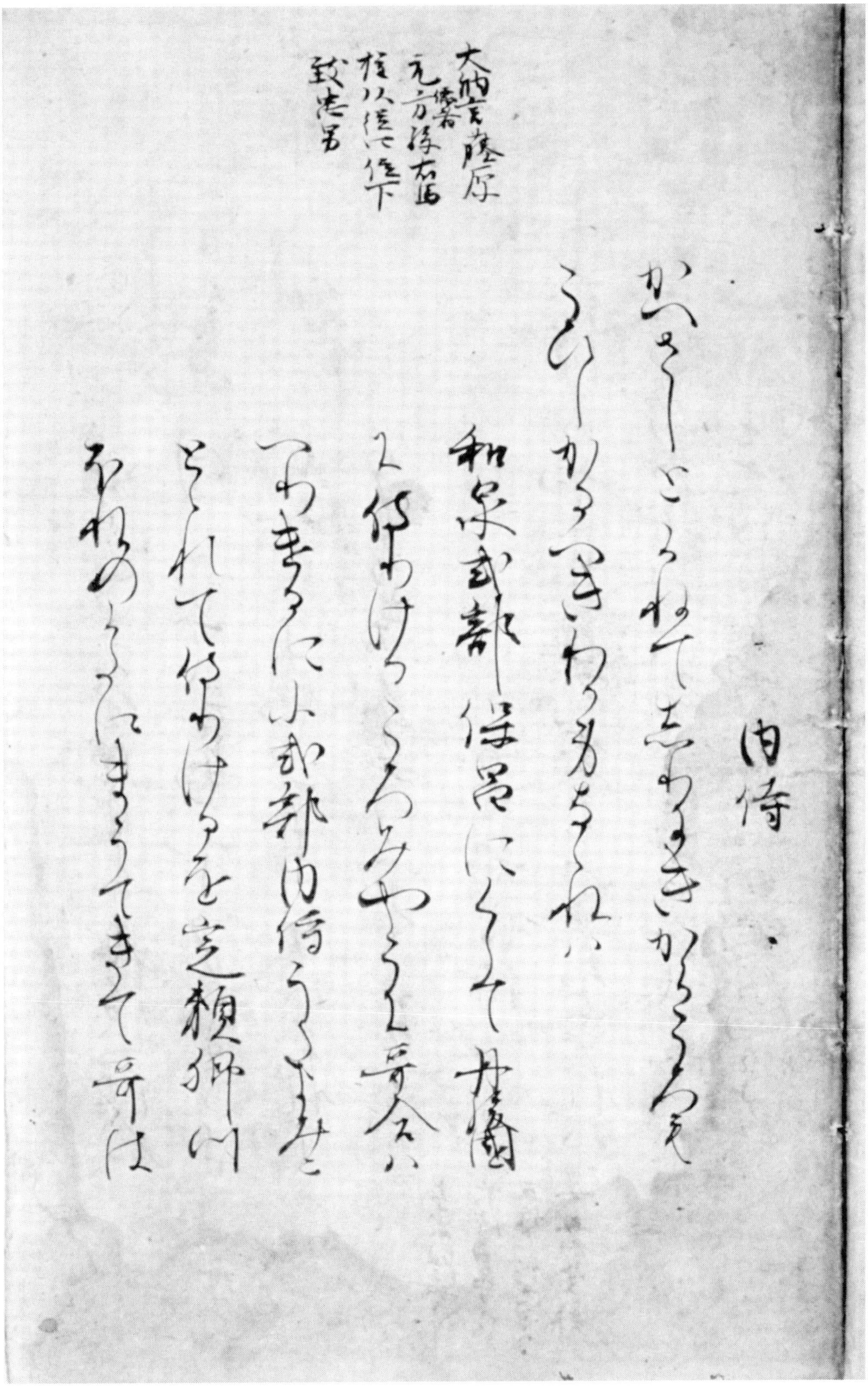

内侍

かへしこそねて[illegible]
こひしかるへきわか身なりけれ

大納言藤原元方孫右馬権頭従五位下致忠男

和泉式部保昌にくして丹後国に
侍けるころみやこに哥合の
ありけるに小式部内侍うたよみに
とられて侍けるを定頼卿つ
ほねのかたにまうてきて哥は

いかゝせさせ給ふ丹後へ人
はつかはしてけむやつかひま
うてこすやなとたはふれて
たちけるをひきとゝめて

小式部内侍

上東門院女房
前陸奥守従
五位上橘道貞
女　母和泉式部

おほえやまいくのゝみちのとほけれは
またふみもみすあまのはしたて
志ほゆあみしにのうちのゝく

さはかりわきまにみえしものを

よつくしあそてみやこなかりけり

むすめのおやけりてすてよめる

平康貞女

いかれつむしなれなきのたちゐゐし

きみくまそのいのちともかな

かへし　むねかね

あかぬすくあきのたわさとみふらん

ろくのうしとみつなきこそ井

堀河院百首

百首哥の中に夢のこゝろを詠

修理大夫顕季

うたゝねの夢なかりせはわかれにし
むかしの人をまたもみましや

擣衣のこゝろをよめる

参議師頼

さよわしおとねもくはるし　みちのくの

あさられぬやまにもひねおもふらむ
この葉散しけるときうこれ
くやしくとてよめる
藤原顕輔朝臣
いさのきしかれぬものゆへなにかしの
をかれつものはちらしそてける
式部いしやまにまいりけるに大
津といふところにてよふけてききける

れそひとのきさいのみやにさふらひく
のたまひけるをそねみまかりかへ
りぬれはしけはうちわたしまつりし
けるをきゝてよめる
和泉式部
上東門院女房
越前守正四位下
大江雅致女
號中納言侍母
女之母越中
守正四位下平
保衡女太皇
太后宮昌子内
親王乳母和
泉守橘道貞
為妻以号和泉
さきのおもふまつはゝいつとさはらしむ
しきはうへそさらにみまわ
公實卿のもとにまかりたりけるとき

ろにてはつかきれしかなくにをきゝ　弁九　武部重為
なるをけるかうちをみてさふら
ひとかくことゐまていとゝゝわかの
御たちてあらそひそれそ
時房をとりてすなはちまゐらすを
きゝてなけきて院の御ところさ
くをすゝめしきといふくつもしゝわ
きれは御うちにめしつきてわき

不尋　藤原時房

散位従五位下
上野守従任
下成信男母
行宣女歟
惟正

あつさゆみさこそはそりのたかゝらめ
はるほともなくかへるへしやは

をくれゐてみあて猶つく
たちゐもわすれてのちの人まで
あくなくわすれちとまきうまと
きこえてかけきぬにみなく
よめる　　　　春宮大夫公実

時中経済説男
時中小右大臣
雅信男

なきかれふす人のゆくさはしてかきす
わすれしにはみをおしうみし
大貳資通　しのひてものいひ
けるをほとなくさりちと人の
かくれによめる
さかみ
いつもとむやまにかゝふるきはの
しらくのまにてうつれしなきみを

肥後内侍わすられてなけ
くを御覧してよませ給ひ
ける　　　堀河院御製
わすられてなけくたもとをみるからに
さもあらぬそてのしほれぬるかな
　　　　水くるまをみてよめる
　　　　　　　　僧正行尊
はやきせにたゝねはわれそみつくるま

これをうけたまはりて
みかどかく事ありて まつりけ
ふところ上東門院にかくしおきて
まつりて人にしらせて なけ
けるに

堀河右大臣

つねはこのみのほどをかこつれは
あはれしこそ思ひにあはれにたる郁

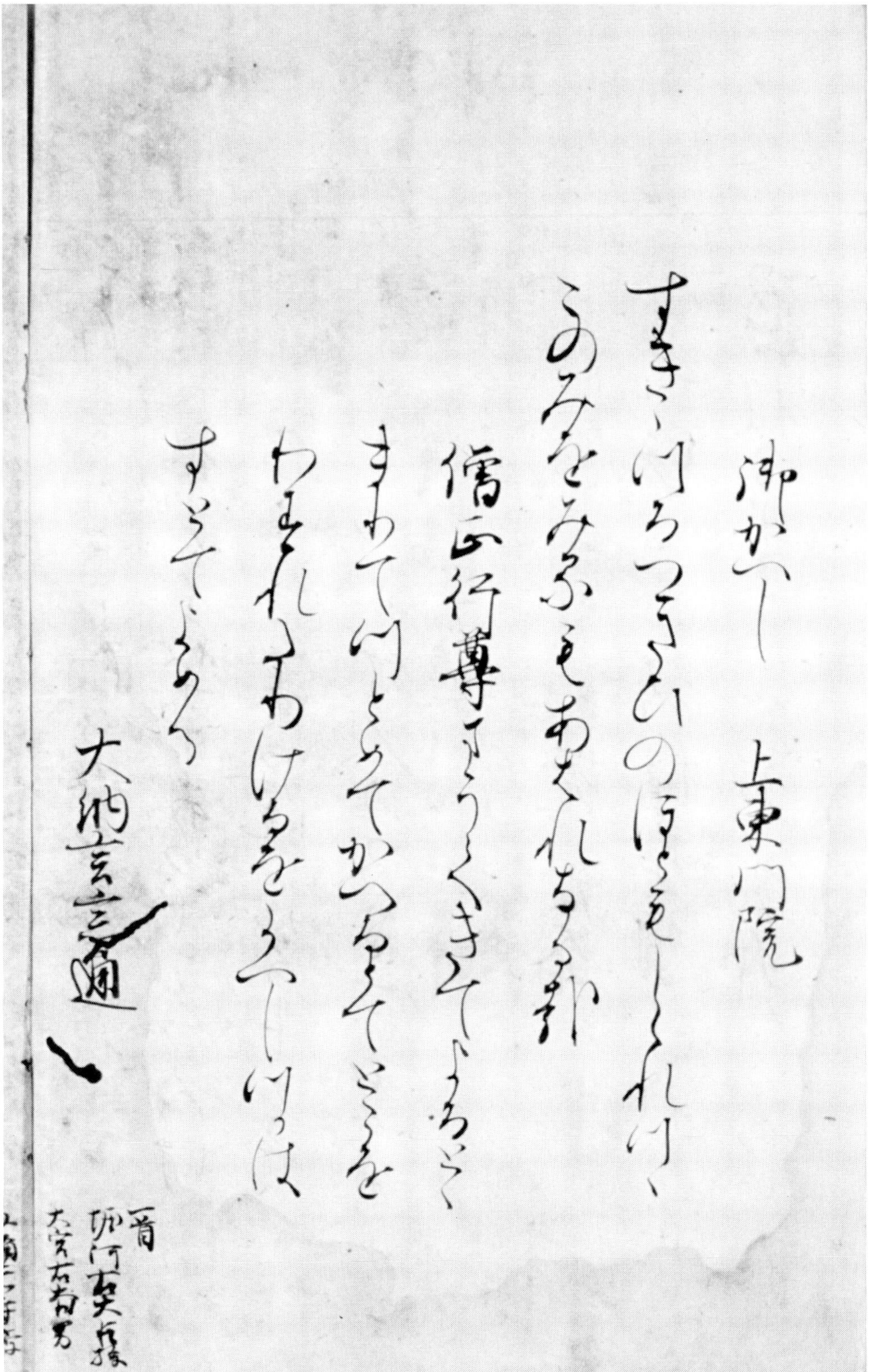

御かへし　上東門院

まきゝけるつきひのほともしられけり
このみをみるもあはれなる哉

僧正行尊まうてきてよもすから
まかりてけるとてかへるとてことを
わすれたりけるをかへしつかは
すとてよめる

大納言入道

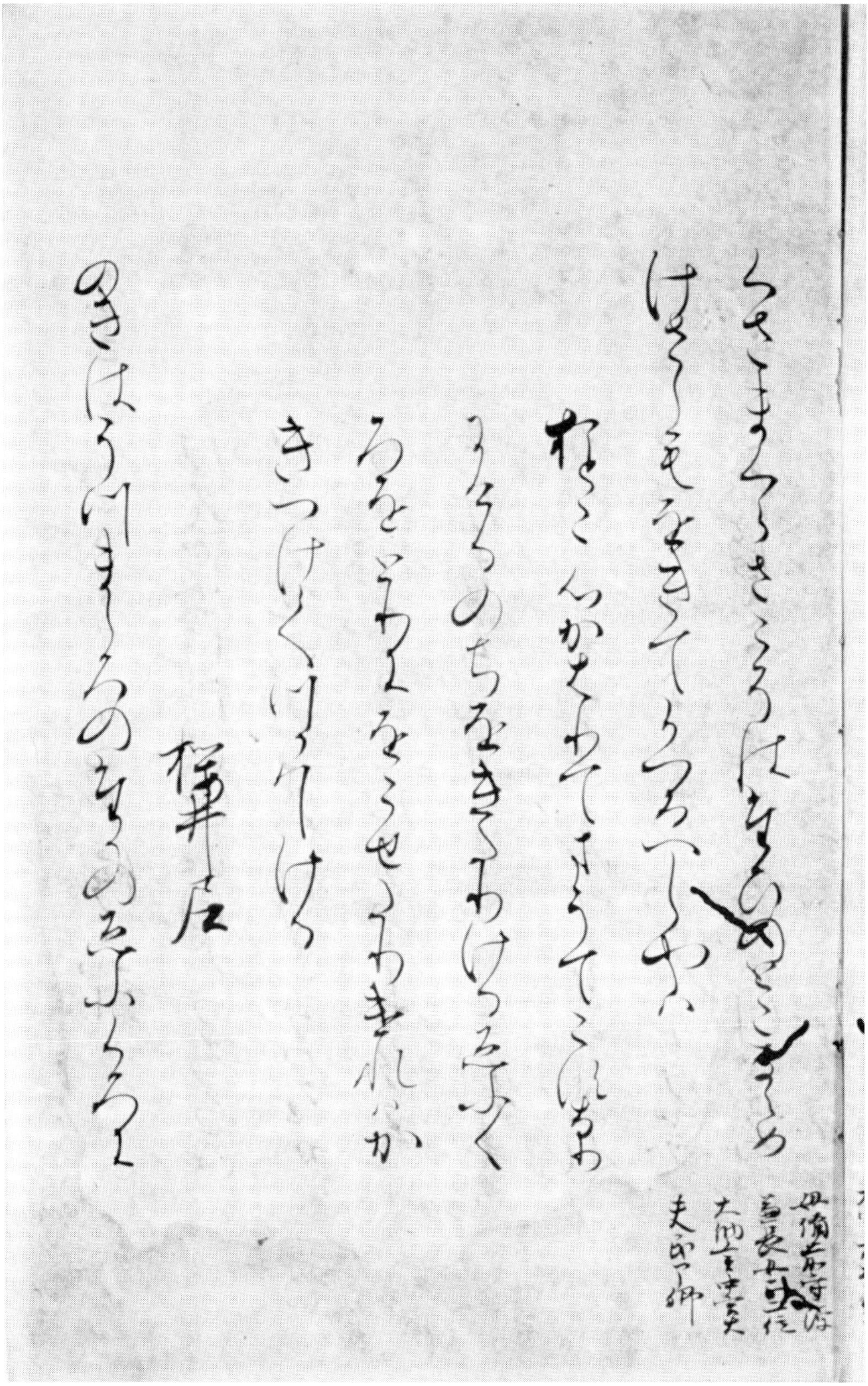

なきころをきてうつしはへりける
後冷泉院御時近江国よりわかなまゐらせ
かすをたくさんまゐるをか
くしてなるきたまひてあふるを
女房たちゆるしてわかちまゐれしを
そのくちをさしよみてたてまつれ
させてよくよませたまひし人にみせ
これはこともなきことなれいけまつ

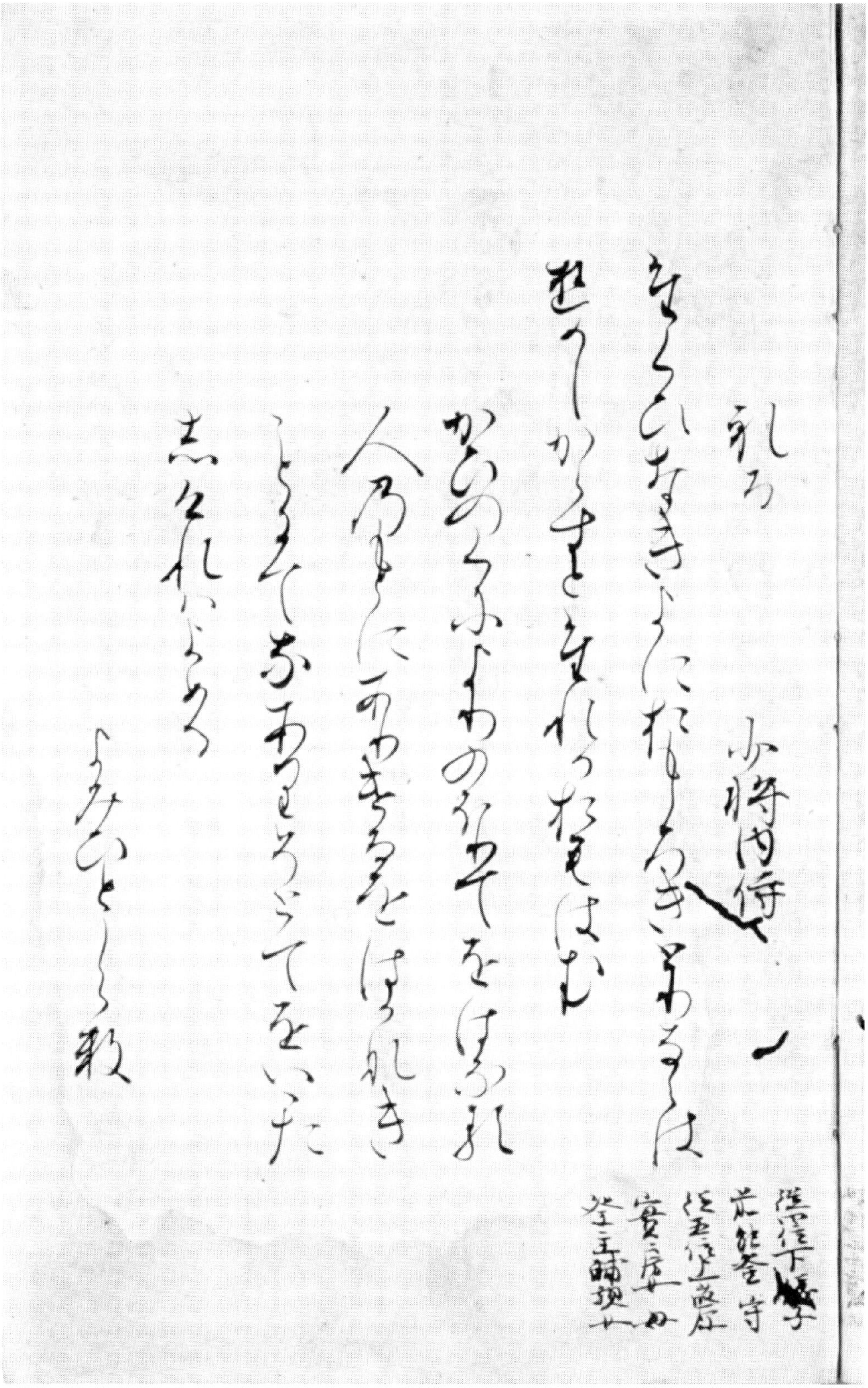
少將内侍

かれこのまゝひあらしあらまほしきは
をはといふものはわいそてさゝまし
百首哥のなかに山里をよめる
修理大夫顕季
むかしのさとはわするゝしはのさは
いつのさとすみまさせてゝみつ
読人不知
藤原仲實朝臣
よしあれいわいてきにあそしさを

くものうへにし侍りけるを
殿上おりて侍りけるころ人の殿上
しけるをみてよめる
源行宗朝臣
うらやましくものかけはしたちかへり
ふたゝひのほるみちをしらはや
殿上まうしたまはりてさふらひけれは
よめる　　平忠盛朝臣

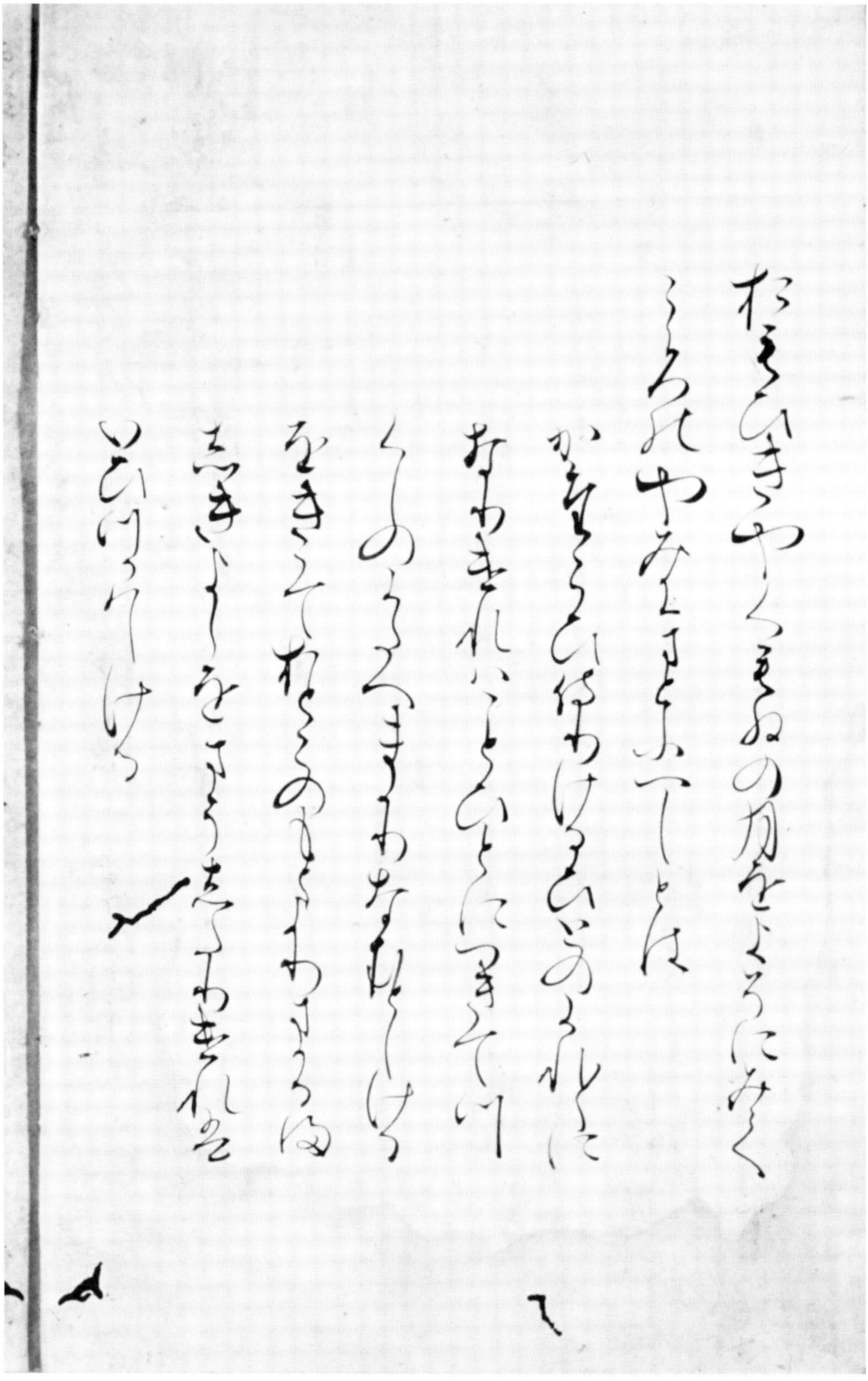
おもひきやくもゐの月をよそにみて
こゝろのやみにまよふへしとは

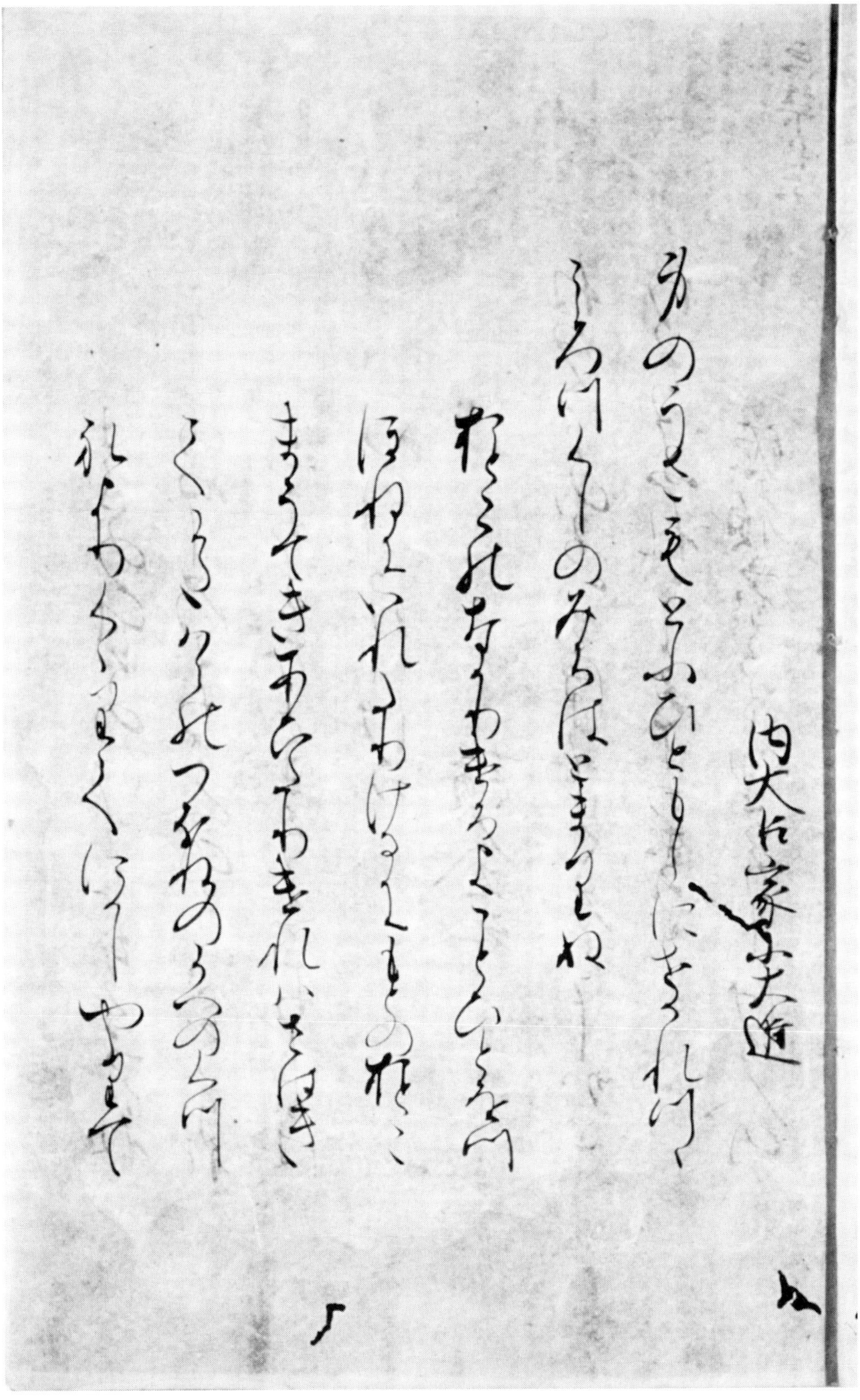
内大臣家小大進

まきのいたのはつしもおくつまれ
のやまかくのこころされ
きわるなとまうさむとすわしは
いなけりける

読人不知

ねやくよのおもはりしくみえしかど
わかちふれいのよるまかする

源頼家朝臣のまうしける人の

忠隆下野前

宇田入道前大納言

宇母平納言
雅仲女
哥在後拾遺

五節にいてゝはへるをきゝて
ましるやあまつかせなしを
みゝろもさるのあめのうれしな
きよにとよみてけりわけゝ
うつましく
源光縁
ひかけにはなきこれしあらはれをみゝや
きてみよかしなへうかきれ

一首
無前記滿録
也ヲ九生卑下
代

経信卿にくしてはかたにはへ
りけるに肥後守盛房かの
たちのあれみせむとまうしてを
ともせさりけれはいそきたちて
なきまれはかまれたりけるを
まうしわかれはいひつかはし
ける

源俊頼朝臣

なきかけにかけゝるたちもあるものを
さやつかのまにわすれはてける
大峯にて神仙といふところに
ひさしう侍りけれは同行ともみ
なかきりありてまかりけれは
こゝろほそさによめる
僧正行尊
みし人はひとりわか身にそはねとも

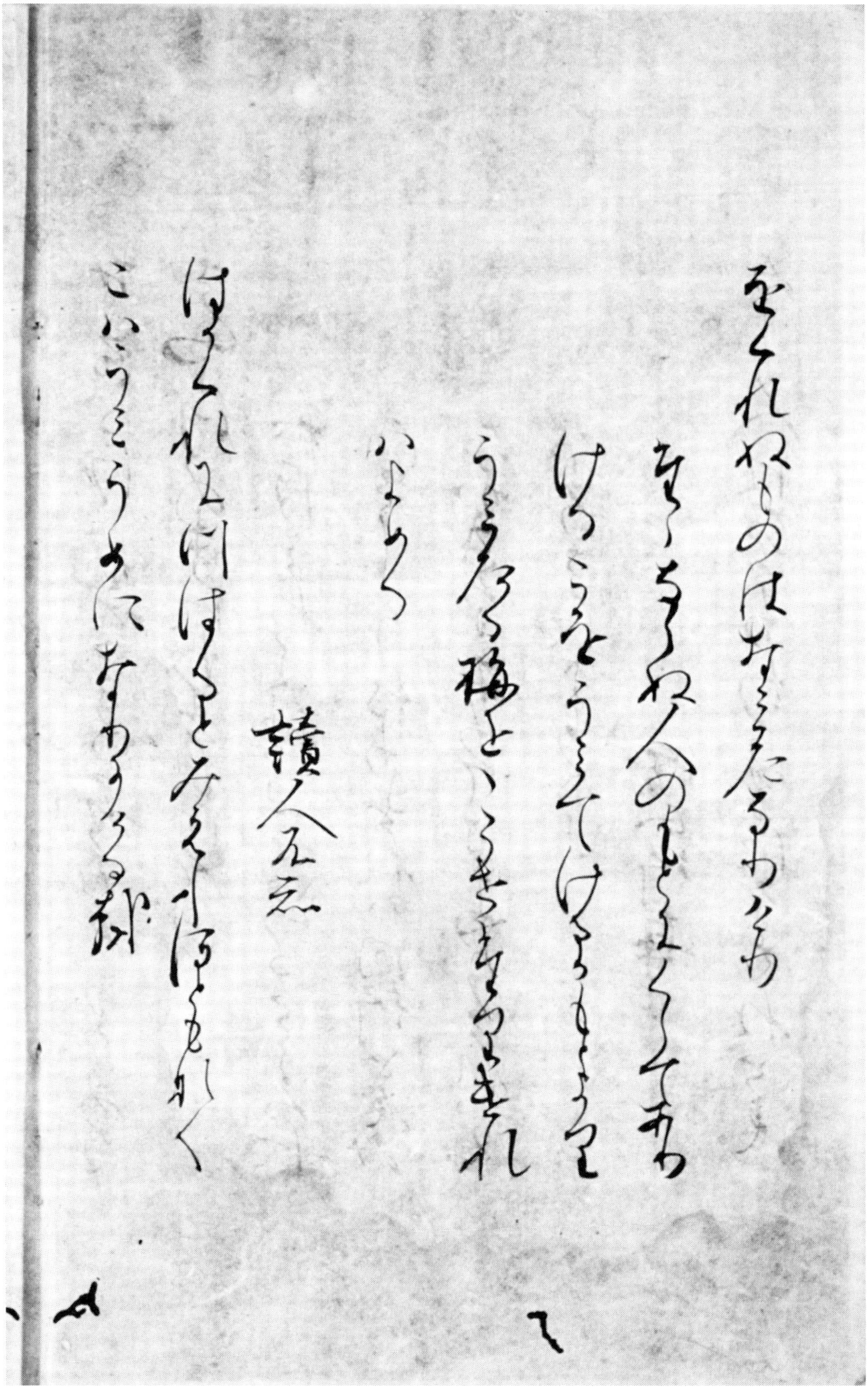

読人不知

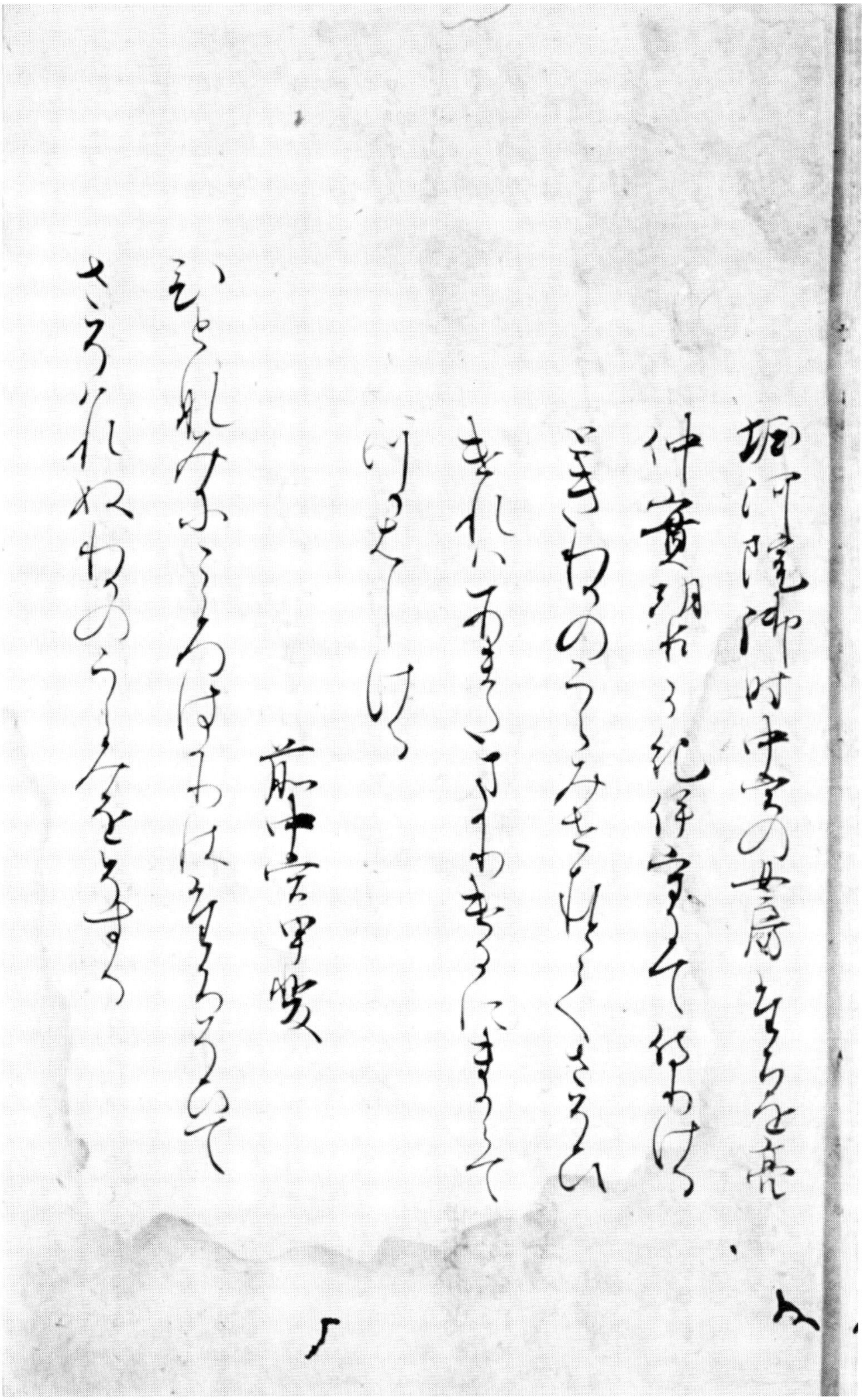

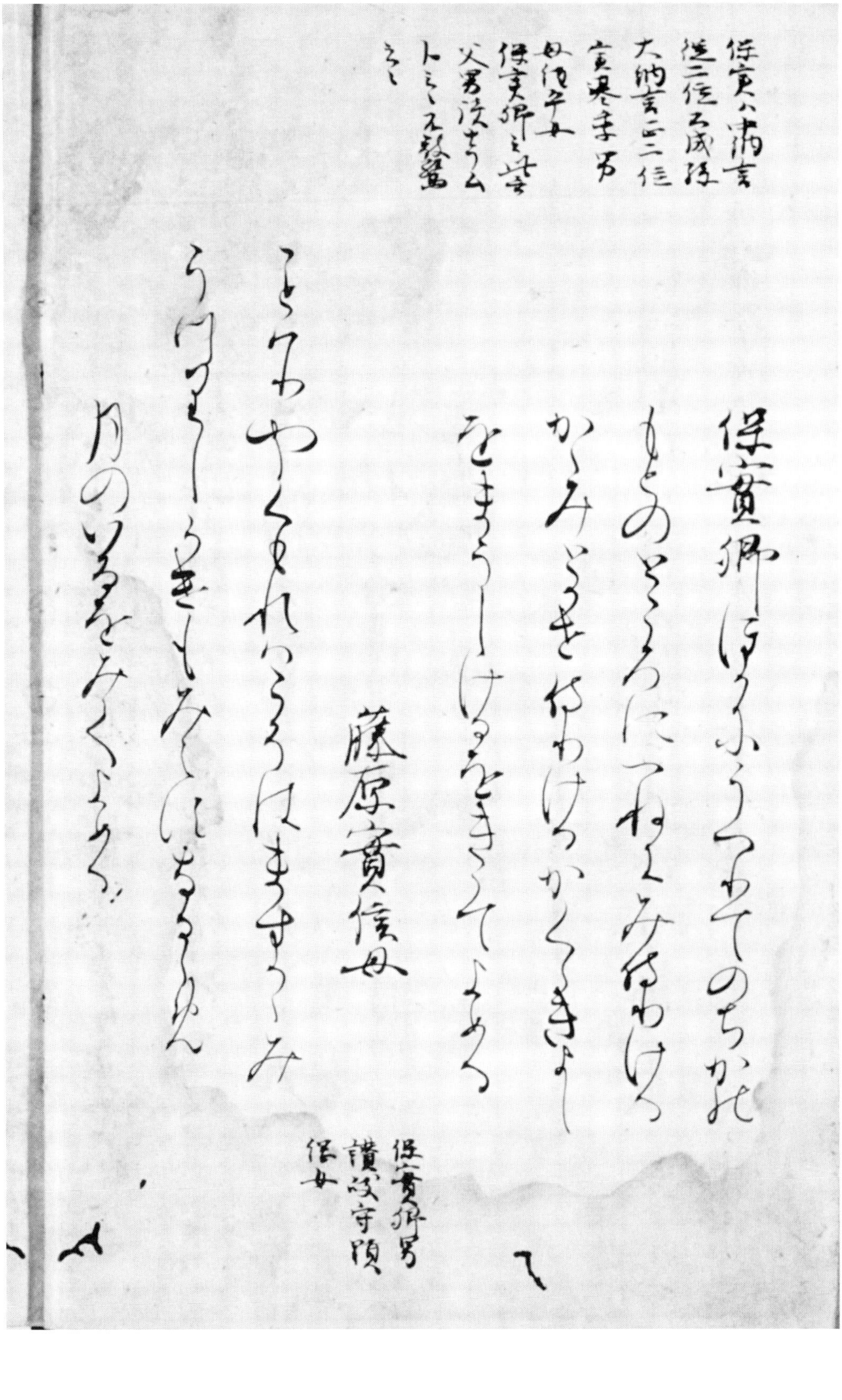

源師賢朝臣

にしへゆくこころはわれもあるものを
ひとりなすくる秋のよの月

為仲朝臣陸奥守にて侍ける時
延任法師ときゝて行つゝきけれ

藤原隆資

まつまれしはあきれしやうちすてゝあかねるを
あふくまのあふかさねねく

志たしき人のかすくまいりて
しのあまたゝちしらとすう
わけるをきゝてよめる
藤原實光朝臣
みやま木のまふしれいちまふく
しらあわくわときくふうわき
屏風のゑにまつすゝのまいらく
ところのなくらすふろかける

ところをよめる

藤原家経朝臣

[illegible]

[illegible]

題読人不知

みのうさをなけき[illegible]

[illegible]

上陽人苦最多少苦老亦苦

ところをよめる
源雅光
おしなへてあしねすそにてなりゆきと
なすきしかろえたをなほもうかかせね

青黛画眉々細長といふことを
よめる
源俊頼朝臣
さわともとろくまゆすみのいろしに

こゝろほそくもおもひきこゆるか
としひさしく修行しありきて
くまのにて験くらへしけるを祐
家卿まゐあひてみまゐりてと
のほかにやせおとろへてすかたも
あやしけにやつれたりけるを
見わすれてこゝなるひとにいふ
ろ人ならさるものほとしなるかし

あはれなるひとゝいひしとをれ
まうてきてよめる
僧正行尊
こゝろこそよをはすてしかまほろしの
すかたも人にわすられにけり
大中臣輔弘祭主をあらそひける
ころ祭主になりたまへると大
神宮にまうてゝくれわたる

きみよのゆめにまくらかはし
られぬ人のおもてよみきゝろ
哥
くされはのおもひくきまくれけゆかれ
なきところなくなけくこのころ
六条右大臣六条の北のかたくなく
いつとちとせおもかくやくまゝわて
みかるとまうちきわかれはなれ

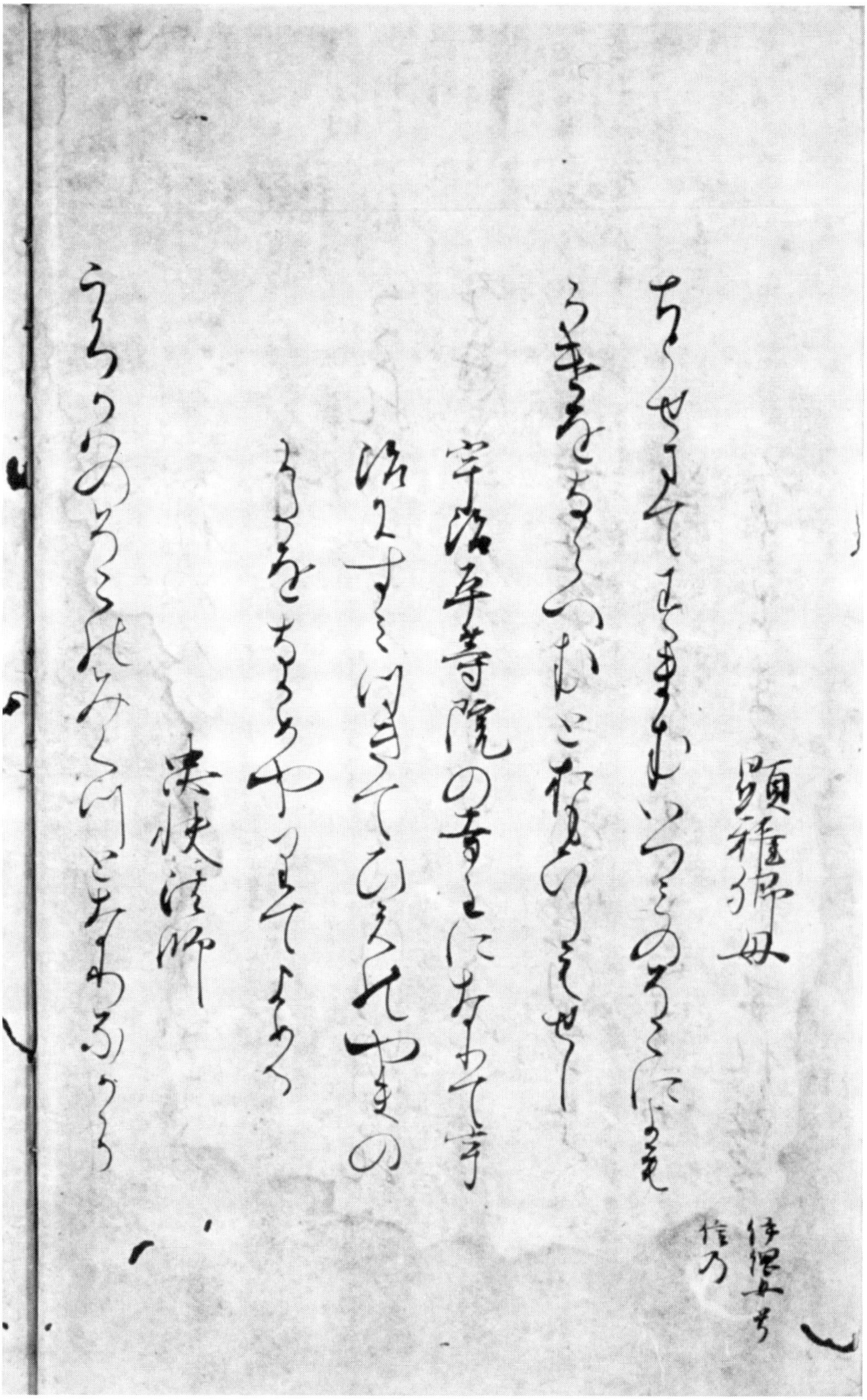

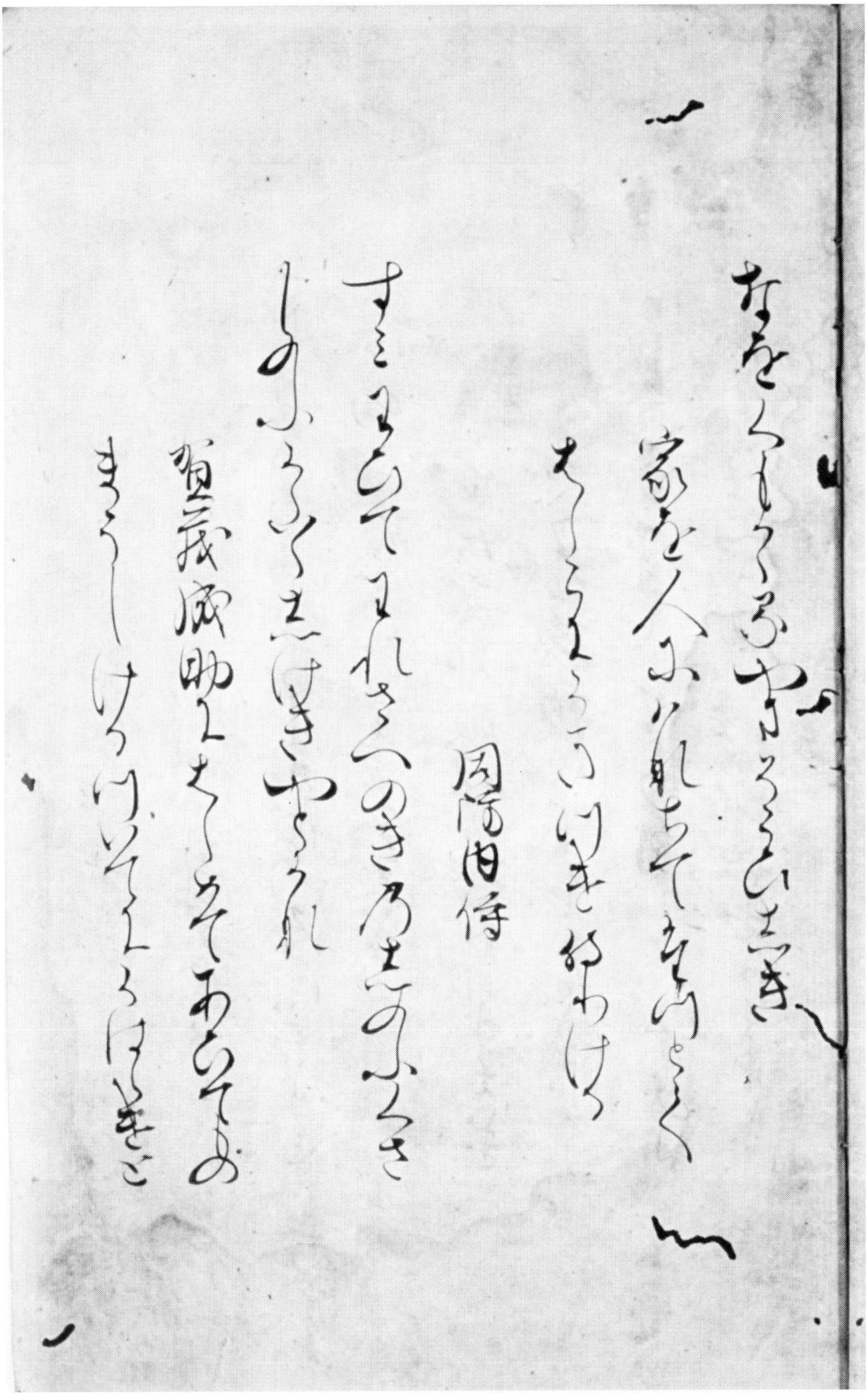
周防内侍
すみわひてわれさへのきのしのふくさ

つらくなりて

津守国基

きゝまゝにみてこしかけのみけきよと
ろこのしろをはふくみるへき

皇后宮に殿殿にたちまゝき
ありける俊頼にしかはてのわかれ
とのみてきこゆる人にあけ
うちへまゐりてよみつきゆくまに

くらしわひけれはいなかへまかり
けるをみて なくなくみなとまてをくり
と女のまゐりたれはなくなくみかはし
なくなくわかれてのちおとつれす
なきてよめる
皇后宮大弐
いまそみるあかけはなをきみなきま
まくものちしとなりにけるかな

大原行蓮聖人の許へころもつ
かはすとてよめる

天台座主仁覚　一首　土御門右大臣師房三男也　義房和尚文　号桜井座主

あはれはむとたよふらはのゐきれと
はくくむそてのさへてあるかな

百首哥中述懐のこゝろをよめ
る

源俊頼朝臣　堀河院百首也　種哥及哥也

よのなかはうきみにそへるかけなれや

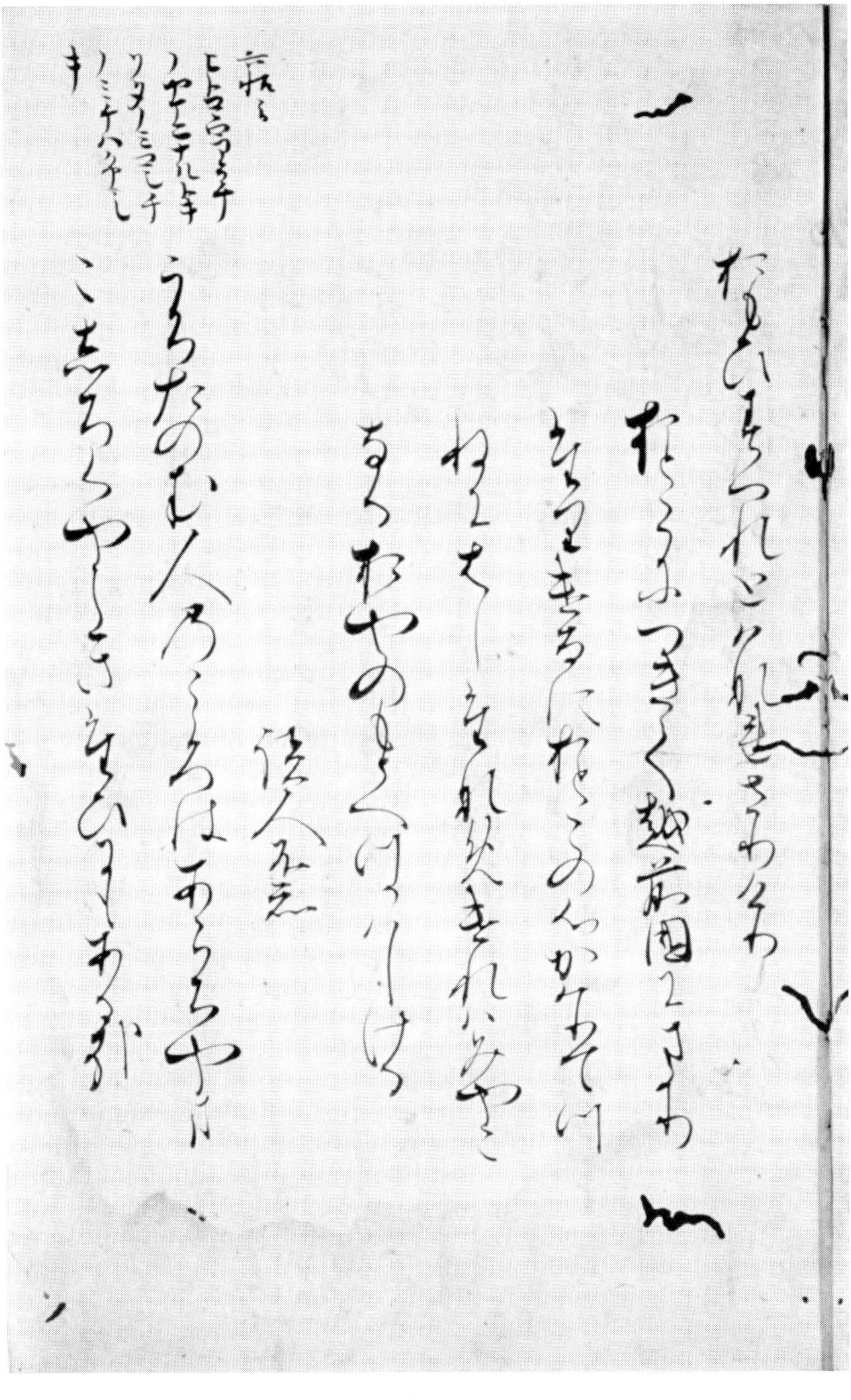

かへし　おや

[illegible]

[illegible]

[illegible]

参議師頼

[illegible]かそふれは

むかしをしのふ[illegible]

[illegible]

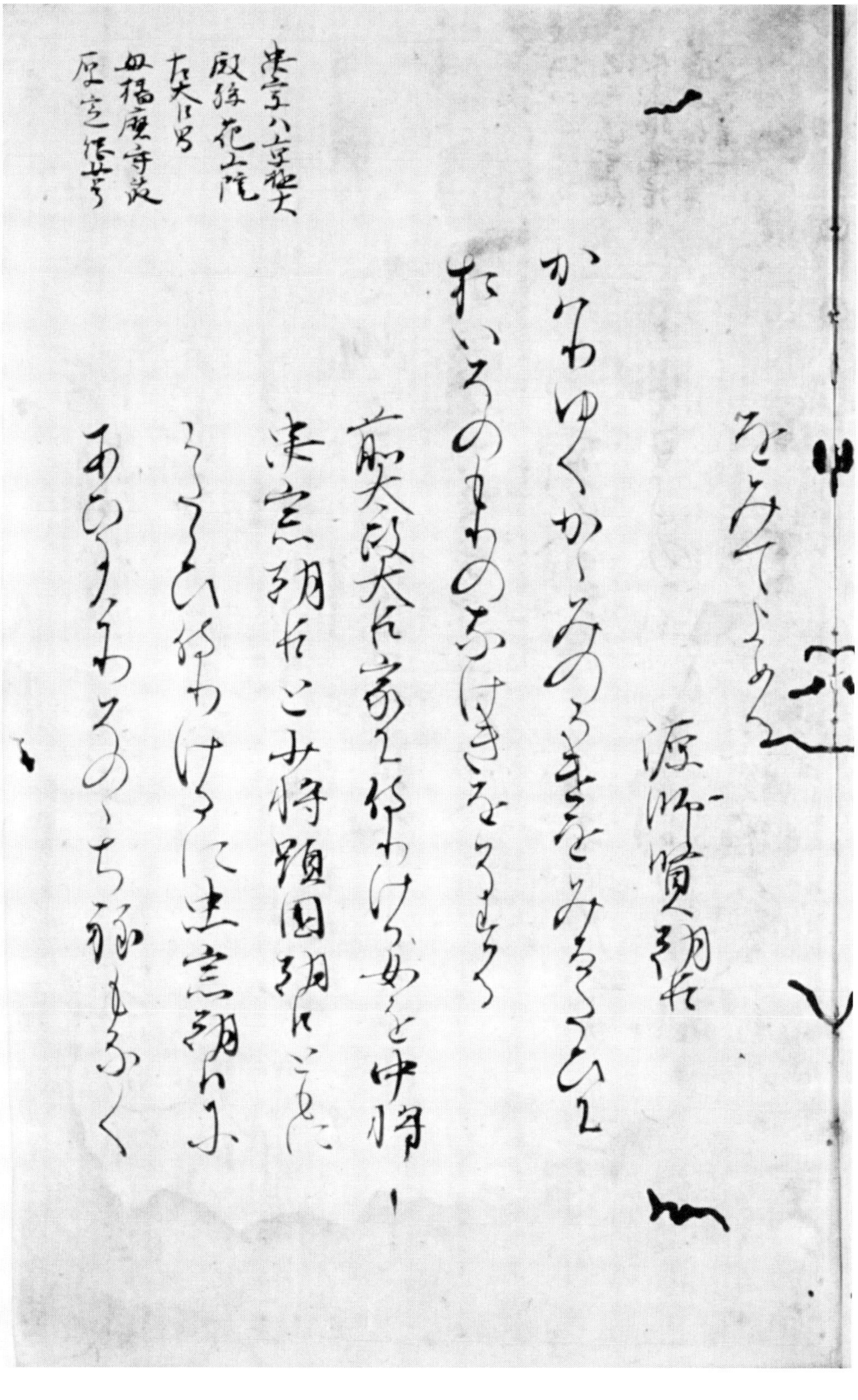

大[illegible]守頼
国八国信卿
男

わすれにしそのさつきにて女のあやめ
かなしけれ
源顕国朝臣
こゆるきのいそきてあらしうひもなく
おもはかるすまときくはする
蔵人親隆うつあわたまもなかく
まつのといけつなしけれ
藤原正家

但馬守隆方
按察議三位
大蔵卿為房
男 [illegible]

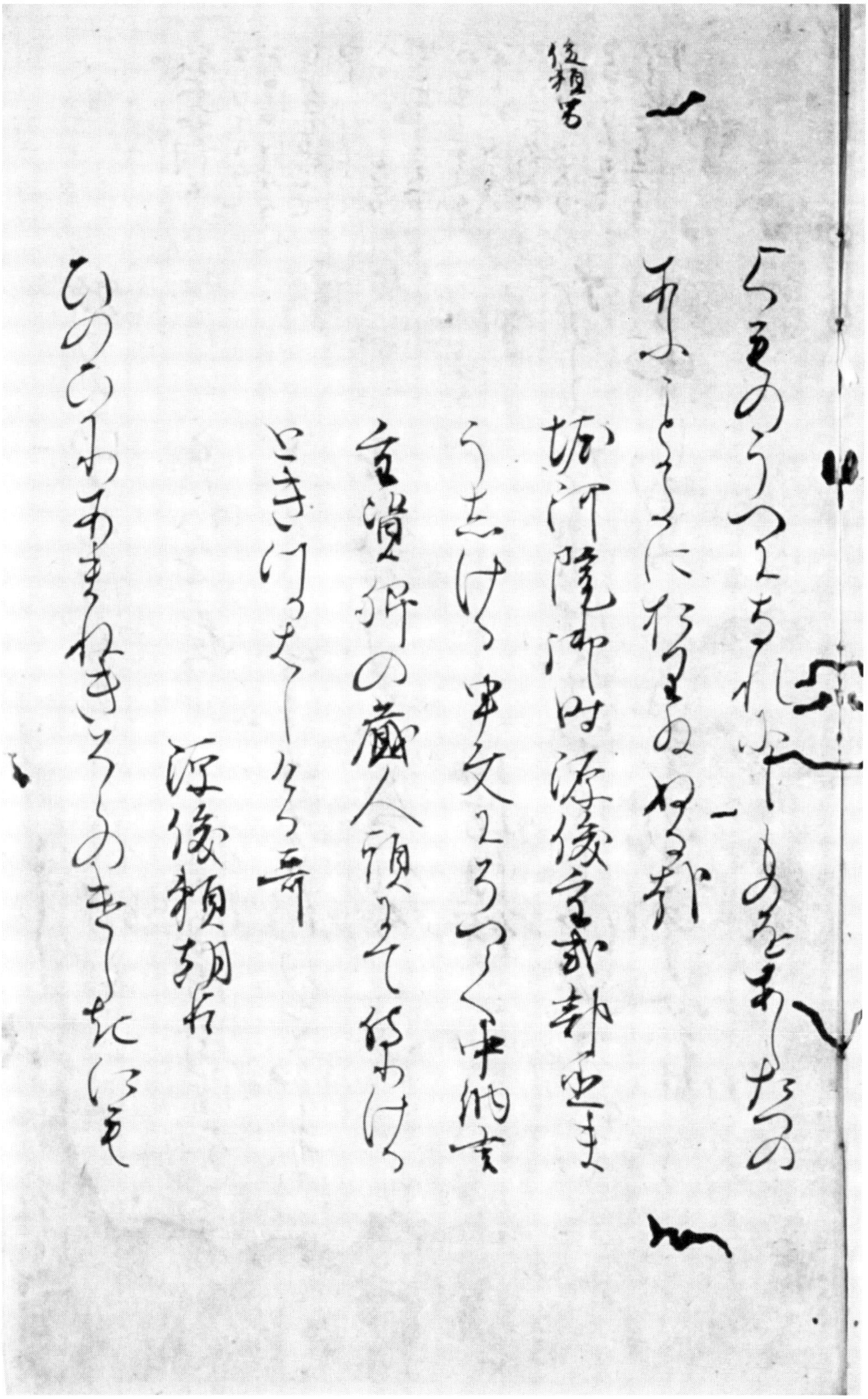

[illegible]

[illegible]

堀河院御時源俊重式部丞ま
うしけるに申文にそへて中納言
右衛門督の蔵人頭にて侍ける
ときつかはしける
源俊頼朝臣
ひのひかりあまねきそらのけしきにも

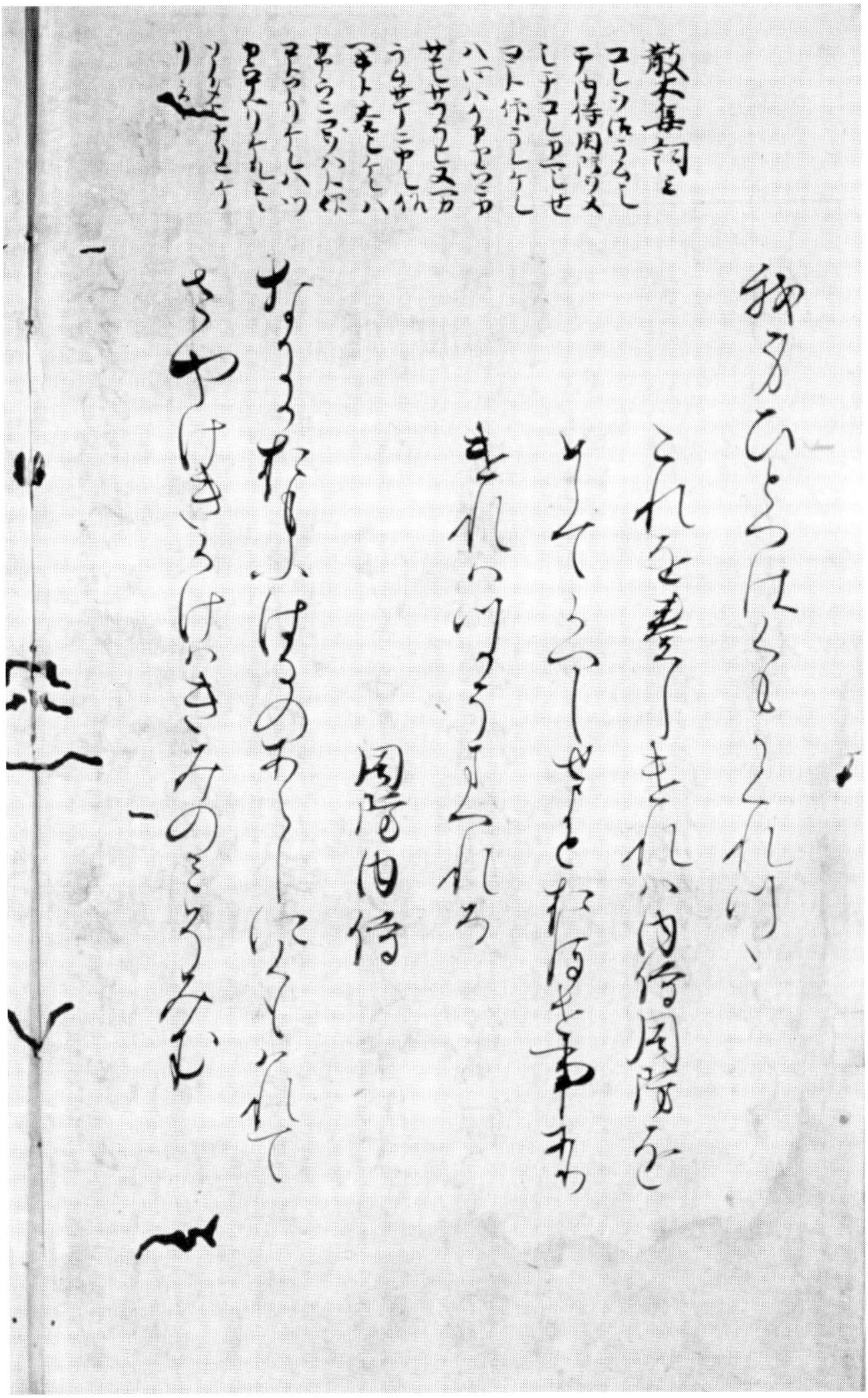

金葉和謌集巻第十

雑部下

公實卿かくれ侍てのちかの家に
まかりたりけるに梅花さかりに
さけるをみてえたにむすひつけ
侍ける　藤原基俊
むかしみしあるしかほにてむめかえの
はなたに我にものかたりせよ

かへし　　　中納言實行

わかころたれのすゝれにしらは
さゝのまをこゝみれはみよ

人々あまたくして花みありきて
のちそたかくふしありける
よ人のよくあちにうちとあれ
わてはかきれいたいけり
子奥縁

さくらゆへいとひしかせのみにしみて
はなよりさきにちりぬへきかな

後三条院かくれさせたまひてその
としの五月五日に一品宮御帳にさう
ふかせ給はさりけるにさくのつわ
ねのさゝれなるをみてよめる
藤原有佐朝臣
あやめ草ねをのみかくるよのなかに

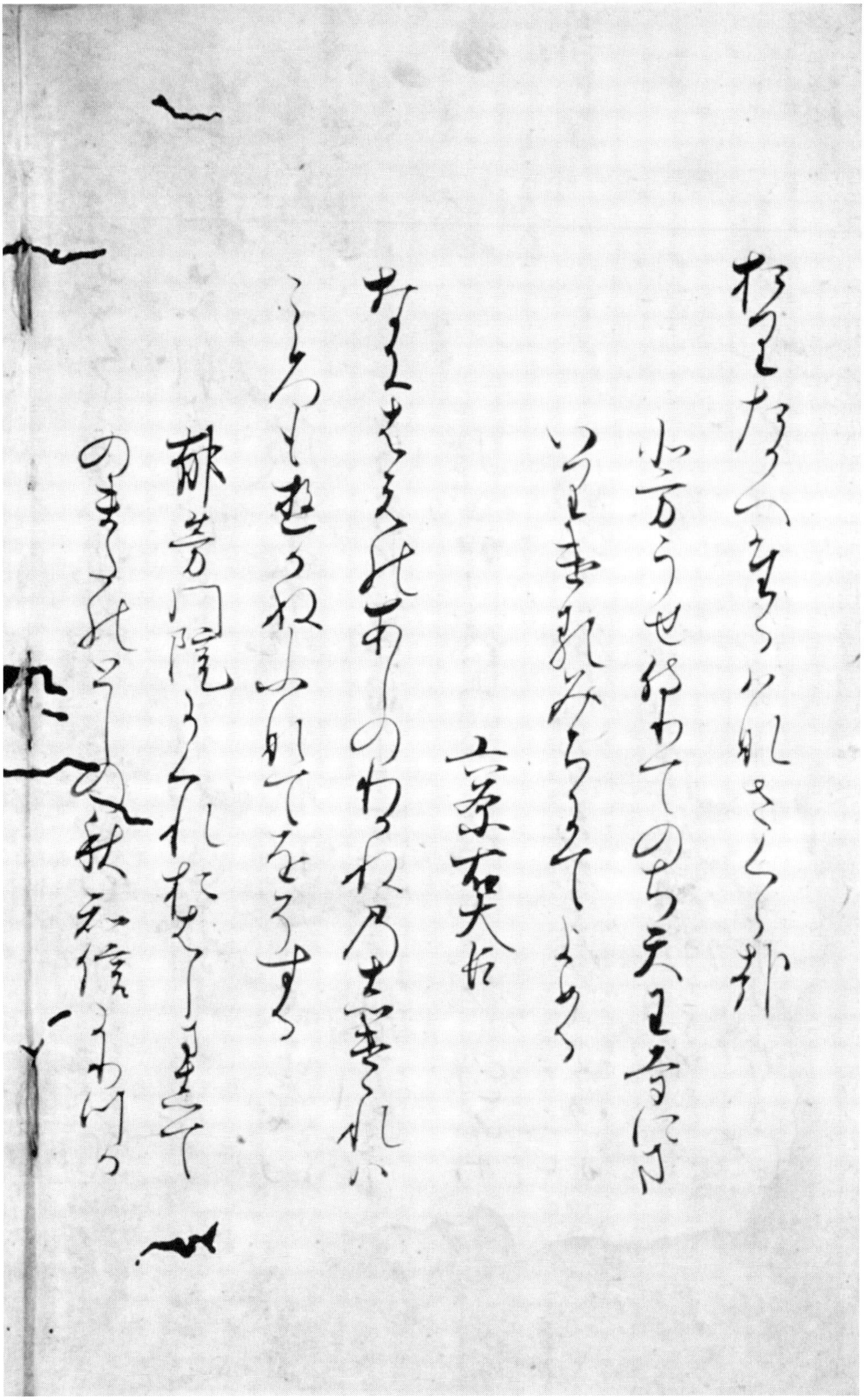

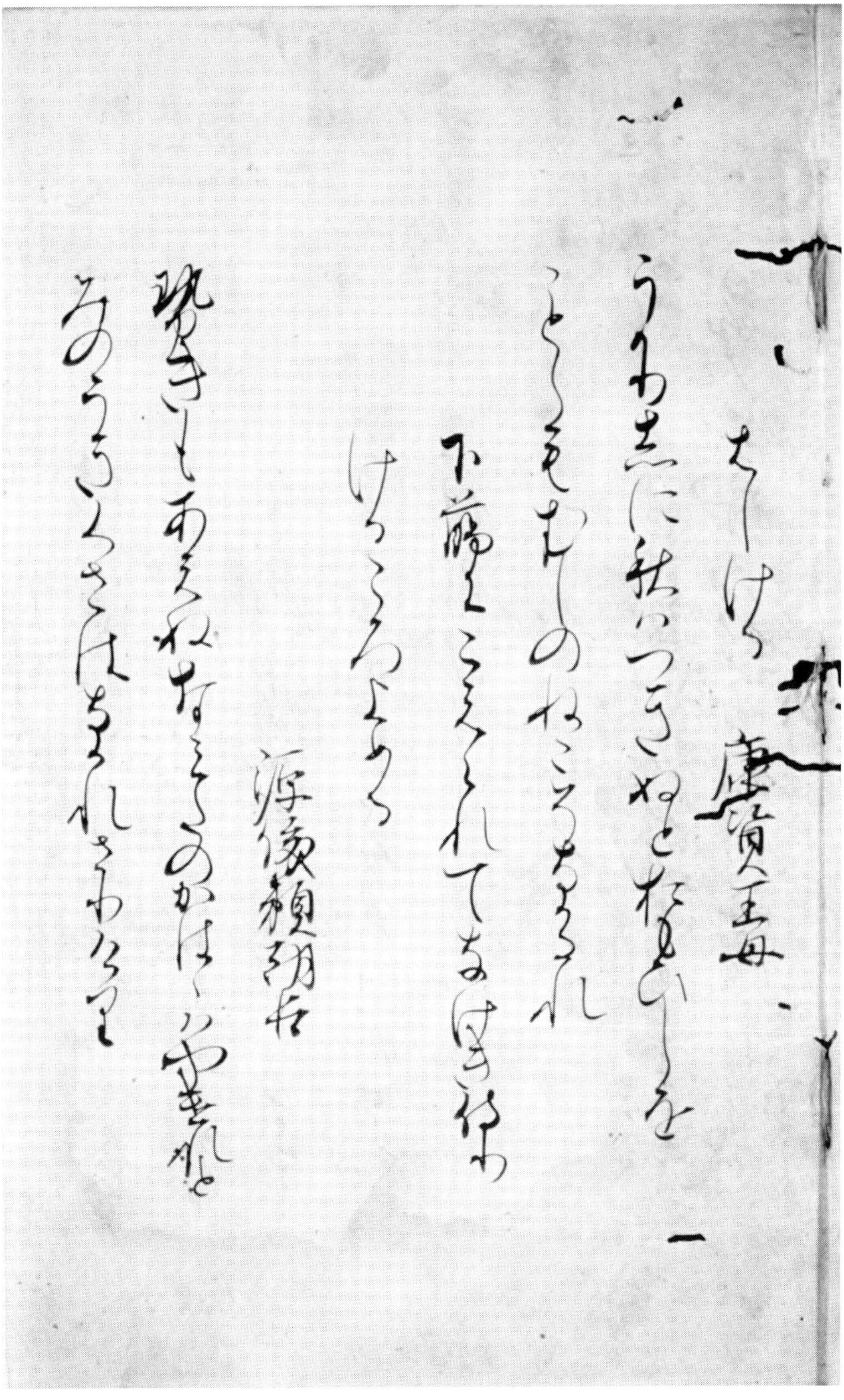

律師實源か許に女房の佛供養
せむとてよはせ侍けれはまかり
たるに手箱を布施にしたりける
まるをとりてみれはかきつく
られける哥
　　　讀人不知

たまくしけかけこにちりもすゑさりし
ふたおやなからなきみとをしれ

おほちにこゑせて侍りけるを
しらみてかきはきて侍りける
哥
みまさかのなかやまちもみやこは
やむくるしくかなしきれんとし
阿波守知綱にわすられて侍りけるに
ろなきれしわける人のゆるされし
くらねわかるるときにて侍る

一首 左馬頭[illegible] 従五

藤原知信女

なかれくるもみちはせみやまもおとこゝの

きえうふしあはそちゝたえつむ

さくちれいなくねころ人のゆめわ

いつみまかなわかれしなあく

読人不知

くれをきのかくれにすそはるのあそ

ふふゝとえはそねきえぬらん

範永朝臣出家しぬときゝて
能登守にて侍けるころ国より
いひつかはしける
藤原通宗朝臣
よをすつるこゝろをとろもきねときくかくて
こしちのうらはうらみられけり

若狭守正四位下
前大貳從三位
經衛門佐一男母
前能登守高
階成順女

津守長濟みまかりてのちそのあ
りひをとしてあわけるよ此次小

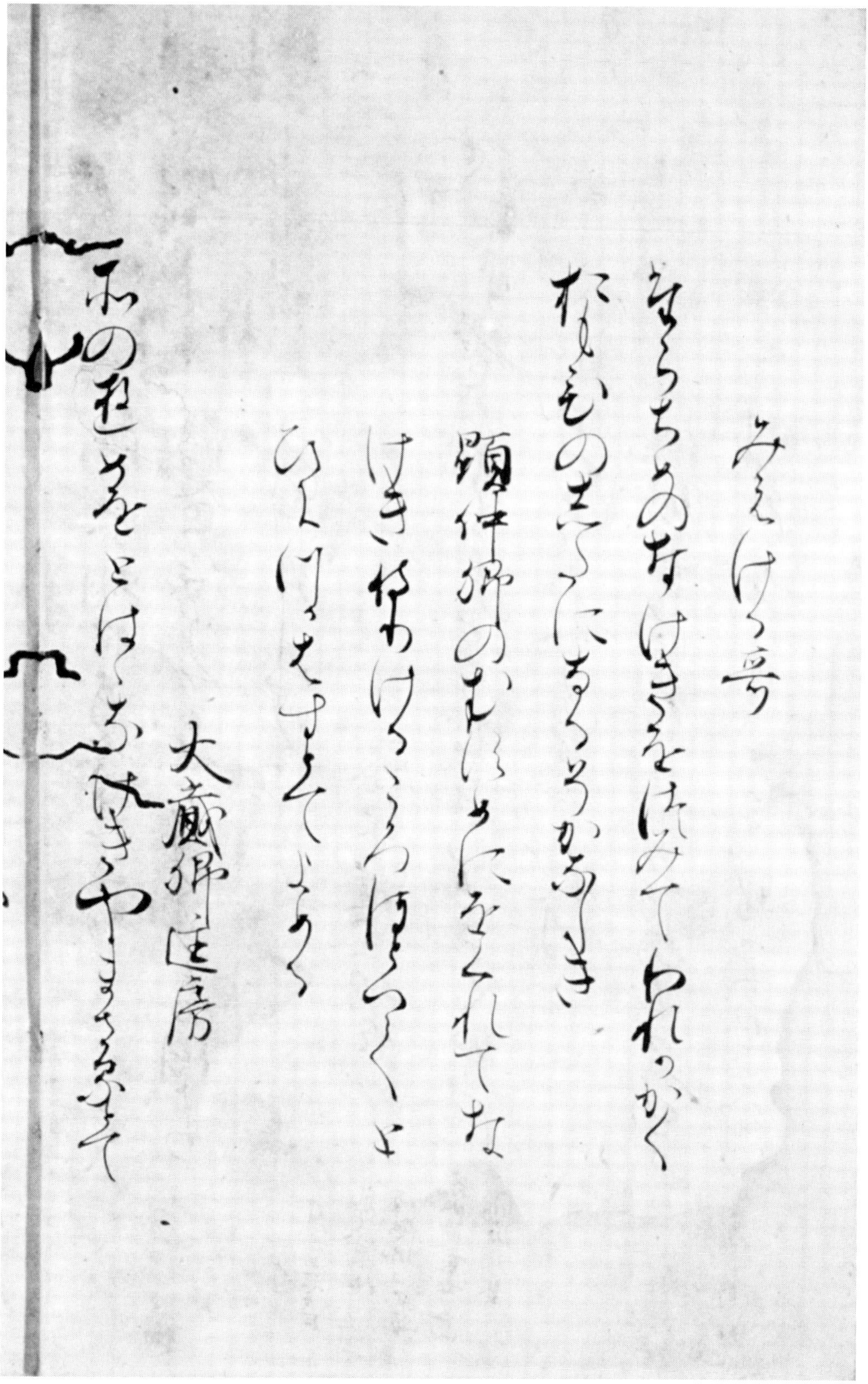
みえける哥

大蔵卿匡房

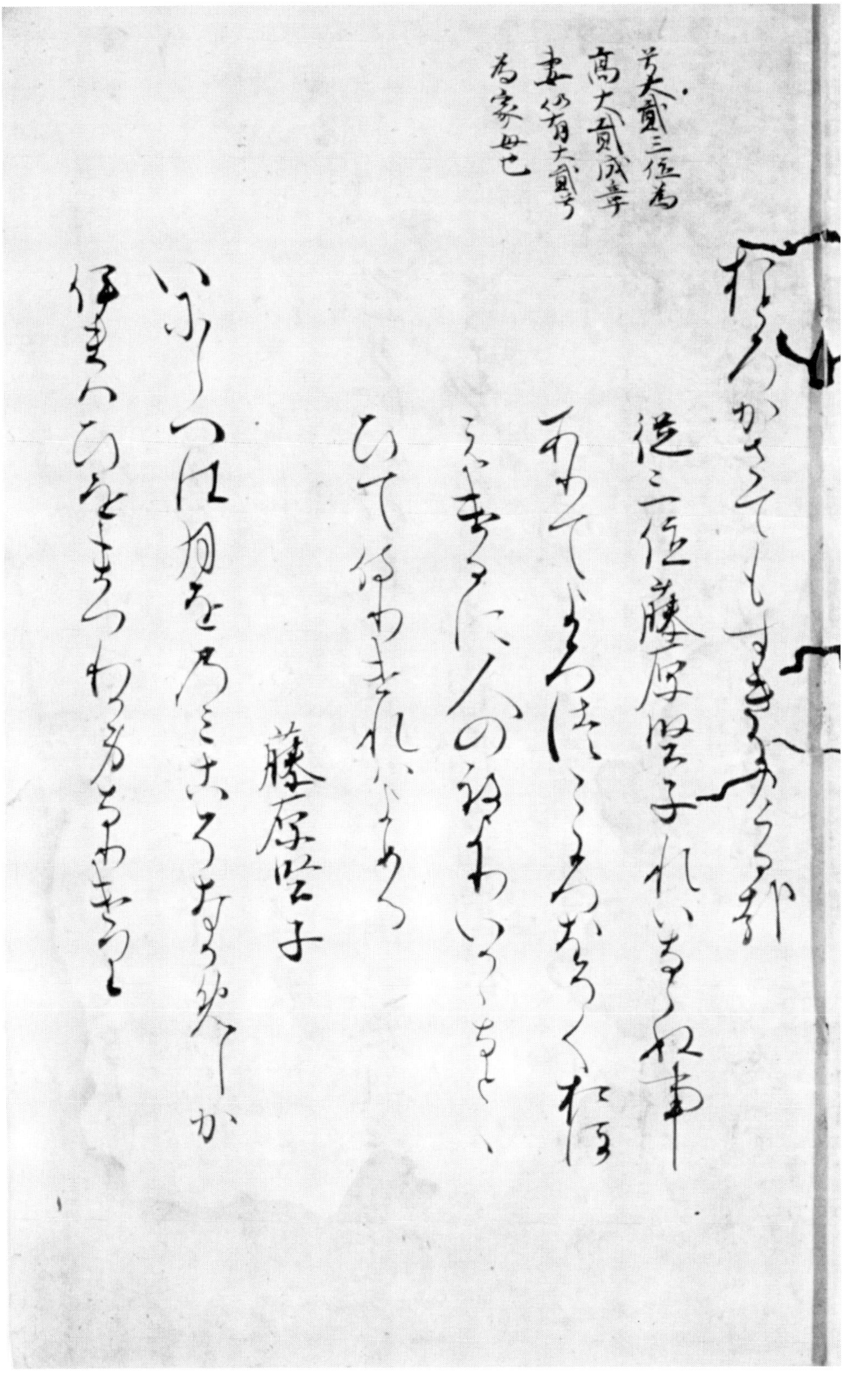
号大貳三位為
高大貳成章
妻以有大貳号
為家母也
従三位藤原賢子
藤原賢子

みまかりてのちゑさしくなりに
けるをゆめにみてよめる
権僧正永縁
をもにのみかしのなかをあひみれは
さともちるこころわかれるわかれ
ひとあむかしあはゝのなへきかわ
をつまきるころをとこやまひか
あくられるみをあけときき

かきおきてよみける哥

読人不知

露乃身のきえもはてなばなつくさの
ははいかにしてあらむとすらむ

小式部内侍うせてのち上東門
院よりとしころたまはりけるきぬ
をなきあとにもつかはしたりける
きぬに小式部内侍とかきつけ

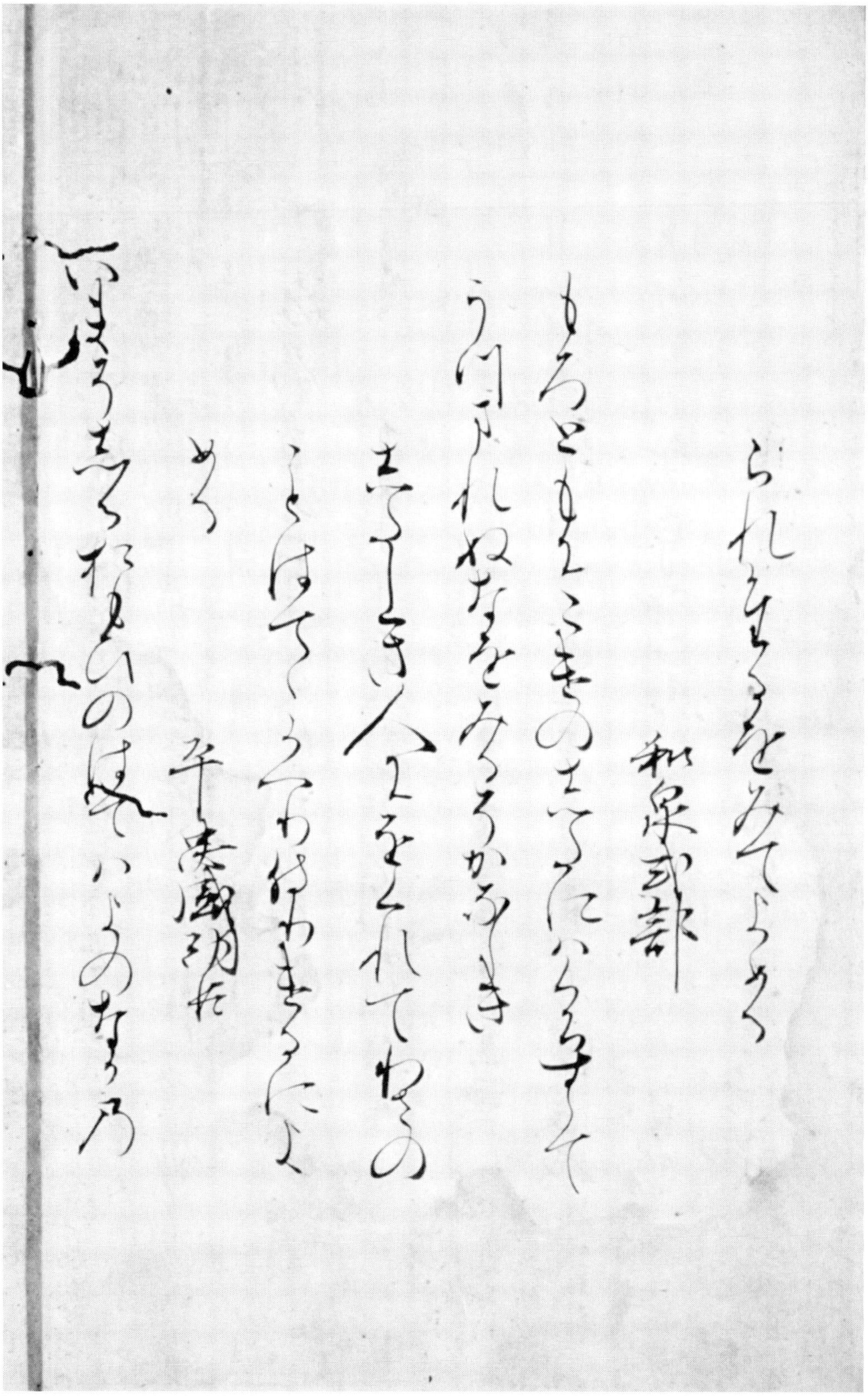
られけるをみてよめる
和泉式部
もろともにこけのしたにはくちすして
うつもれぬなをみるそかなしき
まてしはし人をわすれてよの
ことはてゝ[illegible]
めと
平[illegible]
[illegible]

うへのきこしめしとのとは
陽明門院かくれたまひてその
ちはわさのをはてまつのひく
ものをみなひきまうをみてよめる
藤原資信
大蔵大輔以
相前陽明院
蔵人無衛童
任体資祖父
さきにおきしきさきうきくもやあはれなる
そのみきさきみるけかとかなくそ
白河女御うせたまひてのち

かの家の人なくての藤花さかり
にさけるを人〳〵よみける
僧正行尊
草木まておもひけりともみゆる哉
まつさへふちのころもきてけり
兼房朝臣重服になりてこもりゐ
ぬく侍かれに出羽弁のもとより
とふらひにまうて人をこそしのへ

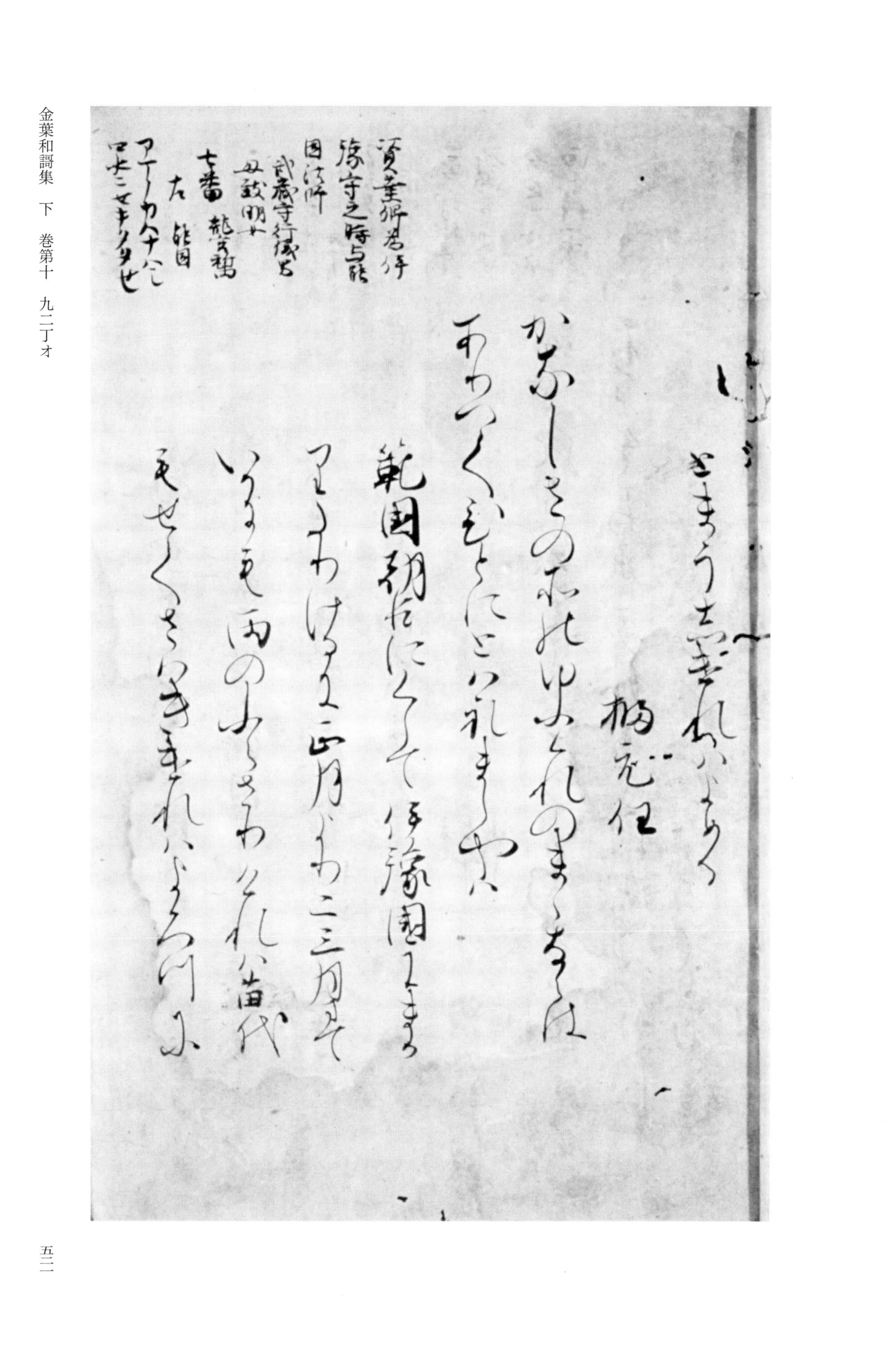

[illegible]

範国朝臣にくして伊豫国にまかりける
に正月から二三月まて
いかにも雨のふらさりけれハ苗代
もえせてさわきけれハよみて

資業卿為伊豫守之時与能
因法師
武蔵守行盛(?)女
歌合(?)明女
七番　(?)鶯
左　能因
アマノカハナハシロ
ミツニセキクタセ

いのりけれとかなはさりけれは
うわけれは守範国哥よみて一宮
にまいりて雨いのれとまうしけ
れはまいりてよめる
能因法師
あまの河なはしろみつにせきくたせ
あまくたります神ならはかみ
神感ありて大雨ふりて三日

アマクダリマス
カミトシルヘツ　此七字相違本
右首書
アマノカハ苗シロ
ミヅニセキクダセハ
アメノシタニハアマ
クダリマシ
能因資業付
一宮社依旱
祈雨之文并
今見新宮祈
雨之付一宮之

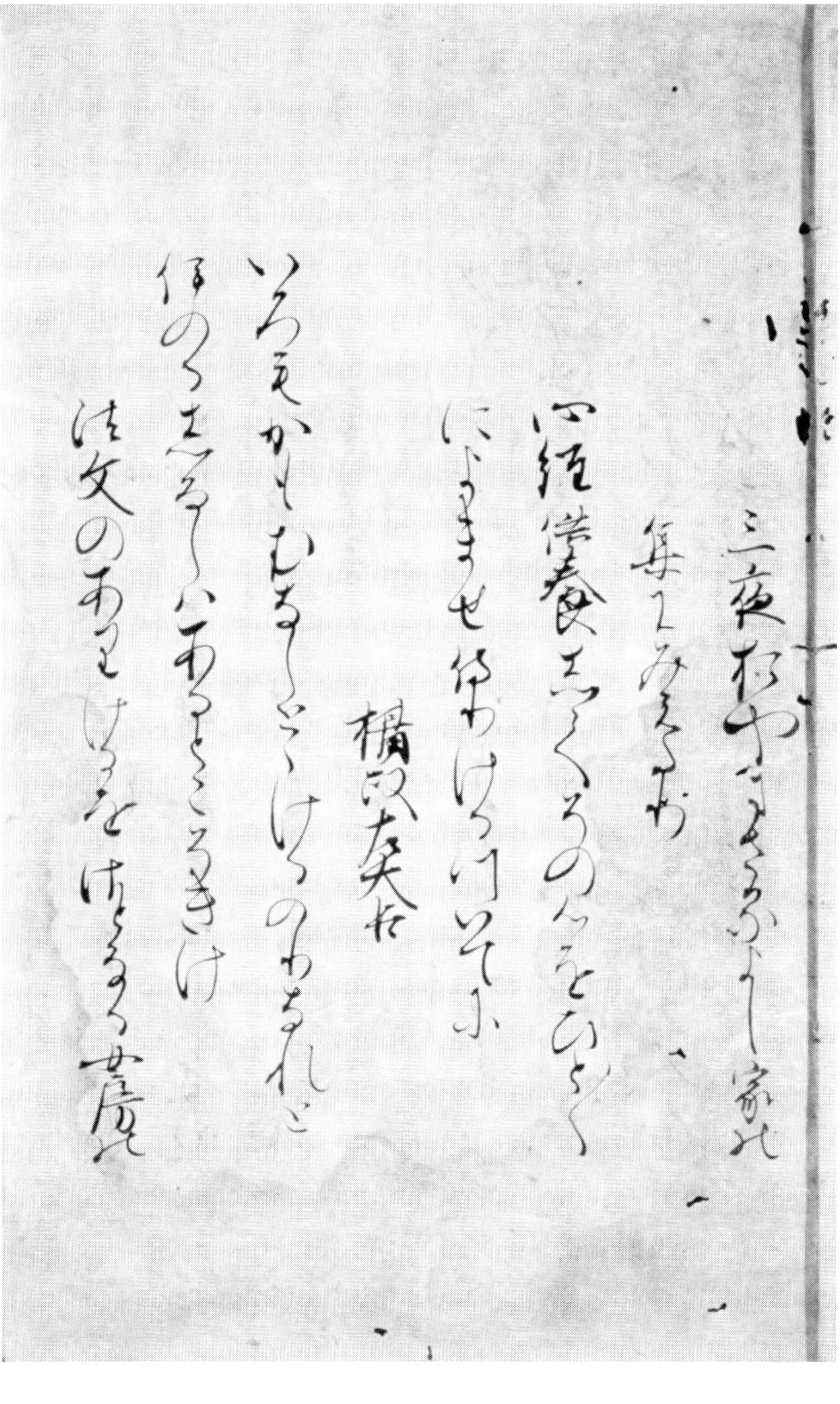

三夜おこなはれし家にて
毎にみえける
心経供養しけるところの人々をひとく
によませ侍けるによめる
橘□□
いろもかもむなしとけるのりなれと
いのるしるしはあるとこそきけ
法文のあまをけるをけるうつ女房

みやこにまうさんとしもこのひて
よみてとらせよとまうしなは
まろをきゝてよまきなまゐれ

三宮

みしまえにいれはさもをそへしか
あしきそよとしさそやは

月の前のまゝに醍西上人乃
ねつことつたなけれ

僧正行尊

いさきよきそらのけしきをたのむかな
われまとはすな秋のよの月

寶範聖人山寺にこもりぬときゝ
てつかはしける

静厳法師

こゝろにはいとひはつとおもふらむ
あはれいつくもおなしうきよを

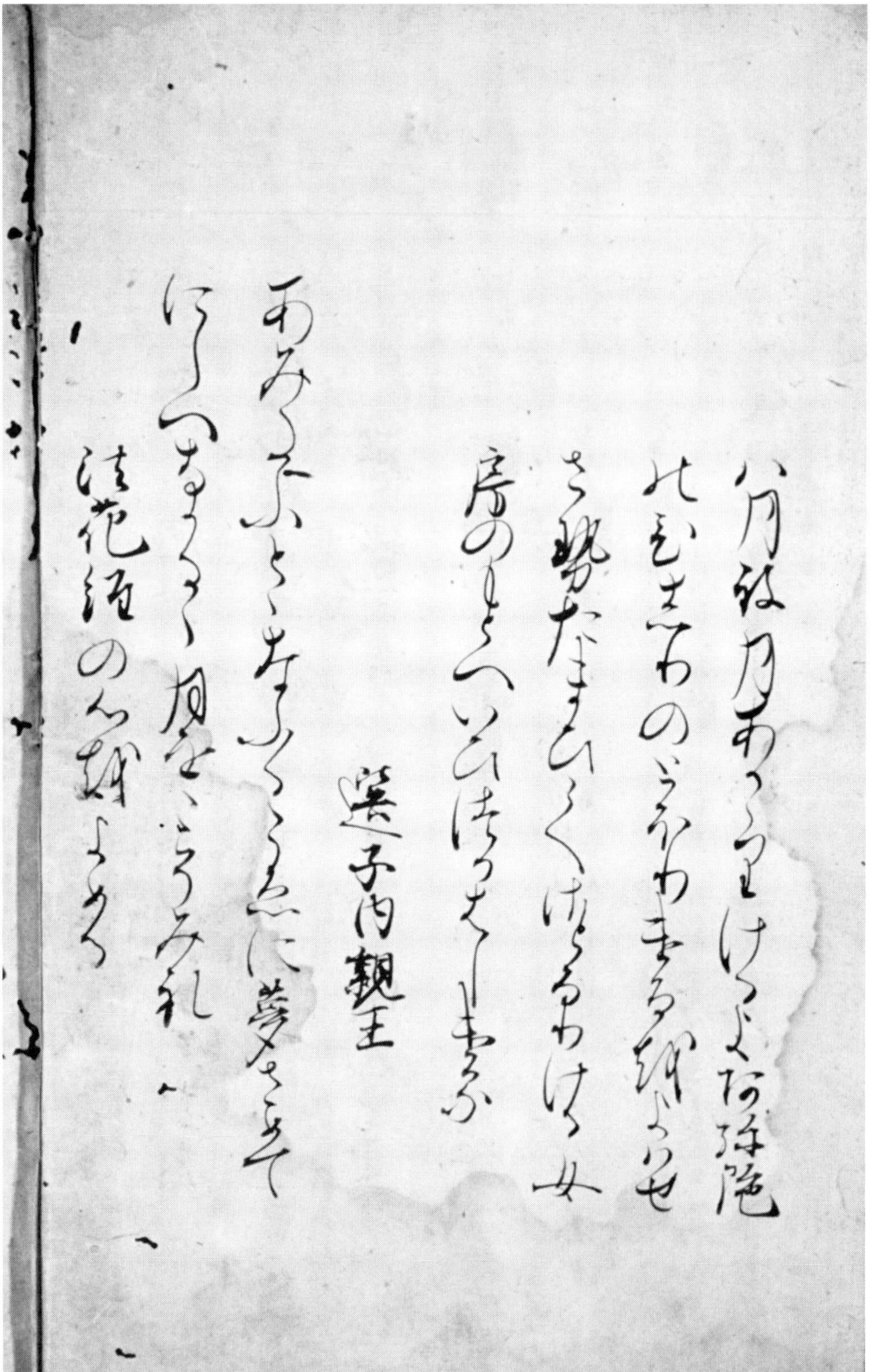

皇后宮肥後
をしへをきていりにし月のなかりせは
いかてこゝろをにしにかけまし
清海聖人後生をたのむところを
なくなりていりにけるにまた
くかみと備のさうにてよみき
けり哥
かくはかりこちそふる執のふかさをみく

ちかのうらふのくさすもかな

普賢十願の文に願我臨欲命終
時といふことを詠める
覚樹法師

いのちをもつみをもつゆにたとへけり
きえはともにやきえむとすらむ

弟子品のこころをよめる
僧正静因

一首　六条右大臣顕房男　覚樹

一首　左大臣俊房　城寺

母小式部内侍へ

ふきくはわかのやまにまよひかきは
こけのしたにはうもれぬなをみるそかなしき

提婆品の心をよめる　　瞻西聖人

鎮西人と山
法師覚暹
寺僧人

のりのためになふたきゝにことよせて
やかてうきよをこりはてぬる

皇后宮権大夫師時

はらさかれしのたはれてつき月を

をりはくみしひとのうきとは

不軽品の心をよめる

権僧正永縁

あつまりきのつゑをのかれしひとやさは
うちみしひとしみなひかれけれ

涌出品のこころをよめる

たらちねはくろかみなからいかなれは
このまゆしろきいととなりけむ

薬王品の心をよめる
懐尋法師
うきよをはしはてときけはのちのよの
のりにこころをかけねひろふかき

人おほく経供養しはへりけるに五百弟
子品のこころをときはへりける　明賢
珠のたとひときくはかなしきてた
うらみわけつるよしのうらをとりみて

かつきものゝうらにたまをひつけく
侍けるをみてよめる
権僧正永縁
いかにしてころものたまをしりぬらむ
おもひかけぬ人もあるよに
依他のやはたのをとこを人とはゝ
まことにこのみちきるふのことしさ
そらことよめる

懐寿法師
い法をいつとなくひさゆゑてかまふの
かけふ下りのよなすくいまゝ
常住の月輪といつしかをしめ
澄成法師
よそにてもみえうしにもむつきを
あつまにてまつるところはすみあまれ
醍醐の桜会にせなれのちるを

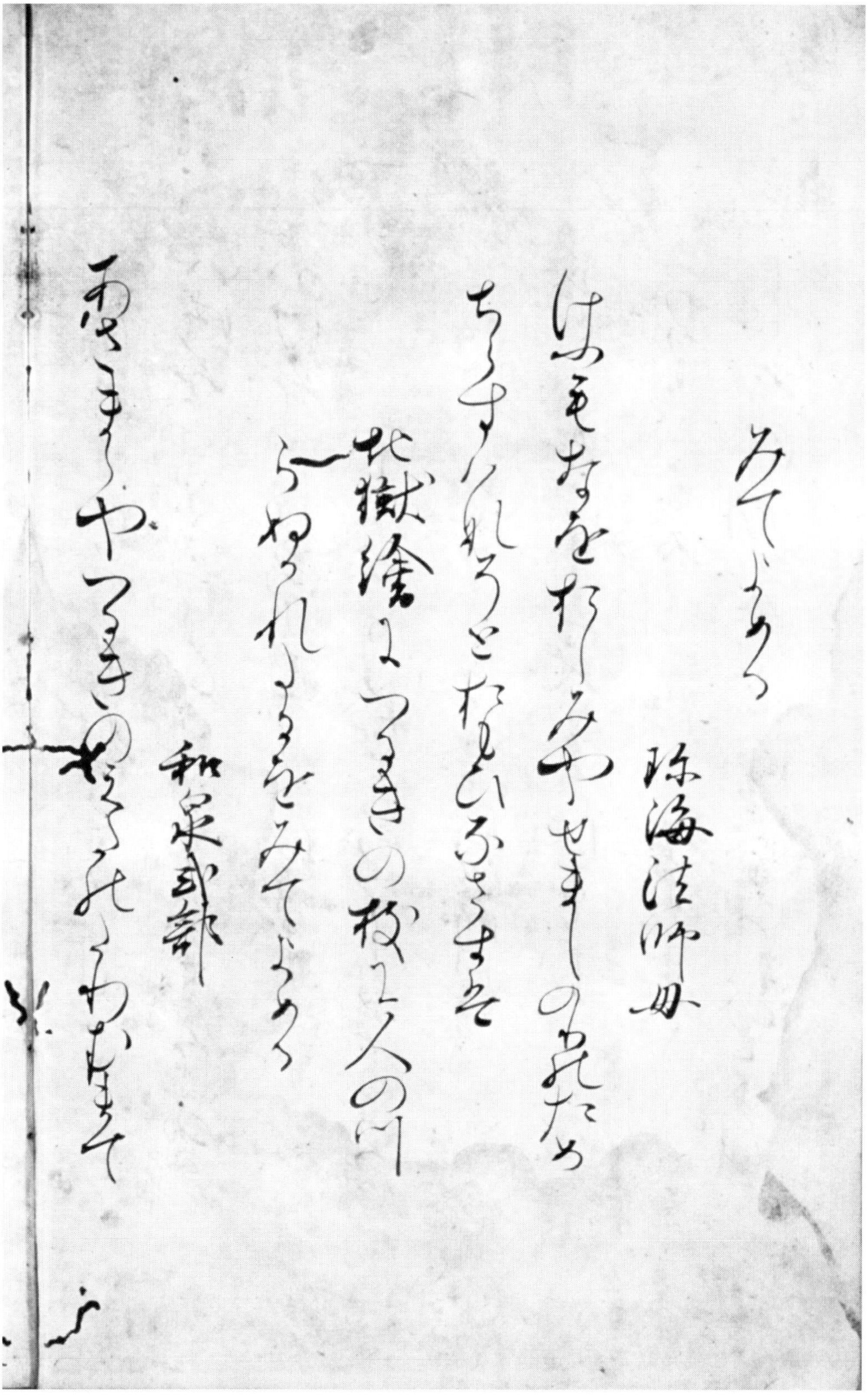
みてよめる
珠海法師母
地獄絵につるきの枝に人のつ
らぬかれたるをみてよめる
和泉式部
あさましやつるきの枝のたわむまて

こはなるみのるねむとゝむ
やまひまつくかさねにるそてまて
なきかれしまてもみのまとひゐく
たゝろにふきさわけるとくもの
つゆあしとさゝけるほとほと
きすのなきそれしいきのしこに
よめる

田口重如

一首
山口重恒号
河内重如名
同人也

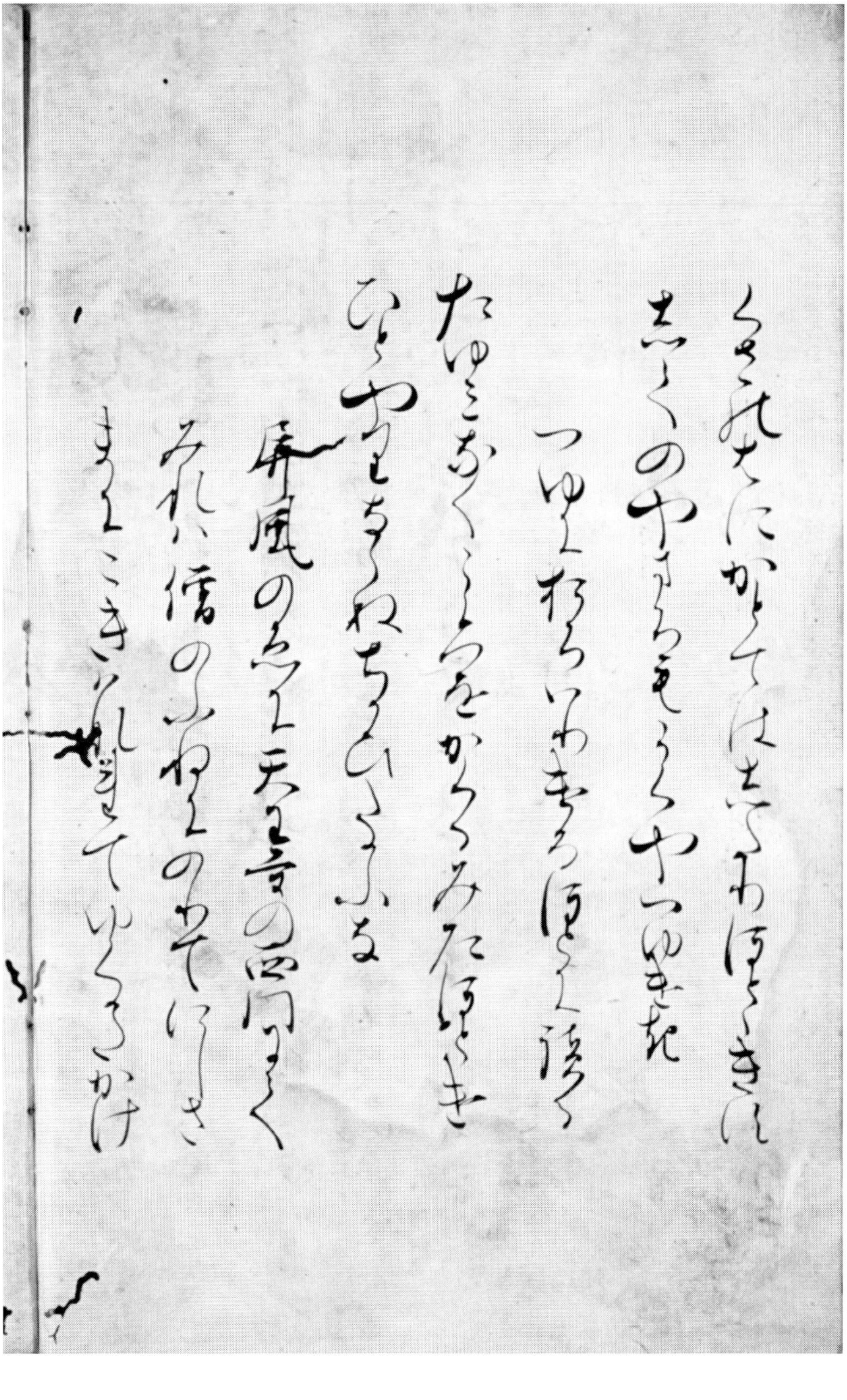

[illegible]

屏風の絵に天王寺の西門に[illegible]
みれは僧のふねにのりてにしさ
まにこきはなれてゆくかたかけ

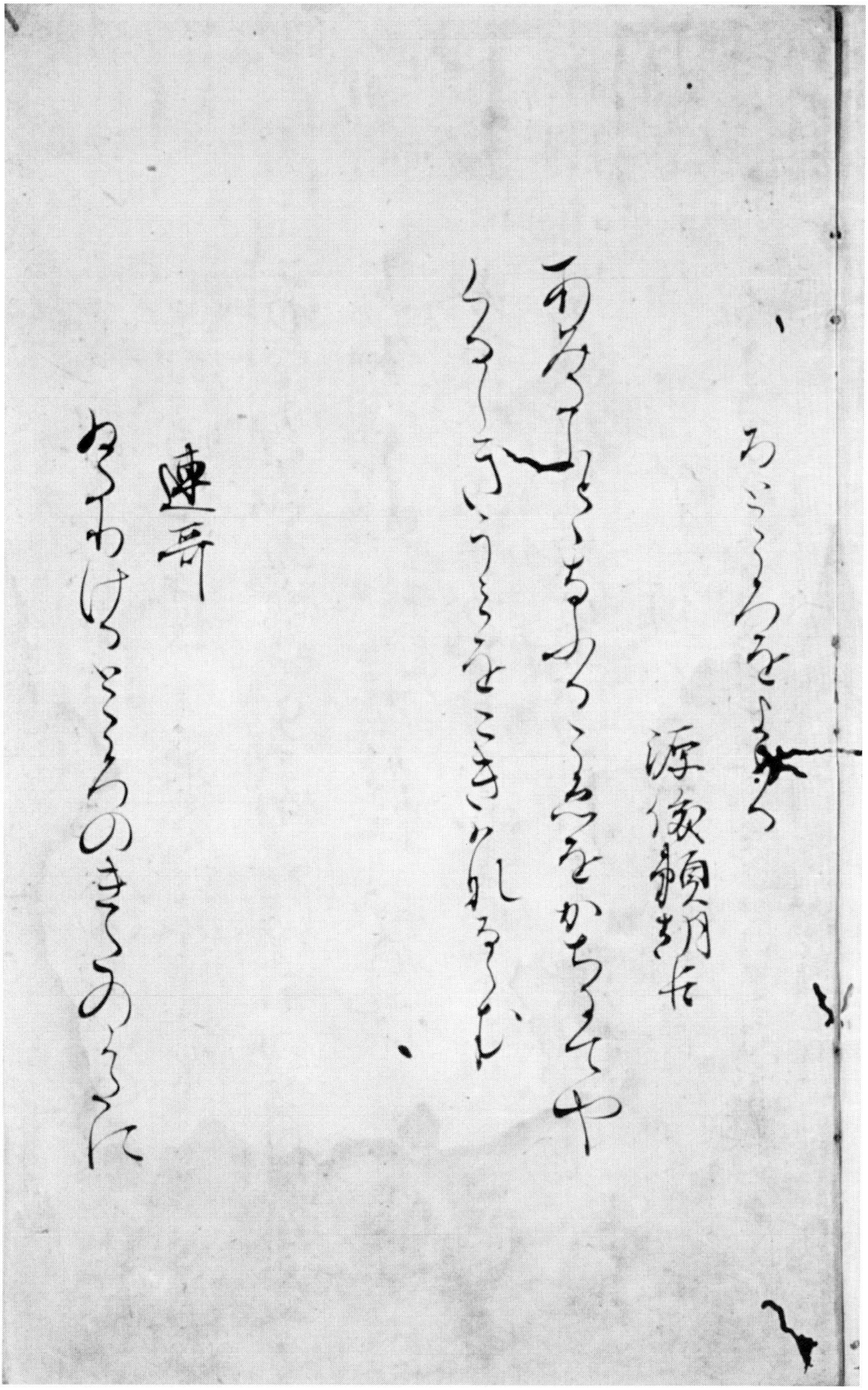
源俊頼朝臣
連歌

うちなるあつま人のこゑのしける
をきゝて　　永成法師
あつまうとのこゑこそきたにきこゆなれ
　　　律師慶範
みちのくによりこしにやあるらむ
梅薗の花をみて
　　　頼算法師
あゝろのゝえゝれたしはしさるゝきつれ

貫朝臣
おそれぬはちはやぶるとも
賀茂のみやまろそてものけくを
このしきうをきゝく
神主成助
しめのうちにきねのをとこそきこゆなれ
賀茂別雷社
神主従上位
上神主寛
男
行宗
いかなる神のつくにかあるらむ

宇治にて田のなかにおいたる
おきなのふしたるをみて
僧正深覚
春のたにすきいりぬへきおきなかな
宇治入道太政大臣
かのみなくちにみつをいれはや
九条右大臣
君も評林
吉信云
日のいるをみて
観暹法師

おいらくはくれぬるものゝころにはしられけれ

平為成

かねさきもかなひけるを

そのゝちにもむまのすてゝるをみて

永源法師

たのむこともはらからそわけける

永成法師

おほかたのみつははけともみえけれと

かゝみやまをみて

読人不知

かゝみやのやまきはそこそみゆるなれ

助俊

川ちかれしきこそやはらかなめきよ

はくしのしもをみく

為助

つれなくたくふしのしもかれ

周忠
ゆふなの月乃かけにもわかるかく
宇治へまかりけるみちにひころ
あめのふりけれは水のいてゝかは
かはをわたるのはゝまをなきさく
手をさゝけてまうつるをみて
頼綱朝臣
かもうはをけるへきそもわかるらん

信縁

かはきりをもれしとなりて
あゆをみく

読人不知

なにゝ一あゆるをあゆとよむ

道房妹

うふねにはとりいれしものをおほつかれ

和泉式部頭蔵人にて侍りけるに

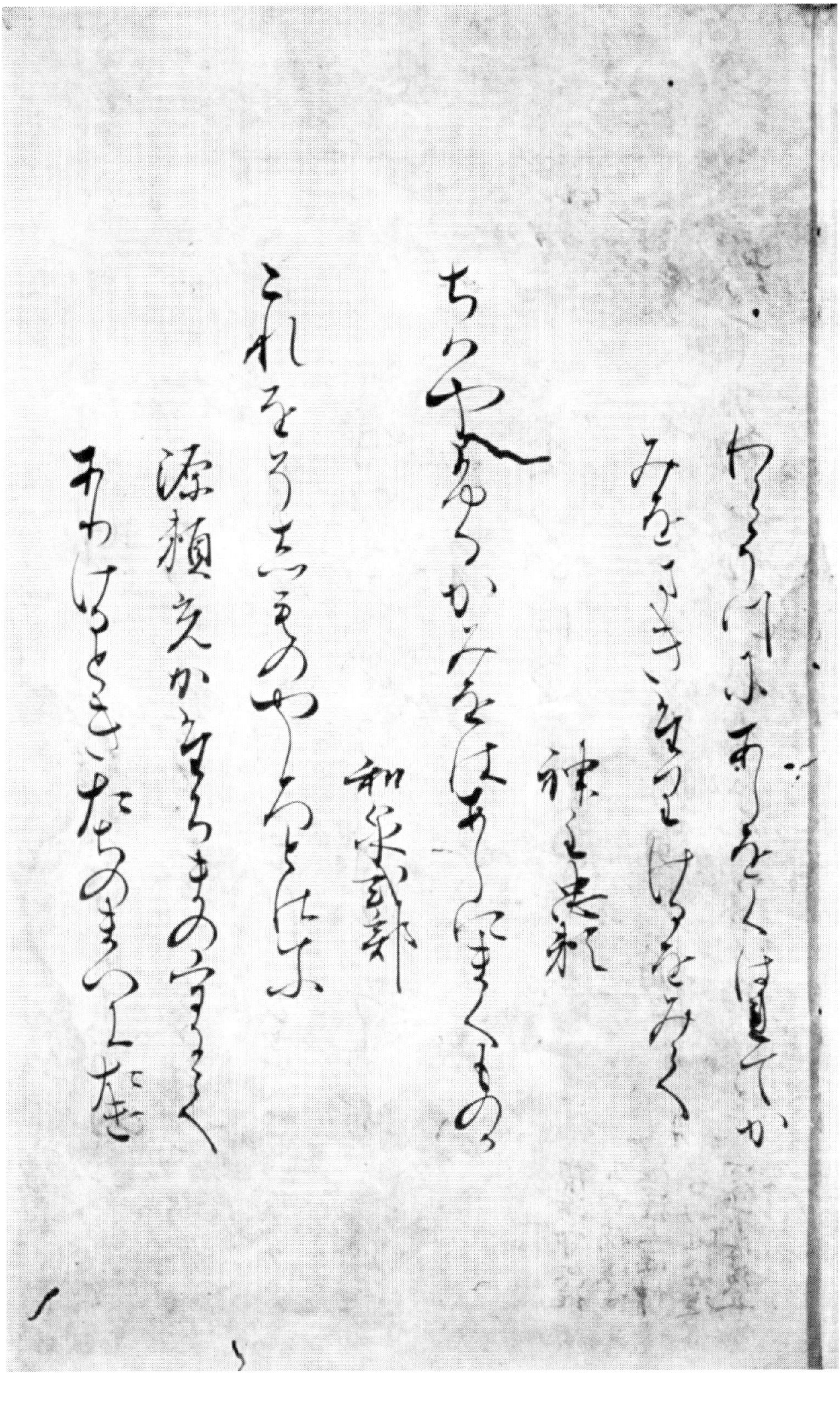

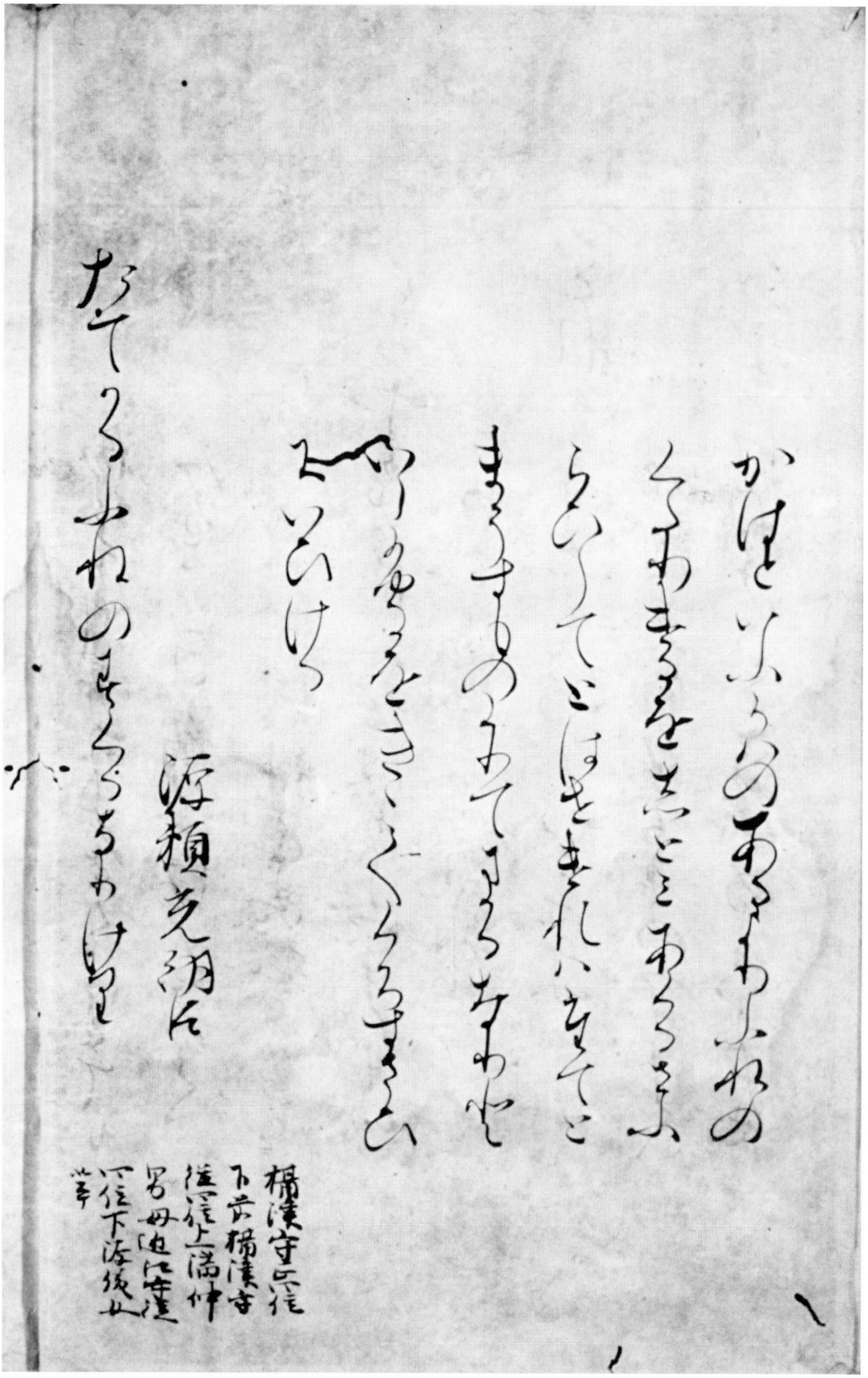

かはといふかはのあるかみよりふねの
くたりけるをしとみあくるさふ
らひしてとはせけれはたてと
まうすものをかりてまかるなりと
いふをきゝてくちすさひ
にいひける
源頼光朝臣
たてかるふねのすくるなりけり

摂津守正四位下兼摂津守従三位上満仲男母近江守従四位下源俊女等

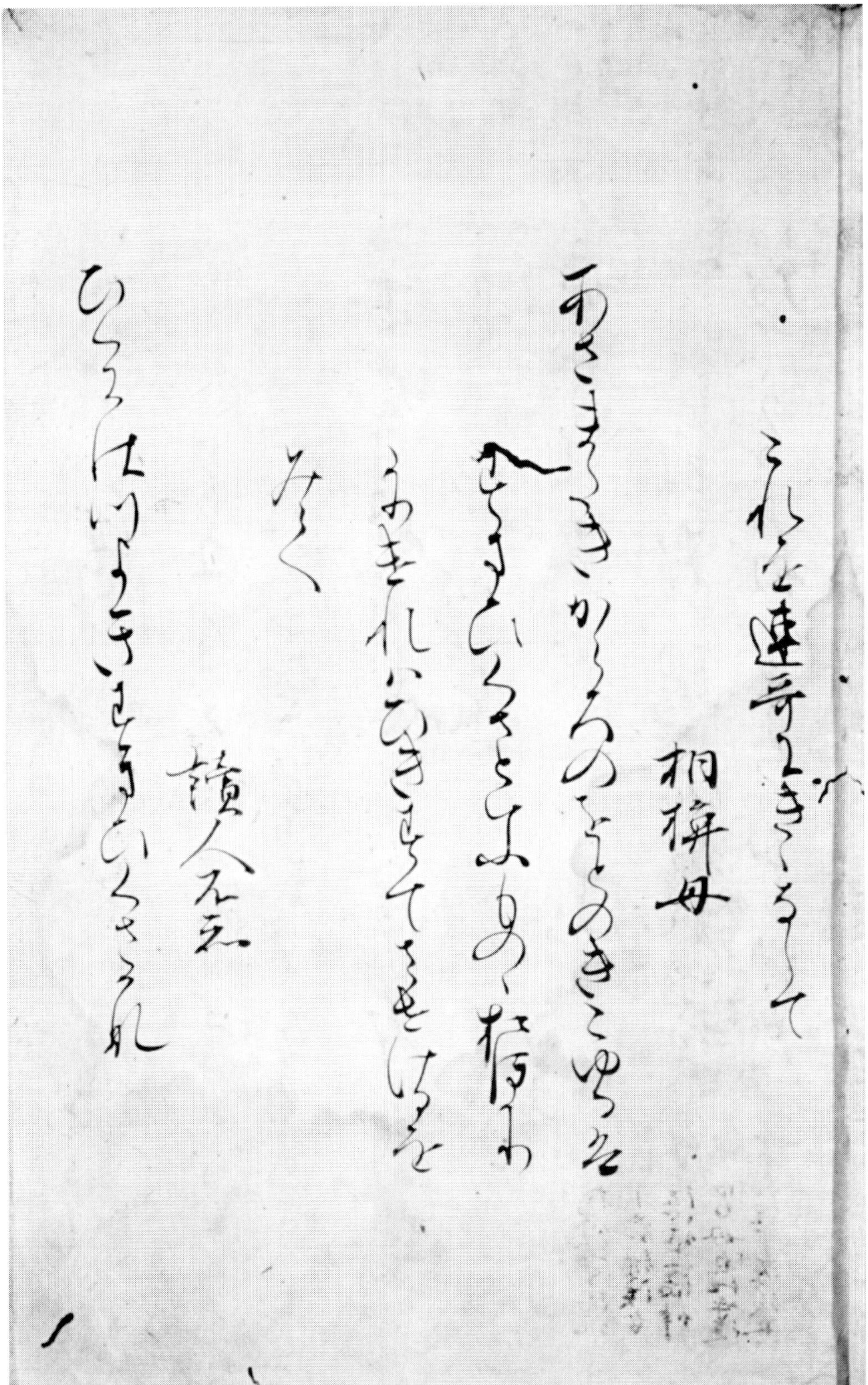
これを連哥にききなして
相模母
あさまたきからろのおとのきこゆるは
読人不知

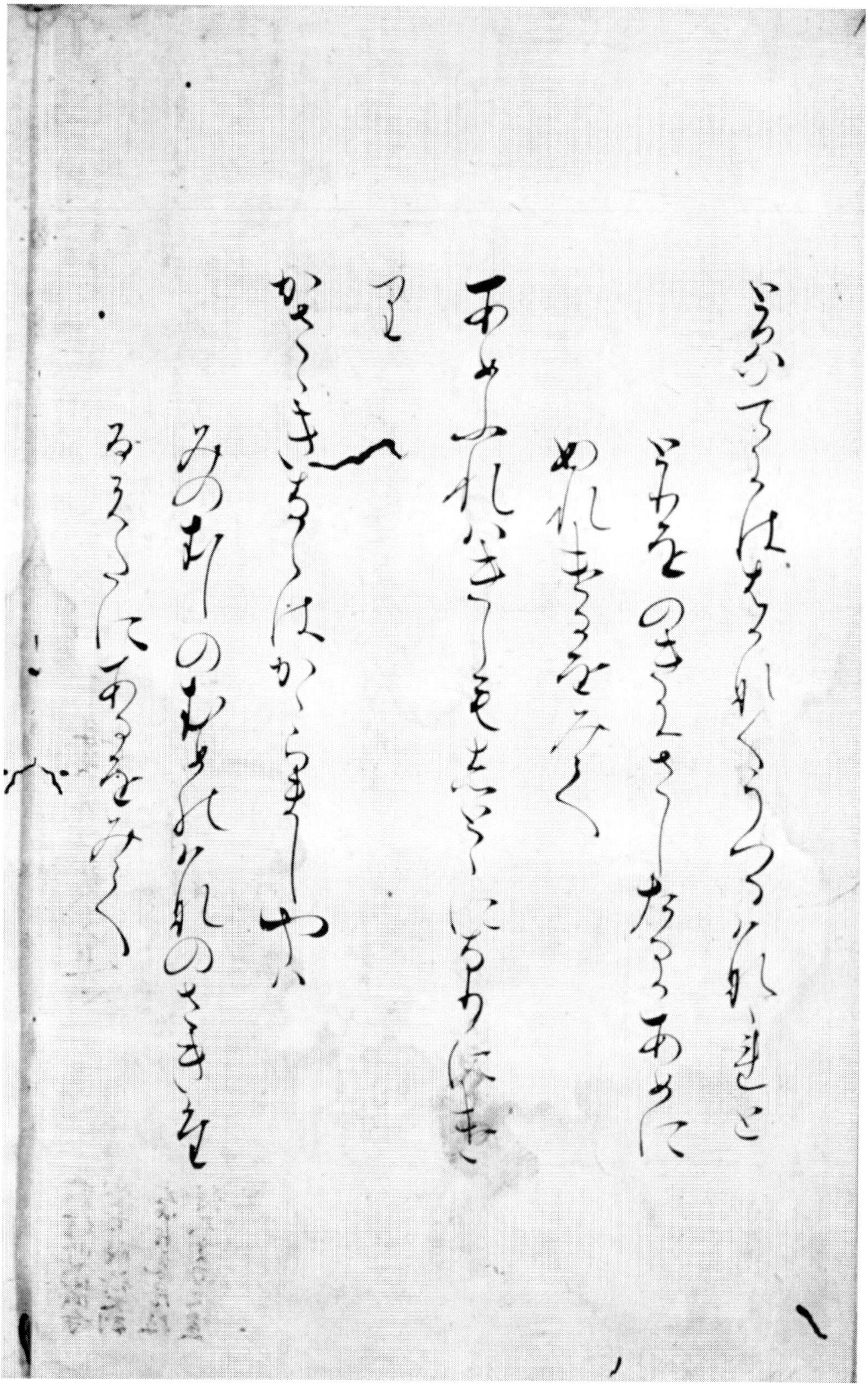

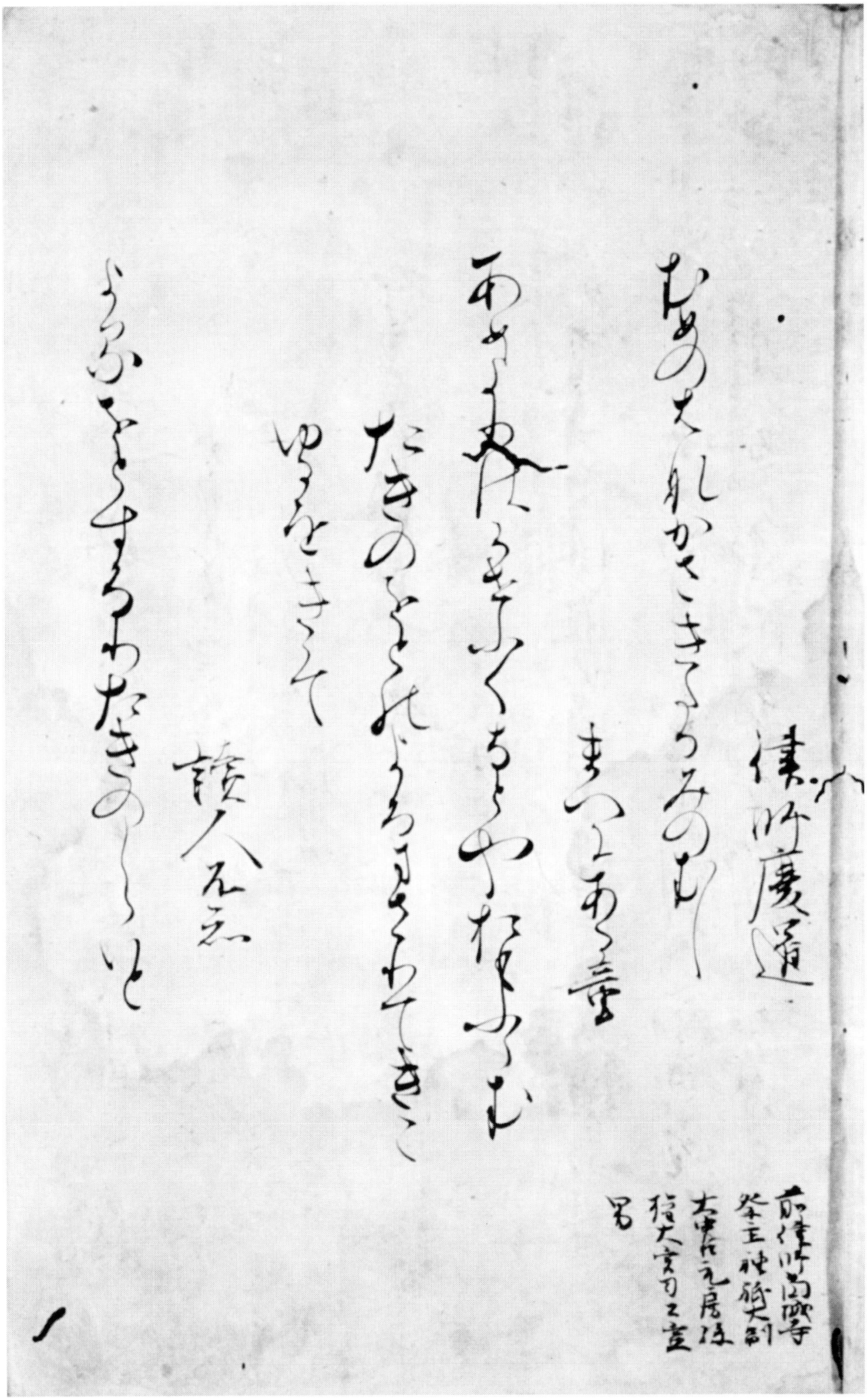

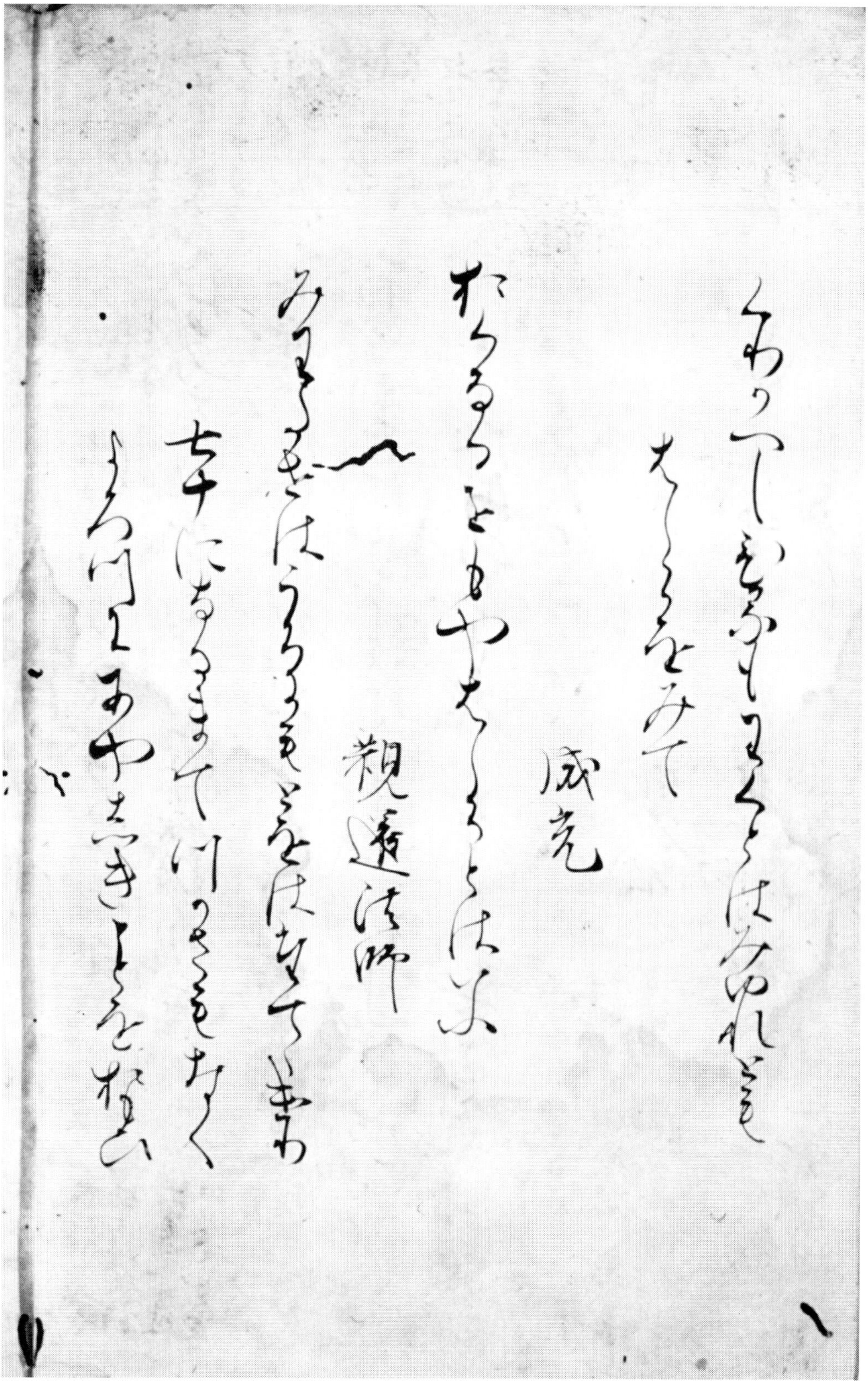
たきをみて
成光
観暹法師

源俊頼朝臣

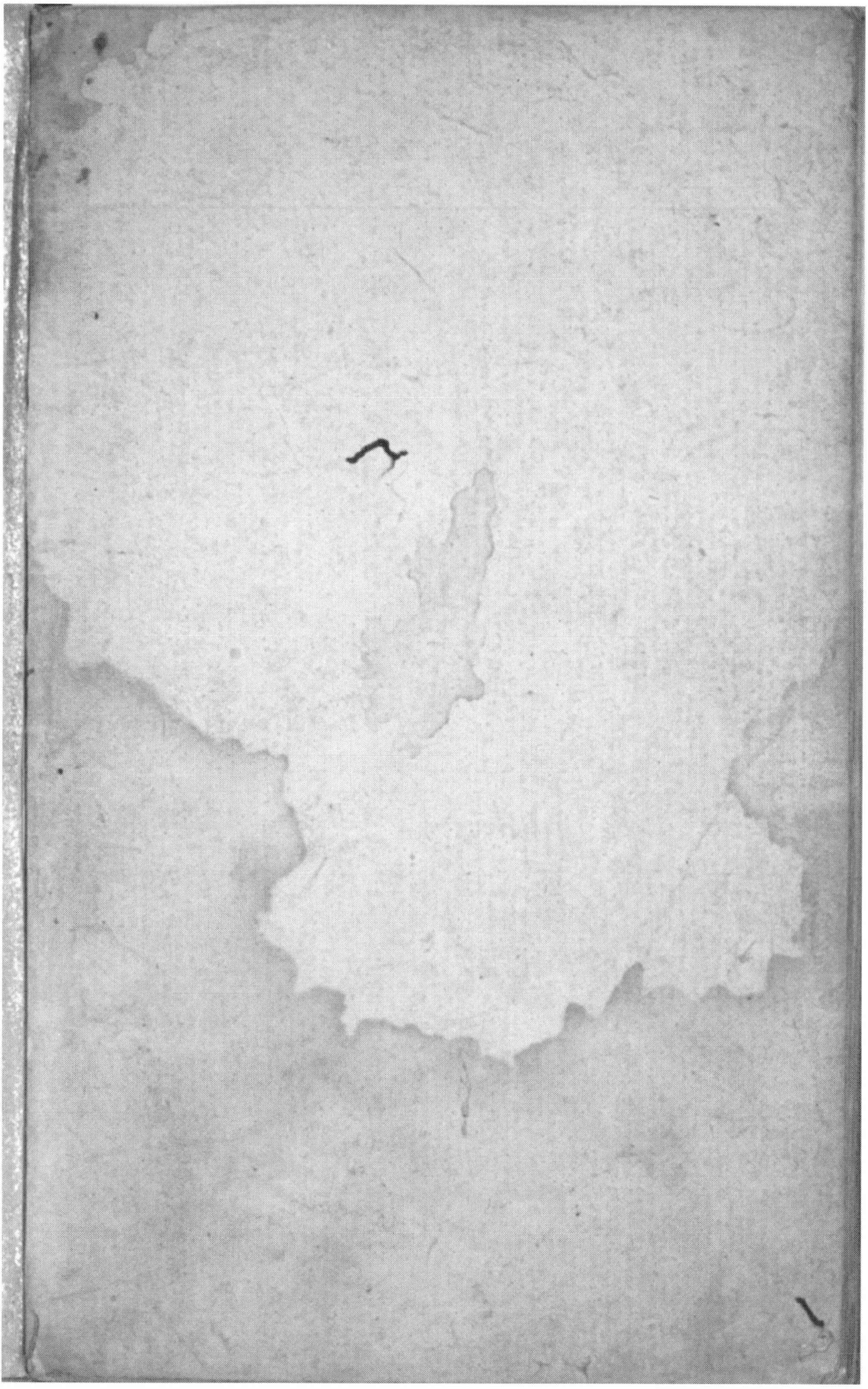

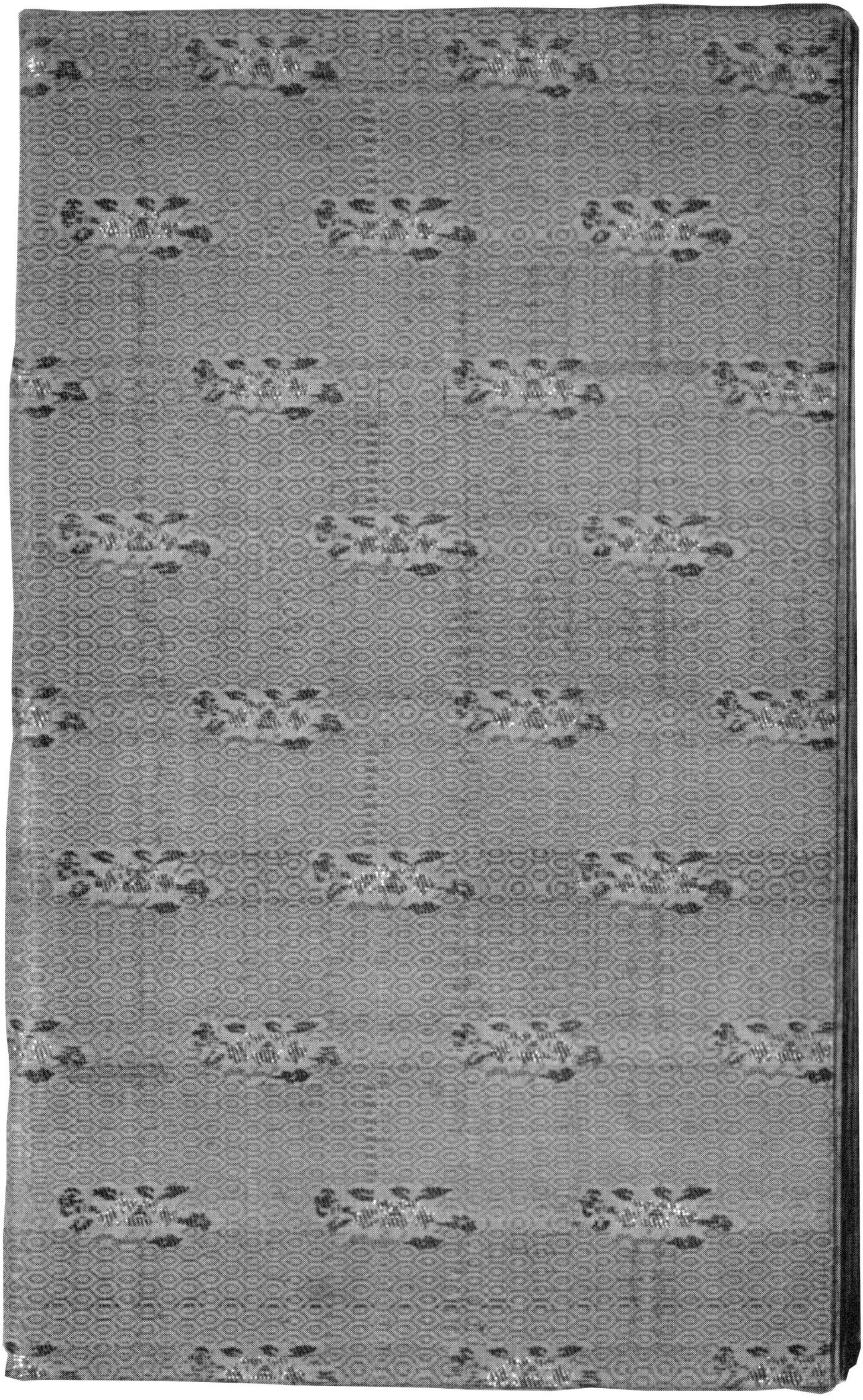

解題・難読箇所一覧

猪熊本 令義解

〈請求番号　貴重図書　八〇〉

谷口雅博

【書誌情報】

内　題　第一紙一行目に「神祇令第六」。第一紙二行目に「僧尼令第七」。

尾　題　「令巻第三」。

書写年代　鎌倉時代書写。奥書によれば、正平十七年（一三六二）坂上大宿祢が息明保に授けた「餘本」であり、元の「家本」は京都にあったという。

巻　冊　一巻。

装　訂　巻子本。元袋綴じを改装し、台紙に張り直す。

寸　法　縦二五・二糎、横長六六七・六糎。

料　紙　紙本（楮紙）。

紙　数　三十七紙（巻頭と巻首の継紙各一紙を含めて全三十九紙）。

残欠状況　一紙上左二紙上右、三一紙左上三二紙右上、三三紙左上三四紙右上、三五紙左上三六紙右上、破損の跡あり。

　神祇令部、第六紙の最後の行、散齋条（第十一条）の「凡散齋之内諸司理事如舊不得弔喪問」で紙が変わるところで切れており、第七紙目はおおよそ五行目のあたりの下部に、欠脱した「月齋条」（条名は藤波本による、第十二条）の末尾の「為小祀」の三文字を記す。それによって七紙が継紙ではなく、欠脱があることを示す。第八紙に入ると「践祚条」の「中臣奏天神之壽詞」（藤波本による、第十三条）の義解文から始まっているので、一紙分がそっくり欠落していることになる。

　僧尼令中、二八紙から三〇紙分、「遇三位以上条」（第十九条）から「准格律条」（第二十一条）の前半までは別筆であり、後の補筆と見られる。

本文用字　墨筆　声点・音読符・訓読符・返り点・傍訓等。朱筆　ヲコト点・声点・音符・訓読符・注点等。上欄に墨別筆の条文名あり。

一面行数　七行（一八紙・二八紙六行、二九紙五行、三〇紙三行）。

字　高　一八・〇糎。

書き入れ　なし。

奥　書　正平十七年五月十五日以家説　授愚息左尉明保了於累家本　□（者歟）京都在之、先以餘本授而已　大判事坂上大宿祢（花押）

箱　外箱は、漆塗り（黒箱）、縦三五・二糎、横一一・〇糎、高一〇・五糎。内箱は桐箱、縦三五・〇糎、横六・七糎、高七・六糎。内箱の箱書は左記のとおり。

（表）國寶紙本墨書令義解〔神祇令第六僧尼令第七〕一巻　正平十七年五月十五日傳授ノ奥書アリ

（裏）この令義解一巻　昭和八年七月二十五日　重要美術品に認定せられ續いて同十一年五月六日國寶に指定せらる　昭和十六年春　猪熊信男（花押）識之

伝　来　未詳。京都、猪熊信男氏旧蔵。

【解題】

一、本資料の伝来と特徴

　本書は旧蔵者猪熊信男氏（一八八二―一九六三）の名を冠して『猪熊本 令義解』と称す。奥書によると、正平十七年（一三六二）、南朝方の大判事、坂上某が息子明保に授けた余本であり、家伝の別本は、京都にあったことが知られる。現存する『令義解』の写本の中では書写年代の最も古いものである。

本書の訓点のうち、ヲコト点については、紅葉山文庫本と同様であり、鎌倉時代末頃まで遡りうるというが、この祖点がさらにいつ頃まで遡りうるかについては不明という。本点に近い「明経点」は、保延五年（一一三九）加点の春秋経伝集解（清原頼業加点）に用いられているから、少なくともこの時に成立していたことは明らかだが、比較的整備された点法であるから、それよりもさほど古く遡ることは出来ないのではないかという。返り点のうちレ点は、特に墨筆では字間に「□レ□」の如く記されており、古形を残しているものという。[注1]

令の本文の特徴としては、「神祇令」の公的祭祀を列挙する箇所、祭祀名の右傍らに漢数字で一、二、三の数字が付してあり、これが祭祀の順序を示しているようなのであるが、本文に書いてある順序とは異なって、一、三、二というように順番を入れ替えているところがある。例えば「季冬」は『令集解』所収のものや江戸時代の版本（京本及び塙本）では「月次祭・鎮花祭・道饗祭」の順に記すが、猪熊本の傍書では「一・三・二」という番号を記している（藤波本も同じ）。これは「晦日にあるべき道饗祭が最後の位置をしめなくなる」[注2]という反論もあるが、嵐義人氏は『延喜式』によれば鎮花祭もまた晦日の行事であるとして、こちらが原形であった可能性を説いている。[注3]同じ箇所、『令集解』等では祭祀名を改行して記しているものを、猪熊本では同じ行に並べて記しているのも、同様に原形を示したものの可能性を示すという。江戸時代に稲羽通邦によって記された『神祇令和解』は原形について考証しており、当時恐らく見ることの出来なかった猪熊本と同じ形を古態としている。

二、令義解について

『令義解』は、養老令の官撰註釈書で十巻から成る。『続日本紀』によれば、大宝律令の制定は文武天皇大宝元年（七〇一）三月、養老律令は孝謙天皇の天平宝字元年（七五七）五月条にその施行記事が記され、そこには「去ぬる養老年中に朕が外祖故太政大臣（＝藤原不比等）、勅を奉けたまはりて律令を刊脩せり」とある。同年十二月条記載の太政官奏では「養老二年」とあり、この年が養老律令撰定の年とされるが、撰定から施行まで間があいている点などから、撰定時期及び撰定の責任者については、異説もあり、判然としない面もある。また、大宝律令と養老律令の内容は、『令集解』に載る古記などによれば、それほど大幅な改変はなされていないにも関わらず、新たに撰定・施行された意図についても諸説あって明確ではない。いずれにせよ、これら律令制定の時期は、『古事記』『日本書紀』『萬葉集』といった上代文学成立の時代と重なるものであり、それらの作品作成の意図と律令制定の意図とは重なり合う部分が多いものと思われる。とりわけ本書に載る「神祇令」と「僧尼令」については、国家の精神的基盤となる宗教・信仰に関わる令文である故に重要であったものであろう。「神祇令」の思想的基盤には『古事記』『日本書紀』の神話体系があったことは想像に難くない。各国に地誌（後の「風土記」）の編纂を命じた理由にも、各地の信仰を把握し、国家祭祀体系に組み込むという意図が背景にあったと想像される。天皇を中心とする国家祭祀体制確立のために、神祇制度の確立は不可欠であったはずである。僧尼令については、大宝律令制定の直後、大宝元年六月に道君首名という人物に僧尼令を大安寺で説明させたという記事が『続日本紀』に見える。

『令義解』は、序文によれば、淳和天皇の詔命をうけた右大臣清原夏野が総裁となり、大判事興原敏久、明法博士讃岐永直ら十二名の委員が五年の歳月をかけて編纂した。天長十年（八三三）に奏進され、翌年の承和元年（八三四）十二月、施行に移された。令の義解文にも令文と同じ法的効力が与えられたから、『令義解』の編纂は一種の立法事業であったと言える。養老令そのものは現存していないが、その官撰の註釈書である『令義解』および私撰の註釈書である『令集解』（九世紀半ば、惟宗直本撰。『令義解』と異なり、法的な効力は持たない）の両書によって養老令条文の大半を知ることができる。だが、『令義解』と『令集解』はいずれも完本ではない。今日『令義解』の形態のままに残されているのは、十巻三十編のうちの二十一編であるが、現存写本のなかには、これら二十一編のすべてを収載するものが存しない。現存写本のなかで最も多くの編目を収めるのは内閣文庫蔵紅葉山文庫本『令義解』だが、同本は神祇令・僧尼令をもたない。それゆえに、猪熊本の存在は貴重なのである。他に「神祇令」「僧尼令」を伝える本を確認すると、版本として慶安三年（一六五〇）刊行の京本『令義解』（立野春節）、寛政十二年（一八〇〇）刊行の塙本『令義解』（文化七年増補、塙保己一）がある。この二本はいずれも『令集解』から「神祇令」「僧尼令」を抽出して補っている。他に「僧尼令」のみを伝えるものに岡谷本『令義解』（東京大学史料編纂所蔵影写本）があり、「神祇令」と「僧尼令」の編首・編末の各数行を収めるものに、藤波本「神祇令」（江戸時代末期、宮内庁書陵部蔵）がある。この藤波本は、奥書によれば、祖本はもと藤原宗兼所有の本を建長七年（一二五五）に転写したものと伝え、南北朝期には坂上家の所有に帰していたという。しかし奥書にある「坂家證本」と猪熊本『令義解』の「坂上大宿祢」との関わりは明らかではない。

三、参考文献

猪熊本『令義解』についての主要な影印、テキストは左記のとおりである。

- 東京帝国大学史料編纂掛『古簡集影』第十輯（一九三〇年、東京帝国大学）。猪熊本の影印全文を掲載。
- 田口卯吉編・黒板勝美校訂『新訂増補国史大系』二二、一九六六年、吉川弘文館。
- 井上光貞他校注『日本思想大系』三、一九七六年、岩波書店。「僧尼令」の底本に猪熊本を用いる。
- 『神道大系』古典編九（小林宏校注、昭和六十二年、神道大系編纂会）。猪熊本の影印全文を掲載。

【注】

注1　築島裕「律令の古訓点について」（井上光貞校注『日本思想大系』三、一九六六年、吉川弘文館）。

注2　『日本思想大系』三、（井上光貞校注、一九六六年、吉川弘文館）頭注による。

注3　嵐義人「塙本令義解の成立まで」（『日本神道史研究』七、昭和五三年十二月）。

難読箇所一覧

渡邉　卓

【凡　例】

一、この一覧は、底本の難読箇所を抜き出したものである。虫損や欠損による不鮮明箇所、送り仮名や返り点の有無の判断し難い箇所を主に取り上げた。

一、最初に『令義解』の頁番号を漢数字で掲げ、次に行番号をアラビア数字でを示した。双行となっている場合は、左右を明記した。

一、該当箇所を特定しやすくするために、難読箇所の前後の字も適宜抜き出した。

一、虫損・欠損等による判読不可能な箇所は□で示し、判読困難な箇所は文字を補い［　］で囲った。

一、朱筆による書入箇所は〈　〉で示した。

一、見せ消ちは【　】、朱による見せ消ちは『　』で括り、訂正されている場合は後に（　）で示した。また判読不能な見せ消ちや墨消しには■を用いた。

一、旧字は、原則として底本のままに掲出した。

一、傍訓の異体仮名は通行の字体に改めた。

〈例〉ヽ→キ　ヒ→サ　せ→セ　ッ→ツ　チ→テ　ネ→ネ　ア→ミ

一、挿入符は○を用い挿入文字とともに（　）で示すか、※にて指示内容を掲示した。

一、ヲコト点・合点・声点等は省略した。

◆

三・1 ［神祇令］第六
1右 曰［神］
2 ［天神地祇条］
2 者［神］祇官［皆］
3右 鴨（カモ）［住］吉
3右 神等（カンタチ）
4左 條（ヲチ）（○是）也
5右 歳［災］（サイ）
5左 於［神］

◆

三・6左 ［祈］（コヒ）二年一［〈也〉］
7 ［季］（スヱ）春 鎮（シツメ）二花（ハナ）一祭
7左 ［春花飛］一散之時［疫］神
四・1右 □□行［癘（レイ）為］二
1右 鎮（シツメトヽメ） 遏
1左 ［有］二［此］祭一
2 ［孟夏］条
3 績麻（ウンヲ、アサ）
5右 山谷（センコク）

◆

5左 ［甘］水一
7 三枝（サイクサ）
右 花飾（カサ）二
五・1右 ［廣瀬龍田］二祭也［欲］令（シメン）
1左 沴（レイ）風
1左 滋登（シケクミノラ）
五・2左 『［三枝］』其［次］
4右 祭與
6左 （〈○〉鎮）火

五・7左　鬼魅
六・1右　者不三（セラ）
1左　饗遏（アヘトヽム）
3　季秋條
3右　謂神
5左　意富葛（イフキ）
6右　伊國
6右　（○神）等（○類）
7　寅日
七・1　下卯
1右　謂若有三卯者
2　季冬條
2　月次祭三鎮火祭二
5右　祝者
5左　告レ神
6　忌部斑（アカテ）
6左　斑（ハン）
7右　猶頒（フン）
7左　司及諸司
八・1　□□条
4　【條】（修）理
4右　謂
6右　攄月

八・7　散齋条
九・1　為二小祀一
一〇・1右　謂以神代（カミヨノ）
1左　万壽之
4左　祭事者人
5　【凡毎年～是也】
6　祭祀條
6　凡祭祀
7左　申之
7　頒告（アカチ）
一一・1　□□祀条
1　幣帛
3　常祀条
4右　畫龜（カイ　カメ）
7　者中臣
7　東西文部（ヤマトカフチノ　フンヒトヘ）
7左　西漢文首也（河内　ヲフトナヲ）
一二・1　上二祓刀一（ハカン　タチ）
1右　文部（フンヒトヘ）
7　神一調度上其秘者（ヲホチカラ）
7左　田賦ナリ
一三・1　祖經貯（タクハヘ）
1　申送（○所）司

一三・4右　假也（ケ）
4左　災也○　※次の行頭へ続く
5左　指斥（シシヤク）
5左　託日（ツケ）
6左　之言一
6左　全レ惑二（マトハ）
7右　惣是
7左　實及非レ観二玄象一
7左　説二他災祥一
一四・1右　不惑
2右　若畜（タクハヘ）（○之而不習讀及蓄（タ）二）
7左　罪々
7左　仍依以告牒
一五・1　吉凶
1左　占筮（センセイモ）
2左　之類
2右　方術（ホ）
2左　多レ端
5　自還俗条
6左　三綱
7左　也
一六・1　三綱及師主
1右　是也

一六・1左　受業
6右　遺凡人
7右　盗罪若僧
7右　依凡
7左　弟子盗者亦従（セフ）
一七・1　若命　搆（ホウ）朋黨二擾（ネウ）亂
1左　寺主
2右　潛（センカイ）害
2　罵辱（ハツカシメ）
3左　猝欺（ソツキ）
4右　淩突（シイツク）
4右　稍卑
7　非寺院条
7　非在
一八・1右　教化相須（マ）
1左　教化
1左　毀（コホチ）去
2右　謂在寺院
6右　始（ハシメテ）犯
7右　長宿以
7右　不紏（タヽサ）
7左　知所部有犯法而不二舉（ル）劾一之罪上
一九・1　食（シキスル 人）者三綱連署

一九・1　經二國郡司一勘二知（ナ）精進一練（レン）行
2左　練者陶練【縁】也（ヤ）
6　取信心
6左　之稱也
7　還本色
二〇・2右　包含（カネフクムモノ、）レ生
2右　二日（〇慈）葱（キ）
5右　謂若
5右　以上（ナ）
二一・1右　事者寺家
1左　蕃其外國
6右　赤（亦）
6　僧尼有事
6左　□者不得
7　若有二官司
7　断二决
7　屈滞（テイ）　―曲也―留也
二二・1　申論者不
2　作音樂条
2　凡僧尼
4　聴着木蘭条
5右　木蘭（〇者）
7　苦使

二二・7　俗衣一
7右　縦不
7左　亦須
二三・1右　依佛法
1左　論也
1　苦使
2　停婦女条
2　凡（〇寺）僧
4左　不合■（減）罪
4　十日（〇苦）使
7　不得輙入尼寺条
7　凡僧不レ得
二四・1　觀（ミ）【省】（省）
1左　之【故（ツ）】
3　禅行一
5　僧綱（〇經）
6　三綱（〇經）
7　【録】（隷ツケ□□）國郡
7右　金嶺（ミタケ）一者
二五・1　他處
2　任僧綱条
3左　律師
4右　德行（〇者）

二五・5左　傾弛(ユルフサ)也
6　無徳
7　者百日
7　以後
二六・1　罸及老病不任(□シフタフ)
2　上法
5右　埿(ヌル)
5右　謂灑(シ)散(スル)
6右　拂堂宇
6右　斲斧舂耘(チョクヲソウウン)
6左　親(ミツカラ)
6左　浪執(ミタリツカヒト)之也
7　等使(ツカヘ)須
7　若三綱
7　不使(ツカハ)
二七・1　所縦(ユル)
1右　柔(ニウ)也
1左　請(ヒ)求
1左　阿(オモネ)
2右　【阿】容
2右　日多少
2左　若雖
3左　不可科罪也

二七・4　【順】（須）聴(ユルシ)
5　然後
5左　既云知實依請
6右　也依律
6右　施行者
6左　苦使
7右　其輒許三綱
7左　一百遂一重者科也
二八・1　□□□□無状(カタチ)
2右　囑託屢(シハく)進(スヽム)
2左　挾(ハサン)情
2　妄請
4右　以巳公
6右　俗之
6左　文(ツ)
7右　由人者
7右　僧尼也
7左　罪者准還俗罪合
二九・1　有私事条
1　有私事訴訟
1　依俗
2　形參(マシハレ)事
2右　為俗形即須稱

二九・6右　謂畜(チク)
6右　所須(井)
6左　此之類
6左　然（○不）【不在禁】得仍(ナユ)出息興
7右　販也興販
7右　出息■者　※ヨゴレ
7左　□凡僧尼
三〇・1　遇三位以上條
2　相捐而過
4　廿身死條
6　亦年終申官
三一・1　准格律條
1　合徒年
3左　處分
4右　立制
4右　以下
4左　告牒者僧尼得度公験也
4左　雜犯死罪
5右　者除名
5右　先還俗然後處
5左　死其流罪
三二・1右　三年□下文
1左　配流不得似告牒當(ス□□ト)即

三二・1左　居作也
2　若有餘（ア）罪
2右　謂假有
2左　告牒當
3右　一年徒
3右　徒以
3左　減贖者一〇　※次紙の行頭へ続く
三三・1右　依俗人
1右　徒以上
1左　使未知（〇過矢疑罪若（イカ）為科断答歴撿律令）
1左　不同正犯
2右　無財物
5左　還俗判断已訖者
6　如苦使條制外
6左　攄格
7右　□□犯之罪既非苦使
7左　□□□□科罰是内法
7左　俗律之（〇科）
三四・1右　□□□□舉輕
1左　□□□有科條不可
2　三綱依佛法

三四・2　被ル、罰セ
3　三綱
3左　被ル罰之
4右　僧苦使
5右　即雖
7　凡有ニ私度一及冒（ム）名一
7右　謂冒覆（フク）也
7左　乙名而官司不
三五・1右　□□度或詐受ニ身
1左　名相代（ハ）
1　并已判還俗
4　知情容止
6　以上者亦
6左　假
7右　□□□容停（トメ）
7左　□□□類也
三六・1　□□□等令（シメタ）□俗人付（サ）
2　□百日苦使
2右　既云ニ僧
2左　尼令俗人
3右　即明僧尼為

三六・6　後犯
7　本色其私度一
7左　責ニ
三七・1右　□初犯ニ法□□制一
1右　其度若改正之
1左　後更應
1左　禁（イサム）限之
2　外國条
4右　百日苦使
4右　未畢者（〇便（ス））於
4左　其三犯
5右　後為坐
5左　僧尼有
5左　更移
6右　配他
6左　□□
7　□□□不得ニ以奴婢
三八・1右　□□□□輒充及受之人
1左　□□□條僧尼
2　□□僧尼不得輒受
三九・3　□京都在之

猪熊本 朝野群載

〈請求番号 貴重図書 八一〉

波戸岡 旭

本巻は、平安後期の文人三善為康（みよしのためやす）（永承四年（一〇四九）—保延五年（一一三九））編になる『朝野群載』の鎌倉初期の古写本で、内容は「巻一」のみであるが、本書編纂当時の原形にもっとも近い体裁を伝えるものとして、現存唯一のきわめて貴重な文献である。本巻以外の諸本は、江戸期の流布本しか伝存しておらず、それらは抄出略本で善本とはみなしがたい。

【書誌情報】

外題　朝野群載巻第一（打付書。後補の表紙は題簽有り）
内題　朝野群載巻第一 并序
書写年代　鎌倉初期写。
巻冊　一巻。
装訂　巻子本。
表紙　楮紙。無地の柿渋〈濃茶色〉
表紙寸法　縦二八・三糎、横四三・〇糎。
見返し　銀の切箔・野毛散らし（縦二八・六糎、横三四・二糎）。
後補の表紙　金茶色卍繋の緞子。
後補の見返し　薄茶地に金の切箔。
料紙　楮紙。
紙数　墨付二二紙　全長凡そ一〇米七二糎。
修復状態　若干虫喰いの箇所あるも裏打ち済み。
書写体裁　界高二四・五糎、一行二十字前後（末尾四紙は無界）二筆（有界部分と無界部分と異なる）。
書き入れ　目次部分の作品名等の右上に朱の合点。随所に、難読字に正字を添え書き、また諸本と校合し訂正した箇所もある（本文と別筆）。
奥書　なし
蔵書印　なし
箱　桐箱。外箱は縦四〇・七糎、横二八・七糎、高一六・五糎。内箱は、縦三四・二糎、横一二・〇糎、高一一・三糎の箱の中に、縦三〇・八糎、横八・五糎、高八・八糎の最内の箱がおさめられる。最内箱の箱書きは左記のとおり。
（表）國寶紙本墨書朝野群載　巻第一　一巻
（裏）この朝野群載一巻　昭和八年七月二十五日　重要美術品に認定せられ續いて同十一年五月六日國寶に指定せらる　昭和十六年春　猪熊信男（花押）識之
伝来　未詳。京都、猪熊信男氏旧蔵。

【解題】

一、『朝野群載』について

『朝野群載』は、編者三善為康が、『朝野群載』という書名のとおり、朝廷内外の諸分野・諸機関にわたって著述された公私の文書のうち、典範となるべき詩文・宣旨・官府・書札・申文、ほか仏事文書・諸国公文書に到るまでの先例を、文体別及び関連部署別に編纂したものである。為康の自序によれば、永久四年（一一一六）の成立であるが、その後も編者自身の手により、逐次増補され、天平年間から為康の最晩年の長承年間まで（八世紀半ばから十二世紀半ば）の三百九十五年間の詩文を収載する。全三十巻のうちの九巻が欠本であるので、収載作品総数は不明であるが、現存の二十一巻所収分は、約八三二篇を数える。

編纂の意図するところは、為康当時の時代の作風に即応した詩文の精粋を収集すると共に、文官の政務上の実用例文集となるべく、公文書に関する種々の文書様式（文体）を網羅的に収集編纂した総集である。本書は、平安朝中後期の社会・法制を知る上での貴重な史料であり、また、ことに平安朝院政期頃の、政務上、必要とされた種々の文書の様式を示す範例文集として貴重である。

『朝野群載』全巻の内訳は以下の通りである。

全三十巻（現存二十一巻）。

［巻一〜巻三］詩文、［巻四〜巻五］朝儀上下、［巻六］神祇官・太政官、［巻七］摂籙家・公卿家、［巻八］別奏・請奏、［巻九］功労、［巻十］闕、［巻十一］廷尉、［巻十二］内記、［巻十三］紀伝上、［巻十四］闕、［巻十五］陰陽道・暦道・天文道・医道、［巻十六］仏事上、［巻十七］仏事下付法僧、［巻十八〜巻十九］闕、［巻二十］大宰府付管国・異国、［巻二十一］雑文上・凶事、［巻二十二］諸国雑事上、［巻二十三〜巻二十五］闕、［巻二十六］諸国公文中、［巻二十七］諸国公文下、［巻二十八］諸国功過、［巻二十九〜巻三十］闕。

現行のテキストとしては新訂増補国史大系本（黒板勝美氏編）があるが、その大系本の巻一は、本巻國學院大學所蔵本を底本にしており、巻二以下は、神宮文庫所蔵旧林崎文庫本を底本とし、同文庫所蔵の旧宮崎文庫本・旧宇治殿本、内閣文庫所蔵本、改訂史籍集覧本により校合されたものである。

なお、本巻は、一九二六年に、和田英松氏により、『古簡集影』第六輯（東京帝国大学史料編纂掛編）に複製影印され、解説を付して刊行されている。

二、編者　三善為康について

『朝野群載』の編者三善為康（永承四年［一〇四九］—保延五年［一一三九］）は、藤原宗友編の『本朝新修往生伝』（『群書類従』巻第百九十九）に拠れば、越中国射水郡の人。本姓は射水氏。治暦三年、十八歳で京に遊学し、算博士三善為長に師事し、その後、養子となった。算道に通じ、紀伝を学んで、郷貢進士を志したが、幾度も省試に落第した。五十二歳頃（康和二年頃）に、少内記に任官。ついで算博士となり、諸陵頭を兼任し、また越後権介にも任官した。これらの労によって正五位下に叙爵された。官位においては不遇であったが、文筆に優れ、文儒としての著作が多く、また幼少の頃から観音を信仰し、終生浄土信仰に厚かった。著述は、本書の他に、『童蒙頌韻』『続千字文』『掌中暦』『懐中暦』（逸書）などの百般にわたる啓蒙書の編著。また、仏教書としては、『拾遺往生伝』『後拾遺往生伝』『世俗往生決疑』（逸書）『金剛般若験記』（逸書）『六波羅密寺縁起』などを著した。天承元年三月、藤原宗忠の白川荘で催された尚歯会には、八十二歳第一叟として招かれている。述作は最晩年まで盛んで、保延五年に九十一歳で卒した。

三、付説『本朝文粋』と『朝野群載』と

自身優れた文筆家でもあった編者為康が、本書の編纂に当たって、開巻劈頭に、以下の自序を冠している。

予曽無拾芥之智、唯有守株之愚、多集反故之体、以為知新之師。部類成三十巻、号曰朝野群載。可謂不昇青雲、高見紫宮之月、不出一室、遥知万邦之風、但慙耄及拙編次、性慵疎渉猟、以輯後昆、宜補前闕。于時永久之暦丙申之年、善家算儒為康抄之。

（書き下し文）

予、曽つて拾芥の智無く、唯だ守株の愚のみ有り、多く反故の体を集めて、以て知新の師と為す。部類して三十巻と成し、号して朝野群載と曰ふ。青雲に昇らずして、高く紫宮の月を見、一室を出でずして、遥かに万邦の風を知ると謂ふべし。但だ、耄及んで編次に拙く、

性慵くして渉猟するに疎かなるを慙づ。後昆に輯するを以て、宜しく前闕を補ふべし。時に永久の暦丙申之年、善家算儒為康之を抄す。

序は簡潔ながら駢儷体であるが、これによると、為康は、まず自身の立身出世の才覚の無さと頑迷な性格であることを自嘲し、ついで、多くの「反故之体」を集めて「知新之師」とするために、部類して三十巻をなした、とある。「知新之師」というのは、「青雲に昇らずして（枢要な地位に昇らなくても）、高く紫宮之月を見（朝廷内の風雅を見）、一室を出でずして（居ながらにして）、万邦の風を知る（あらゆる国々のようすを知る）」ことができるという意味からである。

『朝野群載』というのは、「紫宮（朝廷）」と「万邦（在野）」とを併せたあらゆる文章の意。算道を学ぶ傍ら、紀伝の学問を修めた為康は、その省試受験時の頃から、『本朝文粋』をはじめ古今の珠玉詩文集を収集し始めたであろうが、ことに、康和二年（一一〇〇）、少内記任官の前後から、収集編纂の意識が濃厚になったものと思われる。為康は、編纂にあたっては、『本朝文粋』の収載作品を意識しており、文筆部巻一だけを見ても、五十三篇中二十篇が『本朝文粋』からそのまま取られている（附記参照）。しかし、為康の編纂意図は、『本朝文粋』綺彫華麗の名詩文のみをを網羅しようとしたところとは、いささか異なっている。巻一に限って言えば、『本朝文粋』の内の審美主義的偏向の強い文は取らず、教導性及び載道主義的内容にして文意の明快なものを精選した傾向が見られる。また、文筆部の劈頭に「賦」、ついで「詩」を据えた点は、『本朝文粋』と同じであるが、『朝野群載』の「賦」は、内容別の部立てをせず、「賦韻」の韻字数が八字のもの（長編）と四字のもの（短編）という様式別の二篇のみとする。「詩」についても、まず公的性格の強い「奉試詩」を最初に据えているのは、『朝野群載』の編纂意図が、詩文の様式別の典範にあることを示している。ついで「古調詩」「越調詩」「字訓詩」「離合詩」「廻文詩」の順は、『本朝文粋』と同じであるが、個々の項目ごとの作品数は最小限にとどめる。そして「越調詩」の「山家秋歌」は、『本朝文粋』は八首全部を載せるが、『朝野群載』は、最初の二首のみを載せて後を割愛している。詩型の有りようを示すには初めの二首のみで了解できるとみたためであろうか。また、『本朝文粋』には無い「走脚詩」を『朝野群載』では載せている。

以上のように、『朝野群載』は、『本朝文粋』を意識しながらも、詩文の様式別典範集的な性格の総集であることを意図したものと思われるのである。

四、参考文献

『朝野群載』に関する先行研究論文は左記のとおりである。

・東京帝国大学編『古簡集影』第六輯、一九二六年。
・宮内廳書陵部編『圖書寮典籍解題』続歴史編、一九五一年、国立書院。
・竹内理三「古文書からみた『朝野群載』」（田口卯吉編・黒板勝美校訂『新訂増補国史大系月報』九、一九六四年、吉川弘文館）。
・彌永貞三「朝野群載」（坂本太郎・黒板昌夫編『国史大系書目解題』上、一九七一年、吉川弘文館）。
・木本好信「解題『朝野群載』と三善為康」（木本好信ほか編『朝野群載総索引』、一九八二年、国書刊行会）。
・川口久雄「本朝続文粋と朝野群載」（『王朝文学の斜陽　平安朝日本漢文学史の研究』下）一九八八年、明治書院。
・堀川貴司「詩のかたち・詩のこころ—『本朝無題詩』の背景—」（『国語と国文学』七二—五、一九九五年五月）。『詩のかたち・詩のこころ—中世日本漢文学研究』（二〇〇六年、若草書房）に再録。
・高田義人「『朝野群載』写本系統についての試論—慶長写本・東山御文庫本・三条西本・葉室本を中心として」（『書陵部紀要』五四、二〇〇三年三月）。
・後藤昭雄「『朝野群載』文筆部考—文体論の視点から—」（『国語と国文学』八二—五、二〇〇五年五月）。

猪熊本『朝野群載』所収作品表・出典一覧

（×印の作品は伴信友の校訂本に未収）

賦

視雲知隠賦　江以言（大江以言）　×本朝文粋巻一

春雪賦　紀納言（紀長谷雄）　×本朝文粋巻一

詩

奉試詩　江匡衡（大江匡衡）

古調詩（見二毛）　源英明　×本朝文粋巻一

越調詩（二首）　山家秋歌　紀納言　×本朝文粋巻一

字訓詩　清原真夏　×本朝文粋巻一

同　源順　×本朝文粋巻一

離合詩（時和年豊詩）　橘在列　×本朝文粋巻一

走脚詩　藤敦隆（藤原敦隆）

同　藤公明（藤原公明）

同　江政時（大江政時）

廻文詩　橘在列　×本朝文粋巻一

同　藤公章（藤原公章）

箴

審薦挙箴　都在高

同前　平兼材

詩序

日観詩序　大江維時

句題詩序　菅丞相（菅原道真）　×本朝文粋巻九

倭歌序

新選倭哥序　紀貫之　×本朝文粋巻十一

新楽府廿句和歌題序　大江通国

和歌類林序　藤敦隆

倭哥序（初冬於大井河翫紅葉和哥序）　藤国成（藤原国成）　×本朝続文粋巻十

殿上花見和哥　藤実範（藤原実範）　×本朝続文粋巻十

歌

春風哥応製　紀納言　×

高鳳刺貴賤之同交哥　源順　×本朝文粋巻一

碑文

叡山水飲道場観音像碑文

銘

右大臣剱銘　菅　×本朝文粋巻十二

御剱銘　橘広相

銚子銘　都良香　×本朝文粋巻十二

金皷銘并序　菅三品（菅原文時）　×本朝文粋巻十二

般若寺鐘銘

総持寺鐘銘

座左銘　前中書王（兼明親王）　×本朝文粋巻十二

続座左銘并序　江都督（大江匡房）　本朝続文粋巻十一

十二時漏刻銘并序　藤敦光（藤原敦光）　本朝続文粋巻十一

十二時不動尊銘

辞

書紳辞　紀納言

髪落詞　源順　×本朝文粋巻十二

秋鬢詞并序　藤敦隆　×

讃

西方極楽讃　後中書王（具平親王）　×

天台智者大師讃　橘在列

聖徳太子讃

伝教大師讃

柿本朝臣人麿画讃一首并序　前大弐家（藤原敦光）　本朝続文粋巻十一

吟

葉落吟　紀納言　×

貧女吟　紀納言　×本朝文粋巻一

閑中吟　藤公明　×

歎

落花歎　紀納言　×

歎白髪口方　紀　×

曲

慣啄木曲　紀納言　×

憶禁中三首　藤実兼（藤原実兼）　×

行

老閑行　菅文時　×本朝文粋巻十二

文

詰眼文并序　善居逸（三善清行）　×本朝文粋巻十二

啓

延暦寺奉賀儲君始立啓

難読箇所一覧

笹川　勲

【凡　例】

一、底本の見にくい箇所を、前後の文字を加えて抜き出して一覧化した。

一、影印下欄の行番号は五行目ごとに振った。

一、漢数字は頁番号、アラビア数字は行番号を示す。

一、影印の割付の都合で、同じ行が重複して現れる場合は、初出の頁番号、もしくは行全体を含む頁番号を示した。

一、割註は［　］で括り、改行箇所を／で示した。欠字は□で示した。

四四・10　詩十二
四五・12　首［春風］
四六・15　歎二［空山聖人］
18　［奉賀］
四七・20　知隠賦［以五色雲／用之三百六十字以上］
25　致束、色徒観夫
四八・26　詔屢聘誰動、桂之文訪
27　無遺二、求而必
31　穆々之和被
32　煙遙歸、之岐随時浮
四九・34　結綬化
36　自灼然
37　月陶朱辞越之
39　周輪兮
五〇・43　於山澗、色於沙
44　庭以漸封
五一・47　光縹帙
48　朝舞粉

五一・51　聚散遍林欲
53　止宿墻陰而
五二・57　教学為先［篇／毎句、仲尼弟］
59　建国君民者須令教學
五三・61　日忘、月清潔拾螢火滅、墜地
62　来學誰
63　開帙樂心情
五四・66　體哀今
67　髭可憐
70　暦數採
五五・75　避喧々、暮山
五六・81　為燼山、作嵩色
五七・88　章紫綬
五八・93　意急　忿
98　橘在列
99　露暁霑
五九・105　馬疲中、酒宴遊
六〇・111　之傑（「傑」の異体字）豈、得士
六一・121　皇徳

六二・128　既同
六三・129　日城（域）之
132　在藩之
六四・139　乎云尒
六五・146　妓徒事繊
六七・159　命抽其
160　奉詔者
162　之作文
六八・166　以諷刺
167　然復取
168　々雙書、慶賀哀
六九・172　何方而
七〇・177　樂府
181　受（受）之（「受」字を重ね書き、ミセケチあり）
七一・183　詞浪於艶
184　適捧（棒）廬（「捧」字ミセケチあり）、之檄未、
林之、篇其
189　可釣
七三・201　不論六

七三・202　殊恨彼
七四・204　之類別有
七五・213　物恣登
215　煙之色、之僻遠
七六・219　樂爰蓬
223　鸎歌聲
七七・225　命鸞觴
228　風哥應
七八・243　兮徳有
七九・240　賢士之名
241　今有（国史大系本、「賢士之今名有」。『本朝文粋』は『朝野群載』に同じ。）、愚昔賢人今愚
242　壁上張文
八一・252　水　繞腰
257　也信女
八二・258　橘〔橘〕命婦（「橘」字、ミセケチあり）
259　功於夢
262　信皷先
八三・271　下郡安置
八四・276　儆告、無幽不
277　夜知暁
八五・281　元謙光
283　以撫子
八六・290　朝元謙
291　満昌亦僨之
293　愛〔愛〕以顧（「愛」字、ミセケチあり）
八七・296　花豈如
299　之餘閑
301　仰察九、俯稽三
八八・305　歎徒送、是去嘉

307　方輿之
310　出戸似、此霊〔霊〕器（「霊」字、ミセケチあり）
八九・311　似秘蔵、蔵随時
312　勵起、亭箏自
313　褒亦
316　漏刻
九〇・318　銅渾
319　量　制作
320　短長　錙銖無
323　芒蘊奇
九一・327　學僧〔亦〕（底本、「僧奇形」に抹消の線を引き、「亦慙愧」と傍書）、爰適属
328　剋限必出十二之
九二・332　圖斯
334　尊像圖
九三・343　霜屡落、三宿
344　忘契不有久要
九四・349　門欄獨臥任安勢
350　尓君何
351　安以歎白
355　者傷情、性令
九五・356　年久豈不
357　之類亦
359　灑落焉似皓鶴
360　老之至何仍聊祝
361　花述怨、言葉云[尓]（国史大系本）
九六・365　弥陀　娑、彼佛
368　感應、喩之巨海
九七・373　日曄容熙[々]（国史大系本）
376　身馨至芬

378　心在天台
379　長与山偕
九八・381　也仕持
383　浦之秋霧思
385　焉其辭[曰]（国史大系本）
387　露鮮　四、餘載、来葉風傳
九九・392　葉落吟　紀納言
393　遍満
394　然運譬如壯去
一〇〇・397　門深
398　鍾愛女
400　玉父母
401　懃父母被欺媒
403　仙肥馬、鷹犬毎月〔日歟〕（国史大系本「日」）群
404　遊侠客
一〇一・406　一去無帰別
407　寒空送、風霜秋風
408　今涙濕
一〇七・462　雖囂頑
一〇八・468　而盡精
一一一・487　物發咸
489　憂火常
492　能爲而
一一三・497　思過謝
500　前懐惑
一一四・511　固於磐石
513　漢之風于

梁塵秘抄口伝集　巻十

〈請求番号　貴重図書―一八六九〉

小林健二

【書誌情報】

外題・内題　共になし。ただし、内容から『梁塵秘抄口伝集』巻十の一部であると認められる。

書写者　極書には伝冷泉為相とあるが、伏見天皇、あるいは後伏見天皇の筆と思われる。

書写年代　鎌倉時代後期。

巻数　残巻一軸。

装訂　巻子。

寸法　縦二九・七糎。長さ、見返し二二・二糎、第一紙三八・五糎、第二紙四二・二糎、第三紙四一・九糎、第四紙四一・六糎、第五紙三六・四糎。

表紙　茶色・黄土色・緑色・香色の格子縞に宝尽くしを織り込んだ伊予簾模様の緞子装。

見返し　布目押し模様金箔張り。

料紙　本紙は楮紙。極書の別紙は鳥の子。

紙数　全五紙で第五紙は極めが書かれた別紙。

修復状態　若干の虫損がみられ、本紙には全体にわたって間似合紙による裏打ちが施される。

字高　二六〜二七糎。

行数　全七十行。

用字　漢字・平仮名交じり。

書き入れ　なし。

奥書　なし。

極書　第五紙に「右四枚継者／冷泉家祖為相卿真蹟也／嘉永元中秋中旬　古昔庵好斎誌（「汲水」墨印）」との大倉好斎による極書が記され、本紙との継ぎ目に「極」と「思無邪」の墨割印が押される。好斎は江戸後期の紀州侯に仕えた古筆鑑定家で、嘉永四年八月には法橋に叙せられている。本紙末約四糎の余白には微妙な変色や表面のざらつきがみとめられ、それまでの紙質と異なっているようにみえるが、紙漉きの簀子の目は一貫しており、本来の芯にあった軸棒に巻かれていた部分が剥がされたことによる現象と推測される。剥がしたのは好斎で、極書の紙を継ぎ足すために軸棒を付け替えたものとみられる。

裏書　第一紙の裏巻頭には古筆家二代目了栄の晩年に代筆をつとめた了祐の筆跡で「丙辰九」と墨書される。了栄の没年は延宝六年であるから、この丙辰九は延宝四年（一六七六）九月にあたり、それ以前にこの部分が切断されたと知られる。

箱　桐材。縦三二・四糎、横五・一糎、高四・七糎。箱蓋表に「冷泉家為相卿」と墨書。箱蓋裏に「為相卿巻物」及びその右傍らに「二（「於仙丹」の上に重ね書き）」と墨書された付箋（縦一〇・五糎×横二・四糎）が貼られるが、上半分が欠けている。また、「二」の上には楕円型朱印の下部がみられる。

伝来　附属する昭和十五年九月二十七日付の文部省重要美術品指定文書から和田種之助氏の旧蔵であることが知られ、本紙末の「月明荘」の朱印により反町茂雄氏の手に渡り、昭和三十三年の弘文荘売立目録に載ることからその折に武田祐吉博士のもとに入ったと推測される。巻末の受入印により、昭和五十六年十二月八日に國學院大學図書館に寄贈されたことがみとめられ、その後、平成五年六月十日に重要文化財に再指定された。

【解題】

一、本資料の現状と原態

本資料は「院の新院とまうし丶とき」と途中から始まり、「これかれや様々もしりにき」（新日本古典文学大系『梁塵秘抄 閑吟集 狂言歌謡』（平成五年、岩波書店）の一五五頁二行目から一五七頁の五行目にあたる）まで書写されるが、極めて唐突な書き出しであり、これより前部があったことを匂わせている。案の如く、それを裏付ける資料として一枚の古筆切が存する。小島孝之氏が「塵も積もれば山となるか？―古筆切拾塵抄（一）―」(注1)で紹介された為相(ためすけ)筆と極められた『梁塵秘抄口伝集』の五行分の切である。これは昭和五十二年九月十五日から十九日まで池袋の西武百貨店で行われた書林会の西武古書展示即売会に出品された古筆手鑑「筆鑑」に貼られていたもので、「為相卿ありきこゑを（「琴山」印）」という極めが添えられる。この琴山は極書の筆跡や印影から本資料の裏書をしたためた古筆二代目了栄の万治四年から寛文五年頃のものであることが判明する。(注2)

五行分の本文は、

ありきこゑをわること三ヶ度なり二度ハ／ほうのことくうたひからしてこゑのいつる／まてうたひいたしたりきあまりせめし／かはのとかはれてゆみつかよひしもすちな／かりしかとかまへてうたひたしにきある（新日本古典文学大系『梁塵秘抄 閑吟集 狂言歌謡』の一五四頁五行目から七行目までにあたる）

となっており、小島氏も指摘されるように、二行目の「うたひからして」が、新大系本等の底本となっている伏見宮本の「うたひかはして」より、後白河院が連日連夜の今様修行で喉を壊したという文意に相応しい表現になっているといえよう。後にも述べるように、本資料と伏見宮本は源有資本の本文を書写するが、本資料の方が祖本の形をよく伝えているといえる。ともあれ、この切は本資料より前に位置する部分にあたり、本来は作品冒頭から現存部分までを具備していたことが裏付けられる。それが江戸前期に了栄の手によって切断され、さらに数行ずつに切られて頒布されたのであろう。この古書展に出品されたものの他にもツレが存在するはずであるが、和歌や著名な物語と違った内容だけに、部分的な情報では判明しがたく、もし現存したとしても佚名物語切のように伝わっていることが予想され、さらなるツレの発見が期待されるところである。

二、ジャンル・著者・成立年代

今様の収集と習得につとめ『梁塵秘抄』を集成した後白河院（一一二七―一一九二）が、自身の今様修行と伝授、その時代の今様事情を綴った歌謡の伝書である。嘉応元年（一一六九）三月頃に原形が成立し、その後、治承四年（一一八〇）頃まで増補された。

三、研究史

『梁塵秘抄口伝集』についてはしかるべき研究史があるが、馬場光子氏の『梁塵秘抄口伝集』全訳注（平成二十二年、講談社学術文庫）に集約されている。

四、本資料の重要性

本資料は、分量にすると『梁塵秘抄口伝集』全体の十三分の一ほどで、後白河院の少年時代から五十余歳に至るまでの今様修行と、至高の師である乙前(おとまえ)と邂逅し師弟の契約を交わしたところまでが記される。内容的には一つのまとまりをなしているが、それに続く新大系本にして約三行分を欠くのは、途中で筆写を止めたとしか考えようがない。書法は、行間を一定せずに、枠にとらわれない書き振りであり、さらに、別掲に一覧したように重ね書きされた部分が多いことや、訂正箇所やミセケチが散見されるなどのラフな書写状況から、草稿本であることが窺えよう。途中までの書写であり、しかも区切りのよいところで止めていない点からも、本資料は清書本というより下書きであったと思われる。

筆写者は了栄や好斎の極書によると、伝冷泉為相の筆とあるが、為相の書体とは違いが見られ、その書風からは、伏見天皇（一二六五―一三一七）、あるいは後伏見天皇（一二八八―一三三六）の筆跡との近似がみとめられる。ことに伏見天皇が自身の歌集を編むために自詠を纏めて書写した草稿とみられる広沢切とは、伸びやかで奔放な筆使いはもちろんのこと、重ね書きや訂正の仕方、また墨の継ぎ足し方などに相似がみとめられる。ともあれ、鎌倉時代後期の書写ということになり、部分ではあるが本作品現存最古の写本となる。

『梁塵秘抄口伝集』巻十の伝本としては宮内庁書陵部に所蔵される伏見宮家旧蔵本（以下、伏見宮本）が主要なものであり、現存諸本の祖本に位置づけられる。伏見宮本はその識語によると、今様の弟子であった藤原師長（ふじわらのもろなが）が後白河院本を書写し、それを九条兼実（くじょうかねざね）か道家（みちいえ）が所持していたのを二条経定（にじょうつねさだ）が入手して、さらに源有資（みなもとのありすけ）が写したもので、有資から息子の経資（つねすけ）に伝わったのを、伏見天皇がその遺品の中から尋ね取ったとのことである。その伏見御所に伝わっていた本を、康暦元年（一三七九）に崇光院の重臣で経資の孫である重資（しげすけ）が写したものとみられる。[注3]したがって、伏見宮本は有資本を写したものであるが、本資料が伏見天皇、または後伏見天皇の筆ならば、やはり有資本を写したものとなろう。すなわち、本資料は伏見宮本より以前に有資本を書写した、極めて素性のよいものといえるのである。

両本の本文を比較すると、別掲の校異でわかるように、伏見宮本の方が漢字をあてる場合が多いものの、あまり大きな異同はみられない。その中で次の二例はやや目立つ異同となろう。「おほせられしかハおなし御所に候しかハ」（二・三行目）と「きゝてたつねしかハやかてくしてまひりたりしかハ」（四六・四七行目）の二箇所で、傍線部分が本資料の独自異文である。これらが増補か省略かは意見が分かれるところだが、両方ともに「……しかハ」の直後であり、しかも異文の文尾も「……しかハ」であるところをみると、意図的な省略や増補ではなく、書写者の目移りによる写し飛ばしと判断できよう。この異同からも、本資料の本文の正しさが窺えるのである。七十行の残巻であるが、『梁塵秘抄口伝集』研究の上で本資料の存する意義は極めて大きいといえよう。

五、参考文献

本資料に関する先行研究としては、倉林正次氏が『國學院大學図書館蔵　武田祐吉博士旧蔵善本解題』（一九八五年、角川書店）において解題を担当され、また、飯島和彦氏「武田祐吉博士旧蔵『梁塵秘抄口伝集』巻第十残巻―解題・翻刻・影印―」（『梁塵　研究と資料』五、一九八七年十二月）には、モノクロの影印と翻刻が掲載され、詳しい解題がほどこされる。

［付記］本解題をなすにあたって、久保木秀夫・中村健太郎・高島晶彦の諸氏に種々御教示をいただいた。記して深謝する次第である。

【注】

注1　『立教大学日本文学』四七、一九八一年一月。

注2　中村健太郎「古筆了栄の極札にみられる「琴山」印の経年変化と発行年次の特定について」（『書道学論集』一、二〇〇四年三月）。

注3　池和田有紀「伏見宮と綾小路一族―伏見宮旧蔵『梁塵秘抄口伝集』巻十の書写者についての再検討」（『看聞日記と中世文化』二〇〇九年、森話社）。

翻刻・校異および難読箇所一覧

伊藤悦子

【凡例】

〈翻刻・校異〉

一、影印には下欄、翻刻には上欄に、五行ごとの行番号を記した。

一、行末に余り字がある場合、余り字の先頭位置に／を付した。

一、旧字・変体仮名は現行の字体に改めた。

一、重ね書きや見せ消ちのある文字は□で囲んだ。

一、宮内庁書陵部本と対照し、校異を記した。書陵部本との異同箇所に傍線を引き、その右に書陵部本の本文を記した。

一、底本に対して書陵部本に欠字・欠文がある場合は、底本の該当する文字の右傍に傍線を引き、不足する文字数分の△を付した。逆に、底本に欠字・欠文がある場合は、底本の本文に△を付し、右傍に書陵部本の本文を記した。

例 おなし御所に候しかハ（△△△△△△△△△）

例 二条院△（の）御めのと

一、書陵部本の本文中に空白がある場合、空白箇所に□を付し、前後の字も適宜抜き出した。

〈難読箇所一覧〉

一、難読箇所一覧は、底本の難読箇所を抜き出したものである。重ね書きや見せ消ちに関する箇所を主に取り上げた。

一、漢数字は本書の頁番号、アラビア数字は行を示す。

一、重ね書きや見せ消ちで、本文が下地の本文と異なる場合には、下地の文字を記した。

【参考文献】

・國學院大學武田祐吉博士旧蔵善本解題編集委員会編『國學院大學図書館蔵武田祐吉博士旧蔵善本解題』一九八五年、角川書店。

・飯島一彦「〈翻・複〉武田祐吉博士旧蔵『梁塵秘抄口伝集』巻第十残巻―解題・翻刻・影印」（『梁塵　研究と資料』五、一九八七年十二月）。

・宮内庁書陵部編『梁塵秘抄口伝集巻十』一九八八年、吉川弘文館。

・馬場光子『講談社学術文庫　梁塵秘抄口伝集　全訳注』二〇一〇年、講談社。

◆

〈翻刻・校異〉

院の新院とま［うしゝ］とき（申し時）ひとつところ（所）／に
わかもとにあるへきやうニ（に）おほせられしかハ
おなし御所に候しか（△△△△△△△△△）ハあまに（り）まちかく
つゝましかりしかともこのミたちたりしかハ
そのゝちもおなしやうによ（夜）ことにこのミ
うたひきとはとの（鳥羽殿）にありしとき（時）五十日
ハ（は）かりうたひあかしとよりて東三条にて

◆

ふね（船）にのりて人〳〵つとへて四十余日
ひい（々）つるほと（程）まてよ（夜）こと［にあそ］ひきかく（如此）
のこときこのミしかとさしたる師なかりし／かと
資賢やかねなとかうた（哥）をきゝとりせう〳〵
ならひてうたふもありまたうたひあひ／たる
ともからのうたをしらぬをハたかひにな
らひつゝなにとなくうた（哥）かすしりたちて／ハ
あしから（足柄）なと今様も秘蔵のうた（哥）をしらむと

◆

おもひ（思）て上手ときゝてたうりをたつね
とりて［きゝし］にまことによくきこえし／かハ
つねによひてうたハせきあしからひと／つ（足柄一）
ふたつは（二ハ）ならひたりしかといとわれ（我）［に］まさり／て
うた（哥）しりまさりたることはなかりきいち／め（いち□め）
ほそ九郎蔵人禅師［千］手二郎（ほそ□九郎□蔵人禅師□千手□二郎）なとや
うの物そのかすをきゝしほとに家成卿の
さゝなミ五条か弟子ときゝてかの（彼）中納言うせ／て

のちたつねとりてみつきよつき(三月四月)はかりハ
をきてうたはせてありきかくのことく(如此)
きかぬものもなくきゝあつめたるにはつ
こゑを資賢もめてたきよしまうし(申)
人〱上手とのミいひあひたりしかハいかて／き
かむとおもひ(思)しかとゆかりもしらて
ありしに二条院△(の)御めのと坊門との(殿)くして
こむとちきり(契)たりしに新院とひとつ所／を
はゝかるよしをきゝてをしこうち(押小路)京こく(極)の
たう(堂)へはうもんとの(坊門殿)くしてきたりし／かは(ハ)
よ(夜)もすからうたはせてきゝわれ(我)もうたひ
うた(哥)のことゝもたかひにとひなとして
よ(夜)あけしほと(程)にいへなり(家成)の中のみかと(御門)に
ありしかはかへり(返)にきかくのことかむたち(上達部)／め
殿上人はいはす京の男女所〱(々)のはし／た
物さうしえくちかむさき(もの雑仕江口神崎)のあそひくにく(国々)／の
くゝつ上手ハいはすいまやう(今様)をうたふものゝ
きゝおよ(を)ひわれかつけてうたハ(は)ぬものは(物ハ)

〈難読箇所一覧〉
二二・17 下地文「きゝに」
二三・21 下地文不明（「手」と書きかけたか）
二三・27 見せ消ち。下地文不明
31 下地文不明。「二」か。

すくなくやあらん(む)ある人まうして(申)いはく(云)
さは(ハ)のあこまろとてあをはかのものうた(哥)
あまたしりたる上手このほとのほり／たりと
申ともかた(朝方)かもとにあるよし式部少輔定正
いまた六位なりしとき(時)申ときゝてたつね／し
かハやかてくしてまひりたりしかハとゝめをき
／て
足柄両三伊地古舊河(川)舊古柳せう〱(少々)ならひ／し
ほと(程)に近衛院(に□近衛院)うせさせたまひ(給)しかハなにと／な
くて
やミ(み)にきそのゝちとはの院(鳥羽)かくれさせたまひ(給)／て
もの(物)さハかしきこと(事)ありてあさましき事いて
きて今様さた(沙汰)もなかりしに保元二年のとし
おとまへかうた(哥)をとしころいかてきかん(む)と
思しものかたりをしいてたりしに信西入道
これをきゝてたつね候ハん(はむ)それかこ(子)わかもとに
候とて木工允清仲をよひてかの五条かり
いひやるかへりこと(返事)にさやうの事△(も)せてひさ／

二四・36 下地文「の」
39 「あ」。「め」の一画目のように見える
箇所は紙の繊維。行末文字の「の」も
同様である。
二六・48 下地文不明

しく
なりてみ(ミ)なわすれ候にたりそのうへにそのさま
いと〱みくるしく候とてきたらすたひ〱せ
めて
のちハハ(は)したなきさまになりしかハすちな／くて
正月十日あまりハかりにまひりたり(い)△(き遣戸)やりとの
うちにゐ(居)てさしいつること(事)なしひと(人)を／のけて
たかまつ(高松)とのゝひむかし(東)むき(向)のつねにあるところ(所)
にてうた(哥)のたん(む)きありてわれ(我)もうたひてきかせ
あれかをもきゝてあか月あくるまてありて△△(あり)
△(て)その
よちきりてそのゝちよひよせてつほねして
をきてあしから(足柄)よりハしめて大曲様舊古柳
今様物様田哥等にいたるまていまたしらぬ／をハ
ならひもとうたひたる哥ふしたかふをひと／す
ちに
あらためならひしほとにこれかれや様々も／し
りにき

二七・58 下地文「り」
二八・65 書陵部本に衍字。「ありてありて」
二九・69 下地文不明
70 下地文「あた」

清輔本 金葉和詞集

〈請求番号　貴重図書　一八五三—一八五四〉

針本正行

國學院大學図書館には、勅撰和歌集第五集『金葉和歌集』の古写本として、鎌倉時代書写の『清輔本金葉和詞集』（以下、清輔本）、室町時代書写の『伝楠木正虎筆金葉和歌集』（以下、楠木本）が収蔵されている。本稿では、清輔本の特徴について明らかにしたい。(注1)

【書誌情報】

外　題　上冊表紙の朱題簽（縦一四・一糎、横三・〇糎）に「金葉倭詞集全」とある。
内　題　金葉和詞集。
書写年代　鎌倉時代中期頃写。
巻　冊　二帖。
装　訂　綴葉装。
表　紙　金襴薄茶亀甲地唐花紋。
表紙寸法　縦二六・八糎、横一六・五糎。
見返し　銀砂子に金箔散らし（表紙から剥離）。裏側には、「上　すみつき　九十三まい」の付箋（縦八・三糎、横四・〇糎）が貼付されている。
料　紙　斐・楮混合紙。
丁　数　上帖は、七折、墨付九三丁（遊紙首一丁、尾二丁）、下帖は、七折、墨付一〇七丁（遊紙首一丁、尾三丁）。
一面行数　八行、和歌は二行書、漢字平仮名交じり。
書き入れ　二二四首にわたって、勘物注記が本文の上下にある。
奥　書　なし。
蔵書印　なし。
箱　塗箱。縦二九・六糎、横一九・五糎、高さ三・四糎。内側には、「金葉倭詞集　定家卿息為家手跡」との短冊が貼付されてある。
伝承筆者　藤原為家。

【解題】

一、清輔本の本文と勘物

『金葉和歌集』の本文は、松田武夫、平澤五郎両氏の研究成果により、初度本、二度本、三奏本の三種に大別されている。(注2)中でも、二度本は複雑な伝承過程があって、さらに、初撰二度本系（続群書類従本・ノートルダム清心女子大学附属図書館正宗文庫本『橋本公夏筆金葉和歌集』（総歌数七四六首・連歌一九首））、再撰二度本系（精撰本系—正保四年版本（六九三首・連歌一九首）、中間本系—天理大学附属図書館蔵本（六七二首・連歌一九首）、流布本系—ノートルダム清心女子大学附属図書館正宗文庫本『伝二条為明筆本金葉和歌集』（六四八首・連歌一七首、略「為明本」））などに分類されている。これに対して、清輔本は六七三首（六五六首・連歌一七首）、楠木本は六八〇首（六六二首・連歌一八首）であるので、歌数の視点からすると、清輔本・楠木本は、二度本の中でも中間本系に位置するものといえる。また、清輔本には、和歌本文の上部（頭）と、下部（脚）に勘物があり、本書の伝承過程を知る資料となっている。(注3)（脚）には、一番歌に「廿首／正三位兵衛佐／讃岐　尾張／丹波　播磨／伊与　美作／修理大夫／大貳大宰等経／畢」、三番歌に「廿四首／大納言正二位／資平孫前中（略）」とあるように、『金葉和歌集』における作者の収載歌数や略歴を記す。また、（頭）には、五番歌に「堀河院百首／河内哥也内侍（略）」、十九番歌に「三条南　四条北／朱雀西　皇嘉／大路東也」とあるように、歌の出典、詞書の注釈などを記す。

二、清輔本における撰者源俊頼

『金葉和歌集』二度本の和歌の配列は、巻頭に、修理大夫顕季の「うちなひきはるはきにけりやまかはのいはまのこほりけふやとくらむ」（清輔本）を置き、巻末は、撰者源俊頼の嘆老歌「なゝそちにみちぬるしほのはまひさきひさしくもよにうもれぬるかな」で終わる。三奏本での巻頭は、源重之の「吉野山みねの白雪いつ消えてけさは霞のたちかはるらん」であり、顕季の「うちなひき…」は二番歌に位置づけされている。『金葉和歌集』は、源俊頼が作者として主導的な役割を果たした『堀河百首』を多く資料としているので、三奏本の撰に際しては、『堀河百首』をもととする顕季詠を避けたのであろうか。また、源俊頼自身の歎老歌を巻末に据えた撰者の意図について、「俊頼の申文的意味合いが強く籠められていたということになるだろうか」[注4]との意見もある。

そこで、二度本の最善本とされている為明本（新編国歌大観本）と清輔本における歌の配列、被除歌を比較して、清輔本における源俊頼の撰歌意識について述べてみたい。

第一の問題は、和歌の配列において、巻一の巻末とその直前に配列された歌のことである。為明本（楠木本も同）の直前歌は俊頼詠「かへる春う月のいみにさしこめてしはしみあれの程までもみん」であり、巻末歌は藤原顕輔詠「おもひやれめくりあふへき春たにもたちわかるるはかなしきものを」（楠木本も同）であった。これに対して、清輔本（三奏本も同）の巻末歌は、俊頼詠「かへる春…」であった。

第二の問題は、配列の異なる歌群があることである。たとえば、四九一～五〇六番は、恋部下の歌群で、「題讀人不知」とされているものである。川村晃生氏は、この歌群の和歌が俊頼作の可能性があると指摘されている。[注5]清輔本の配列（四九九～五〇六）と為明本とを比較して確認すると清輔本は次の通りである。

四九九　みくまのゝこまのつまつくあをつゝらきみこそまろかほたしなりけれ
五〇〇　つのくにのまろやは人をあくたかはきみこそつらきせゝはみえしか
五〇一　あふみてふなはたかしまにきこゆれといつらはこゝにくるもとのさと
五〇二　かさとりのやまによをふるみにしあれはすみやきもをるわかこゝろ哉
五〇三　こりつむるなけきをいかにせよとてかきみにあふこのひとすちもなき
五〇四　あふこなきものとしる〱なにゝかはなけきをやくとこりはつむらむ
五〇五　うとましやこのしたかけのわすれみついくらのひとのかけをみつらむ
五〇六　はかるめることのよにのみおほかれはそらなけきをはこるにやあるらむ

清輔本五〇三番歌が為明本では清輔本四九九番歌の次におかれ、また、清輔本五〇五番歌が為明本にはない。清輔本四九九・五〇〇番歌は、「きみこそまろかほたしなりけれ」・「きみこそつらきせゝはみえしか」と連鎖し、呼応する配列構成となっている。清輔本五〇三・五〇四・五〇六番歌の「なけき」は、五〇二「すみやき」の語を起点として、恋の「歎き」を歌い上げている。為明本には「なけき」の語がない。

第三の問題は、為明本において被除歌とされている歌が、清輔本に収載されている場合があることである。清輔本の二三、五八、二〇四、二一〇、三〇一、三五四、五〇五、六一四番歌である。では、二三番歌を具体例として、清輔本の歌の配列を確認してみる。

二二　子日のこゝろをよめる
かすかのゝねのひのまつはひかてこそ神さひゆかむかけにかくれめ

二三　百首哥の中に子日のこゝろをよめる
はるかすみたちかくせともひめこまつひくまのゝへにわれはきにけり

清輔本二二番歌の「ねのひのまつ」をうけて、二三番歌の「ひめこまつ」の表現がある。為明本に二三番歌がないのは、撰者俊頼が、子の日の長寿の言祝ぎの歌の重出を避けたともいえる。

俊頼の撰歌意識が、清輔本の歌の配列、被除歌のあり方に反映されているのである。

三、『金葉和歌集』の古筆切と清輔本

近年の二度本の研究の進展に、古筆切研究からの成果がある。中でも、新出の玉藻切、升底切などの発見は注目される。玉藻切は、古筆学大成に収載されたもの(注6)、田中登氏所蔵三葉、さらに、髙城弘一氏が発見されたものなど、十数葉が確認されている。田中登氏は、『伝後鳥羽院筆玉藻切』の性格を、二度本の中の続群書類従本よりもさらに先行する本文であるとする。(注7)髙城弘一氏は、古筆学大成収載切、田中登氏所蔵切、ご自身の架蔵切などをもとに、玉藻切本は、「二度本の中でも、かなり複雑で渾沌としていた歌集である」と述べられている。(注8)また、升底切については、海野圭介氏が、「ノートルダム清心女子大学附属図書館正宗文庫本『伝二条為家筆本金葉和歌集』(巻七～十の残欠本)は、通常、藤原家隆筆として認められた「升底切」の僚巻(注9)」であるとする。中でも、巻十・雑下六三一・六三四(新編国歌大観本)の詞書に注目して、二度本の生成過程と升底切の関係について言及されている。

では、海野氏の論をもとに、升底切本(「升」)、伝二条為明筆本(「明」)、伝藤原良経筆本(三奏本)(「良」)、國學院大學図書館所蔵清輔本(「清」)・楠木本(「楠」)の五本の詞書を比較してみたい。

○六三一番歌
升　依釈迦遺教念弥陀といふことをよめる
明　題不知
楠　依釋迦遺教念弥陀といふことをよめる
清　法花経の心をよめる
良　法華経の心をよめる

○六三四番歌
升　醍醐の釈迦会に花のちるをみてよめる
明　醍醐の桜会に花のちるをみてよめる
楠　醍醐釋迦会に花のちるをみて
清　醍醐の釋迦會に花のちるをみてよめる
良　醍醐の釈迦会に花のちるを見てよめる

右のように、六三一番歌では升底切本と楠木本、清輔本と良経本とがそれぞれ同一であるが、為明本は「題不知」とあって異なる。また、六三四番歌では、升底切本、楠木本、清輔本、良経本が同一であるが、為明本は「醍醐の桜会」となっていて異なる。

二度本から三奏本までの生成過程において、清輔本は、中間本系の中でも、三奏本に近いのかもしれない。ただ、今後、新たな玉藻切、升底切などの発見によって、『金葉和歌集』二度本系諸本、清輔本の書写、伝承過程も問い直されることになると思量される。

【注】

注1　清輔本の翻刻、研究はすでに、菊地仁氏『國學院大學図書館蔵武田祐吉博士

旧蔵善本解題』(一七〜一八頁　一九八五年、角川書店)、畠山大二郎氏「國學院大學図書館蔵『清輔本金葉和歌集』の解題と翻刻」(『國學院大學校史・学術資産研究』第四号、二〇一二年三月)がある。また、楠木本の翻刻、解題も畠山大二郎氏によってなされている(「國學院大學図書館蔵伝楠木正虎筆『金葉和歌集』の解題と翻刻」『同』第三号、二〇一一年三月)。

注2　松田武夫氏『金葉集の研究』(一九六〜二四〇頁、一九五六年、山田書院)、平澤五郎氏『金葉和歌集の研究』(二九九〜七一八頁、一九七六年、笠間書院)。

注3　菊地仁氏は、清輔本の勘物を翻刻した上で、陽明文庫所蔵の「伝為家筆後拾遺和歌抄」の勘物と比較されている(「國學院大學図書館蔵『清輔本金葉和歌集』の勘物―紹介と翻刻―」(『國學院雑誌』八六―一、一九八五年一月)。

注4　新日本古典文学大系『金葉和歌集』解説(四四四〜五頁、一九九六年、第三刷、岩波書店)。

注5　川村晃生氏「金葉集の一方法」(『国語と国文学』六六―二、一九八九年二月)。

注6　小松茂美氏著『古筆学大成』九(三六三〜六頁、一九八九年、講談社)。

注7　「玉藻切金葉集の性格」(『古筆切の国文学的研究』三六〜四四頁、一九九七年、和泉書院)。田中登氏は、他に玉藻切として、「巻一春」(『続国文学古筆切入門』一九八九年、和泉書院)、「巻九雑部上」(『続々国文学古筆切入門』一九九二年、和泉書院)なども紹介されている。

注8　高城弘一氏「五　伝後鳥羽院筆玉藻切(金葉集)補考」(『古筆切研究』一、二四〜二七頁、二〇〇〇年、思文閣出版)。

注9　海野圭介氏「正宗敦夫旧蔵升底切本『金葉和歌集』考」(伊井春樹氏編『日本古典文学研究の新展開』五八〜七九頁、二〇一一年、笠間書院)。

難読箇所一覧

畠山大二郎

【凡　例】

一、この一覧は、原本の難読箇所を抜き出したものである。虫損による不鮮明箇所、文字の判断し難い箇所を主に取り上げた。

一、最初に頁番号を漢数字で掲げ、次に底本の丁、表裏、本文・頭注・脚注の別、アラビア数字で行を示す。

一、本文の場合は「本」、頭注は「頭」、脚注は「脚」と表記した。本文は難読箇所前後の数文字を掲げ、注は行全体を掲げた。注の全体を掲げる場合は行数を省き、／で改行を示した。

一、丁数が一〇〇丁を超えた場合、「〇一丁オ」、「〇二丁ウ」のように表記した。

一、該当箇所を特定しやすくするために、難読箇所の前後の字も適宜抜き出した。

一、欠損等によって判読困難な個所は□で囲った。

一、旧字は、原則として底本のままに掲出した。

一、踊り字の「〻」は、「々」で統一した。

一、料紙の状態に関する情報には※を付した。

【参考文献】

・菊地仁「〔資料紹介〕國學院大學図書館蔵『清輔本金葉和歌集』の勘物―紹介と翻刻―」(『國學院雑誌』八六―一、一九八五年一月)。

・畠山大二郎「國學院大學図書館蔵『清輔本金葉和歌集』の解題と翻刻」(『國學院大學　校史・学術研究』四、二〇一二年三月)。

上　帖

〈巻第一〉

一四一　一丁オ　脚7　大貳等経

一四三　二丁オ　頭7　斎宮ハ樋口斎
　頭8　宮俊子(後三条院女)

一四五　三丁オ　頭2　益後拾遺ニ
　頭4　注ハ依有同名

一五一　六丁オ　脚8　男母参議源

一五二　六丁ウ　脚5　公政男公政

一五六　八丁ウ　頭　大織冠　鎌足／淡海公　不比等／房前　真楯／長岡大臣　内麿／閑院大臣　冬嗣／忠仁公　良房／昭宣公　基経／實長良子／貞信公　忠平／九条殿　師輔

一五七　九丁オ　頭1~7　大入道殿　兼家／御堂　道長／宇治殿　頼通／京極殿　師實／後二条殿　師通／冨家殿　忠實／法性寺殿　忠通
　頭9　大治元年(甲辰)閏
　脚1　作云々

一五八　九丁ウ　頭8　東(云々)件和哥

一六〇　一〇丁ウ脚2　正二位大納言公
　脚4　守隆方朝臣女

一六一　一一丁オ脚2　俊頼ニ外祖父

一六二　一一丁ウ本1　なかりつる哉※
　本5　けるに女房※に

一六三　一二丁オ本4　はるのやまかせ※
　本8　たゝぬひそなき※

※一一丁ウと一二丁オの紙が固着し、無理に開けたことで貼り付いたか

　頭1　兼盛哥云

一六八　一四丁ウ頭1　撰進云々
　頭4　也仍件字ヲ
　頭5　撰進云々皇子
　頭8　四条宮(寛子宇治殿女)
　脚3　参議侍従々

一六九　一五丁オ頭2　長也被懐姙
　　　　頭4　人云所姙之児
　　　　頭5　ハ菩提縷支
一七一　一六丁オ頭2　中宮篤（トク）子
一七三　一七丁オ本1　いかにふけはか
一七五　一八丁オ本1　中宮の御方に
一七七　一九丁オ本1　春ものへまかり
　　　　脚2　従四位下常陸
一七八　一九丁ウ頭1　四条宮寛子 宇治殿女
一七九　二〇丁オ本1　いかゝとおほせこと
一八〇　二〇丁ウ本8　百首哥の中に
　　　　脚6　部僧正云々
一八二　二一丁ウ本8　みつをせかぬ
　　　　頭　作者ハマスケ／オフルトヨ
　　　　メ／リ云々
一八三　二二丁オ本1　やまふきを
　　　　脚13　房号出雲守
　　　　脚14　相如女
一八四　二二丁ウ本8　そへなからをはちらさゝ
　　　　らなむ
一八五　二三丁オ本1　暁見躑躅といへる
一八六　二三丁ウ本8　まつとてさき
一八七　二四丁オ本1　紫藤蔵松と
一八八　二四丁ウ本3　修理大夫顕季※
※「輔」を消して「季」と書く
一八九　二五丁オ本1　ふちのしつくと
　　　　本8　うれしかりけり
　　　　れ哉
一九〇　二五丁ウ本8　おもひわつらふけふのく
〈巻第二〉
一九六　二八丁ウ脚2　左大臣乳母堀河左大臣歟
一九九　三〇丁オ脚3　位下寛仁元
二〇五　三三丁オ脚7　卿女後号堀河
二〇八　三四丁ウ脚3　云々
二一三　三七丁オ本1　春宮大夫公實
二一四　三七丁ウ頭1　中院ハ六条
二一七　三九丁オ本1　左兵衛督實能
二一八　三九丁ウ脚2　前讃岐守正四
二二三　四二丁オ頭　三井寺経蔵／哥合　題月／
　　　　慶禅蓮宗房也／タマクシケフ／タカミヤマ
　　　　ノ月／カケノアクルホ／トマテナカメ
　　　　ツ／ルカナ／何前読哉／不審々々
二二四　四二丁ウ脚6　左衛門佐
二二五　四三丁オ頭2　哥也於長岡
〈巻第三〉
二二九　四五丁オ脚6　永愷男永愷ハ能因
二三〇　四五丁ウ頭1　堀河院百首
二三一　四六丁オ本1　かけるころもの
二三三　四七丁オ本1　あしたのはらの
二三四　四七丁ウ本8　とふひともなき
二三五　四八丁オ本1　をたに秋はきにけり
二三六　四九丁ウ本8　月旅宿友といへる
二三九　五〇丁オ本1　翫池上月といへる
二四〇　五〇丁ウ本5　後冷泉院御時
　　　　本8　かすよりほかに
二四一　五一丁オ本1　かけにさりける
二四二　五一丁ウ本8　かゝらぬさよの
二四六　五三丁ウ頭2　時難云裸形可
二四九　五五丁オ脚4　従五位下々野
二五六　五八丁ウ脚1　改云良教云々
二六五　六三丁オ頭1　シラスケノマ
　　　　頭2　ノヽハキハラハ
二七〇　六五丁ウ脚2　弥海父繪工也
　　　　脚9　家也
二七一　六六丁オ頭3　ニ菊不可有歟
二七二　六六丁ウ脚7　北政所乳母南
二七八　六九丁ウ脚1　或本俊頼ト
〈巻第四〉
二八三　七二丁オ頭3　子母儀上東門
二八四　七二丁ウ本8　大納言経信
二八五　七三丁オ脚4　正二位能長
二八八　七四丁ウ本8　藤原隆経朝臣
　　　　脚4　津守俊輔
二八九　七五丁オ頭　後拾遺云／サムシロハムヘ
　　　　サ／エケラシカクレ／ヌノアシマノコ
　　　　／ホリヒトヘシニケ／リ
二九六　七八丁ウ頭2　四尺御屏風乙
　　　　頭5　立方積云々
三〇一　八一丁オ本2　神楽したる
三〇二　八一丁ウ本6　とけぬかきりは
三〇四　八二丁ウ本6　藤原成通朝臣

三〇五　八三丁オ本2　歳暮をとりて
三〇六　八三丁ウ本6　中原長国
本7　とはかりこそはきかましか
三〇七　八四丁オ本2　なしにあけくれて
本3　なりにける哉
頭3　夜云々
〈巻第五〉
三〇九　八五丁オ本3　五日内裏にて
三一〇　八五丁ウ本6　いへることを
本7　大納言俊實
脚4　以大納言相傳
三一一　八六丁オ本2　いへることを
本3　中納言實行
三一二　八六丁ウ本6　あはまほしさに
本7　祝のこゝろを
三一四　八七丁ウ本7　堀河院御製
脚2　薗城寺僧
脚4　道孫守名源
三一五　八八丁オ脚5　母安房守平實
三一六　八八丁ウ本6　大嘗會主基方
本7　よめる
三一七　八九丁オ本3　いなゐといへる
頭2　哥如何
三一八　八九丁ウ本6　ちとせをまつ
三一九　九〇丁オ本3　為隆卿行事
脚3　侍棟仲女　母
脚5　位上源正職

三二〇　九〇丁ウ本6　中納言通俊
本7　こやねのみことより
脚5　岐守顕綱男
脚7　五位上前和泉
三二三　九一丁ウ本6　藤原為忠
三二四　九二丁ウ脚5　四位下頼光々
脚6　々男母従三位
下　帖
〈巻第七〉
三五一　七丁オ　頭　講席之時俊頼／感歎云ウ
ツヽノ／カヒハノ字直千／金也俊頼等
／ハウツヽニテコソ／ヨマシカト云々
三五三　八丁オ　頭　時有難云／不被寝イヲハ／
イカヽトモニス／ヘキト云々
三五五　九丁オ　頭　随聞集云／中宮女房／ヒト
ヨコソワスレ／カタケレクレタ／ケノ
アサマシカリ／シフシトコロカナ
三五六　九丁ウ　脚1　少将無益之
三六八　一五丁ウ頭　散木集云／夜恋云々
脚7　章女公資々々
〈巻第八〉
三八九　二六丁オ頭　前大納言正二位／清慎公孫
實頼／廉義公男頼忠
三九〇　二六丁ウ頭　母中務卿代明／祝主女
三九五　二九丁オ頭3　恋云々
四一〇　三六丁ウ脚1　慈雲房天台
脚3　本云此名於

四一一　三七丁オ脚6　原顕長女母宇治前
脚7　大政大臣家女房顕長為
四一八　四〇丁ウ脚6　季信女母前備後守
脚7　従四位上源致遠女
四一九　四一丁オ本1　かきこもるにそ
四二〇　四一丁ウ本8　みえぬ恋に
四二二　四二丁オ本1　おとこのけふは
四二三　四三丁オ本1　いもしるゝめや
四二四　四三丁ウ頭　信宗勤仕賀茂／祭使時風流
雑／色四十人着襲／装束左右牛
脚4　三男母下野
四二五　四四丁オ本1　まとろむほとの
頭　童者着胡飲／酒装束輪大／
鼓車楽屋笠／松樹藤花開／数云々
脚8　公資々々女
四二六　四四丁ウ本8　まからむと
四二七　四五丁オ本1　さはることありて
四二八　四五丁ウ本8　まろやは人を
四二九　四六丁オ本1　つらきせゝは
四三〇　四六丁ウ本8　かたねふりなる
四三一　四七丁オ頭1　六帖云
四三三　四七丁ウ本8　とふいしかみの
四三六　四九丁ウ頭　散木集云／前兵衛佐顕／仲
八条ノ家／ニテ人々十首／哥ヨムニ恋
ノ／心ヲ
〈巻第九〉
四三九　五一丁オ本1　院の御事なと

四四〇　五一丁ウ本8　僧正行尊
四四一　五二丁オ本1　あはれとおもへ
四四二　五二丁ウ本8　かくれおはしまして
四四三　五三丁オ本1　またのとしの春
四四四　五三丁ウ本8　なをそこひしき
四四五　五四丁オ本1　隆家卿大宰帥に
　　　　頭1　大入道殿兼家
　　　　頭3　町尻殿道隆
四四六　五四丁ウ本8　おりにければ
四四七　五五丁オ脚10　兄也
四四八　五五丁ウ本8　すませたまひける
四四九　五六丁オ本1　いつまてさてはなと
四五〇　五六丁ウ脚2　横河大供奉
四五一　五七丁オ本1　いへることを
四五二　五七丁ウ本8　僧都頼基光明山に
四五三　五八丁オ本1　月のあかゝりけるよ
　　　　脚2　職(江記如此 系図如此)髙
四五五　五九丁オ本1　いたさせたまひて
四五六　五九丁ウ本8　大中臣輔弘
四五七　六〇丁オ本1　ふたみのうらの
　　　　脚1　源清(キヨシ)哥云々
四五八　六〇丁ウ本8　をかせ侍りける
　　　　脚2　清ハ綱男
四六一　六二丁オ頭2　元(儒者)方孫右馬
四六三　六三丁オ本1　みるといふものを
四六四　六三丁ウ本8　みちのくの
四六五　六四丁オ本1　たひねしてけり

四六六　六四丁ウ本8　まかりたりけ
　　　　脚5　女云々母越中
四六七　六五丁オ本1　ければ出居にをき
四六八　六五丁ウ本8　春宮大夫公實
四六九　六六丁オ本1　つらさはしられける
四七〇　六六丁ウ本8　みつくるま
四七一　六七丁オ本1　めくるとをしれ
四七二　六七丁ウ本8　大納言宗通
　　　　脚3　大宮右大臣男
四七三　六八丁オ本1　たひのとこならめ
　　　　脚1　母備前守源
　　　　脚2　兼長女正二位
四七四　六八丁ウ本7　よみたらむ人に
　　　　本8　ありければ
四七五　六九丁オ脚1　従四位下儀子
四七六　六九丁ウ本7　藤原仲實朝臣
　　　　本8　をくしもを
四七七　七〇丁オ本1　おもひける哉
四七九　七一丁オ本1　内大臣家小大進
四八〇　七一丁ウ本8　まうしける人の
四八一　七二丁オ本1　侍りけるを
　　　　頭1　守母平(本)納言
　　　　脚2　系図説満綱
四八二　七二丁ウ本8　源俊頼朝臣
四八四　七三丁ウ本8　なりにける哉
四八六　七四丁ウ頭　保實ハ中納言／従二位公成
　　　　孫／大納言正二位／實基(々)季男／母経平
　　　　女／保實卿云此哥／父男読ナラム／ト
　　　　云々不致驚／云々
四九八　八〇丁ウ脚3　師房三男号一
四九九　八一丁オ本1　はなれさりけり
　　　　頭　六帖云／ヒトコヽロアラチ
　　　　／ノヤマニナルトキ／ソタノミコシチ
　　　　／ノミチハクヤシ／キ
五〇〇　八一丁ウ本8　かゝみをみるに
五〇一　八二丁オ本1　みてよめる
　　　　頭5　原定綱女号
五〇二　八二丁ウ本8　藤原公教
　　　　頭6　大蔵卿為房
　　　　頭7　男(母法橋隆尊女)
五〇三　八三丁オ本1　なれにしものを
五〇四　八三丁ウ頭　散木集詞云／コレヲ御ラム
　　　　シ／テ内侍周防ヲメ／シテコレカヘシ
　　　　セ／ヨト仰ラレケレ／ハ心ハイカヤウ
　　　　ニカ／サモサフラヒヌヘカ／ラムサマ
　　　　ニカシ候／ヘキト奏シケレハ／サヤウ
　　　　ニコソハト仰／コトアリケレハツ／カ
　　　　ウマツリケル云々／ソノタヒナリニ
　　　　ケ／リ云々

〈巻第十〉
五〇五　八四丁オ本1　巻第十
五〇六　八四丁ウ本8　平基綱
五〇七　八五丁オ本1　いとひしかせの
五〇八　八五丁ウ本8　またのとしの秋

五〇九　八六丁オ本1　[康]資王母
五一〇　八六丁ウ本8　な[き]みとをしれ
五一一　八七丁オ本1　にこを[す]てゝ
五一二　八七丁ウ本8　おき[そ]ゐらるゝ
五一三　八八丁オ本1　出[家]したりと
五一四　八八丁ウ本8　とはゝ[なけ]きや
五一五　八九丁オ本1　すき[にけ]る哉
五一六　八九丁ウ本8　かくれ[なむ]と
五一七　九〇丁オ本1　ま[か]りにける哥
五一八　九〇丁ウ本8　おもひの[はて]は
五一九　九一丁オ本1　まし[る]ものとは
五二〇　九一丁ウ本8　とふらひた[り]けるを
五二一　九二丁オ本1　まうしけ[れ]はよめる
　　頭　資業卿為伊／豫守之時与能
／因法師／武蔵守行義男／母致明女／
七番　龍宮祈雨／左　能因／アマノカ
ハナハシ／ロ水ニセキクタセ
五二二　九二丁ウ頭　アマクタリナス／カミトシ
ルヘク／終七字／相違如何／右　資業
／アマノカハ水セキ／クタスカミナレ
ハ／アメノシタニハア／フクトヲシレ
／範国資業何／一定哉依旱／祈雨云々
又哥／合題龍宮祈／雨云々何一定乎
五二四　九三丁ウ本8　いひつかは[し]ける
五二五　九四丁オ本1　[僧]正行尊
　　本3　われま[と]はすな
五二六　九四丁ウ本8　心[を]よめる
五二七　九五丁オ本1　[皇]后宮肥後
　　本3　いかてこ[ゝ]ろを
五二八　九五丁ウ本8　[僧]正静円
　　脚4　院巳講
　　脚8　政大臣男
五二九　九六丁オ本1　わしの[やま]かせ
　　本3　[提]婆品の
　　脚2　鎮西人云々山
五三〇　九六丁ウ本6　[涌]出品の
五三一　九七丁オ本1　心[を]よめる
　　本3　うきよ[を]し
五三二　九七丁ウ本6　[依]他のやつの
　　本8　ことを[よ]める
五三三　九八丁オ本1　[懐]尋法師
五三四　九八丁ウ本8　つるき[の]えたの
五三五　九九丁オ本1　な[れる]なるらむ
　　本3　[ひ]けれは
　　脚2　山口重如也号
　　脚3　河内重如河内
五三六　九九丁ウ本6　[屏]風のゑに
　　本8　こきは[な]れて
五三七　〇〇丁オ本1　こゝろをよ[め]る
　　本3　あみた[ふ]と
五三八　〇〇丁ウ本6　[桃]薗のもゝの
　　本8　もゝのは[な]こそ
五三九　〇一丁オ本1　[公]資朝臣
　　本3　[賀]茂のみやしろ
五四〇　〇一丁ウ本6　かのみ[な]くちに
　　本8　[観]暹法師
　　脚3　寺僧正
五四一　〇二丁オ本3　あかね[さす]
　　本4　[た]のなかに
五四二　〇二丁ウ本6　[つ]くしの
五四三　〇三丁オ本3　[宇]治へ
　　本4　[あ]めのふり
五四五　〇四丁オ本4　ちは[やふ]る
五四六　〇四丁ウ本6　[に]いひける
　　脚6　如本
五四七　〇五丁オ本4　[す]まひくさと
五四九　〇六丁オ本4　あめよ[りは]
　　脚3　大中臣元房孫
　　脚4　権大宮司公宣
五五一　〇七丁オ本4　ひ[さ]しくもよに
　　頭1～5　散木集云／此集撰ノ
奥ニ／御覧モセヨト／オホシクテ書
／付云々
　　頭9　無下褻也不似

猪熊文庫について

山本岳史

國學院大學図書館所蔵『令義解』、『朝野群載』、『神皇正統記』の旧蔵者である猪熊信男（一八八二―一九六三）は、徳島藩蜂須賀家の分家に生まれた。のちに香川県白鳥神社猪熊家の養子となる。京都帝国大学工科大学に進学するが中退、次第に和漢の学に関心を持つようになり、古文書や古典籍の蒐集・研究に没頭する。史料編纂所嘱託や京都府史蹟調査会委員、京都府宗教局古社保存計画係嘱託などを歴任し、宮内省図書寮御用掛として東山御文庫の調査に尽力した。昭和十六年に職を辞し、蒐集した蔵書とともに郷里白鳥に戻る。[注1]

猪熊信男は自らの文庫に『日本書紀』の一節をとって「恩頼堂文庫」と名付けている。[注2]その蔵書は、古文書類千二百余点、宸翰類三百余点、古典籍類数千冊あったと言われている。[注3]終戦直後は未曽有の経済変革によって華族や名だたる資産家の秘庫から多くの古典籍が流出しているが、猪熊家もその例外ではなく、戦後に愛蔵品の一部を手放すことになったようである。『令義解』、『朝野群載』、『神皇正統記』は、その時市場に出たものと思われる。そして昭和三十三年に國學院大學図書館が、柏林社から三点を一括購入し、今日に至っている。[注4]また、昭和三十七年には宸翰を除く古文書の大部分（一一六二点）が広島大学に譲渡されている。[注5]その後も少しずつ愛蔵品の売却がなされていたようである。猪熊信男の没後、四天王寺女子大学（現四天王寺大学）が猪熊家から約千五百点の古文書・古典籍群をまとめて購入している。[注6]近年、恩頼堂文庫研究会編『四天王寺国際仏教大学所蔵恩頼堂文庫分類目録』（四天王寺国際仏教大学図書館　平成十五年）が刊行されたことにより、恩頼堂文庫の全体像が明らかになった。[注7]

この『恩頼堂文庫分類目録』で猪熊信男の古典籍の蒐集範囲を見ると、作品の時代やジャンルに偏りがなく、多岐に亘っている。加えて、『令義解』、『朝野群載』、『神皇正統記』が国宝指定されていることからもわかるように、[注8]稀覯性や学術的価値の高いものを見極めて蒐集していたことがうかがえる。猪熊信男の蒐書が国文学、古文書学に果たした功績は極めて大きい。

【注】

注1　猪熊信男の略歴は、以下の文献に基づいてまとめた。
・須原祥二「猪熊信男と恩頼堂文庫について」（『日本語日本文化論叢　埴生野』二、二〇〇三年三月）
・福尾猛市郎「猪熊信男氏の追憶」（『日本歴史』一八四、一九六三年九月）
・『国史大辞典』「猪熊信男氏所蔵文書」項（福尾猛市郎執筆、一九七九年、吉川弘文館）

注2　『日本書紀』神代上第八段一書第六「是以百姓至今咸蒙恩頼」による。
前掲須原祥二「猪熊信男と恩頼堂文庫について」参照。

注3　前掲『国史大辞典』「猪熊信男氏所蔵文書」項参照。

注4　國學院大學図書館古山悟由課長のご教示による。

注5　広島大学に譲渡される経緯、および古文書の内容については、福尾猛市郎「広島大学文学部所蔵猪熊文書について」（『広島大学文学部紀要　日本・東洋』三一―一、一九七二年一月）に詳しい。

注6　前掲須原祥二「猪熊信男と恩頼堂文庫について」参照。

注7　これ以前に、猪熊信男本人が作成したと推定される、手書き目録のコピーを基にして作成された「旧恩頼堂文庫目録（一）～（三）」（『四天王寺女子大学紀要』一～三、一九六九―一九七一年）が公開されている。

注8　『令義解』、『朝野群載』、『神皇正統記』は、昭和十一年五月六日に国宝指定されたが、現在は重要文化財指定となっている。

編集後記

本叢書刊行の趣旨と経緯は巻頭に述べられた通りである。当初影印本五冊を三年で刊行する計画で、文学専攻は二冊を担当するようにとのことであったので、ためらうことなく、本学所蔵資料の中、重要文化財指定を受けている資料五点を解題つきで公刊することとした。もっと時間的な余裕があれば選択に困った（本学所蔵の貴重資料は文学関係だけでもとうてい二冊に収まる量ではないからである）であろうが、まず重文指定の資料から、という選択は文学専攻会議でも直ちに了承された。デジタル化時代にいまさら影印の冊子でもあるまいという意見もあり得たかもしれないが、細かな書き入れのある写本は、先端技術による精巧な影印本によって、デジタル画面とはまた別の情報を提供してくれる。また、複数の画面をならべて比較対照する作業はなかなか困難であり、現代においても上質の影印本の意義は失われていない。

早速、國學院大學図書館から資料の画像を提供していただき、さらに必要な画像は新たに撮影を行った。影印にはどうしても判読困難な箇所ができるものなので、書誌解題のほかに難読箇所の解説をつけることにした。重文資料五点の中、第一冊には『令義解』『朝野群載』『梁塵秘抄口伝集』及び『金葉和謌集』の四点を収載し、第二冊に『神皇正統記』を収めることとした。書誌解題執筆はそれぞれ、大学院担当教員及び卒業生の中から専門家（谷口雅博・波戸岡旭・小林健二・針本正行）にお願いして快くお引き受け頂き、御覧の通りの気鋭の文章が揃った。難読箇所一覧作成には、大学院在籍または修了後の若手研究者（渡邊卓・笹川勲・伊藤悦子・畠山大二郎）を指名したのだが、各々はりきっていいものを作ってくれた。編集助手として連絡や校正を手伝ってくれたのは山本岳史である。扉には書道の佐野光一教授に揮毫して頂き、見返しにはスクールカラーの系統色を選んだ。準備は短期間であったが、いい資料を用意できたこと、充実した解題・解説をつけることができたこと、作業を通して若手研究者育成の機会が得られたこと—つまりこれが本学大学院の底力である、とあえて言わせて頂くことにする。

平成二十五年　ものみなかがやき芽吹く季に

第一巻責任編集　松尾葦江

編集・執筆者紹介

記載内容（平成 25 年 1 月現在）
氏名（読み） 現職
①生年 ②学位 ③専門分野
④主な著作・論文

責任編集

松尾葦江（まつお・あしえ） 國學院大學文学部教授
①昭和 18 年（1943）生 ②博士（文学） 東京大学 ③中世日本文学、特に軍記物語
④『軍記物語原論』（笠間書院、2006 年）、「源平盛衰記の「時代」」（『國學院雑誌』第 112 巻第 6 号、2011 年 6 月）。

執筆者（執筆順）

谷口雅博（たにぐち・まさひろ） 國學院大學文学部准教授
①昭和 35 年（1960）生 ②博士（文学） 國學院大學 ③上代日本文学
④『古事記の表現と文脈』（おうふう、2008 年）、「『古事記』「祖」字の用法」（『國學院雑誌』第 112 巻第 11 号、2011 年 11 月）。

渡邉 卓（わたなべ・たかし） 國學院大學文学部兼任講師
①昭和 54 年（1979）生 ②博士（文学） 國學院大學 ③上代日本文学・国学
④『『日本書紀』受容史研究―国学における方法―』（笠間書院、2012 年）、「橘守部手沢本『先代旧事本紀』と『旧事紀直日』」（『國學院雑誌』第 112 巻第 4 号、2011 年 4 月）。

波戸岡 旭（はとおか・あきら） 國學院大學文学部教授
①昭和 20 年（1945）生 ②文学博士 國學院大學 ③日中比較文学・国文学
④『上代漢詩文と中国文學』（笠間書院、1989 年）、『宮廷詩人 菅原道真』（笠間書院、2005 年）。

笹川 勲（ささがわ・いさお） 國學院大學文学部兼任講師
①昭和 50 年（1975）生 ②修士（文学） 國學院大學 ③平安時代文学（特に『源氏物語』、漢詩文）、和漢比較文学。
④「菅原道真の桜花詠―寛平期宇多朝における『菅家文草』巻五・三八四番詩の位相―」（『國學院大學紀要』第 50 巻、2012 年 3 月）、「『源氏物語』「澪標」巻の譲国と准拠―致仕大臣の招聘と光源氏の政治構想―」（『文学・語学』第 204 号、2012 年 11 月）。

小林健二（こばやし・けんじ） 国文学研究資料館教授
①昭和 28 年（1953）生 ②博士（文学） 大阪大学 ③中世日本文学、特に能や幸若舞曲。
④『沼名前神社神事能の研究』（和泉書院、1995 年）、『中世劇文学の研究―能と幸若舞曲』（三弥井書店、2001 年）。

伊藤悦子（いとう・えつこ） 國學院大學大学院文学研究科後期課程
①昭和 43 年（1968）生 ②修士（文学） 國學院大學 ③中世日本文学、特に軍記物語
④『木曽義仲に出会う旅』（新典社、2012 年）、「『義経記』巻七と『源平盛衰記』―北陸記事における共通性について―」（『日本文學論究』第 71 冊、2012 年 3 月）。

針本正行（はりもと・まさゆき） 國學院大學文学部教授
①昭和 26 年（1951）生 ②博士（文学） 國學院大學 ③平安時代文学
④『平安女流文学の研究』（桜楓社、1992 年）、『平安女流文学の表現』（おうふう、2003 年）。

畠山大二郎（はたけやま・だいじろう） 國學院大學研究開発推進機構ポスドク研究員
①昭和 58 年（1983）生 ②修士（文学） 國學院大學 ③平安時代文学、日本服飾史
④「國學院大學図書館蔵『清輔本金葉和歌集』の解題と翻刻」（『國學院大學 校史・学術資産研究』第 4 号、2012 年 3 月）、「『源氏物語』の被け物―「若菜上」巻「女の装束に細長添へて」の表現を中心に―」（『文学・語学』第 202 号、2012 年 3 月）。

山本岳史（やまもと・たけし） 國學院大學研究開発推進機構ポスドク研究員
①昭和 57 年（1982）生 ②修士（教育学） 北海道教育大学 ③中世日本文学、特に軍記物語
④「國學院大學図書館所蔵 奈良絵本『田村の草子』解題と翻刻」（『國學院大學 校史・学術資産研究』第 4 号、2012 年 3 月）、「「平家剣巻」の構想―道行・生不動説話の位置づけをめぐって」（ひつじ研究叢書〈文学編〉3『平家物語の多角的研究 屋代本を拠点として』ひつじ書房、2011 年）。

大学院六十周年記念國學院大學影印叢書編集委員

根岸茂夫　文学部教授
岡田莊司　神道文化学部教授
高塩　博　法学部教授
千々和　到　文学部教授
松尾葦江　文学部教授

大学院開設六十周年記念　國學院大學貴重書影印叢書　第1巻
金葉和謌集　令義解
朝野群載　梁塵秘抄口伝集
定価は外函に表示

2013年2月25日　初版第1刷

編　者　大学院六十周年記念
國學院大學影印叢書編集委員会
責任編集　松尾葦江
発行者　朝倉邦造
発行所　株式会社　朝倉書店
東京都新宿区新小川町6-29
郵便番号　162-8707
電　話　03（3260）0141
FAX　03（3260）0180
http://www.asakura.co.jp

〈検印省略〉

中央印刷・平河工業社・牧製本

ISBN 978-4-254-50541-2　C 3300　Printed in Japan